古典文獻研究輯刊

十五編

潘美月・杜潔祥 主編

第7冊

《武經總要》研究

李新偉 著

國家圖書館出版品預行編目資料

《武經總要》研究／李新偉　著 — 初版 — 新北市：花木蘭文
化出版社，2012〔民 101〕
目 4+280 面；19×26 公分
（古典文獻研究輯刊 十五編：第 7 冊）
ISBN：978-986-254-990-2（精裝）
1. 武經總要　2. 研究考訂
011.08　　　　　　　　　　　　　　　101015062

古典文獻研究輯刊
十五編　第七冊　　　　　　ISBN：978-986-254-990-2

《武經總要》研究

作　　者　李新偉
主　　編　潘美月　杜潔祥
總 編 輯　杜潔祥
企劃出版　北京大學文化資源研究中心
出　　版　花木蘭文化出版社
發 行 所　花木蘭文化出版社
發 行 人　高小娟
聯絡地址　新北市永和區中正路五九五號七樓
　　　　　電話：02-2923-1455／傳眞：02-2923-1452
網　　址　http://www.huamulan.tw 信箱 sut81518@gmail.com
印　　刷　普羅文化出版廣告事業
初　　版　2012 年 9 月
定　　價　十五編 26 冊（精裝）新台幣 42,000 元

《武經總要》研究

李新偉　著

作者簡介

李新偉，男，1976 年生，河南漯河人，史學博士，軍事學博士後。武警北京指揮學院講師，兼任中國歷史文獻學會會員、中國孫子兵法研究會會員、濱州學院研究員。主要研究領域為中國古代軍事文獻、軍事思想。先後在《軍事歷史研究》、《軍事歷史》、《國立國家圖書館學刊》（臺北）等發表論文二十餘篇，出版著作一部，主持中國博士後科學基金項目一項、參與國家社科基金項目兩項。

提　　要

　　宋仁宗年間，北宋與西夏爆發了激烈戰爭。當時，「王師出伐」，卻屢敗於「蕞爾小邦」。究其原因，宋仁宗等人認為主要是將帥昧於古今之學，因而專設書局，特命丁度總領，曾公亮、楊惟德等人編纂了《武經總要》一書。

　　該書作為中國古代第一部官修大型綜合類兵書，可圈可點之處甚多。首先，真正創立了中國古代綜合類兵書的編纂體例，不僅設置比較全面、合理，還存有大量繪圖，文圖並茂。其次，作為北宋以前兵學的系統總結，體系十分宏大，四十卷（一說四十三卷），洋洋灑灑 50 餘萬字，「凡軍旅之政，討伐之事」，無不載記，內容十分豐富。複次，注釋內容全面廣泛，注釋方法多樣、系統 義理考據兩不偏廢。最後 反映了一些先進的思想文化理論。在軍事方面 儘管以匯總為主，但也包括了許多值得稱道用兵作戰思想；在科技方面，許多內容代表了宋代科技發展的最高水準，甚至有些還是當時世界最先進的科學發現。

　　當然，該書也存在一些不足。主要表現在內容不精，引注不清；文人論兵，書實相脫；雜含陰陽，弊多利少。然則，瑕不掩瑜，它不僅對當時軍事教育和國防力量的加強起到一定作用，引起了文人論兵的熱潮，同時還被歷代兵家奉為經典，多加襲用，產生了較為深遠的影響。

目次

緒　言

一、選題意義

　　兵書，是以文字或圖畫記錄古代軍事知識的書面載體。作為軍事文獻的主體，它既是古代軍事學術研究成果的結晶，又是今天研究軍事學術史的重要資料，因為每個時代兵書的數量、質量與內容都反映了當時軍事學術研究水平。

　　中國古代兵學發展大致經歷了三個大階段，即萌芽與產生時期（殷商至西周）、成熟與發展時期（春秋至隋唐）、興盛與衰落時期（宋元至明清）。宋朝，尤其在北宋仁宗以後，是中國古代兵書發展的關鍵時期之一。當時由於西夏和遼的崛起，特別是在與「蕞爾小邦」西夏的交戰中連連敗績，迫使宋廷不得不重新重視軍事。其具體表現之一就是，宋仁宗在中國歷史上第一次動用國家力量修纂了《武經總要》，並親自作序。

　　由於歷代朝廷對兵書控制均十分嚴格，許多兵書被束之於高閣，秘不示外，所以對兵書的整理和研究不但十分有限，而且有限的成果也未得到應有地傳播。在當今世界新軍事變革如火如荼展開之時，在掀起有中國特色軍事變革的浪潮中，理論創新顯得尤為重要。但真正的創新絕不是單純意義上對國外高科技產品的因襲，因為人類戰爭的歷史反覆證明，戰爭不僅是裝備與技術的較量，更是交戰雙方軍事理論、戰略思維的對決，先進的軍事理論永遠是克敵制勝的法寶。某種意義上可以說，軍隊的現代化就是軍事理論的現代化。軍事理論創新涉及內容很多，範圍極廣，其中就不乏中國古代歷史上經典作家留下的不朽之作——兵書。只有對這些以兵書為中心的古代軍事文

獻進行全新「改造」，緊緊圍繞推進中國特色軍事變革這一中心，有針對性地對那些長期起作用的傳統理論，在繼承中注入新內容、賦予新內涵，才能創造出符合新軍事變革潮流的全新軍事理論，走出當前理論上「全盤照抄」的替代式誤區，真正堅持「師夷長技」與「立足自我」相結合。因此，對兵書加大整理和研究力度，從中吸取精華，補充有效營養，顯得尤為迫切。

軍事學作為一門綜合性很強的交叉型學科，包含了眾多專業知識。所以作為古代軍事學術的主要載體——兵書，其內容不僅涉及古代軍事領域的各個方面，還包含其他學科的豐富內容，具有多方面價值。而《武經總要》作為一部綜合類兵書，尤其如此。在創新軍事理論迫切需要的同時，相關學科，特別是文獻學的發展也有著同樣強烈的願望，要求對《武經總要》加以系統整理和研究。

具體說來，《武經總要》的學術價值主要體現在以下幾個方面：

第一，從著錄體例上看，研究《武經總要》對於整體認識中國古代兵書有著舉足輕重的作用。它是中國古代第一部大型綜合類兵書，也是我國第一部官方主持編纂的兵書。唐代李筌的《太白陰經》是中國古代最早初具綜合性質的兵學著作，繼之者有北宋初期許洞的《虎鈐經》，但動用國家力量編纂大型綜合類兵書則始於《武經總要》，全書共四十卷（一作四十三卷），這是前兩者所無法企及的。明代王鳴鶴的《登壇必究》、茅元儀的《武備志》正是在該書基礎上不斷加以完善、充實的。可以說，《武經總要》是中國古代綜合類兵書體例的真正鼻祖。

第二，從文獻學角度看，《武經總要》兼收並蓄，保留了不少有關校勘學、注釋學、音韻學的相關內容。它選擇不同版本的資料進行校勘，擇優吸納，並對疑而未決者並存之；許多注文簡單明瞭，極為實用；在音韻方面保存了一定量的中古音系資料。這些對於文獻學研究均有一定意義，特別是對於一部兵書來講這是極為難得的。從某種意義上講，也體現了宋朝「文人論兵」的特點。

第三，從軍事歷史角度看，《武經總要》「前集備一朝之制度」〔註1〕，較完整地保存了北宋前期的軍事制度；「後集具歷代之得失」〔註2〕，「采春秋以來列國行師制敵之謀，出奇制勝之策，並著於篇」〔註3〕，保存了大量古代實

〔註1〕 紀昀《四庫全書總目》卷九十九，《武經總要》。
〔註2〕 同上。
〔註3〕 曾公亮《武經總要》，《後集原序》，影印文淵閣四庫全書本。

戰資料。這些對於研究古代兵法、唐宋兵制和歷代戰史都有著十分重要的參
考價值。

　　第四，從軍事思想上看，《武經總要》的編纂反映了宋初至仁宗時軍事思
想的變化。在血的教訓面前，它開始部分否定宋太祖、太宗以來的保守軍事
思想，重新肯定了「兵知貴變」這一優秀傳統；重視將帥的選拔和使用，指
出「君不擇將，以其國於敵也」〔註4〕；重視軍隊的訓練，堅決反對「不習之
過」；重視賞罰，具體各種「賞格」、「罰條」，以求「申賞罰以一其心」〔註5〕
等等。這對於今天軍事變革的各個方面均有一定借鑒意義，尤其是對軍事作
戰等方面有較大啓迪作用。

　　第五，從科學文化史上看，《武經總要》對邊防地理的記載相當詳細，其中
曾提及派軍艦到「九乳螺洲」（今西沙群島）巡邏，爲今天維護祖國領土完整和
主權提供了無可辯駁的歷史依據。另外，它還一改過去「重道輕器」傳統，記
載了豐富的古代科學資料，尤其是古代武器裝備的製造技術資料，不單單勾劃
出自南北朝、隋、唐、五代傳襲而來迄宋持續發展的武器形象輪廓，還涉及了
物理學、磁學、聲學、化學、地理學、天文學、醫學、密碼學等各學科專業知
識。其中有些方面代表了北宋前期科技水平，有些記載則是當時世界第一流的
發現，難怪著名科技史專家李約瑟先生在《中國科技史》中對其褒獎不已。

二、學術界研究概況

　　關於《武經總要》及其相關問題的研究，古今學者論述頗豐，下面分門
別類的就其主要內容進行概括歸納。

　　第一，關於《武經總要》的纂修人員。

　　傳統說法認爲，參與《武經總要》纂修的人員主要有曾公亮、丁度、楊
惟德三人。但關於曾公亮、丁度署名先後的問題有不同看法，歸結起來主要
有兩種。一種認爲，曾公亮具體負責，組織編寫，應居於首位；丁度把握全
局，提綱挈領，居於其次。另一種認爲，眞正主持並參與該書編寫工作的是
丁度；曾公亮在當時祇是「官高位顯」，過問此事而已。持前一種觀點的人，
目前占多數，其中尤以毛元祐的《〈武經總要〉署名及成書時間考辨》、姜勇
的《〈武經總要〉纂修考》等論文最爲突出，考訂最細；持後一種觀點的人，

〔註4〕　曾公亮、丁度等《武經總要》前集，卷一，《選將》，中國兵書集成本。
〔註5〕　曾公亮、丁度等《武經總要》前集，卷二，《教條十六事》，中國兵書集成本。

以北京大學圖書館古籍特藏閱覽室和劉雲柏的《中國兵家管理思想》一書爲代表，其中北京大學圖書館古籍特藏閱覽室把明刻本《武經總要》署爲丁度一人所著。

除了上述三人外，今人認爲參與《武經總要》纂修的還應該有其他人。姜勇在其《〈武經總要〉纂修考》一文中認爲還有朱寀、歐陽修等人，毛元祐在其《〈武經總要〉署名及成書時間考辨》一文中認爲還有朱寀、王質等人。

第二，關於《武經總要》的纂修時間。

關於《武經總要》纂修時間這一問題分歧比較大。傳統說法認爲，起於康定元年（1040）或康定二年（1041）止於慶曆四年（1044），歷時五載。有關史籍記載與後世論著多依此說，諸如宋晁公武的《郡齋讀書志》、陳振孫的《直齋書錄解題》，元馬端臨的《文獻通考》，清紀昀的《四庫全書總目》，今人工具書《辭源》、《中國大百科全書》，時人論文朱少華的《〈武經總要〉的軍事倫理思想》、劉福鑄的《論〈武經總要〉的科技史價值》等，均是如此。當然，其間也有不少學者做過質疑，主要有清人錢大昕及今人毛元祐、張其凡、姜勇等人。他們觀點具體不一，其中毛元祐在《〈武經總要〉署名及成書時間考辨》中認爲始於慶曆三年（1043）十月，止於慶曆六年（1046）八月至慶曆八年（1048）四月之間，編纂至多用時四年半；張其凡在《〈武經總要〉編纂時間考》中認爲始於慶曆三年（1043）十月，成於慶曆七年（1047）四至六月間，整個過程歷時五年，實際用時三年半；姜勇在《〈武經總要〉纂修考》中認爲纂修時間應起於慶曆三年（1043）十月，止於慶曆七年（1047）四至六月。綜合起來，《武經總要》纂修時間主要界定於慶曆三年（1043）十月止於慶曆六年（1046）至慶曆八年（1048），目前從此說者已漸多之。

第三，關於《武經總要》的版本源流。

對於《武經總要》版本的研究，主要有許保林的《中國兵書通覽》、謝祥皓的《中國兵學》、中國兵書集成編輯委員會編輯的《中國兵書集成》中的《武經總要》編輯說明、中華書局編輯的《中國古代科技圖錄叢編初集》中的《武經總要》前集後記等。許保林的《中國兵書通覽》、謝祥皓的《中國兵學》對《武經總要》的版本情況簡單加以介紹。中國兵書集成編輯委員會編輯的《中國兵書集成》中的《武經總要》編輯說明將《武經總要》分爲兩個版本支系，即四十卷本與四十三卷本，有著較爲詳細地論述，且對不同時代的刻印情況，尤其是明代正統刻本、嘉靖刻本、弘治刻本進行了簡單考查與鑒定。中華書

局編輯的《中國古代科技圖錄叢編初集》中的《武經總要》前集後記對明正統刻本與四庫全書本進行了一定評述。文中認爲，明正統四年刻本應爲明正德年間刻本；四庫全書本版本缺點較多，主要有四點：「一，所舉底本，中有缺葉（頁），不加說明，妄事連輟；二，庫本通病，擅改擅刪宋人著作中的北虜、匈奴字樣，同樣也發現在本書中；三，鈔（抄）寫錯誤，或以意爲之，以致形成混亂；四，這也是非常重要的一點，即庫本插圖大失原意。」

第四，關於《武經總要》的軍事思想。

這一問題是軍隊學者論述《武經總要》的主體。相關著作較多，主要有劉雲柏的《中國兵家管理思想》、金玉國的《中國戰術史》、姜國柱的《中國軍事思想簡史》、許保林的《中國兵書通覽》、謝祥皓的《中國兵學》、中國軍事史編寫組編寫的《中國軍事史》第四卷等。其中劉雲柏的《中國兵家管理思想》一書對《武經總要》的兵家管理思想進行了較爲簡單的評說，認爲它綜合了北宋以前重要的兵家管理理論，是探討我國兵家管理思想的重要資料。金玉國的《中國戰術史》一書從戰術角度對《武經總要》所載「常陣」、「平戎萬全陣」、「本朝八陣」等戰陣進行了簡要評述。姜國柱的《中國軍事思想簡史》、許保林的《中國兵書通覽》、中國軍事史編寫組編寫的《中國軍事史》第四卷等相關著作對《武經總要》的軍事思想進行了綜合評價。謝祥皓的《中國兵學》則認爲「《武經總要》一書並不是一部具有相當理論高度的兵學思想專著，然而卻是一部在當時指導戰爭實踐的百科大全」〔註6〕。

此方面論文主要有朱少華的《〈武經總要〉的軍事倫理想》。該文主要從《武經總要》主張「用兵之道以仁爲本」、「以殺止殺」、「以戰止戰」；強調將帥的德行修養；堅持以法治軍，以法養德；重視軍隊的訓練教習，尤其是氣勢上的培養等方面對其軍事倫理思想進行了較爲詳細地剖析。並且，還進行了較爲允妥地評價，認爲《武經總要》推動了中國古代軍事倫理學的發展，爲軍事倫理學研究提供了豐富資料，在軍隊道德建設觀念上有一定開拓。

第五，關於《武經總要》的科技史價值。

關於《武經總要》的科技史價值，論述者較多。相關著作主要有王兆春的《中國火器史》，周緯的《中國兵器史稿》，中國軍事史編寫組編寫的《中國歷代軍事工程》、《中國歷代軍事裝備》以及《中國軍事史》第一卷等。主要論文有王兆春的《試論〈武經總要〉中的軍事技術問題》與《從〈武經總

〔註6〕 謝詳皓《中國兵學‧宋元明清卷》，山東人民出版社，1998年，第50頁。

要〉看宋初的火藥和火器》，劉福鑄的《論〈武經總要〉的科技史價值》，薄忠信的《〈武經總要〉與物理學》等。

其中周緯的《中國兵器史稿》、中國軍事史編寫組編寫的《中國歷代軍事裝備》及《中國軍事史》第一卷、王兆春的《試論〈武經總要〉中的軍事技術問題》主要講解了《武經總要》所載宋代各種兵器，並從自然學科理論高度簡單論述了其製造原理，認爲明清諸代之兵器多脫胎於此，指出此「其圖形之所以爲貴也」。中國軍事史編寫組編寫的《中國歷代軍事工程》及王兆春的《試論〈武經總要〉中的軍事技術問題》對《武經總要》所載相關軍事工程、軍事技術有一定述論。

王兆春的《中國火器史》和《從〈武經總要〉看宋初的火藥和火器》比較詳細地對《武經總要》中的三個火藥方進行了論述。劉福鑄的《論〈武經總要〉的科技史價值》，薄忠信的《〈武經總要〉與物理學》主要從物理學、化學、數學、天文學、冶金學以及密碼學等方面論述它在科技史上的價值。這當中，尤以《武經總要》物理學方面價值論述較爲集中，對其在力學、聲學、磁學、熱學等多個分支學科方面的貢獻均有一定闡述，特別是對中國古代四大發明中的火藥和指南針有著較爲深刻的論述。這對於評價《武經總要》在物理學及其相關學科方面的價值，乃至相應評價北宋科學技術在中國古代科技史上地位，都有較爲重要的作用。

從目前研究現狀可知，對《武經總要》的研究尚存在如下問題：

首先，比較片面。上述研究主要集中於《武經總要》的纂修、軍事思想、科技史價值上，對其他方面涉及不多。事實上，《武經總要》作爲中國古代第一部大型綜合類兵書，從形式到內容可供研究的領域相當多，比如它的版本源流、著錄體例、輯佚學價值、注釋學價值等許多領域均很有意義，但目前尚無人對其進行專門研究。而且就目前所論的三個方面來講，也存在此種問題，纂修人員主要討論曾公亮、丁度二人與《武經總要》的關係，別的基本未加涉獵；軍事思想主要論述主流保守思想，而對許多優秀的用兵作戰思想卻忽略不見；科技史價值則主要集中於三個火藥配方上。

其次，不夠深入。就現有研究成果來講，僅有專業論文 8 篇，其中關於《武經總要》纂修 3 篇、軍事思想 1 篇、科技史價值 4 篇。以《武經總要》纂修時間考證爲例，大多祇是單純從曾公亮、丁度的任職上來考定起止時日，並無從其他角度進行多方位的佐證。而軍事思想的論述多侷限於宋代軍事思

想史，或者至多是中國古代軍事思想史，並未與當今軍事相關內容結合進行研究。至於科技史方面祇是從表層探討文獻記載的價值，並未眞正跨學科從深層次進行專門系統論述。

再者，不夠系統。從上述兩點中可以發現，現有研究成果中，就已所論及的問題本身而言，大多支離破碎，無系統性可言；至於對《武經總要》的整體研究，目前還尚未展開，也沒有專著問世，更談不上系統。

最後，訛誤較多。現有研究成果中錯誤較多，如劉雲柏的《中國兵家管理思想》中不但把《武經總要》纂修時曾公亮的任職誤書爲「樞密使」，在論述武學教材時還竟把《武經總要》當做《武經七書》來論述，認爲《武經總要》是宋以來武學的「基本教材」。又如《中國軍事史》第四卷中也誤認爲曾公亮在作《武經總要》時所任之職爲樞密使，張欣毅、丁力撰寫的《跨越時空的文明》（五）中則把《武經總要》成書的時間錯置於《武經七書》之後。再如吳九龍的《孫子校釋》與楊炳安的《十一家注孫子校理》在引用《武經總要》卷一「將職」條目中的「夫善用兵者，能愚士之耳目而使之無知，易其事，革其謀，使人無知，易其居，迂其途，使人不得慮」以及卷十一中的有關內容時，由於沒有考訂版本而多次造成誤斷。

三、研究方法及創新點

本書在吸取前人研究成果的基礎上，採用計量史學方法進行定量統計、分析，運用博弈論尤其是軍事博弈論理論，融合其他相關理論，採取多學科交叉的方法進行綜合研究。不僅注意運用軍事學的相關理論進行研究，諸如戰略學、戰役學、戰術學、軍制學、軍事哲學、軍事指揮學、軍事情報學、軍事密碼學、軍事醫學、軍事地理學、軍事歷史學等。同時，還注意運用目錄學、版本學、校勘學、輯佚學、注釋學、文字學、音韻學、訓詁學等知識進行研究，並汲取數學、物理學、化學、天文學、磁學、聲學、美術學等學科的研究成果試用於具體寫作。從探討纂修背景論起，運用上列諸法全面展開研究，糾過去之謬誤，解以往之分歧，探討未被涉獵的處女領域，評述北宋前期軍事概況，服務於當今新軍事變革。

本書出現的創新點，主要有以下幾個方面：

其一，引進新理論。

本書大量引進新理論開展研究，主要有計量史學（歷史學的計量方法）、

博弈論、廣義校勘學等。

歷史學的計量方法（Quantitative Method of History），是指把數學方法特別是數理統計方法對歷史資料進行定量分析，進行歷史研究的一套方法。它有助於把傳統史學中常見的定性論斷中隱含的模糊數量判斷明晰化，從而對那些包含模糊數量判斷的定性論斷加以驗證，或予以確證，或加以修正，或予以否定，並在此基礎上提出新的論斷。本書在版本、著錄體例、輯佚、注釋等方面的研究中進行相關定量分析，排除了不必要的模糊概念，避免錯誤判斷的出現，使論述更加精確化，結論更準確、更具說服力。

博弈論（Game Theory），是一種關於決策和策略的理論。它被廣泛應用於經濟、軍事、政治、人工智慧、生物、火箭工程技術等領域。運用於軍事領域就成了軍事博弈論，目前國內對此研究及應用者極少。所謂軍事博弈論就是一種以定量方法研究謀略博弈規律的科學，實際上也是一種研究軍事博弈中術、數關係的學問。它分為完全資訊下靜態軍事博弈、完全資訊下動態軍事博弈、不完全資訊下靜態軍事博弈、不完全資訊下動態軍事博弈、重複博弈、聯盟與談判博弈等不同情況。本書在對相關軍事思想進行分析時，尤其是軍事戰略、戰術和軍事管理等進行分析時採用此法，為優秀的兵學思想提供理論支撐，為現代戰爭提供有益啟示。

另外，本書還引進了李零先生所說的一種類似考古標型學〔註7〕的校勘學方法，替代了傳統校勘學所習慣採用的那種單純堆積版本和考覈字句異同的方法。這實際上是一種擴大了的校勘學。其內容並不限於考覈字句異同，像出版校對一樣，衹是一種純技術工作；所追求的也絕不是「取各本之長」拼湊成一個所謂最完善的本子。它不再是一種「平面的」處理方法，而是一種從發生層次上兼顧縱、橫兩面，帶有歷史比較性質的方法。這種方法通過對研究對象不同時期各種版本資料按序列排隊，不僅可以理清校勘方面的發展線索，亦可做各種版本歸併。

其二，進一步豐富纂修人員資料。

本書不僅對《武經總要》的主要纂修者曾公亮、丁度進行較為詳細的描

〔註7〕 考古標型學就是考古類型學，有時也稱之為器物形態學。它是一種科學地歸納、分析考古資料的方法論。它根據遺物所處的地層進行反復排比，來獲知其形態演化的規律，並藉以推知其相對年代。同時，通過對不同遺址器物的比較研究，還可以瞭解不同地區間文化聯繫的性質和程度。

述，而且還盡可能地搜集了其他纂修者，如楊惟德、朱宷、王質等人的相關資料，使對纂修人員的論述更加飽滿。同時，還對曾公亮、丁度二人在《武經總要》纂修中的具體地位與作用展開全面探討，以解諸家之紛紜。

其三，多角度進行纂修時間考證。

本書一改前人單一論述的傳統方法，以《續資治通鑒長編》等史籍明載《武經總要》纂修時間爲基礎；以《武經總要》所錄具體內容，諸如路、州、軍、堡、寨的設置與變更等爲依託；以纂修者具體任職情況爲佐證；輔以相關兵書纂修起止時間，從多角度進行全方位考證，考明該書的纂修時間，得出了一個令人信服的結論。

其四，更加全面展開版本考證。

本書廣泛搜集國內外現存《武經總要》的各種版本（目前所知共 31 種），分爲宋本（已亡）、舊本、新本三大類，從目錄書籍記載，實際所見卷數、封面印記、刻印源流、章藏印記、行款版式、款式題跋、用紙、墨色、字體、刀法以及所存目錄與部分正文內容等方面考證其源流和優劣情況，特別是對眾說不一的版本斷識和前人一直未加注意幾種版本，如《永樂大典》本等尤加詳考，提出了自己的觀點。同時，還對所有《武經總要》的版本情況進行綜合歸納，論述其版本內容複雜性、版本鑒定困難度、卷數流傳交叉性，以及古籍書目、兵書書目之誤載、漏載、載異、載無等情況，從而對《武經總要》的版本情況由表及**裏**，由淺入深，進行深層次的研究。

其五，首開著錄體例評價。

本書主要從兵書史上評述《武經總要》的著錄層次與著錄體例。首先，梳理兵書著錄體例的發展歷程：先秦兵書多理論、謀略，後漸有戰術層次方面內容，至《武經總要》時中國古代第一部大型綜合類兵書才眞正問世。之後，對後世兵書沿襲其體例，尤其是明代幾部重要兵書的襲用與完善，進行細分詳解。同時，更進一步注重從深層原因上剖析此種體例出現並加以沿革的可能性與必要性，從而比較全面地評價《武經總要》在兵書著錄體例史上的地位。

其六，更多開創文獻學價值。

除了引用上述所說的廣義校勘學的理論之外，本書還在前人的基礎上對科技史料價值進一步挖掘，重點是開前人之未開、發前人之未發；從文獻學的輯佚價值、注釋學價值等方面來研究《武經總要》。特別是本書以《孫子》

等兵書爲中心對《武經總要》進行專題研究，輯出《武經總要》「版」的《孫子》、《李靖兵法》、《裴緒兵法》等，爲世人進行相關研究提供了一些翔實可信的文獻資料。

其七，深層闡述軍事思想。

本書對《武經總要》的軍事思想進行全面述論，重點突出選用將帥、軍事訓練、營陣規制、攻守方略等方面，以期對今天的新軍事變革有所啓發。同時，也對其歷史地位加以評價，主要評價它對北宋初期主流軍事思想的反映、北宋初期軍事理論的創新及其執行情況。

第一章　纂修背景

第一節　時代背景

一、周邊安全形勢

　　西元 960 年，趙匡胤黃袍加身。自此，中國歷史開始了北宋王朝的統治。而這一王朝，是中國歷史上最爲怯懦的王朝之一。它在最爲強盛時期的統治疆域不過「東南際海，西盡巴僰，北極三關，東西六千四百八十五里，南北萬一千六百二十里」〔註1〕，約 250 萬平方公里。這不僅無法和以前漢唐帝國相提並論，也難以與後世明清王朝相較。且其地緣政治環境十分險惡，「西北有二敵，南有交趾，故九夷八蠻罕所通道」〔註2〕。

　　北方少數民族契丹自 916 年建立遼朝以來，不斷擴張，其疆域逐漸「東至於海，西至金山，暨於流沙，北至臚朐河，南至白溝，幅員萬里」〔註3〕。其中它霸佔幽燕十六州後，使得北宋更無險可守，邊患頻繁，疲於防禦，國家安全時刻處於危險之中。澶淵之盟（1004）之後，雙方雖無大規模戰事發生，但遼卻始終設置東、西兩路，沒有放鬆對北宋的防備。東路由天下兵馬大元帥所領的元帥府負責，麾下主要有府官、統軍，掌握契丹軍和渤海軍；此外，還有侍衛親軍馬軍都指揮使和步軍都指揮使，負責統領燕京的漢軍。

〔註1〕 脫脫《宋史》卷八十五。
〔註2〕 蔡絛《鐵圍山叢談》卷六。
〔註3〕 脫脫《遼史》卷三十七。

西路，也就是雲州、應州、蔚州、朔州等地，由遼四大部族首領之一乙室大王率領本部人馬和該區漢軍共同負責。可見，遼對北宋的嚴重威脅無時不在，這在很大程度上制約了北宋各項軍政方針的製定與實施。

西北少數民族党項自李繼遷、李德明時起就不斷擴張，到李元昊稱帝時已經統一了河西地區，「悉有夏、銀、綏、靜、宥、靈、鹽、會、勝、甘、涼、瓜、沙、肅，而洪、定、威、懷、龍皆即舊堡鎮，僞號州，仍居興州，阻河，依賀蘭山爲固」〔註4〕。其疆域達 20 個州，不僅「把原屬於北宋控制的廣大西部地區的少數民族攫爲臣民，成爲西部泱泱一大國，儼然與遼宋鼎足而立，而且給北宋造成了極爲嚴重的後果，即無窮的西部邊患和由此帶來的巨大財政負擔」〔註5〕。

一般說來，遼給宋造成的亡國威脅遠大於西夏，而西夏給宋造成的國防壓力則遠甚於遼。「夏國自祖宗以來，爲西方巨患，歷八十年」〔註6〕，「謀畫之臣竭智於內，介冑之士用命於外，虛帑藏以給軍賦，疲軍力以飛芻粟。曠日持久，曾不能殲渠魁，復古境，制其死命。」〔註7〕這些論述表明，西夏與宋的對抗確實給北宋政治軍事帶來了巨大壓力。但當時包括宋仁宗在內的多數人均沒有清醒地認識到這一點。在對待遼、西夏的問題上，他們一昧強調遼的亡國威脅，卻在很大程度上忽視了西夏所造成的國防壓力，對後來初期爆發的宋夏戰爭也沒給予足夠重視，從而導致宋軍的屢屢慘敗。諸如范仲淹說：「國家禦戎之計在北爲大」〔註8〕；歐陽修曰：「天下之患不在於西戎而在於北敵」〔註9〕；蘇軾講：「西邊之患小，北邊之患大，此天下之所明知也」〔註10〕；張耒認爲：「西小而輕，故爲變易，北大而重，故變爲遲。小者疥癬，大者癰疽也」〔註11〕。甚至在李元昊多次派兵在陝西路沿邊發動小規模的試探性軍事進攻後，眾人仍謂之「忽然」，並對有志之士的「元昊必反，請爲邊備」〔註12〕，「勢必難制，宜亟

〔註4〕 李燾《續資治通鑑長編》卷一百二十。

〔註5〕 李華瑞《宋夏史研究・論宋初的西部邊疆政策》，天津古籍出版社，2006年，第349頁。

〔註6〕 《續資治通鑑長編》卷三百四十九。

〔註7〕 李綱《梁溪集》卷五十九，《議戰》。

〔註8〕 趙如愚《宋名臣奏議》卷一百三十四，《備策》。

〔註9〕 趙如愚《宋名臣奏議》卷一百三十四，《上仁宗論西鄙議和先防北狄》。

〔註10〕 蘇軾《東坡全集》卷四十八，《策斷》中。

〔註11〕 張耒《柯山集》卷四十，《送李端叔赴定州序》。

〔註12〕 王辟之《澠水燕談錄》卷一。

防邊」〔註13〕英明建言沒有給予應有的關注。

西夏統治者也正是看中了這一點，十分重視利用與遼的關係來牽制北宋，達到「外倚北戎，內凌中國」〔註14〕之目的，從而使得北宋國際安全形勢更加緊張。早在西夏正式建國前，西夏就開始借遼聲威增加自己與北宋周旋的餘地，爲向西擴張創造條件；遼也借機向北宋施壓，並利用與西夏的友好關係加強對其境內党項部落的統治。李元昊在即位前一年又與遼興平公主結婚，通過政治聯姻，使得西夏與遼的關係進一步密切起來，同時也使得北宋的國防壓力進一步加重。

1038 年李元昊稱帝，西夏正式建國，宋夏交惡，開始爆發戰爭。因李元昊是遼朝駙馬，遼、西夏關係密切，於是在遼興宗重熙十一年（1042），遼「遣使問宋興師伐夏之由」〔註15〕。同年，還趁北宋數次敗於西夏之際，以索還晉陽（北漢故地）及瓦橋關以南十縣地爲要挾，向北宋施加政治及軍事壓力，迫使北宋增加輸遼歲幣銀 10 萬兩，絹 10 萬匹。並把澶淵之盟中給遼的物品——「歲輸」也改爲「歲納」，在政治地位上使北宋與遼顯得更爲不平等。

某種意義上講，北宋經略西夏在小心翼翼地看遼的眼色行事，自李繼遷反叛至宋徽宗崇寧年間，總不能有效或徹底制服西夏，就是由於遼從中起到了重大掣肘作用。

西南邊疆總體處於相對穩定狀態，但交趾對北宋構成的威脅也不可低估。在 2004 年「紀念『澶淵之盟』一千周年國際學術研討會」上，韓國學者金成奎先生就認爲「宋人將契丹、西夏、越南即當時的交趾視爲『三方之急』」。

交趾，舊稱交州，在古代歷史上屬於中原王朝所轄區域之一。它在五代十國時期坐大，逐漸演變成一方割據勢力。北宋建國以來，由於把重點放在對付北方強敵遼上，而對南方邊防經營相對忽略，守備不足。對交趾和嶺南地區，一般情況下北宋以和爲安，滿足於交趾的稱臣納貢，坐視其事實上的獨立，而沒有將交趾收歸自己版圖的考慮。這一時期，交趾集團不斷侵犯大宋邊境，向嶺南地區擴張，擄掠人口，搶劫財物，蠶食土地。不過因其力量不大，對北宋國家安全的威脅較遼、西夏要小的多。

大中祥符三年（1010），李公蘊取代黎氏，建立李朝，交趾完全脫離北

〔註13〕彭百川《太平治迹統類》卷八，《仁宗經制西夏要略》。
〔註14〕范仲淹《范文正公集》，《范文正奏議》卷下，《奏陝西河北和守攻備四策》。
〔註15〕《遼史》卷一百十五。

宋，成為一個獨立的封建割據政權。其擴張野心表現更加突出，成為北宋南部邊疆安定的主要威脅。此時北宋苦於遼、西夏的進攻，無力南顧，李朝便傾力向北擴張，不斷蠶食北宋邊疆領土，成為北宋西南地區的主要威脅。廣源州由於地處邕州西南邊界，首當其衝被交趾非法佔領。此後，以此地為跳板，交趾又把矛頭直接指向邕州州治所在地邕城（今廣西南寧），妄圖侵佔邕州全境，並進一步侵佔廣西、廣東，稱霸南方。尤其是在皇祐四年（1052）趁儂智高叛亂之際向宋廷提出，出兵入境，助宋征剿儂智高，「欲因此乘勢以邀利」〔註16〕，侵佔兩廣領土。其陰謀雖後來未能得逞，但對北宋國家安全的威脅卻可見一斑。

由此可見，北宋王朝處於一個多元政權並立對峙的時代，國家周邊環境十分險惡。面對險境，北宋卻「兵多而戰未勝」，祇是一昧妥協投降、納貢稱臣、苟活平安，不僅進一步加深了原本已經十分嚴重的財政危機，還導致了社會矛盾和階級矛盾不斷加劇，從內部威脅北宋的政治安全。

二、國內狀況

首先，我們來看一下軍事狀況。北宋統治者奉行養兵政策，力圖使「天下失職獷悍之徒」變成維護自己統治的「良民之衛」。由此，歷朝統治者不斷擴大兵額。宋太祖「受命之初，國家之兵，十有二萬」〔註17〕。這裡的「兵」，單指禁軍。開寶年間，禁軍總額擴大到 190,300 人，如果加上廂軍，總額已達 30 餘萬。宋太宗至道年間，禁軍兵額進一步擴大，達到 350,800 人。宋真宗咸平年間，為了對付遼和西夏李繼遷，「搜募戰士，至五十餘萬人」〔註18〕，禁軍數額進一步激增；如果加上廂軍，當時兵力就達到了百萬。宋仁宗寶元元年（1038），為應付西夏戰事和國內小規模起義，再次大規模擴軍；到慶曆年間，僅禁軍總額就達 820,600 人，儻若算上廂軍，已有 1,259,000 人；至皇祐元年（1049），禁廂軍總數一度超過 140 萬。此後雖有裁減，但效果並不明顯，兩者總額基本保持在百萬左右。

軍隊，尤其是禁軍的大量存在，使得平時養費極高，《宋史》卷一百九十四「廩給之制」中對此論述甚詳，此不贅列。單以慶曆年間所增禁軍為例，「略

〔註16〕 （越）潘清簡《欽定越史通鑒綱目》正編，卷三。
〔註17〕 楊士奇《歷代名臣奏議》卷二百二十一。
〔註18〕 張方平《樂全集》卷二十三，《再上國計事》。

計中等禁軍，一卒歲給約五十千」，「慶曆五年禁軍之數，比景祐以前增置八百六十餘指揮，四十餘萬人，是增歲費二千萬緡」〔註19〕。這還僅是禁軍和平時期的日常費用，若考慮到廂軍，再加上戰時等因素，軍費開支數額則更巨，有時甚至會出現「自來天下財貨所入，十中八九贍軍」〔註20〕之局面。這給北宋財政帶來了巨大財政壓力，也使許多人對此弊深惡痛絕，大呼疾改。如秦觀曰：「本朝承五季之弊，舉天下之兵宿於京師，掛名於籍者號數百萬，而衣食之給，一毫以上皆仰縣官，不若府兵之制，一寓於農也。」〔註21〕又如呂陶講：「天下皆知兵之為冗，而欲救之者必曰復府兵也。」〔註22〕言辭極為懇切，可惜最高統治者對此卻不予理會。

北宋政府付出沉重代價，承受巨大財政壓力，豢養的大批軍隊，卻存在許多極為嚴重的問題。其一，騎兵弱小。由於缺馬，北宋沒有強大的騎兵，就連專門馬軍，許多人亦無馬可騎，甚至出現「今天下馬軍，大率十人無一二人有馬」〔註23〕的窘境。

其二，失於訓練，且流於形式。由於「國家承平日久，失於訓練，每指揮藝精者不過百餘人，其餘皆疲弱不可用」〔註24〕。即便是有限的訓練也多流於形式，沒有什麼實效。以禁軍日常訓練為例，「以鼓聲為節，騎兵四習，步兵五習，以教坐作進退，非施於兩軍想當者。然自宋初以來，中外諸軍皆用之。」〔註25〕這種隊列形式的訓練，雖然外表「整肅可觀」，也可以在一定程度上培養將士的組織紀律性，但「臨敵難用」，根本不符合實戰需求。

其三，紀律敗壞。不僅當時武將多貪財黷貨、兼併土地、私役刻剝軍士，而且「邊任多紈袴子弟」，「軍行，倡婦多從之」〔註26〕，「守將或為他名以避兵任」〔註27〕，完全難堪守邊重任。即便他們勉強擔任戍邊將領後，也不是去積極地熟知兵法、加強防務，而是恣意欺壓邊民、虐待士卒、貪慕財物，致使蕃部多叛逃，士兵時有叛亂。

〔註19〕張方平《樂全集》卷二十四，《論國計事》。
〔註20〕《續資治通鑒長編》卷一百二十四。
〔註21〕秦觀《淮海集》卷十二，《安都》。
〔註22〕楊士奇《歷代名臣奏議》卷二百二十一。
〔註23〕趙汝愚《宋名臣奏議》卷一百二十五，《上仁宗乞收還牧地罷民間馬禁》。
〔註24〕《續資治通鑒長編》卷一百二十八。
〔註25〕《宋史》卷一百九五。
〔註26〕《續資治通鑒長編》卷一百三十七。
〔註27〕《續資治通鑒長編》卷一百二十七。

除了「天下安於無事，武備廢而不修，廟堂無謀臣，邊鄙無勇將，將愚不識干戈，兵驕不知戰陣」以及「器械朽腐，城郭隳頹」〔註28〕，北宋還實行統兵、調兵、管兵三權分立，相互制約的政策，使得部隊中高級指揮員無從熟悉所率部隊情況。並且宋代皇帝常常違背軍事常識，實行「將從中御」。自宋太宗起就常給將帥授陣形圖，以便遙制。至宋仁宗時，在對西夏作戰中，仍以內臣監兵，以陣圖授諸將。在當時的通信條件下，居於千里之外深宮中的皇帝不斷盲目干預前線將帥指揮，戰爭結果也就可想而知了。

即使在如此嚴峻的形勢下，北宋政府也不整肅軍備，抵抗外侮，反而進一步推行消極防禦政策。在戰略上，內外相制，「防民之口，甚於防川」，殿、馬、步三司主力均置於京師開封周圍，即便是在宋夏戰爭最為緊張時期，開封仍駐有 684 指揮，完全可以壓倒性的勝過包括陝西在內任何一路的兵力。在戰爭中，經常分兵把守，而不是集中兵力，讓有才能的將領統一指揮，主動殲擊敵軍。致使與西夏戰爭中雖以「陝西一路，即戶口可敵一夏國，以四夏國之眾，當一夏國，又以天下財力助之，其勢欲掃除，亦宜甚易，然終不能使夏國畏服」〔註29〕。

由此可知，北宋花巨額軍費建立的龐大軍隊，根本無法承擔起日益嚴重的邊防任務，有效掃除邊患，有力地維護邊疆安全。

下面，再來簡單來看一下官僚體制中所存在的嚴重問題。在專制集權的政治制度下，有宋一代，官僚機構十分龐雜。據《宋史·食貨志》記載，以食祿官員為例，宋真宗時，宗室、官吏享受中高級食祿者 9,785 人；宋仁宗時，增至 15,443 人。當然，這還有更大量的低級吏員未計算在內。以致宋真宗咸平四年（1001），一次就裁汰冗官、冗吏達 19.5 萬餘人，但此後新的官吏又重新開始大量增加。這些官吏，許多無事可幹，祇是白白食祿而已。即便有事可做者，大多也不認真去做，祇是敷衍行事。更為可怕的是，北宋政府還實行三年一遷的「磨勘法」，使得幾乎所有官員都養成遇事推諉、因循苟且、坐待陞遷的陋習，導致吏治更為腐敗。

上述的冗兵、冗官，直接導致了北宋財政上的冗費，如果再加上當時每年向遼與西夏所上歲幣（詳見下表），到了宋仁宗時期，財政負擔十分沉重。

〔註28〕歐陽修《歐陽文忠公集》卷一百十四，《言西邊事宜第一狀》。
〔註29〕《續資治通鑑長編》卷二百三十二。

國家 ＼ 年代	景德元年（1004）至慶曆元年（1041）（共 38 年）	慶曆二年（1042）至慶曆八年（1048）（共 7 年）	合計共 45 年
遼	每年交：銀 10 萬兩 絹 20 萬匹	每年交：銀 20 萬兩 絹 30 萬匹	銀 520 萬兩 絹 970 萬匹
西夏	景德三年（1006）至慶曆三年（1043）（共 38 年）	慶曆四年（1044）至慶曆八年（1048）（共 5 年）	共 43 年
	每年交：銀 1 萬兩 絹 1 萬匹 錢 2 萬貫	每年交：銀 7 萬兩 絹 15 萬匹 茶 3 萬斤	銀 73 萬兩 絹 113 萬匹 茶 15 萬斤 錢 76 萬貫

　　可見，此時北宋王朝「兵虛財匱」之勢已經十分凸顯。如果再加上當時日趨激烈的地階級矛盾、民族矛盾以及統治集團內部鬥爭。某種程度上講，此時的北宋王朝已是外強中乾，腐朽不堪了。而宋夏之間的大規模戰爭正是爆發於此時。

三、宋夏戰爭

　　西夏經過幾代人的努力，疆域不斷擴大，尤其是在李德明時期，「塞垣之下，逾三十年，有耕無戰，禾黍雲合，甲冑塵委，養生葬死，各告天年」〔註30〕，實力大為增強。西夏顯道元年（1032）十月，李德明去世，其子李元昊即位。李元昊「曉浮圖學，通蕃漢文」〔註31〕，極富野心。他即位後崇行「尚武重法」國策，試圖與遼、宋爭鋒。西夏大慶三年（1038）十月，李元昊在進行改姓立號、建官制、定兵制等一系列建國準備後於興慶府稱帝，國號大夏，改元天授禮法延祚，西夏正式建國。第二年（1039）正月，李元昊派遣使臣至開封，奉表上奏，要求宋仁宗「許以西郊之地」，將其「冊為南面之君」〔註32〕，遭到宋仁宗拒絕。他不僅撕毀了西夏的建國「詔書」，拒不承認西夏獨立，還下詔削奪李元昊官爵，取消賜姓，懸重賞捕殺他本人，並相應地對西北戰略部署做了一些調整。西夏隨後也開始不斷侵邊。該年十一月，進攻保安軍；稍後又圍攻承平寨。但由於準備不足均告失敗。

　　此後，西夏吸取以往的經驗教訓，集中兵力正式向宋邊境展開了大規模

〔註30〕范仲淹《范文正公集》卷九，《答趙元昊書》。
〔註31〕《宋史》卷四百八十五。
〔註32〕《宋史》卷四百八十五。

軍事進攻，仁宗時期的宋夏戰爭也正式宣告爆發。其主要戰事有宋康定元年（1040）正月，即夏天授禮法延祚三年正月的三川口（今陝西安塞東，爲延川、宜川、洛川三條河流匯合處）之戰；宋慶曆元年（1041）二月，即夏天授禮法延祚四年二月的好水川（今寧夏隆德北）之戰；宋慶曆二年（1042）閏九月，即夏天授禮法延祚五年閏九月的定川寨（今寧夏固原西北）之戰。

三川口之戰。康定元年（1040）正月，李元昊集中十萬人馬的優勢兵力，趁宋軍不備，突然出兵包圍延州以北要寨金明寨，並發起猛攻，金明寨失守，守將李士彬被擒。攻佔金明寨之後，夏軍乘勝進攻延州。延州知州兼鄜延路、環慶路安撫使范雍爲了守住該城，急忙調劉平、石元孫、黃德和、萬俟政、郭遵等率兵增援延州，五將合步騎萬餘人，結陣向東行五里至三川口，陷入元昊的預先設好的埋伏圈。夏軍列陣包圍攻擊宋軍，劉平指揮宋軍奮力迎戰。激戰中主將劉平不幸受傷，與石元孫同時被俘，宋軍大敗。此役是北宋中葉宋軍對西夏戰爭中的首次重大失利。

好水川之戰。慶曆元年（1041）二月，李元昊親自率領十萬大軍自天都山出發，深入宋境準備同韓琦統領的涇原路主力決戰。時任陝西經略安撫副使的韓琦急忙集合軍隊數萬，交大將任福帶領。同時，命耿傅任參謀，桑懌爲先鋒，朱觀、武英、王珪各率所部歸任福指揮，併力禦夏。元昊得知宋軍出征後，命令部分夏軍僞敗，主力在羊牧隆城附近擺好陣勢，等待宋軍的到來。任福不知是計，全力緊追，中了元昊的誘兵之計，大敗。此戰宋軍損失慘重，任福以下幾十名將校全部戰死，宋軍死傷達七萬之眾。

定川寨之戰。慶曆二年（1042）閏九月，李元昊再次於天都山點集兵馬十萬，分東西兩路進軍涇原路。渭州知州兼涇原路都部署王沿聞夏軍自天都山傾巢出動，急忙派涇原路副都部署葛懷敏率兵據瓦亭砦阻擊夏軍。葛懷敏至瓦亭砦未遇夏兵，於是便擅自領兵向養馬城進軍。同時，曹英、李知和、李岳等也領兵前來會合。葛懷敏不聽部將趙珣勸告，下令兵分四路，向定川寨進發，結果在此處被夏軍重重包圍。葛懷敏與曹英等率軍出戰，戰敗奔回軍寨。次日，葛懷敏率軍結陣退走鎮戎軍，卻再次陷入元昊大軍的重重包圍之中。此時，大軍已不聽指揮，四處潰散，葛懷敏及諸將曹英等十六人皆戰死。此役宋士兵 9,400 餘人，馬 600 餘匹，均成了元昊的戰利品，眞可謂「一戰不如一戰」。

以泱泱大國之身竟連續三次慘敗於「蕞爾小邦」，不但使得宋軍的積弱現象表露無遺，而且戰爭本身也進一步加重了北宋人民，尤其是西北地區人民

的負擔，使陝西人民蒙受了屠殺和焚掠等空前的戰爭災難。同時，又使得國庫空虛，公私匱竭，積貧之勢進一步加重。階級矛盾也進一步加深，先後爆發了一系列農民和士兵起義，主要有：王倫領導的沂州士兵起義，張海、郭邈山等領導的起義，荊湖南路瑤、漢人民起義，貝州王則領導的士兵起義。

　　面對國內外諸多困境，許多有志之士都發出改革的疾呼，包括宋仁宗在內的統治階級，也不得不採取一些相應措施來挽救危機。政治上，戰爭催生了由當時戰事重要參與者范仲淹等人領導的「慶曆新政」。軍事上，慶曆元年（1041）十月，北宋朝廷把陝西路分爲秦鳳、鄜延、環慶、涇原四個經略安撫使路，並相應更易主帥，「設營衛以整其旅」〔註33〕，以利於對西夏作戰；戰爭期間，北宋政府大量擴充禁軍，並進行較爲嚴格地訓練，使禁軍的戰鬥力有了一定提高；戰事後期，宋軍不斷加強西北堡寨等防禦體系的修築，並大量招募作戰能力較強的蕃兵、土兵，使之逐漸成爲對西夏作戰的實際主力等等。除此之外，社會上還一度掀起「朝廷頗訪知兵者，士大夫人人言兵」〔註34〕的熱潮，具體情況詳見下節。《武經總要》正是在此種情形下，爲了應付戰局，宋仁宗等「深惟帥領之重，恐鮮古今之學，命天章閣待制曾公亮等同加編定」〔註35〕而成的。

第二節　學術環境

一、學術文化的繁榮

　　王夫之曰：「三代以下稱治者三：文景之治，再傳而止；貞觀之治，及子而亂；宋自建隆息五季之凶危，登民於衽席，迨熙寧而後，法以斁，民以不康。繇此言之，宋其裕矣。」〔註36〕此言甚爲有理。北宋作爲封建社會的進一步發展時期，如果不論其軍政方面的弊端，單就經濟與文化來講，的確如此。

　　雖然北宋疆域無法與強大的漢唐帝國相媲美，但經濟上卻承隋唐繁榮之基有了很大提高。就封建王朝的主要財政收入賦稅來講，唐朝賦稅收入最高是在唐德宗建中元年（780），也就是楊炎實行兩稅法的第一年，收入爲 1,305 萬貫。而據《宋史・食貨志》所載，宋眞宗天禧五年（1021），歲賦即達 15,850,100 貫。

〔註33〕趙禎《武經總要》，《仁宗皇帝御製序》，中國兵書集成本。
〔註34〕趙希弁《郡齋讀書志》後志，卷二，《王晳注孫子三卷》。
〔註35〕趙禎《武經總要》，《仁宗皇帝御製序》，中國兵書集成本。
〔註36〕王夫之《宋論》卷一，《太祖十五》。

手工業和商品經濟也有較大發展，貨幣在整個財政收入中所佔比例也越來越大，至宋神宗時已經超過 1/2。後來，還出現了世界上最早的紙幣——交子。

社會經濟繁榮爲學術文化發展奠定了殷實的物質基礎。尤其是像造紙業、雕版印刷業突飛猛進地發展，爲文化知識傳播的主要載體——書籍的大量問世和流布提供了堅實的物質條件，以致書籍「刊行大備，要自宋始」，「校讎鐫鏤，講求日精」〔註 33〕，從而有力地推動文化事業的發展。

同時，北宋歷代統治階級爲維護自己統治均大力推行「興文教，抑武事」國策，十分重視文化教育事業發展。一方面，大力發展隋唐以來的科舉制度，「大量吸收文人參政，打破以軍人爲中心的統治結構，奠定了文化繁榮的根基」〔註 38〕。另一方面，教育普遍化爲文化繁榮提供了良好土壤，特別是作爲培養封建文人主要機構的書院，以及興起時間較晚，但發展速度很快的太學、州學、縣學等官方學校，均受到了朝廷重視，正是在這些地方培養出了一大批名儒耆宿。另外，官方還「給文人以優厚地俸祿，使封建文人精神文化需求擴大」〔註 39〕，並且「未實行文化專制主義，文人較有言論自由」〔註 40〕。客觀地講，這些政策的推行營造了一個較好的文化氛圍，進一步推進了學術文化事業的發展。

在上述諸種條件的推動下，「華夏民族文化，歷數千載之演進造極於趙宋之世」〔註 41〕。大致說來，北宋中葉以前學術文化的繁榮主要體現在以下幾個方面。

第一，作爲文化的核心內容——新儒學，即宋學，逐步形成。純粹的漢儒章句訓詁之學——漢學，發展到唐代中葉後，已失去學術生命力，日漸陷入困境。北宋初期，爲了對抗日益強大的佛教勢力，新儒學不得不援佛、道入儒，進一步探討儒家經典義理，新的儒學開始逐步興盛起來，這就是宋學。當時生活在北宋初年的晁迥把儒、釋、道同等對待，釋智圓身爲僧人卻自號「中庸子」，他們對宋學，特別是後來理學的形成和發展，起了較大推動作用。而活躍在宋太宗時期的陳摶，以及後來的周敦頤，則將道學引入儒家，對宋

〔註 33〕于敏中《天祿琳琅書目》卷四，《周易輯聞》。

〔註 38〕魯堯賢《宋代文化繁榮及其原因》，《安慶師範學院學報》，1994 年第 2 期，第 12 頁。

〔註 39〕同上，第 13 頁。

〔註 40〕同上，第 14 頁。

〔註 41〕陳寅恪《金明館叢稿二編》，生活・讀書・新知三聯書店，2001 年，第 245 頁。

學，尤其是後來的理學學派產生了重大影響。宋初三先生胡瑗、石介、孫復均以義理爲宗，不取舊說，「講說多異於先儒」〔註42〕，在當時影響極大，以致後人稱「宋世學術之盛，安定（胡瑗）、泰山（孫復）爲之先河」〔註43〕。到了北宋中葉，經過歐陽修的大力倡導，宋學已經具備「通經學古」、「救時行道」、吸收佛道之說三大特徵。可以說，此時宋學已經形成，祇是尚未具體析分出新學、洛學、關學、蜀學等學派。

第二，史學的繁榮。有宋一代，承唐代史學之基，造就了中國古代史學發展歷程中的又一個新高峰。到北宋中葉以前，官方修史機構已經十分完善，並相應的實行史學「開禁」，允許私人修史，使得所修史書數量大增，影響也較大。比如史學名著《新五代史》、《新唐書》、《五代會要》、《唐會要》等；國史《景德兩朝國史》、《天聖三朝國史》等，元代脫脫等所修《宋史》的主要部分即是在上述諸國史基礎上改寫而成的。同時，宋代史學範圍也空前擴大，突破了傳統疆界，例如歐陽修的《集古錄》等在考辨史實時已經開始大量運用金石資料。

第三，文學藝術的革新。五代以來，流行駢體文，雖詞藻華麗，但極不切實用，多爲時人所抨擊。北宋初年，許多有志者開始承韓愈之文統與道統，再開「古文運動」之風。如當時由五代入宋的高錫、梁周翰、柳開、范杲等人，雖未成氣候，但已重開北宋古文運動之先河。至明道二年（1033），宋仁宗親政時曾曰：「近歲進士所試詩賦多浮華，而學古者或不可以自進，宜令有司兼以策論取之」〔註44〕，又在制度上爲古文運動的開展提供了保障。後來，歐陽修等人正是在宋仁宗的支援下，依託科舉考試展開了大規模古文運動，改革了文風。

宋詩，從王禹偁等人開始起，就努力把詩歌引向現實主義發展道路，逐漸形成別具一格的風格。

宋詞，晏殊、歐陽修、張先等人以詞言情，影響極大，後繼者柳永、蘇軾等人各創一派，逐漸使詞這一新興文學體裁發展到登峰造極的地步，爲後世者所不能企及。

其他方面，如話本小說、戲曲等也都開始逐步萌芽。

至於藝術，主要體現在書法和繪畫兩方面。書法上，有李建中、宋綬等

〔註42〕《宋史》卷四百三十二。
〔註43〕黃宗羲《宋元學案》卷一，《安定學案序錄》。
〔註44〕《續資治通鑒長編》卷一百一十三。

人，其中李建中之字以醇厚見長，宋綬「富於法度，雖清腆而不弱」〔註45〕。繪畫上，黃荃、黃居寀父子作為早期宮廷畫家，以院體畫稱著於世。

第四，科學技術成就巨大。宋代許多科學技術發明都給世界文明的發展帶來了根本性的變化，這些成就是古代歷史上任何一個國家，任何一個時代均無法達到的。北宋前期火藥、指南針的發明，石油、地磁偏角的發現等無一不是人類文明史上的奇蹟。更為難得的是，這些偉大發明與發現誕生後，迅速地加以轉換，投入實用，為社會的發展做出了巨大貢獻。有關此項內容，《武經總要》等書中記載頗多，具體情況，後文詳述。

二、文獻學的發展

以宋學為中心，北宋前期學術文化得到了極大繁榮。但傳統漢學不僅未有消亡，還在進一步發展。當時，許多大學問家均是漢、宋兼通，只不過側重點不同而已。下面我們就來看一下該時期漢學，也就是文獻學發展的大致情況。

從建國之初，北宋政府就積極訪求古籍，不僅重視從所征服政權收取古籍，還注重從民間求書。乾德四年（966）閏八月，宋太祖「詔史館凡吏民有以書籍來獻，當視其篇目館中所無者收之，獻書人送學士院問吏理，堪任職官者，具以名聞」〔註46〕。從中可窺知統治者對搜書、獻書重視之一斑。類似此種獻書之事，一直貫穿於整個兩宋期間。在朝廷大力支持下，官方藏書日盛。據《宋朝事實類苑》所記，至宋太祖建隆初，三館藏書 1.2 萬多卷；宋太宗太平興國中，三館六庫書正副本共 8 萬卷；宋真宗大中祥符間，32,380卷；宋仁宗慶曆初，30,669 卷。如果再加上大中祥符八年（1015）皇宮失火所焚毀的三館秘藏之書大部，北宋前期官方藏書的數量已經相當可觀。

在搜求的同時，朝廷也開始了大規模的圖書編纂、校勘、注疏和著錄工作。首先，開展大規模的編纂工作。朝廷組織大批人力，投入大量物力，編纂大部頭的叢書和類書。早在開寶年間，宋太祖就命開封各地高僧編纂了一部 6,000 餘卷的《開寶大藏經》；雍熙四年（987），宋太宗又命賈黃中等編纂了 1,000 卷的《神醫普救方》；宋真宗大中祥符八年（1015），王欽若等又編纂了一部 4,359 卷的《祥符寶文統錄》道藏。宋太宗、宋真宗時期，還編修了《太

〔註45〕佚名《宣和書譜》卷六，《清潭等帖》。
〔註46〕張富祥《麟臺故事校正·書籍》，中華書局，2000 年版。

平御覽》、《太平廣記》、《文苑英華》、《冊府元龜》，多達 3,500 卷。除了大部頭的類書和叢書，北宋政府還進行了許多其他書籍的編纂，比如前面所論史學名著、國史，以及起居注、時政記、日曆、實錄、玉牒等。另外，許多會要的修纂，如宋仁宗慶曆間詔定的《慶曆國朝會要》，250 卷，也是在這一時期完成的。

其次，進行大規模的校勘、注疏和編目工作。宋代大規模的官家校書有五次，其中北宋三次，南宋兩次。第一次，也是北宋時期規模最大的一次，始於宋太宗太平興國二年（977），止於宋仁宗慶曆元年（1041），歷時 64 年，著有《崇文總目》66 卷，校訂圖書 36,669 卷；第二次，也是在宋仁宗時期展開，起於嘉祐四年（1059），止於嘉祐七年（1062），校訂圖書 8,000 多卷。可見，五次大規模的校勘，兩次都在北宋中葉以前，並均與宋仁宗朝有密切關係。

這一時期的古籍整理工作不僅編纂出不少叢書、類書，保存了大量古籍，還校勘了許多古籍，恢復或接近恢復它們的本來面目，並從中總結出不少校勘古籍經驗和方法，大大發展了校勘學。同時，這對目錄學等學科的發展，也起到了相當大的推動作用。這些使得當時主要從事此類工作的館閣「成為貯存和培養人才的好地方」〔註47〕，許多館閣之職為「清貴」職務，十分顯赫。

正所謂「學問在民間不在廟堂」，在官方的帶動下，文獻學在民間也顯現出勃勃生機。首先，私人藏書劇增。藏書是宋代一種社會風尚，一般「仕宦稍顯者，家必有書數千卷」〔註48〕。如江正一生聚書數萬卷，告老還鄉時「盡舉其書，築室貯之」〔註49〕；王溥家多藏唐舊書；李昉藏書亦富，「至闢學館給糇錢以延學者」〔註50〕；宋綬、宋敏求父子藏書不但多達兩萬卷，且極為精好，為當時之最；王洙、王欽臣父子藏書達 43,000 卷，且校勘亦十分精準。

其次，傳統分支學科上私家文獻學十分繁榮，構成了這一時期文獻學發展的主線。第一，大量校勘書籍。某種意義上說，宋代的大藏書家，一般也是出色的校勘家。據載，宋綬「博學，喜藏異書，皆手自校讎。常謂『校書如掃塵，一面掃，一面生。』故一書每三四校，猶有脫謬。」〔註51〕後來，其子宋敏求藏書也是如此。另外，這一時期的許多著名學者，諸如歐陽修等

〔註47〕王晟《北宋時期的古籍整理》，《史學月刊》，1983 年第 3 期，第 45 頁。
〔註48〕王明清《揮塵錄》前錄，卷一。
〔註49〕王明清《揮塵錄》後錄，卷五。
〔註50〕高似孫《史略》卷五。
〔註51〕沈括《夢溪筆談》卷二十五。

人，也都曾專門從事校勘工作，他們在長期實踐中，摸索出的豐富經驗，奠定了校勘學的理論基礎。

第二，目錄學繁榮。北宋初期，私人藏書家很多，且大多藏書卷帙較多。他們爲了查閱與研讀方便，一般都自己編撰書目，如江正的《江氏書目》、李淑的《邯鄲圖書十志》等。這些目錄學著作在整個宋人私目中佔有十分重要的位置，影響較爲深遠。

第三，版本研究開始發端。雕版印刷發明後，官私印本書劇增，圍繞研究和鑒別各版本之間的差別並從其複雜現象中尋找規律的版本學開始發展起來。這爲後來尤氏《遂初堂書目》——第一部專記版本著作的誕生奠定了一定基礎，推動了版本學的發展。

第四，辨僞成爲時尚。在宋學思想的激勵下許多宋儒大膽改革舊學，公然疑經惑傳，甚至任意改經，辨僞學之作開始興起。如劉敞的《七經小傳》中出現了改易經文舉動，可謂辨僞學的開山之作；其後，歐陽修在《易童子問》、《毛詩本義》、《問進士策三首》、《南省試進士策問三首》等著作中，非《繫辭》，攻毛鄭，疑《周禮》等，極大地推動了辨僞之風的大興。

第五，考證學勃興。隨著疑經惑古之風的興起，考證學也進入繁榮之季。劉敞、歐陽修就是「煽起」宋考辨之風的「始作俑者」。這一時期，他們首創的金石考史法，將考證學導入實事求是、精深細密的方向，極大地推動了宋代考證學與史學的發展。

第六，傳注學發達。宋儒注經之作很多，如上述在辨僞學中所述的《七經小傳》、《毛詩本義》等。在宋學思想的影響下，辨僞之風的推動下，宋代士人眼界得以開闊，思維得到更新，從而使得這一時期的傳注學之作呈現了一些不同以往的新特徵。其中很重要的一點就是，多數作品開始漢宋兼通。

第七，金石學興起。宋代第一個把視線投向古器物並進行了初步研究的人是劉敞。其後，歐陽修進一步著錄天下金石拓片，並加以系統考證，從而正式掀起金石研究之風。

同時，這一時期輯佚學、方志學也開始萌芽。

可以說，北宋中葉以前文獻學的發展開啓了兩宋時期文獻學發展之先端，奠定了整個兩宋文獻學發展之基石。而「兩宋諸儒實爲清代樸學之先驅」，「有清一代之學莫不淵源於兩宋」，「無不賴宋賢開其先，乾嘉諸師特承其緒

而恢宏之耳」〔註52〕。因而，北宋前期文獻學的發展在兩宋乃至整個中國古
代學術文化史上均佔有重要地位。

三、兵學的寥落與復興

　　所謂兵學，就是指「研究戰爭、戰爭指導和軍隊建設的原則和方法的學
問」〔註53〕。兵學文化屬於「兵、醫、農、藝」四種實用文化中之一，在中
國古代淵源已久。北宋時期，郭雍所著的《沖晦郭氏兵學》，即以「兵學」命
名；《宋史》卷二百九十郭逵列傳中也有「（郭）逵忼慨喜兵學」，出現了「兵
學」一詞。且此前該詞未見於史籍。趙國華先生據此認為：「『兵學』一詞最
早見於北宋時期」〔註54〕。筆者以為然。

　　作為兵學研究的記錄和傳播工具的兵書，它是「以文字或圖畫記錄古代軍
事知識的主要載體」〔註55〕，「主要用於記述人們對於戰爭、戰爭指導和軍隊建
設問題的看法，是兵學研究的最終成果，體現出傳統軍事學術的水平」〔註56〕。
其淵源也已十分久遠。

　　「兵」，甲骨文作「」，金文作「」。從字形上看，「兵」上面是「斤」，
為短斧之類的東西；下面是「廾」，像雙手持「斤」。由此可知，該字是名詞、
會意字，本義為「兵器，武器」。《荀子·議兵》云：「古之兵，戈、矛、弓、
矢而已矣。」《說文·𠬪部》曰：「兵，械也。」段玉裁注：「械者，器之總名。」
從中引申出「士卒，軍隊」之義。《左傳·昭公十四年》記：「夏，楚子使然
丹簡上國之兵於宗丘，且撫其民。」孔穎達疏云：「兵者，戰器之名，戰必令
人執兵，因即名人為兵也。」《戰國策·趙策四》：「必以長安君為質，兵乃出。」
又泛指「軍事，戰爭」活動。《孫子·計》：「兵者，國之大事也。」《三國志·
魏志·武帝紀》曰：「兵之變化，固非一道也。」綜上可見，「兵」包含有物、
人、事三層意思，正與前人所講「古有兵革、兵戎、治兵、用兵之言，斯則
武事之總名也」〔註57〕相吻合。

　　「書」，《說文》作「」。《說文·聿部》曰：「書，箸也。」徐灝箋：「書

〔註52〕張舜徽《廣校讎略》卷五，中華書局，1963年，第124頁。
〔註53〕趙國華《中國兵學史》，福建人民出版社，2004年，第2頁。
〔註54〕同上。
〔註55〕許保林《中國兵書通覽》，解放軍出版社，2002年，第3頁。
〔註56〕趙國華《中國兵學史》，福建人民出版社，2004年，第3頁。
〔註57〕阮孝緒，《七錄序》，《廣弘明集》卷三。

從聿，當以作字爲本義。」「聿」，即「筆」。故，可知該字是動詞、形聲字，本義爲「書寫，記錄，記載」。《釋名・釋書契》：「書，亦言著也。著之簡紙永不滅也。」《廣雅・釋言》亦言：「書，記也。」後，引申爲名詞「書籍，裝訂成冊的著作」之義。許慎《說文解字・序》：「著於竹帛謂之書，書者，如也。」朱駿聲《說文通訓定聲》曰：「作書。上古以刀錄於竹若木，中古以漆畫於帛，後世以墨寫於紙。」

甲骨文字中有關軍事與戰爭內容的記錄可視爲兵書之萌芽；至西周時期《軍志》、《軍政》、《軍讖》等的出現，兵書開始正式產生；到春秋時期《孫子》之時，兵書已經十分成熟。此後，兵書，也可以說是古代兵學，不斷發展，構成了一條完整而清晰的脈絡。就這一脈絡來講，可分爲三個階段。除了殷商至西周時期爲萌芽與產生這一階段外，還有兩個大的階段，即春秋至隋唐時期，成熟與發展階段；宋元至明清時期，興盛與衰落階段。在這三個階段中，中國兵學發展分別出現過三次大的高潮，也就是春秋戰國時期、宋代、明清之際。但在北宋前期，尤其是建國初期，兵學發展總體還是十分低落的。

按照許保林先生的說法，兵學發展到東漢至隋唐時期出現了第一個低潮〔註58〕。到了唐代，雖然文學藝術得到了較大的發展，但由於重文輕武的風氣也開始萌發，兵書並未得到相應的重視，除了出現少數較爲有影響的兵書，如《李靖兵法》、《李衛公問對》、《太白陰經》、《長短經》、《通典・兵部》、《孫子》諸家注之外，別無其他重要著作。

到了五代十國時期，藩鎮割據，王朝更疊，更是沒有什麼像樣的兵書。目前從歷代兵書書目中只能檢索到《契神經》、《六壬軍法鑒式》、《兵論》三種，且沒有一部流傳下來。

北宋立國之後，以「重文抑武」爲基本國策，採取一系列措施收奪了將領們的兵權。在學術文化上，不僅把兵書藏於禁中，秘不示外，還將其列爲禁書，使得士大夫諱言兵事。

北宋初年，兵書與天文書即被列爲秘書。宋太宗初年所修的《太平御覽》有關兵書內容達九十卷之多，但也是僅供「御覽」而已。至嘉祐六年（1061），第一次專門校勘秘閣所藏兵書時，仍然「兵書與天文爲秘書，獨不預」〔註59〕。

北宋的禁書現象也十分嚴重，不僅存在禁書次數多，範圍廣，手段多等特

〔註58〕具體內容可參見許保林的《中國兵書通覽》，解放軍出版社，2002年版。
〔註59〕《續資治通鑒長編》卷一百九十三。

點，「對天文與兵書的查禁一直是宋太祖到宋仁宗時期禁書的主題」〔註60〕，並且隨著時間的推移，兵書越來越居於突出位置。這主要是因為，圍繞皇權變更而展開的禁讖緯、天文之書已經逐漸失去政治作用而顯得沒有太大必要了。

早在宋太祖初年頒佈的《宋刑統》這部遠承《唐律》近依《大周刑統》的法典中就有「禁天文圖讖、兵書、七曜曆、太一（乙）、雷公式」內容，包含了大量兵學著作。

到了宋眞宗、宋仁宗朝，禁書數量，尤其是兵書的數量，較初期又有更大增加，其手段也更為嚴厲。在景德三年（1006），宋眞宗就曾下詔：「天文兵法，私習有刑，著在律文，用防奸僞。」〔註61〕試圖採用嚴律，以阻擋民間私自藏閱天文、兵法等圖書的潮流。這一時期，進士出身的許洞，遍覽兵書，感到「《孫子兵法》奧而精，學者難於曉用」，自己「乃演孫李之要，而撮天時人事之變，備舉其占，凡六壬遁甲、星辰日月、風雲氣候、風角鳥情以及宣文設奠醫藥之用、人馬相法，莫不具載，積四年書成，凡二百十篇，分二十卷，名曰《虎鈐經》」〔註62〕，並於景德二年（1005）進獻朝廷。但許洞的良苦用心並沒有得到宋眞宗的理解，《虎鈐經》不僅沒有得到應有的重視，反而在次年宋眞宗就下詔禁止私習兵書。這對當時兵學的發展無疑是一個沉重打擊。

宋仁宗時期，內外兵權已由祖輩收回朝中，但為了徹底消除隱患，寶元二年（1039）他再次對兵書進行查禁。該年正月，學士院上奏章言道：「請除孫子、歷代史、天文、律曆、五行志，並《通典》所引諸家兵外，餘悉為禁書」〔註63〕，並隨同一起進奉了「學士院、司天監定繫禁書籍十四門，為目錄一卷」〔註64〕。在這次查禁當中，很明顯兵書被置於十分突出的位置。據說，宋仁宗對此份奏章，尤其是目錄十分滿意，很快就加以批准。於是，一場大規模的兵書禁毀災難就再次降臨了。

在政府抑制之下，「海內狃於晏安，而恥言兵」〔註65〕，「士以武弁為羞，而學者以談兵為恥」〔註66〕現象日益嚴重，兵學論壇的寥落極為明顯。以慶

〔註60〕陳日升《宋代禁書的類型及影響》，《福州師專學報》（社科版），2000年第2期，第72頁。

〔註61〕司義祖《宋大詔令集》卷一百九十九，《禁天文兵書詔》。

〔註62〕紀昀《四庫全書總目》卷九十九，《虎鈐經》。

〔註63〕《續資治通鑒長編》卷一百二十三。

〔註64〕王應麟《玉海》卷五十二，《嘉祐編定書籍，昭文館書》。

〔註65〕茅坤《唐宋八大家文鈔》卷一百三十八，《教戰守》。

〔註66〕李綱《梁溪集》卷五十九，《議戰》。

曆年間官方開辦培養將帥的武學爲例，自其慶曆三年（1043）五月二十一日創辦以來，深受重文輕武風氣的影響，遭到許多士大夫的詰難，竟出現「英豪」之士恥於就學的怪象，入武學學習者寥寥無幾。面對此情形，倡議創辦者范仲淹等人不得不承認「儻久設此學無人可教，則慮外人窺覦，謂無英材於體，未便」〔註67〕，建言武學「不須別立」。八月二十四日，宋仁宗下詔罷除武學。慶曆武學，僅僅開辦了95天便宣告結束。

在這種情況下，根本不可能產生兵學名著，也不會爲後世留下什麼有影響力的兵書。當時除了官修《冊府元龜‧將帥部》、《太平御覽》相關部分和《虎鈐經》之外，餘者不但無幾，也幾乎沒有什麼影響力。反映在圖書分類法中，北宋前期兵書地位也在進一步下降。（詳見下表）

書　目	位　次
《中經薄‧乙部》	1.古諸子家、2.近世子家、3.兵書、4.兵家、5.術數
《隋書‧經籍志‧子部》	1.儒、2.道、3.法、4.名、5.墨、6.縱橫、7.雜、8.農、9.小說、10.兵書、11.天文、12.曆數、13.五行、14.醫方
《新唐書‧藝文志‧子部》	1.儒、2.道、3.釋、4.法、5.名、6.墨、7.縱橫、8.雜、9.農、10.小說、11.天文、12.曆數、13.兵書、14.五行、15.雜藝術、16.類書、17.明堂經脈、18.醫術

我國古代圖書四部分類法的形成，正值兵學衰微，兵書減少之期。荀勖創四部分類法之時，便將兵書列於諸子之後，《隋書‧經籍志》把諸子九家擴展爲同位類，兵書仍居其後，列爲第十位。至北宋宋仁宗時歐陽修的《新唐書‧藝文志》中則又把天文、曆算提置兵書前面，使兵書地位進一步下降。

北宋前期兵學的寥落，兵書數量的減少、影響的降低，造成一系列負面影響。其中惡果之一，就是致使眾多將帥「鮮古今之學」，在宋夏戰爭中屢遭慘敗。也正是迫於此壓力，宋仁宗才下令編纂《武經總要》，並建立武學的。

值得一提的是，上節中提到，在戰爭的推動下宋仁宗時期社會上研究兵書的人逐漸增多起來。當時涉足兵學著述的主要有三類人：一是研究古代兵書典籍的兵學家，其中就包含了曾公亮、丁度等人，他們研究整理兵書典籍直接就是爲了改變長期以來武備廢弛，將帥不學無術的局面；二是熱心於兵學研究的著名文人，包括宋詩的「開山祖師」梅堯臣、文壇領袖歐陽修、著

〔註67〕范仲淹《范文正奏議》卷上，《奏乞指揮國子監保明武學生令經略部署司講說兵書》。

名散文家蘇洵等，他們研究的許多問題對於擺正兵學位置，吸引眾多文人士大夫重視軍事問題具有積極意義；三是直接接觸國防問題的朝中重臣和邊疆大吏，以范仲淹等人爲代表，他們身膺守疆重任，直接面對軍事改革的實際問題，其論兵之言多爲就事論事的現實對策〔註68〕。

在廣大士大夫積極參與下，原先朝廷「諱言兵」，文人士大夫「恥言兵」的風氣爲之一變，出現了人人言兵的社會熱潮，使得兵書數量增加，影響擴大。北宋兵學也逐步進入中國兵學史上的復興時期，出現了第二次高潮。

首先，文人大量涉足兵學改變了將帥們「敏於行而拙於筆」的困境。他們或匯輯前人的研究成果，或整理校勘古代兵書典籍，或分門別類摘錄歷代兵論和戰例，保存了許多古代兵學的珍貴資料；而且還十分注意從新的角度，在新的領域裏探討兵學原理，進一步塡補了理論空白，完善了兵學體系。當時出現了一系列新的兵學著作，如宋仁宗所編的《神武秘略》十卷，王洙的《三朝經武聖略》、《清邊武略》，丁度的《備邊要覽》、《慶曆兵錄》，梅堯臣的《〈孫子〉注》一卷，歐陽修的《〈孫子〉集注》十三卷，任鎮的《康定論兵》一卷等。

其次，文人士大夫介入兵學還一定程度上改變了中國古代兵學囿於樞密將帥的舊有傳統，使軍事知識得以較爲廣泛傳播。因爲，文人較之傳統將帥往往佔據優勢，思路更清晰，哲理性更強，更易總結並昇華軍事實踐中的經驗與教訓。他們以通俗而凝練的語言著錄成的典籍、文章，不僅便於後人深層次、多角度、全方位的瞭解戰爭，掌握戰爭規律，也使大量具備一定文化水平的讀者群體更多、更易地瞭解並接受一些軍事知識。

文人論兵在極大程度上促進兵學發展的同時也存在一些弊端，文人書生氣較重，多數情況下流於空談，結果往往過於注重字詞訓詁和版本校勘，或求體系完備，資料豐贍，對直接影響宋軍戰鬥力和國防的許多尖銳問題反而語焉不詳，缺少有針對性的軍事建策等。上述這些優缺點在《武經總要》中多有體現，具體情況後文將詳加分析。

〔註68〕具體內容可參見劉慶的《文人論兵與北宋兵學的發展》，《社會科學家》，1994年第5期。

第二章　纂修人員考

第一節　曾公亮

曾公亮（999〜1078），字明仲，號樂正，別號敏仲，諡號宣靖，泉州晉江（今福建晉江）人，北宋著名政治家、兵學家、學者。

一、家　世

曾公亮家世較爲顯赫。據曾肇所言，「曾氏係出於禹，爲姒姓，其後有封於鄶（今山東棗莊東）者。」唐僖宗廣明年間，「自光州固始縣避亂徙家閩越，遂爲泉州晉江縣人者，公之七世祖也。又三世而生瓚，是爲公高祖。自高祖而下三世皆仕閩越：高祖爲泉州錄事參軍，曾祖秦公爲司農少卿、泉州節度掌書記，皇祖魏公爲泉州德化縣令，皆奕世載德，畜而不發。至魏公始，歸朝爲殿中丞致仕，皇考楚公遂以文學政事顯名朝廷，至公而曾氏遂大顯矣。」〔註1〕這裡所說的「楚公」，即曾公亮之父曾會。

曾會（952〜1033），字宗元。他襟懷夷曠，才華出眾，於端拱二年（989）舉進士甲科第二名，即通常所講的榜眼。當時廷試，曾會「日未昃卷上奏御，時蜀人陳堯叟亦有俊譽，上覽二人文相埒敏亦如之，莫適高下、釋褐，並授光祿寺丞、直史官，名雖甲乙而實與等夷」〔註2〕。不久，遷殿中丞、知宣州。咸平二年（999），以太常博士直史館知。同年，曾公亮呱呱墜地。大中祥符

〔註1〕 杜大珪《名臣碑傳琬琰之集》中卷五十二，《曾太師公亮行狀》。
〔註2〕 謝采伯《密齋筆記》卷四。

末，曾會由三司判官出爲兩浙轉運使，時逢旱災嚴重，五穀不登，而權臣丁謂「建錢塘捍江之役，發卒萬餘，傾蕩山谷，中外無敢言者，會奏列其狀，有旨中罷」〔註3〕。這在封建官僚中是極爲難得的，因而此事也爲廣時人頌贊。天聖二年（1024），官至刑部郎中、集賢殿修撰、知明州，賜紫金魚袋。也就是在這一年，曾公亮以進士起家，步入仕途。

曾公亮兄弟六人，他排行第二。見於史籍者有長兄曾公度，大中祥符八年（1015）進士。另外，目前可考者曾公亮還有姐妹兩人，一位是曾公亮姐姐，爲名士孫侔之母；另一位是曾公亮妹妹，嫁當時一侍御史爲妻。

雖然曾公亮其餘兄弟姐妹的情況由於史料所限目前無法得知，但其後輩中卻是名人疊出。他有兒女多人，多歷任顯職，頗有名聲，見於史籍者有長子曾孝宗，次子曾孝寬、曾孝廣、曾孝純、曾孝蘊、曾孝序等，其中以曾孝寬最爲突出。

曾孝寬（1025～1090），字令綽，以父蔭知桐城縣。先後選知咸平縣，除秘閣修撰、提點開封府界鎮縣，入知審官東院、判刑部。熙寧五年（1072），遷樞密都承旨。當時朝廷承旨用文臣，自曾孝寬始。後，擢拜樞密直學士、簽書樞密院，端明殿學士知河陽，徙鄆封鄒國公，再遷資政殿大學士、吏部尚書等職，配享孔子。在咸平縣任上時，「民詣府訴雨傷麥，府以妄杖之。孝寬躬行田，辨其實，得蠲賦。」爲當地做了較大貢獻，受到當地人民的稱讚。熙寧年間，受其父影響，積極參與王安石變法。推行保甲法過程中，在「民相驚言且籍爲兵，知府韓維上言，乞候農隙行之」危機之際，曾孝寬頂住壓力，「榜十七縣，揭賞告捕扇惑者，民兵不敢訴，維之言不得行」〔註4〕，有力地支援了新法。

曾公亮孫輩亦人丁旺盛，後世留有記載資料者主要有曾恬、曾愷、曾懷、曾誕等人。其中，曾恬曾爲大宗正丞一職，時處秦檜專政之期，不求媚取，自守僧利，投閑幾十年。而且作爲理學大家楊時再傳弟子，他極尊楊時、謝良佐、陳瓘、劉安世等人，頗「得存心養性之學」〔註5〕，成爲龜山學派重要代表人物，對宋代理學發展起到了一定促進作用。

曾公亮四世孫中以曾從龍最爲顯赫。曾從龍（1175～1236），字君錫。原

〔註3〕《福建通志》卷四十五，《泉州府》。
〔註4〕《宋史》卷三百十二。
〔註5〕熊克《中興小記》卷三十五。

名曾一龍，因慶元五年（1199）狀元及第，宋寧宗賜名從龍。初，授簽書奉國軍節度判官廳公事，後累官至刑部尚書、禮部尚書、知樞密院事兼參知政事。他從不趨炎附勢，敢於伸張正義，忠心謀國，悉心輔政。在京城爲官時，曾兩次奉詔出使金國，不辱使命而返；出任地方官時，又能關心百姓疾苦，體恤民瘼，鋤暴安良，是南宋後期人們所推崇的賢相之一。端平二年（1235 年）冬，蒙古軍隊開始窺伺江淮、荊襄地區，他「以樞密院使督視江淮、荊襄軍馬」〔註6〕，積極籌措防務，但主和派卻以「邊費不給」爲由，逼使宋理宗將其召回，致使其壯志難酬，憂憤成疾。翌年，含恨而逝。

要之，「曾氏家世，自集賢曾公會暨魯公公亮父子繼起，偉望碩德，奕世相承」〔註7〕，一門俱爲翰長，父子執政，祖孫宰相，深爲世人榮之。

二、宦　跡

曾公亮少時即器度不凡。乾興元年（1022），曾公亮受父命奉表進京祝賀宋仁宗登基，仁宗授其大理評事，但他卻不願蔭封，拒不赴調。他居京師客舍中時，聽見「有客泣，鄰舍甚悲。公亮問故，客欷歔曰：『適負錢，鬻女於商』。問其直，曰四十萬。公亮如數與之主人。擇日送女，而公亮已解纜三日矣。」〔註8〕其樂於助人之事，在京城中傳爲美談。

他年少聰慧，博識強記，頗有抱負。天聖二年（1024），曾公亮「舉進士第五人，以太常寺奉禮郎知會稽縣事」〔註9〕。後因其父在家鄉實田被彈劾，受到牽連，被貶爲監湖州酒務。歸後，遷光祿寺丞監。不久，因功特遷秘書省著作佐郎。明道年間，遷秘書丞、太常博士。數年後，在近臣的推薦下曾公亮入京授國子監直講，後改任諸王府侍講。其後，先後任尚書屯田員外郎、集賢殿校理、天章閣侍講、史館檢討、兵部員外郎、修起居注等職。慶曆年間，升任天章閣待制，不久遷刑部郎中、知制誥兼史館修撰。皇祐三年（1051），任翰林學士，不久遷中書舍人。他歷判刑部、兵部、吏部流內銓，知審刑院、太常禮院，判太常寺兼知禮儀事，判三班院。至和元年（1054），以端明殿學士知鄭州。這一時期他所任多館閣之職，不僅使得其精通歷代典製成爲可能，

〔註6〕　李清馥《閩中理學淵源考》卷三十一，《少師曾君錫先生從龍》。
〔註7〕　李清馥《閩中理學淵源考》卷三十一，《溫陵曾氏家世學派》。
〔註8〕　《福建通志》卷四十五，《泉州府》。
〔註9〕　施宿《嘉泰會稽志》卷三，《縣令長》。

也爲以後官至執宰奠定了堅實基礎。

　　嘉祐三年（1058）三月，曾公亮爲翰林學士知開封府。三個月後，又被擢爲給事中、參知政事、提舉修《唐書》。嘉祐四年（1059），加禮部侍郎。嘉祐五年（1060），除檢校太傅充樞密副使兼群牧制置使。嘉祐六年（1061）閏八月，官拜吏部侍郎同中書門下平章事、集賢殿大學士，成爲福建泉州歷史上第一位入閣拜相之人。嘉祐八年（1063）二月，仁宗病重，曾公亮與首相韓琦共定大計，「力贊仁宗早建皇子，以爲天下萬世之本。前此固有言者，未之開納，至是感悟，儲貳乃定。」〔註10〕皇子趙曙得以擁立，是爲宋英宗。嘉祐八年（1063）四月，曾公亮加中書侍郎兼禮部尚書、樞密使，不久又加任戶部尚書。英宗病重期間，他與韓琦再次力挽狂瀾，推宋神宗爲皇太子。治平三年（1066）正月，被加封爲門下侍郎兼吏部尚書，不久即拜尚書右僕射、提舉修《英宗實錄》。

　　治平四年（1067）正月，宋神宗即位，進封英國公。九月，自集賢殿大學士、同中書門下平章事加尚書左僕射。熙寧元年（1068），曾公亮因年已七十上書還政，神宗不從。熙寧二年（1069），曾公亮強力推薦王安石爲參知政事推行新法，其自行吏部侍郎、同平章事、集賢殿大學士加昭文館大學士、監修國史兼譯經潤文使、魯國公。熙寧三年（1070）九月，以兩朝定策之功辭去相位，但仍備受神宗信任，每五日一奉朝請。次年（1071），曾公亮以七十三歲高齡又重新被啓用爲永興軍路安撫使，鎮守關中，爲「熙寧開邊」做出了巨大貢獻。熙寧五年（1072）六月終以太傅致仕。致仕時，神宗打破「致仕官不入謝上」的慣例，「以公亮三朝故老，特加禮仍給見任支賜」〔註11〕。此時，曾公亮雖年邁不能上朝，神宗仍不時遣使詔問北陲備禦之策。

　　元豐元年（1078）閏正月，薨於正寢。在病重期間，宋神宗曾多次遣太醫爲之診視。死後，「又命輔臣至第存問訃聞，並特輟視朝三日車駕臨哭，盡哀三月。丙子，又爲素服哭於苑中。贈太師、中書令，配享英宗廟廷。」〔註12〕

　　少年才智極高，入仕後又傾心政事，頗有聲望的曾公亮，在久經歷練之後，顧托三朝，更踐二府，爲相十二載，在史冊上留下了不朽功名。下面擇其有代表性幾個方面稍做爬梳，以期對曾公亮官宦生涯有一清晰認識。

〔註10〕朱熙《宋名臣言行錄》後集，卷六，《曾公亮》。
〔註11〕《續資治通鑑長編》卷二百三十四。
〔註12〕杜大珪《名臣碑傳琬琰之集》中卷五十二，《曾太師公亮行狀》。

（一）夙夜宣勞，敬業從事

曾公亮的敬業精神，在北宋王朝的官員中實不多見，有關例子很多。早在曾公亮剛入仕任會稽知縣時，為了治理鏡湖湖患，每當湖水將溢，他就立於斗門親自主持泄水工程，終使湖患得到了有效治理。

曾公亮曾任翰林學士、管勾三班。當時，「三班吏，世所賤薄，老胥抱文書陞堂取判者，皆高下在口，異時長官漫不省察，謹占署而已。公亮盡取前後條目置座側，案以從事，吏束手無能為，後至者皆莫能易。」〔註13〕作為一方主官，他親力親為，嚴格監督屬下，有效地防止了弊誤發生。

熙寧年間任侍中時，雖年事已高，但每得「四方奏獄」，必躬閱之。連宋仁宗都稱讚他在執法方面「以精識，附之經術，不恃明而克審，既能敏而加勤。期於無刑，予敢不勉？靡有留事，爾實為材。副乃憂勞，良深歎獎。」〔註14〕曾公亮審理案件，除了「精識」（有關於此，後文詳解）之外，很大程度上也在於其敬業勤懇。

（二）減汰冗官，唯任賢才

眾所週知，北宋吏治混亂，官僚機構臃腫，「仕進多門，人浮政濫，員多闕少，滋長奔競，靡費廩祿」〔註15〕。針對這種情況，曾公亮明確主張對官吏實行「取之得其要，任之儘其才」，「汰冗官」，進行改革。

具體來說，一方面主張「議定員數」，裁汰冗官；另一方面主張精選地方官吏，改變「選之不精，遇之不重勸之不至」的狀況。他認為應當廢除「磨勘法」，對各級官吏的任用和陞遷採用考科督察的辦法，即「三考有善政者，則升其官資；兩任有善政者，則升其任使；顯無狀者，則罷黜之」。〔註16〕在任翰林學士、判三班院時，針對「領省事者多以貴達，且數遷徙類不省事，吏得並緣為奸，公周覽詔條，考校簿書，分別是非可否，不為苟簡，故所至舉職，皆有能名」〔註17〕。此法的推行，極大地改善了北宋王朝官吏的舊況，但同時也觸動一大批守舊大臣的既得利益，因而無法真正貫徹。

在這種情況下，不得已，曾公亮只能更多地在自己能力範圍內大力舉薦

〔註13〕《續資治通鑒長編》卷一百七十。

〔註14〕歐陽修《歐陽文忠公集》卷八十五，《曾公亮詔》。

〔註15〕趙汝愚《宋名臣奏議》卷一百四十七，《上仁宗答詔條畫時務策》。

〔註16〕同上。

〔註17〕杜大珪《名臣碑傳琬琰之集》中卷五十二，《曾太師公亮行狀》。

賢能之士。此類記載見於史籍者頗多，如宋神宗就曾對輔臣們講「公亮喜薦士，多得人」〔註18〕。其中，所舉之人尤以王安石和呂惠卿等人最具代表性。神宗初立，曾公亮就奏曰：「安石文學器業不敢爲欺」〔註19〕，並且多次說「安石輔相才也」〔註20〕，不顧許多守舊大臣的阻撓，說服神宗皇帝，力薦王安石主持變法大局。治平四年（1067）六月，「三司檢法官呂惠卿編校集賢院書籍，惠卿與王安石雅相好，安石薦其才於曾公亮，公亮遂舉惠卿館職」〔註21〕。換言之，正是由於他對王、呂二人的舉薦，才使得熙寧新法的開展成爲可能。

另外，他還曾「薦趙清獻公爲殿中侍御史」〔註22〕；舉趙滋處理眾吏不敢過問的「契丹縱人漁界河，又數通鹽舟」〔註23〕挑釁之事。諸如此類者等等，爲朝廷網羅了不少文武之材。

（三）浸研法律，明於法治

「法制明，則民畏刑。法制不明，而求民之令也，不可得也。」〔註24〕法律的製定和實施是統治階級意志的一般表現形式。凡有國家就有法律，任何國家都必須製定相應的法律並加以實施來維護自己的統治。作爲北宋朝廷也不例外，許多有志官員都十分重視法律的製定和實施，曾公亮則表現更爲突出，成績更加斐然。

首先，編訂律令。他「浸研法律」，發其微旨，編訂了不少法令律條。慶曆七年（1047）正月，與張方平、宋祁等共同編定《慶曆編敕》十二卷，其中「視天聖敕增五百條，大辟增八，流增五十有六，徒減十有六，杖減三十有八，笞減十有一；又配隸減三，大辟而下奏聽旨者減二十有一」〔註25〕。大幅度修改了舊有律令，使之更趨完善，更爲適合統治需要，得到了宋仁宗高度贊許。嘉祐七年（1062）四月，又與韓琦上《刪定編敕》、《敕書德音》、《附令敕》、《總例》、《目錄》二十卷，並再次得到仁宗皇帝的肯定，隨即便下詔刻印頒行。

〔註18〕陳均《九朝編年備要》卷二十。
〔註19〕《宋史》卷三百十六。
〔註20〕王稱《東都事略》卷七十三。
〔註21〕佚名《宋史全文》卷十。
〔註22〕無名氏《錦繡萬花谷》前集，卷十一，《御史》。
〔註23〕《宋史》卷三百十二。
〔註24〕商鞅《商君書》，《君臣》。
〔註25〕《續資治通鑑長編》卷一百六十。

　　其次，勇於法治。在知鄭州期間，曾公亮不僅爲民興利除害，減輕賦稅，而且還大力整頓社會治安，其中尤爲擅長「鉤考情僞，禁戢奸盜」。他未到任前，「郡故多寇攘」。他到任後不久，賊寇悉竄他境，人人路不拾遺，家家夜不閉戶，因而得到雅稱「曾開門」。當時，「嘗有使客，亡橐中物，移文求盜，公諭以境內無盜，必從者自爲也。索之果然。使客慚服，以爲神明。」〔註26〕儘管此語含有一定溢美成份，但經過治理後的鄭州社會秩序比較安定，卻是不爭的事實。知開封府時，他繼包孝肅之後，在惠民的同時仍嚴於法治，不久便使京師治安肅然。

　　再者，愼刑。曾公亮雖居高位，但平素卻溫和愼刑，決獄斷案，從不濫用刑罰。《曾太師公亮行狀》中有載可例證之，「其在刑部，果於直人之枉，選人以毆父妾得罪。其實爲妾所毆，拒之，因誤傷妾，非毆也。訴於刑部，公欲直之，同列之長者不從，乃獨請對，卒與之。」

　　熙寧年間，已經七十多歲，辭去相位的曾公亮，「年雖高而精力不衰」，仍十分關注民事法律。當時，「密州銀沙發民田中有強盜者。大理論以死，公亮獨謂此禁物也，取之雖強與盜民家物有間，罪不應死。下有司議，卒比刧禁物法，盜得不死。先是，金銀所發多以強盜坐死，自是無死者。」〔註27〕曾公亮推析律意，不差毫釐，而主於平恕，類皆如此。這是大多數封建官員難以企及的。

　　正如宋仁宗詔書中所言：「卿以精識，附之經術，不恃明而克審，既能敏而加勤，期於無刑，予敢不勉靡有留事爾。實爲材副乃憂勞，良深歎獎。」曾公亮在法律方面確有「精識」之才，加之勤勉，以致被推爲當朝典範。有時人對言可以爲證，「王景彝嘗謂予（范鎭）曰：『立朝當以一人爲法，予曰：『君法何人？』曰：『曾明仲。然謹約爲近，而嚴過之，其福壽固弗逮也。』」〔註28〕宋仁宗朝的「第一人」，曾公亮的確當之無愧！

三、軍　事

　　曾公亮好學軍事。皇祐年間，當樞密副使狄青率眾平定南方儂智高叛亂後，「翰林學士曾公亮問所以爲方略者，青初不肯言。公亮固問之，青乃曰：

〔註26〕杜大珪《名臣碑傳琬琰之集》中卷五十二，《曾太師公亮行狀》。
〔註27〕鄭克《折獄龜鑒》卷四，《曾公亮》。
〔註28〕范鎭《東齋記事》卷三。

『比者軍制不立，又自廣州之敗賞罰不明，今當立軍制明賞罰而已，然恐賊見青來，以謂所遣之官重勢，必不得見之。』公亮又問：『賊之標牌殆不可當，如何？』青曰……。」〔註29〕正是這種好學精神，才使得曾公亮逐漸精通軍事理論，並在實踐中加以靈活運用。

（一）精當剖析戰略與戰術

北宋自立國以來周邊安全局勢就比較嚴重，在宋夏戰爭結束後這種情況略有緩解。在慶曆八年（1048）《上仁宗答詔條畫時務策》中曾公亮講道：「朝廷北有契丹，西有拓跋，二邊講備爲日久矣。今北寇之勢累年屢弱，向欲報仇夏臺猶不能舉，矧肯舍歲入之厚利而輕犯中國也。雖豺虎之性難以保信，料勢利束之當不能動也。況今大河之北重兵列戍，已有藩籬之固矣。西夏新有巨釁，君少國疑，料其眾心猶懼大國之見絕，豈遑自出爲盜也，四路見兵備之有餘矣。」從此段文字中不難看出，他對當時國際形勢的剖析是較爲精當的，對於北宋日後軍事戰略的調整起了一定積極作用。

但此後北宋、遼、西夏三朝關係依舊十分複雜，尤其是宋神宗「熙寧開邊」使得局面變得更爲詭秘難測。熙寧八年（1075）三月，遼朝派使節來宋，要求北宋停止對西夏的軍事進攻，否則將以武力相向。曾公亮對此言道：「邊圉之情，畏強侮弱，要在控制得術。乞擇臣報聘，諭以彼國生事，中國包容之意，至於疆界按驗既明不可侵越，使其主曉然，不爲邀功之臣所惑，必未敢萌犯順之意。且今日之勢與雍熙、景德之間不同，河北兵既倍增，又益以民兵，及行陣訓練多出廟算，不爲無備；或謂河北戍兵不經征討，則陝西、河北近有戰勝之兵自可調發。北人萬一犯邊，願先絕其歲賜，臨之以良將勁兵，彼亦自亡之時也。但定州最爲控扼，若初入界口，吾以重兵夾攻，無不克者；又大河之險可敵堅城數重，寇至北岸前不得進，後不得奔，王師仍列強弩於南岸持之，此必勝之勢也。」〔註30〕曾公亮的軍事理論才能，在此表現的極爲淋漓盡致。難怪皇帝稱讚他「蘊造微之識」，有「資經遠之才」，「冠於樞聯方圖，綏於廟略」〔註31〕，確實不假。

在軍事戰役、戰術層面上曾公亮也多有獨到見解。在宋夏戰爭期間，「諜告夏人將壓境，（張）方平料簡士馬，聲言出塞。已而寇不至，言者論其輕舉，

〔註29〕朱熹《宋名臣言行錄》前集，卷八，《狄青》。
〔註30〕陳均《九朝編年備要》卷二十。
〔註31〕王珪《華陽集》卷二十九，《賜樞密使曾公亮告敕口宣》。

曾公亮曰：『兵不出塞，何名輕舉？寇之不得至，有備故也。儻罪之，後之邊臣，將不敢爲先事之備矣。』」〔註32〕雖然曾公亮沒有親自指揮具體戰事，但他的戰場應變能力卻在短短數言中已表露無疑。

熙寧三年（1070）八月，西夏進犯大順城，宋廷極爲擔憂。「公以爲彼方薦饑，姑絕其歲賜，遣使詰問，必窘急謝罪。或曰：『得賜尚爾，況絕之乎。』公曰：『彼雖戎狄，固能擇利而處也。』卒遣使，皆如公言。羌酋嵬名山舉族來歸，且言可率他族內附，種諤乘其勢取綏州。又欲因其謀招致他族，或謂夷狄懷詐未可信，且欲棄綏州。上以問公，公言：『舉族而來，決非詐，綏州我故地也，既得之，何可不守。然遂欲招置他族，則我素無備，非倉卒可爲，未宜搖動其眾，後遣習邊事者計之，不能易公說。』」〔註33〕理論指導實踐，在曾公亮高瞻遠矚的理論指導下，北宋在這一時期對西夏的戰爭中取得了不少勝利。

（二）積極從事軍事改革

北宋長期推行「重文抑武」國策，導致軍備廢弛，嚴重地影響了軍隊的戰鬥力，在對遼、西夏戰爭中屢屢慘敗，宋仁宗時期尤以宋夏戰爭表現的最爲突出。因而，軍事問題成爲一直困擾北宋王朝發展的致命難題之一。針對這一現狀，曾公亮「思濟此急務」，身體力行，充分發揮自己才能，一定程度上改善了軍事困境。當時，他除了編纂了《武經總要》一書，還有許多較好的軍事改革主張與實踐。

慶曆八年（1048）三月，曾公亮任知制誥，在《武經總要》「選將」、「將職」等篇的基礎上成《上仁宗答詔條畫時務策》，凡三千餘字，進一步論述他的軍事主張，下面就以此爲中心進行簡單闡述。

1、損冗兵

北宋政府擁有上百萬的職業軍人，他們每天「飽食坐安以嬉」，不僅每年都要消耗掉北宋政府大部分財政收入，最多時占政府財政收入的七分之六，且根本不能禦敵。曾公亮在《上仁宗答詔條畫時務策》中明確提出：「西陲禦備天下，驛騷趣募冗兵，急調軍食，雖常賦有增而經用不給，累歲於茲，公私匱乏此，實方今之先務也。」並一針見血地指出，造成這樣局面的原因「非有他爲，由冗兵之所耗食也，朝廷所以未能斥減者」。他在講到「冗兵」時，指出自慶曆以

〔註32〕《宋史》卷三百十八。
〔註33〕杜大珪《名臣碑傳琬琰之集》中卷五十二，《曾太師公亮行狀》。

來禁、廂軍總數達一百多萬,「然而用之罕聞成功者,非獨將佐之不武,由所用之卒不精爾。不精之由無他,在乎多而不得齊一也,而況廣費廩給,竭天下之財力,可不深慮乎」。因此,他主張「籍現兵之數,專委信臣,精加選擇,取力伉健軼群超等……練爲精卒,付於善將」,然後「使之捍邊,是用精良之少而代疲冗之多,安得不足也」。他請求朝廷立即採納他的方案,加以實施,並指出「若舍此爲計,是皆迂論」〔註34〕。足見其態度之堅決。

2、擇將帥

孫子曰:「知兵之將,民之司命,國家安危之主也。」〔註35〕將帥的重要性可見一斑,如果擇將不慎,就難以「威伏四夷」。北宋王朝長期以來都嚴重存在將帥「艱於稱職」的問題,這並非是世無將才,很大程度上是由於「選之不得其要,或用人之未儘其才」所致。因此,曾公亮建議選將必須「先視其才實,然後任之以事」;「自今擇將,未加遷擢,必先試以行陣疆場之事,所試有效至於三四,始與顯官厚祿以重其任,然後委其命而勿制,用其言而勿疑,此孫子所謂將能而君不禦者勝是也」〔註36〕。曾公亮在此不僅提出了擇將的方式方法,還繼承並發揮了孫子所謂「將能而君不禦者勝」的用將思想,向祖宗之制「將從中御」發出挑戰,可見他對改革兵制和官制有著一套比較完整的思想體系。

不僅有改革的理論,曾公亮還在實踐中身體力行。如上文所述,他不僅曾任兵部員外郎、樞密副使、樞密使等主管軍事的官職,在辭去相位後還曾任永興軍路安撫使等專門軍職,「專本兵之柄」。在這些職任上,他積極地進行了許多軍事改革。

嘉祐五年(1060),時任樞密副使的曾公亮與歐陽修「修綱紀,除弊事,數裁損冗兵。又,更製圖籍以週知四方兵數登耗,三路屯戍之寡,地理遠近。」〔註37〕

熙寧四年(1071),曾公亮出任永興軍路安撫使。期間,不僅按詔「專提舉三將訓練,遇有邊事須增兵策應,即審度事勢,遣兵將往,事定抽回」〔註38〕,還堅持裁抑軍費,面對「長安豪喜造飛語,聲言營卒怨減削,謀以上元夜結

〔註34〕趙汝愚《宋名臣奏議》卷一百四十七,《上仁宗答詔條畫時務策》。
〔註35〕孫武《孫子》,《作戰》。
〔註36〕趙汝愚《宋名臣奏議》卷一百四十七,《上仁宗答詔條畫時務策》。
〔註37〕朱熹《宋名臣言行錄》後集,卷六,《曾公亮》。
〔註38〕《續資治通鑑長編》卷二百二十三。

外兵爲亂，邦人大恐。或勸毋出遊，公亮不爲動，張燈縱觀，與賓佐竟夕乃歸。」〔註 39〕終使謠言不攻自破。這不僅顯示出曾公亮「臨事明敏果敢」的風格，同時也看出他不怕中傷和威脅，立志實施改革之決心。

四、文　化

有宋一代，文化事業繁榮。作爲當時的「宿儒」，曾公亮「平生善讀書，至老不倦」〔註 40〕。他「日窮經術之淵」〔註 41〕，對許多問題「多所發明」。在宋仁宗時期，「勵精稽古，博延儒學之士講論六藝，有不任職往往罷去，獨公以道德勸講歷十餘年」〔註 42〕，爲時人所推崇爲「藝文該洽，業履清純，綽爲儒館之英，早預經筵之選臣」〔註 43〕。諸如此類的讚美之言非常多，此處不贅列。下面具體看一下他在相關領域內的建樹。

（一）深諳典制

曾公亮歷事三朝，長期居於朝中要職，對「朝廷典章故實，律令文法，無不練習」〔註 44〕，頗爲精通。

他早年任天章閣侍講、翰林學士等職時，即長期爲宋仁宗講授典制，得到了皇帝本人的高度讚譽。如仁宗在「賜新除參知政事曾公亮詔」中就言道：「卿志度深沉，識裁詳密，以道術侍朕，講以典冊。」〔註 45〕

嘉祐六年（1061），曾公亮入相。當時，爲首相的韓琦，每遇「法令典故問公亮，文學之事問（歐陽）修，百官奉法循理，朝廷稱治」〔註 46〕。有關於此條，《宋史》等也有類似記載，「嘉祐六年，拜吏部侍郎同中書門下平章事集賢殿大學士。公亮明練文法，更踐久，習知朝廷臺閣典憲，首相韓琦每咨訪焉。」〔註 47〕足見，曾公亮十分熟悉當朝乃至歷朝歷代典憲。

此項才能在日常活動中體現頗多。如在上文談到曾公亮《上仁宗答詔條

〔註 39〕《宋史》卷三百十二。
〔註 40〕杜大珪《名臣碑傳琬琰之集》中卷五十二，《曾太師公亮行狀》。
〔註 41〕王珪《華陽集》卷三十五，《翰林學士知制誥曾公亮封廬陵郡開國侯加食邑制》。
〔註 42〕杜大珪《名臣碑傳琬琰之集》中卷五十二，《曾太師公亮行狀》。
〔註 43〕張方平《樂全集》卷三十，《除知制誥舉官自代狀》。
〔註 44〕杜大珪《名臣碑傳琬琰之集》中卷五十二，《曾太師公亮行狀》。
〔註 45〕胡宿《文恭集》卷二十五。
〔註 46〕陳均《九朝編年備要》卷十六。
〔註 47〕《宋史》卷三百十二。

畫時務策》中所講的從建隆、開寶至仁宗年間的冗兵之數，眞宗朝銓司磨勘選官員之法，以及對古代牧守之職的簡述，無不顯示了他對典章制度的精熟。

（二）精於文學

北宋是中國古代文學的大發展時期。當時，多數士大夫皆精通文墨，曾公亮更是如此。

《宋會要輯稿》選舉三一，「召試」條目載：康定二年（1041）八月七日，「學士院試屯田員外郎曾公亮，試詩三上，詔充集賢校理。」《曾太師公亮行狀》中也認爲，曾公亮早期「積累而遷，非其好也，獻所爲文」也，故「召試學士院，授集賢校理」之職。至晚年，曾公亮辭相居家後，「每歲首執政大臣連騎過，公飲酒賦詩以爲故事」〔註48〕，並著下自己的文集三十卷。

曾公亮「爲文章，尤長於四六，雖造次束牘，亦屬對精功」〔註49〕。他曾撰寫過不少詩文，其中尤以《宿甘露寺僧舍》寫得最爲不同凡響。「枕中云氣千峰近，床底松聲萬壑哀。要看銀山拍天浪，開窗放入大江來。」該詩境界開闊，氣勢宏大而磅礴，體現出了一位政治家應有的氣量風度。在詩中面對描寫對象本身的闊大，作者採用了浪漫主義手法，不僅沒有使讀者覺得空疏虛浮，相反，卻給人以生動逼眞、振奮有力之感。而且此詩前兩句爲工整的對仗句，使得這首絕句兩聯之間有了更加絕妙的變化。從中我們不難看出，曾公亮在文學藝術方面具有高超的造詣。

宋神宗年間，「宦者、宮人言，正月與上諱同音，故共易爲初月。王珪爲修起居注，頗熟其聞，因上言秦始皇帝名政改正音政月爲端月，以正政音爲正徵音，今乞廢正徵音一字不用。遂下兩制議，兩制共是其請表去其字，曾公亮疑而問予（按：宋祁），予曰不宜廢，且月外尙有射，正詩曰：『不出正兮，不止正月矣。』曾寗密語，相府罷之。」〔註50〕宋代處於中古音系時代，語音較上古音系變化很多；同時，這一時期避諱之法不太嚴格，許多地方沒有避諱，因而許多問題不能依舊例看待。曾公亮在此能夠遇疑即問，並能從其善者，這本身就是一種難得的學習方式。而且從中也能夠看出，他在文字學、音韻學、避諱學方面應當是具有一定水平的。

〔註48〕杜大珪《名臣碑傳琬琰之集》中卷五十二。
〔註49〕魏泰《東軒筆錄》卷六。
〔註50〕宋祁《宋景文筆記》卷上，《釋俗》。

（三）修撰史書

曾公亮在史學方面也有較深造詣，仁宗皇帝的「曾公亮可充史館修撰制」可以爲證：

> 敕夫西臺書詔東觀，約史三長，所寄二職，並華選諸彙從之賢，得於綸省之老。某奕世學史名家，通經體行，安於粹和，器用本乎沖厚，博我道術，執經侍於便朝，代予語言，秉筆贊於書命，講聞正論丕變深辭，屬史氏之缺員，思世官之服采，惟乃踵向歆之美，可以嗣南董之職。噫，立言不朽，書法無隱，傳言後世，勉濟前人，豈不美歟，尚思勉此〔註51〕。

此文雖有一定的溢美，但從中不難看出史館之職的重要，選擇標準的嚴格。同時，還可發現曾公亮在史學方面有著一般人所不具備的才華和優勢，史館之職非他莫屬。

的確，曾公亮在史學方面做出不少貢獻。如提舉《新唐書》。四庫館臣曰：「《新唐書》，二百二十五卷，宋歐陽修、宋祁等奉敕撰。其監修者則曾公亮，故書首進表以公亮爲首。」〔註52〕仁宗時期，提舉修史制度得以確立，「提舉」官即國史的實際監修者。嘉祐三年（1058）六月，曾公亮除授提舉《新唐書》之職。雖然祇是負責監修，但在嘉祐五年（1060）六月曾公亮所上《新唐書》表中言：「臣公亮典司事領，徒費日月，誠不足以成大典，稱明詔無任，慚懼戰汗屏營之至。」〔註53〕從中可知，曾公亮應當在《新唐書》編修中還做了不少具體工作，今天我們所見到的《新唐書》中也應有曾公亮的一份功勞。

又如提舉《英宗實錄》。《玉海》卷四十八，「熙寧《英宗實錄》」條目載：熙寧元年（1068）正月「詔以宰相曾公亮提舉」。次年七月，曾公亮上《英宗實錄》三十卷。限於篇幅，諸如此類實例，此不再一一言明。

（四）頗通醫學

北宋政府對醫學相當重視。醫學在社會經濟和文化發展的基礎上，取得了顯著成就。曾公亮作爲朝廷重臣不僅積極支援醫學的發展，而且自己本身也做出了不小貢獻。

他曾任專門醫官。如內醫官爲北宋「太醫院」的重要醫官，《宋史》卷十

〔註51〕胡宿《文恭集》卷十二。
〔註52〕紀昀《四庫全書總目》卷四十六，《新唐書》。
〔註53〕歐陽修《新唐書》，《進表》。

二就曾載：至和元年（1054）三月，「命曾公亮等同試入內醫官。」

當然，他的醫學才能更多的還是體現在對醫書的整理和研究上。日本岡西爲人先生所著的《宋以前醫籍考》中就搜集記載了不少有關實例。書中第三類，《脈經》的整理與研究就有曾公亮的參與，在《校定脈經序》末署有「推忠協謀、同德守正亮節、佐理翊戴功臣，開府儀同三司，行尙書左僕射兼門下侍郎、同中書門下平章事、集賢殿大學士、上柱國、魯國公，食邑一萬一千一百戶食、實封參阡捌佰戶臣曾公亮」；《校定備急千金要方後序》亦是如此，其末也署有「推忠協謀、同德守正佐理功臣，開府儀同三司，行中書侍郎兼戶部尙書、同中書門下平章事、集賢殿大學士、上柱國、廬陵郡開國公，食邑八千一百戶食、實封貳阡陸伯戶臣曾公亮」。書中第四類，《針灸經》也有曾公亮的參與，《新校正黃帝針灸甲乙經序》末署有「推忠佐理功臣，正奉大夫，行左諫議大夫、參知政事、上柱國、南陽郡開國侯、食邑一千一百戶，賜紫金魚袋臣曾公亮」。書中第七類《仲景方論》（上），《傷寒論》的整理中同樣也有曾公亮的一份功勞，《傷寒論序》末亦署有「推忠協謀、同德佐理功臣，特進行中書侍郎兼戶部尙書、同中書門下平章事、集賢殿大學士、上柱國、廬陵郡開國公，食邑七千一百戶食、實封二千二百戶臣曾公亮」。可見，曾公亮對醫學典籍研究頗深，對北宋醫學發展起到了一定推動作用。

（五）著作等身

曾公亮一生留下不少著作，除了上述提及的編定律令《慶曆編敕》十二卷，《刪定編敕》、《敕書德音》、《附令敕》、《總例》、《目錄》二十卷；自著文集三十卷；提舉《新唐書》二百二十五卷，《英宗實錄》三十卷；參與校訂醫學典籍並撰寫了《傷寒論序》、《校定脈經序》、《校定備急千金要方後序》、《新校正黃帝針灸甲乙經序》等，見於史籍者還有：

參與編修《太常新禮》、《慶曆祀儀》。景祐四年（1037）至慶曆四年（1044）正月，參與編修《太常新禮》四十卷，《慶曆祀儀》六十二卷。這兩部禮法大典，成爲後世長期遵循的圭臬。天章閣侍講曾公亮作爲編修官之一，對禮法的修訂做了不少工作。

編著《元日唱和詩》和《勳德集》。《宋史·藝文志》中記錄曾公亮著有《元日唱和詩》一卷和《勳德集》三卷。其中，《勳德集》是與詩人蒲宗孟合編而成的。

重修《會稽縣志》。清人編修的《浙江通志》卷二百三十一記載：「《會稽

縣志》，宋元豐五年，邑令曾公亮重修。」從中可知，曾公亮曾重修過《會稽縣志》，祇是天聖年間（1023～1032）他任會稽知縣，元豐元年（1078）即已去世，故此處「元豐」可能爲「天聖」之誤。

校修《遊藝集》。《玉海》卷二十八記載：慶曆八年（1048）三月，仁宗「幸龍圖天章閣觀《遊藝集》，命侍講曾公亮重加詳校，及親爲後序，以示群臣」。《曾太師公亮行狀》亦言：「又嘗專奉詔修《遊藝集》」。

另外，他還著有《演黃帝所傳風后握奇陣圖》一卷。此圖依據古《握奇經》經文推演而出，「其陣名佈置」雖不盡人意，但畢竟通曉了深奧難懂的古經文，並且加以自己的揣度，使得長時期「湮沒無考」的握奇陣圖重現於世，「徒知握奇之名，而失握奇之義」的狀況得到了很大改觀。該圖被《武經總要》前集卷八「握奇陣圖」條目直接收錄，因而後世亦稱其爲《武經總要風后握奇陣圖》。宋神宗熙寧年間，出於開邊的需要，「詔朝士討古陣法」〔註54〕，又有人重新以此圖進獻，足見此圖的影響非同一般。

要之，曾公亮一生著述甚浩，涉及經、史、子、集各部，以今天的話來講包含了軍事、法律、文學、史學、醫學、公共關係等諸多專業。但時過境遷，由於種種原因，這些著作中的大多數已經散佚，今人所能見到的主要有《武經總要》、《新唐書》和其參與校訂醫學典籍所撰寫的序論，其中尤以《武經總要》最能體現其諸方面的才識，並可通過此書全貌管窺其他亡佚著作之一二。

綜上可知，曾公亮作爲北宋政壇上的一顆巨星，一生勤政愛民，致力於革弊興利，爲實現富國強兵的理想而努力奮鬥，並且積極舉薦、獎勵賢才，凡「所至舉職，皆有能名」，成爲爲數不多的宋代吏師楷模之一。同時，他又十分重視國防和軍隊建設，積極進行軍事改革。而且曾公亮博學多才，是北宋文壇一位較有影響的學者，生平著作頗多。其中，軍事上的造詣和文化上的修養對於《武經總要》纂修起到尤爲重要的作用。

五、曾公亮與《武經總要》的纂修

爲了應對宋夏戰爭中將帥所暴露出來的鮮于「古今之學」的窘況，在逐漸興起的文人論兵熱潮中，宋仁宗下詔編纂了《武經總要》。曾公亮不僅積極參與了這部兵學巨著的編纂，還在具體過程中起到「第一人」的作用。

〔註54〕唐順之《武編》前集，卷四，《風后握奇陣辯》。

（一）參與纂修的可能性

在時代的呼喚下，《武經總要》之類的兵書問世已成必然，但選擇誰作爲該書「主編」，卻帶有很強的主觀色彩。一方面，在於他本人所具備的與這部兵書纂修相關的各種素養；另一方面，取決於最高統治者皇帝及其周圍重臣對他的認可態度。

曾公亮出身世家，且「年少聰慧，博識強記」，在多個領域均頗有建樹，尤以軍事、文化兩方面最爲凸顯。好學軍事的曾公亮，不僅對戰略局勢有精當的剖析，還對戰役、戰術思想多有獨到見解，並在改革兵制方面有一套較爲完整的思想體系，積極探索軍事改革。同時，他還熟知歷代典制，對律令、醫學等眾多學科有著突出成績。這些均是編撰《武經總要》所必備的基本素養，對其成書十分重要。事實上，這一方面後來在該書中亦多有明顯體現，如前集卷一中的「選將」、「將職」、「軍制」條目；前集卷六中的「防毒法」、「養病法」條目；前集十四全文，包含的「賞格」、「罰條」兩條目；前集卷十五中的「行軍約束」條目；後集卷一至十五的「故事」部分等許多內容均與曾公亮在各領域所具備的才學密不可分。

曾公亮入仕後，除初期擔任一些地方官職外，如會稽知縣、湖州酒監等職，慶曆七年（1047）以前，他多任職於秘書省、國子監、館閣等處。尤其是慶曆前後，他曾任兵部員外郎、修起居注、集賢殿校理、天章閣侍講、史館檢討、天章閣待制、知制誥兼史館修撰等職。這些官職不僅涉獵部門較多，方便瞭解各方面的典制，而且大多較爲「清貴」，時常靠近皇帝，接觸朝中要臣，易於展現個人才識，得到他們的認可。事實上，這一時期宋仁宗「勵精稽古，博延儒學之士講論六藝，有不任職往往罷去，獨公以道德勸講歷十餘年，事有可以趣，時爲之者，多傅經啓迪緜，是眷奬加厚」〔註55〕。曾公亮已得到了仁宗皇帝的高度讚譽與充分信任，並爲時人所推崇。

上述兩點的具備，使得曾公亮參與《武經總要》的纂修完全成爲可能。在這種情況下「獨具慧眼」的仁宗皇帝、丁度等人不僅選擇並把主要任務交予了他，使之成爲實際編纂中的「第一人」。

（二）實際編纂中的「第一人」

《續資治通鑑長編》等記載，慶曆三年（1043）十月，宋仁宗「詔修兵

〔註55〕杜大珪《名臣碑傳琬琰之集》中卷五十二，《曾太師公亮行狀》。

書（按：《武經總要》），翰林學士承旨丁度提舉，集賢校理曾公亮、朱宷爲檢閱官」〔註56〕。從中可知，曾公亮以集賢校理之職與朱宷等人共同承詔編修了《武經總要》。而朱宷此後不久即去世，具體的編纂重擔便主要落在曾公亮及其他人的肩上。

在曾肇的《曾太師公亮行狀》中亦有記載：「（曾公亮）詳定編敕修《武經總要》，多所裁定。」儘管難免有溢美之辭，但從中還是不難發現，曾公亮在《武經總要》編纂中確實做了不少具體工作，佔有重要地位。

除了上述有關記載，仁宗皇帝在序言中也多次提及曾公亮，如「昨藩臣阻命，王師出伐，深惟帥領之重，恐鮮古今之學，命天章閣待制曾公亮等同加編定。慮泛覽之難究，欲宏綱之畢舉，俾夫善將出抗強敵，每畫籌策悉見規模，公亮等編削之效，浸踰再閏，沉深之學，莫匪素蘊。」宋仁宗作爲當時最高統治者，同時也是《武經總要》編纂工作的積極支持者與見證者，所言應當不假。因而，曾公亮作爲《武經總要》主要編訂者，在具體工作中起主要作用，是基本可以肯定的。

與此一致的記載還有《武經總要》後集原序。在該序末署爲「曾公亮集」，不僅表明後集原序爲曾公亮所作，從中還可得知「采春秋以來，列國行師制敵之謀，出奇決勝之策」的後集「故事」十五卷爲曾公亮所纂，或者至少以他爲主。

要之，「曾公亮並不衹是『過問』《總要》的編寫，實際上具體工作都是由他完成的」，他「具體負責該書的編纂工作應該是無疑的」〔註57〕。因而，後世書目中對此書的記載多署名「曾公亮」，或以曾公亮爲主。如《宋史·藝文志》載：「曾公亮《武經總要》四十卷。」清《欽定熱河志》、《欽定續通典》、《欽定續通志》等多次提及「曾公亮《武經總要》」。四庫館臣在述論武學典籍時亦提到「曾公亮之武經」〔註58〕。今北京大學古籍特藏閱覽室所藏明弘治刻本，復旦大學圖書館所藏清抄本，國家圖書館所藏《武經總要》中國古代科技圖錄叢編初集本均錄爲「宋，曾公亮撰」。

又如《直齋書錄解題》卷十二載：「《武經總要》，四十卷，天章閣待制曾

〔註56〕《續資治通鑑長編》卷一百四十四。
〔註57〕毛元佑《〈武經總要〉作者署名及成書時間考辨》，《軍事歷史》，1988 年第 3 期，第 45 頁。
〔註58〕紀昀《四庫全書總目》卷首二。

公亮等撰。」清著名文獻學家錢大昕曰：「《武經總要》，宋，天章閣待制曾公亮等奉敕撰。」〔註 59〕清《萬卷精華樓藏書記》所錄正統刻本，今中國科學院藏李約瑟所獻的明正統刻本、國家圖書館所藏《武經總要》明刻本、四庫全書珍本初集本、《日本藏漢籍善本書志書目集成》所錄正統刻本均錄為「宋，曾公亮等撰（編）」。

至於其他以曾公亮為主的署名，諸如「曾公亮、丁度撰」，「曾公亮、丁度等撰」之類，更是不勝枚舉，具體內容可見下節，此不一一羅列。

儘管如此，目前學術界仍有人提出，真正主持並參加該書編修工作的是丁度，而不是曾公亮。祇是由於曾公亮「官高位顯」，又過問此事，才署其名的，故力主訂正之。如北京大學古籍特藏閱覽室在著錄明刻本《武經總要》作者時就僅署丁度一人，去掉了曾公亮等人。

實際上，這種訂正不僅有失偏頗，還與史實不符。主要原因有二：其一，丁度在《武經總要》編纂過程中擔任的是「提舉」官（有關情況，下節將具體交代）。北宋十分重視圖書編纂，凡修重要書籍，一般均專門開設書局，集合眾人之力進行編修，而且每次都要選一名位高權重的官員負責監修。早期多以宰相進行監修，至宋仁宗時提舉修撰制度逐漸得以確立，取代了宰相監修制度。提舉官多為臨時發敕任命，為專項重要書籍修撰而設，職掌明確，容易責成其效，但他一般以總領為主，相當於今天的「總編」，並不太多負責具體工作。在編纂過程中丁度擔任此官，自然其職亦主要為監修和總領。

其二，並非藉重。在「文以人貴」的封建社會裏，藉重或假託某人之名以擡高其著述身價之事時有發生。但在《武經總要》編纂過程中及其「書成之後相當長的一段時間裏，無論是資歷、權位或名望，丁度均高出曾公亮許多。如果需要藉重名人的話，那恰恰應該署丁度，而輪不到曾公亮。所謂曾公亮『官高位顯』，那是丁度去世之後，更是《總要》書成很久之事了。」〔註 60〕的確，就以當時二人官職來講，在承詔編纂《武經總要》時丁度就已任翰林學士院首席學士——翰林學士承旨，至書成已經遷為工部侍郎、參知政事；而曾公亮受命時所任僅為集賢校理，至書成時也不過是天章閣待制，兩人地位懸殊甚遠。再者說，該書系欽定兵書，仁宗皇帝自始至終就對它的編纂十分關注，在成書

〔註 59〕錢大昕《潛研堂文集》卷三十。
〔註 60〕毛元佑《〈武經總要〉作者署名及成書時間考辨》，《軍事歷史》，1988 年第 3 期，第 45 頁。

後還御製序言，列於卷首，「其地位已至高無上，實在用不著再去藉重一位權臣來擡高身價了」〔註61〕。

綜之，曾公亮承詔編修《武經總要》，負責了許多具體工作，爲《武經總要》實際編纂中之「第一人」。

第二節　丁　度

丁度（990～1053年），字公雅，祥符（今河南開封）人，北宋重要政治家、語言學家、兵學家。

一、家　世

「丁，濟陽郡周呂伋，字丁公，本姓姜，四嶽之裔，呂尚之子。初，四嶽佐禹治水，虞夏之君封於呂，賜姓口姜、氏曰呂。數朝後至呂尚，字子牙，微時釣渭水，遇西伯，因載以歸與論政，大悅，曰：吾太公望子久矣。故號曰太公望，封爲師尚父，留周爲太師。卒反葬於周，後封營邱，曰齊。侯爵作傳呂極，五月報政，子孫即以字爲氏。」〔註62〕據此可知，丁姓始於呂伋，子孫以其字「丁公」爲姓氏。

丁氏本出望族，繁衍較多，分佈較廣。丁度一支，祖居恩州清河（今屬河北）。後唐清泰年間，清河陷於契丹，丁度祖父丁顗舉家遷居祥符（今河南開封）。

丁顗，字顒勖，生性好聚書，是北宋前期的重要藏書家。他「儘其家資聚書至八千卷，爲大室以貯之」〔註63〕，稱之爲「八千卷樓」。此名至清末仍爲丁丙所沿，並在此基礎上增設了「小八千卷樓」、「後八千卷樓」等藏書樓。丁顗自稱：「吾聚書多，雖不能讀，必有好學者，爲吾子孫。」〔註64〕「至其孫度果讀書有文名，登詞學科，仕至參知政事，謚文簡，是蓋讀書之效，積德之新也」〔註65〕。後人因此稱讚丁顗聚書好比「孟子有賢父兄之言，惟以

〔註61〕　同上。
〔註62〕　《福建泉州晉江南關外二十七都陳江雁溝里丁氏族譜·說先紀》，轉引自莊景輝《陳埭丁氏回族扳丁度爲祖的由來及意義》，《廈門大學學報》（哲社版），1994年第2期，第104～105頁。
〔註63〕　司馬光《涑水記聞》卷十。
〔註64〕　同上。
〔註65〕　李時勉《古廉文集》卷三，《尼山書舍記》。

書教子弟者而後爲賢晉人，有佳子弟之目，惟從父兄之教而知書者，而後爲佳」〔註66〕。這種藏書習慣對後輩影響很大，其中丁逢吉好聚書，丁度也以藏書知名。

丁逢吉，丁度之父，字盛之。他於雍熙年間中進士，醫術比較高明，曾供職於當時的襄王（後來的宋眞宗）府邸。生性好聚書，並喜歡與儒者交遊。曾任光祿寺丞等職，以將作監丞致仕。

丁度喪妻較早，但從相關史料中可得知，其妻爲宰相呂蒙正的第四個女兒。「（呂蒙正）女六人，長嫁光祿寺丞直集賢院孫暨，次嫁刑部侍郎參知政事趙安仁，次嫁太常博士周漸，次嫁觀文殿學士尙書右丞丁度」〔註67〕，可以爲證。

丁度本人「性淳質，不爲威儀，居一室十餘年，左右無姬侍」〔註68〕，且對子要求很嚴。他曾經「一日召諸子，謂曰：『王旦爲宰相十二年，卒之日其子猶未官，自今吾不復有請矣。」〔註69〕其子見於史籍者，只有丁諷一人。

丁諷，精通禮儀，天聖六年（1028）曾任禮官。寶元（1039）二年，任奉禮郎。嘉祐元年（1056），任太子中允、集賢校理。治平中，知蔡州。熙寧二年（1069）八月，通判復州。熙寧八年（1075）正月，由於鄭俠事件的牽連，落職監無爲軍酒稅。他頗爲有才，爲政時政績不少。治平年間知蔡州時，他「設法賑饑活者六十萬人，籍爲兵者又數千。詔移知亳州，蔡人攀慕號呼事，聞，復還任。及代去閉城拆橋，不得行者累日。」〔註70〕

由上可知，丁度出身於有濃厚學習氛圍的書香世家，具備接受良好教育的基本條件。在其努力苦讀下，很快就成爲博雅多能之人，在各個領域內取得了豐碩成果。

二、宦　跡

在其祖、父影響下，丁度自幼博覽群書。宋眞宗大中祥符四年（1011），年僅22歲的丁度即以勤詞學科第二名登科，除授大理評事、通判通州之職。天禧年間，先後遷太子中允、直集賢院、同判太常禮院，但因坐解送國子監進士失實被貶爲監齊州稅。還後，知太常禮院，判吏部南曹，期間曾上書論

〔註66〕鄭鉉《壽親養老新書》卷三，《儲書》。
〔註67〕杜大珪《名臣碑傳琬琰之集》上卷十五，《呂文穆公蒙正神道碑》。
〔註68〕《宋史》卷二百九十二。
〔註69〕王稱《東都事略》卷六十三。
〔註70〕《明一統志》卷三十一，《名宦》。

六事，對政治、經濟、軍事均有獨到論述。不久，出知湖州事，歷三司磨勘司。天聖六年（1028）八月，由禮部員外郎、直集賢院任京西轉運使。

明道、景祐年間，先後入兵部員外郎、刑部郎中、知制誥。後，遷翰林學士長達七年之久，期間曾兼任侍講學士，判太常禮院兼群牧使。在宋代，「學士待制號爲侍從之臣，所以承宴間備顧問，以論思獻納爲職，自祖宗以來尤所精擇」〔註71〕。這其中又以侍講、侍讀最爲親近，凡擔此職者，均深得皇帝信任，後多晉升爲執政要職。當時，不僅仁宗皇帝經常賜其詞，由於他「在經筵歲久」，還每每「以學士呼之而不名」〔註72〕。丁度長時期任職學士，爲以後仕途的發展奠定了堅實基礎。慶曆二年（1042），任河東宣撫副使。久之，遷端明殿學士、知審刑院。慶曆五年（1045）四月，自翰林學士承旨、端明殿學士除工部侍郎、樞密副使。

慶曆六年（1046）八月，任參知政事。慶曆七年（1047），逢春旱，自求降爲中書舍人。逾月，復官。慶曆八年（1048）四月，因衛士之變事與夏竦相爭，自求解政事，被罷爲紫宸殿學士兼侍讀學士。因「紫宸」非官稱所宜，遂改觀文殿學士、戶部侍郎、知通進銀臺司、兵部侍郎、判尚書都省，再遷尚書右丞。皇祐五年（1053）正月卒，贈吏部尚書，諡文簡。正月十日，仁宗皇帝「幸觀文殿學士、翰林侍讀學士、尚書右丞丁度第臨喪」〔註73〕。

足見，宋仁宗年間，丁度深爲皇帝篤信，有較高的政治地位。這除與其博學多才分不開外，更與其堂堂正正爲官、政治建樹頗多密不可分。

（一）公而無私，仕途坎坷

王曾瑜先生在《中國古代主流政治傳統淺談》一文中，曾對宋代主流政治陋習做出了深刻總結，其中就包含「上交陷，下交瀆」一項，這是多數封建官僚的爲官之道。丁度卻一反陋習，不爲此類拙條所縛，堂堂正正的爲官。

康定元年（1040）五月，「時西邊日警，二府、三司雖旬假不休務。翰林學士丁度言：『苻堅以百萬師寇晉，謝安命駕出遊，以安人心。請休務如故，無使外域窺朝廷淺深』」〔註74〕。丁度爲廣大官員申請正常休假，既「無使外域窺朝廷淺深」，又爲官員們爭取到了應得的權利。而在當時「旬假不休」是

〔註71〕佚名《宋史全文》卷九下。
〔註72〕《宋史》卷二百九十二。
〔註73〕《宋會要輯稿》禮四一，《臨奠》。
〔註74〕《續資治通鑑長編》卷一百二十七。

知樞密院事宋綬所提並已得到了仁宗皇帝批准的，身爲翰林學士的丁度爲了國家大計，爲了廣大官員利益卻不惜犯上冒諱，勇氣著實可嘉。

慶曆五年（1045）正月，「帝嘗問，用人以資與才孰先？度對曰：『承平時用資，邊事未平宜用才。』時度在翰林已七年，而朝廷方用兵，故對以此。諫官孫甫論度所言，蓋自求柄用，帝諭輔臣曰：『度在侍從十五年，數論天下事，顧未嘗及私，甫安從得是語。』」〔註75〕從仁宗讚語中不難發現，丁度長期以來一直是以大公無私，眞心爲公爲官之本的。因而，此次仁宗皇帝非但不從孫甫彈劾之言，不久還將丁度加以擢升。

封建社會政治痼疾根深蒂固、牢不可拔，已成爲一股極爲強大的、非常可憎而可怕的惡勢力，丁度雖深得皇帝信任，亦頗有政績，終難免遭到小人讒言，表現在仕途上就是屢遭排擠、打擊。

入仕後不久，丁度即趕上丁謂擅權，大行貶竄，而被「投之遠方」。後來，又與杜衍關係不洽。於是在康定初，出現了杜衍門人孫甫「薦葉清臣，毀丁度」〔註76〕之事。慶曆年間杜衍拜相後，更是遭到丁度的「深銜」，於是諫官孫甫等人又多次誹謗於他。儘管有仁宗皇帝的信任，但「獲罪」於時任宰相，在相互傾軋的宦海中，結果終究不妙。後，又因衛士之變與樞密使夏竦交惡，受到御史何郯等人的連續彈劾：「參知政事丁度輕脫」，「不協人望，不當在此位」〔註77〕，終被宋仁宗罷爲紫宸殿學士兼翰林侍讀學士。

（二）完善科舉，舉薦賢才

中國古代科舉科目一般由常科（貢舉）和特科（制舉）兩部分構成，且以常科爲主，所以歷代統治階級對完善貢舉制度十分重視。景祐四年（1037）二月，宋仁宗「詔禮部貢院，自今三月一日申請貢舉，其舉人到省，以十一月二十五日爲限。先是，崇政殿說書賈昌朝言：『舉人有親戚仕本州，或爲發解官，及侍父祖遠官距本州二千里，宜敕轉運司選官類試，以十率之，取三人。』詔兩制議，而翰林學士丁度等言：『貢舉舊制，以五月一日申請，十月二十五日上名於省。若二千里而移試，或有不及。願稍寬其期，聽如昌朝說。』故降是詔。自是諸路始有別頭試。」〔註78〕丁度等人提出的「別頭試」，即是

〔註75〕《宋史》卷二百九十二。
〔註76〕《宋史》卷三百四。
〔註77〕王稱《東都事略》卷七十五。
〔註78〕《續資治通鑑長編》卷一百二十。

為了更好地完善貢舉制度。它不僅使得北宋科舉考試制度更加成熟健全，也為當時政治和文化教育的運行注入了強大生機。

丁度在致力於發展貢舉的同時，還積極地參與到武舉中來。康定年間，宋夏戰事頻繁，北宋戰局吃緊，急需補充大批精通軍事的人才。於是，康定元年（1040）九月二十七日，宋仁宗「命翰林學士丁度、西上閤門使李端願、內侍省押班籃元用同共試驗武藝，仍仰三班院、殿前馬步軍司曉示使臣及諸軍班將校兵士，如實有武藝精強，膽勇敢戰，謀慮出眾者，許經試驗官自陳，當與揀擇。初，范仲淹請令官軍武臣選諸軍班材武人，故有北（此）制。及度等校試，差為五等，中選者百八十一人。」〔註 79〕武舉出現在唐代，宋仁宗時期初被設為制舉，後變成常科。丁度等人對武人的校試，實際上就是參與到武舉發展中來了，為推動宋代武舉制度的發展，也為整個北宋科舉制度的完善和成熟做出了一定貢獻。

同時，他還像曾公亮一樣，在舉薦賢才方面的成就比較突出。伊續就是一個典型例子。此人才華出眾，但「少倜儻，不為章句學」，多次舉茂才而不中。康定元年（1040）八月，在李元昊反叛時，伊續又數次上疏言事，於是「丁度、楊偕薦其（伊續）才，召試學士院而命之」〔註 80〕，從而使其才能為朝廷所用。

（三）糾察刑獄，多有建樹

如曾公亮一樣，丁度也對法律的製定和實施十分重視。他不僅曾任刑部郎中等職，專門糾察京師刑獄，使之肅然，還在其他任上也有相當建樹。

景祐三年（1036）十月，「以翰林學士承旨章得象、翰林學士丁度、權御史中丞張觀，同考課諸路提點刑獄」〔註 81〕。期間，他嚴格考覈，為法制建設做出了一定貢獻。

慶曆二年（1042）三月任河東宣撫副使時，他奉詔對「諸州軍刑獄罪疑可憫者，並從輕決，無令淹繫」〔註 82〕。有力地維護了軍事穩定，為宋夏作戰營造了良好的後方環境。

他任端明殿學士、知審刑院時，「江西轉運使移屬州，凡市米鹽鈔，每百緡貼納錢三之一。通判吉州李虞卿受財免貼納，事覺，大理將以枉法論。度

〔註 79〕《宋會要輯稿》選舉一七，《武舉》。
〔註 80〕《續資治通鑑長編》卷一百二十八。
〔註 81〕《續資治通鑑長編》卷一百十九。
〔註 82〕《續資治通鑑長編》卷一百三十五。

日：『枉法，謂於典憲有所阿曲。虞卿所違者，轉運使移文爾。』」〔註83〕結果，大理寺接受丁度的建議，沒有立即判處李虞卿死刑。這種做法與曾公亮的「愼刑」有著驚人的相契之處。爲此仁宗曾誇讚其道：「卿鑒融機敏，驕無停奏，平疑錯枉，洞得其情，乘此長贏，托夫論執。」〔註84〕

慶曆八年（1048）十一月，詔「命觀文殿學士丁度、翰林學士錢明逸、翰林侍讀學士張錫同詳定《一州一縣編敕》」〔註85〕。經他們校訂後的律令，更加適合地方實際情況，對地方法制建設起到了很大促進作用，得到了上下一致好評。

三、軍　事

宋朝實行政事堂（中書）與樞密院對掌大政的二府制，中書制民，樞密主兵，兩不相擾。平時，這種體制似乎看不出太多問題，一旦有戰事，尤其是大的戰爭發生，矛盾就不可避免地凸顯了出來。因爲，戰爭是一個多方面的綜合體，它不僅涉及到軍事單位，還與各個部門緊密相關聯。康定年間宋夏戰事吃緊時，由於軍政分開，邊關大事從不上奏中書，中書也不得過問邊關軍務，這極大地影響了宋軍的有效作戰。由此，丁度在康定元年（1040）二月建議道：「古之號令，必出於一。今二府分兵民之政，若措置乖異，則天下無適從，非國體也。請軍旅重務，二府得通議之。」〔註86〕明確提出二府合一，對國之大事，尤其是軍旅重事，必須同議。

身處北宋、遼、西夏三國分立的年代，丁度不僅經常參與到十分微妙的國際事務中去，而且對形勢的分析，建議的策略大「都切時宜」，有力地推動了邊防建設。慶曆四年（1044）七月，契丹遣使來告將伐元昊。八月，時任翰林學士承旨的丁度與學士王堯臣等《上仁宗論契丹請絕元昊進貢事》，對此事提出自己看法：

> 臣等切謂契丹、元昊相攻，虛實未可知。今來書大意且言，以元昊不順朝廷之故遂成興兵。恐深入討伐之後，元昊理難拒絕。則是不從北鄙之請，堅納西人之盟，得新附之小羌違久和之北狄。如聞契

〔註83〕《宋史》卷二百九十二。
〔註84〕宋祁《景文集》卷三十二，《賜知審刑院事丁度詔二首》。
〔註85〕《宋會要輯稿》刑法一，《格令一》。
〔註86〕《續資治通鑒長編》卷一百二十六。

丹屯兵甲近在邊陲，萬一得書，違情生忿，回戈我境，有以爲名。
夫患有遲速，事有重輕，此朝廷不可不審度也。若阻契丹而納元昊，
則未有素備之策；絕元昊而從契丹，又失綏懷之信，莫若以大義而
兩存之。臣等謂宜降詔與元昊言：昨許再盟，蓋因契丹有書來言彼
是甥舅之親，朝廷久與契丹結和，不欲傷鄰國之意，遂議開納。今
卻知國中招誘契丹邊戶，虧甥舅事大之禮，違朝廷納疑之本意。當
須復順契丹，早除嫌隙，則誓詔封冊便可施行。仍乞於契丹回書中
言降詔與元昊，若其悔過歸順貴國，則本朝許其疑附；若執迷不復，
則議絕未晚。如此則於西人無食言之曲，於北鄙無結怨之端，從容
得中，不失大義，惟陛下裁擇〔註87〕。

由此可見，三國之間關係十分複雜，要想妥善處理之間發生的事端和爭議，
必須多方權衡，綜合考慮。丁度在此處對戰略形勢所做的深刻分析，很好地
體現了這一思路。也正是由於這一分析所起的作用，才很人程度上避免了宋、
西夏重啓戰端，同時又有效地維護了北宋的利益。

　　使用軍事密碼是保證軍事通信正常運轉的主要手段，它在戰爭中的重要
作用是不言而喻的。因爲技術過時或其他原因招緻密碼洩密，導致戰爭失敗
的例子不勝枚舉。所以，歷代軍事專家們皆想盡各種辦法改進軍事密碼技術。
康定元年（1040）五月八日，「翰林承旨丁度等言：『准送下翰林學士王堯臣、
知制誥葉清臣，啓請製軍中傳信牌」〔註88〕。有關於此，《宋史》卷一百五十
四有詳細記載，康定元年（1040）五月，丁度等人奏曰：

軍中符信，竊要杜絕奸詐，深合機宜。今請下有司造銅兵符，給諸
路總管主將，每發兵三百人或全指揮以上即用。又別造傳信未漆木
牌給應軍中往來之處，每傳達號令，關報會合及發兵三百人以下即
用。又檢到符彥卿《軍律》有字驗，亦乞令於移牒、傳信牌上，兩
處參驗使用。
一、銅兵符：漢制，銅鑄，上刻虎形。今聞皇城司見有木魚契，乞
　　令省司用木契形狀，精巧鑄造。陝西五路，每路依漢制各給一
　　至二十，計二十面，更換給用，仍以公牒爲照驗。
二、傳信木牌：先朝舊制，合用堅木朱漆爲之，長六寸，闊三寸，

〔註87〕趙汝愚《宋名臣奏議》卷一百三十五。
〔註88〕王應麟《玉海》卷八十五，《康定銅魚符，咸平傳信牌》。

腹背刻字而中分之，字云某路傳信牌。卻置池漕，牙縫相合。又鑿二竅，置筆墨，上帖紙，書所傳達事。用印印號上，以皮繫往來軍吏之項。臨陣傳言，應有取索，並以此牌為言，寫其上。如已曉會施行訖，復書牌上遣回。今乞下有司造牌，每路各給一面為樣，餘令本司依此製造，分給諸處，更換使用。城砦分屯軍馬，事須往來關會之處，亦如數給歟。

三、字驗：凡軍行計會，不免文牒，或主司遺失懼罪，單使被擒，軍中所謀，自然洩露。故每分屯軍馬之時，與主將密定字號，各掌一通，不令左右人知其義理。但於尋常公狀文移內，以此字私為契約，有所施行，依此參驗，不得字有重疊，及用兇惡嫌疑之語。每用文牒之上，別行寫此字驗，訖，印其上發往。如所請報，到，許，即依號卻寫印遣回；如不許，即空之。此惟主將自知，他人皆不得測。符彥卿元用四十條，以四十字為號；今檢得只有三十七條，內亦有不急之事，今減作二十八字。所貴軍中戎旅之人，事簡易記。詔並從之。

中國古代軍事密碼源於戰國時期，至宋代又有新的發展。所謂新發展，主要就是指《武經總要》中相關軍事密碼技術的記載，而這些記載又基本上源於此時丁度等人的奏言，具體內容後文詳述。

軍馬問題一直是制約北宋騎兵發展的主要瓶頸。丁度為群牧使時，曾上言：「祥符、天聖間，牧馬至十餘萬，其後言者以天下無事，不可虛費，遂廢八監。然猶秦、渭、環、階、麟府、文州、火山、保德、岢嵐軍，歲市馬二萬二百匹，補京畿、塞下之闕。自西鄙用兵，四年所收，三萬而已。馬少地閒，坊監誠可罷；若賊平馬歸，則不可闕。今河北、河東、京東西、淮南皆籍丁壯為兵，請令民畜一戰馬者，得免二丁，仍不計貲產以升戶等，則緩急有備，而國馬蕃矣。」〔註89〕有關此條，《隆平集》、《東都事略》亦均有記載。騎兵是冷兵器時代最具衝擊力的一主要兵種。騎兵最為倚重的就是馬匹，宋代騎兵之所以弱小，很大程度就在於馬匹數量不夠、質量不高，不能滿足實戰之需。造成這一問題的原因很多，而在馬匹的飼養和管理上存有極大缺失就是其中一個主要問題。丁度的此條奏言對馬匹的飼養來講，不失為一條上好計策。事實上，後來王安石主持的「保馬法」與此極為相像，應當就是以此為基礎拓展而成的。

〔註89〕《宋史》卷二百九十二。

康定年間，「帝常問丁度禦戎之策」〔註90〕。康定元年（1040）六月，時任翰林學士的丁度奏曰：「中國抗夷狄可以智勝，不可以戰鬥，蓋地形武技與中國異也。羌戎上下山版（阪），出入溪澗，中國之馬不如也。隘險傾側且馳且射中國之技不如也。為今之策，莫若謹亭障遠斥堠，控扼要害，為制禦之全計。」〔註91〕並因此而上十策，名曰《備邊要覽》。皇帝多次向他詢問禦敵之策，足見其軍事方面的過人之處。宋夏戰爭初期，李元昊好進，西夏正盛，宋軍處於守勢，此時丁度提出這條與實際情況相符的、有效防禦而不是冒進之策，充分展示了他的軍事才華，而決不是什麼投降主義者。實際上，這與當時范仲淹等人在陝西的經營之略也是一致的。

慶曆二年（1042），丁度任河東宣撫副使，主要就是為了落實宋仁宗的「備邊選將」之策，並主持「本路諸軍各賜緡錢，其屯兵多處加燕犒之」〔註92〕以及「地遠處給遞馬驛券」〔註93〕之事。這些事情的妥善處理，為當時西北戰事直接做出了重要貢獻。

慶曆五年（1045），時任樞密副使的他「搜次首末，鉤考纖微，掇其攻守戰者為禁兵、民兵兵錄五篇」〔註94〕，即所謂的《慶曆兵錄》。宋祁為之作序，在序文中稱讚他所記不但全面，且「各述其所，由近衛別錄，示有尊也。餘軍弗載，略所緩也。文約事明，成一王法。」〔註95〕這對研究宋仁宗慶曆年間軍事具有重要作用，尤其是對於研究《武經總要》有著十分重要的意義。可惜此書與《備邊要覽》一樣，今均已不得見。

要之，丁度在戰略分析、軍事技術、軍馬飼養、軍事學術等方面均有較大建樹，且這些策略和建言多為朝廷採納，對加強國防建設起了較大作用。

四、文　化

丁度「強力學問」，「窮年對古書，文辭殊秀雅」〔註96〕。任觀文殿學士時，宋仁宗就曾親書賜之「崇儒」稱號。可見，其文采非同一般，文化造詣較高。

〔註90〕彭百川《太平治迹統類》卷八，《仁宗經制西夏要略》。
〔註91〕陳均《九朝編年備要》卷十一。
〔註92〕《續資治通鑑長編》卷一百三十五。
〔註93〕《宋會要輯稿》職官四一，《宣撫使》。
〔註94〕王應麟《玉海》卷五十八，《慶曆兵錄》。
〔註95〕王應麟《玉海》卷一百四十一，《慶曆兵錄》。
〔註96〕張羽《東田遺稿》卷上，《次韻答丁茂才有道》。

（一）「文辭殊秀」

丁度「賦才茂美」。天禧元年（1017）九月十一日，在學士院進行的考試中，時任大理評事的丁度即以「賦、詩稍優，詔舉正館閣校勘」〔註97〕，遷太子中允、直集賢院。

在音韻學史上，清萬斯同所撰的《聲韻源流考》中把丁度列為歷代韻書之可考者首行，宋代語言學家中能獲此殊榮的是不多見的，而其之所以如此，很大程度上得益於編寫了《集韻》、《禮部韻略》等書。

《廣韻》在音韻學史上地位極高，影響巨大，但隨著歲月流逝，其缺陷也日益突出，至北宋仁宗時期更為明顯。針對《廣韻》的「繁略失當」，景祐年間，宋仁宗命丁度等人典領，編輯了《集韻》一書。該書是繼《廣韻》之後的又一部重要韻書，共十卷，其中平聲四卷，上聲、去聲、入聲各二卷，53,525 字，較《廣韻》增加 27,331 字，多有創見。它不僅收字多，且所收的異體字比較全面，一個字不管有多少不同的寫法，不管是正體，還是古體、或體、俗體，只要略有根據就加以收錄，以致有的字竟多到八、九種寫法。後人對此書的成果多有引用，如胡三省在《通鑑釋文辨誤》卷十二中就載：「《史照釋文》曰『絼』其字未詳。海陵本同。余按丁度《集韻》『絼』音充夜翻，以繩維持之也；二百六十九卷梁均王乾化四年，『絼』音昌者切，亦非。」有效地利用了《集韻》現有成果，正確地考釋出「絼」字。

景祐中，時任翰林學士的丁度還對舊有十三韻進行修訂，成《禮部韻略》五卷，由禮部頒行，以供科考使用。它是《集韻》的刪節本，收字由《集韻》的 53,525 減到 9,590。該書修定頒行後，「與九經同列學官，莫敢出入，其有增加之字，必奏請詳定而後入」〔註98〕，成為一代場屋程式。從兩宋期間，士人作詩用韻，尤其是科舉考試，均以該書為依據。不過，《禮部韻略》原書今已不存，現在所能見到的只有《附釋文互注禮部韻略》。

另外，丁度在訓詁學上亦有一定造詣。如宋人王黼所撰《重修宣和博古圖》中就多次提及並利用丁度的訓詁學成就——「以鉎鏴為溫器」〔註99〕考證漢山龍溫壺，「以奩為香器意」〔註100〕考證漢獸奩，對文物做出了精準鑒定。

〔註97〕《宋會要輯稿》選舉三一，《召試除職》。
〔註98〕紀昀《四庫全書總目》卷四十二，《九經補韻》。
〔註99〕王黼《重修宣和博古圖》卷十三，《漢山龍溫壺》。
〔註100〕王黼《重修宣和博古圖》卷二十七，《漢獸奩》。

（二）經史兼通

丁度「力學有守」，在經史方面造詣亦較高，貢獻較多。首要體現，就是編修史書。如慶曆七年（1047）六月，賈昌朝罷相，仁宗「命參知政事丁度提舉編修《唐書》」〔註101〕。

除了《新唐書》，丁度還編寫了其他許多經史書籍。如丁度未入仕前即好讀《尚書》，「嘗擬爲《書命》十餘篇」〔註102〕。皇祐三年（1051）十月，丁度等「上《前後漢書節義》，賜名曰《前史精要》」〔註103〕。同月，「仁宗又命侍讀丁度等修纂《五經精義周易節解》」〔註104〕。

表現在日常活動中例子也有很多。如寶元二年（1039）十月，宋仁宗就曾問丁度《尚書》的《洪範》、《酒誥》二篇大義，「度悉以對」，因而「帝命錄二篇以進」，且詔命「丁度、李仲容讀所編《經史規鑒事蹟》」。〔註105〕慶曆四年（1044）二月，仁宗皇帝又命「翰林侍讀學士丁度讀《前漢書》，數刻乃罷」〔註106〕。

（三）正確的陰陽曆法觀

丁度在曆法上也有很高修爲，爲宋代曆法做出了一定貢獻。景祐元年（1034）九月十一日，「（燕）肅奉詔於資善堂與司天少監楊惟德測驗（蓮花漏）併合天道，而知制誥丁度等詳定，以爲難久行」〔註107〕。天聖蓮花漏，是天聖八年（1030）八月龍圖閣待制燕肅所上一種計時之法，頗得時人好評，丁度沒有相當功底的曆法知識是不可能詳細驗定並駁倒燕肅、楊惟德的。

宋代宗教氣氛濃厚。陰陽術數十分熾盛，在日常生活中起重要作用，對社會政治生活產生了很大影響。丁度本人對此也有較深的研究。景祐元年（1034）十月，他就曾爲農事占卜之書《土牛經》撰序，說明他不僅精通農事，還通曉陰陽占卜之事。

但他對陰陽之術更多的是持批評和否定態度，如《宋史》等多處典籍均載宋仁宗經常問著龜占應之事，丁度對此的態度往往是「卜筮雖聖人所爲，

〔註101〕《續資治通鑒長編》卷一百六十。
〔註102〕《宋史》卷二百九十二。
〔註103〕《續資治通鑒長編》卷一百七十一。
〔註104〕朱彝尊《經義考》卷二百四十二，《五經精義》。
〔註105〕范祖禹《帝學》卷四。
〔註106〕《續資治通鑒長編》卷一百四十六。
〔註107〕王應麟《玉海》卷十一，《天聖蓮花漏，祐景水秤》。

要之一技而已，不若以古之治亂爲監」〔註108〕。由此可見，丁度祇是把陰陽之術作爲一種技巧加以利用，而並非是對之肯定。

如果說上文還不足以證明丁度對陰陽之術所持的是反對態度的話，我們再來看下面這一資料：「天聖間，太史上言：『永昌陵有白氣，當徙陵以厭之。』度奏：『神道貴靜，陵寢大事不可用術者言，輕議改易，事乃止。』」〔註109〕此條中丁度堅決反對「術者」之言，在宋代乃至整個中國古代官僚隊伍中都是不多見的。某種程度上講，正是這種對陰陽術數的正確認識，開啓了後來沈括、朱熹等人所發起的對陰陽術數批判潮流之先河。

（四）潛心著述

丁度學識淵博，「懿文敏行」，公務之餘，勤於筆耕，著作甚豐。

除了上述所提及的與人詳定《一州一縣編敕》；撰《備邊要覽》十策、《慶曆兵錄》五卷（篇）；典領編輯《集韻》十卷，編輯《禮部韻略》五卷；監修《新唐書》二百二十五卷，上《前史精要》，擬《書命》十餘篇，修纂《五經精義周易節解》，作《土牛經》序一篇外，見於史籍者還有：

撰《國朝時令》一卷。《續資治通鑑長編》卷一百二十有載：景祐四年（1037）三月，「翰林學士丁度等上所撰《國朝時令》一卷」。該書編寫頗見功力，以致當時宋仁宗「詔改以七月朔入合」，讀了《國朝時令》後，即罷之，仍爲五月。

著《貢舉條式》一卷。清修四庫全書時，紀昀獻家藏本《禮部韻略》，其末附有「《貢舉條式》一卷，凡五十三頁」〔註110〕。可知，該書作爲附錄，是針對《禮部韻略》「別致牴牾」之處，參照貢舉條式「改正」而成的。

著《答邇英聖問》一卷。慶曆四年（1044）三月，「上於邇英閣出御書十三軸，凡三十五事，曰朕觀書之暇，取臣僚上言及進對事目可施於治者書，以分賜丁度、曾公亮、王洙等。固請釋其義。許之。」〔註111〕。不久，書成，名曰《答邇英聖問》，其中包含了「保勇將」、「損躬撫軍」等諸方面的軍事內容。

另據，《宋史·丁度傳》等所載，丁度還著有《邇英聖覽》十卷、《高擡貴手精義》三卷、《編年總錄》八卷、《瞻邊錄》一卷、《武經總要》四十卷。據《宋史·藝文志》所載，他還撰有《管子要略》五篇。

〔註108〕《宋史》卷二百九十二。
〔註109〕曾鞏《隆平集》卷八，《丁度》。
〔註110〕紀昀《四庫全書總目》卷四十二，《附釋文互注禮部韻略五卷附貢舉條式一卷》。
〔註111〕無名氏《群書會元截江綱》卷二，《皇朝事實》。

　　由上可知，丁度一生對許多學科均有涉獵，特別是在音韻學、軍事學等學科有著非凡的造詣。這對於《武經總要》的纂修尤為重要。只可惜其著作今亦多已散佚，今天我們能看到的只有《武經總要》、《集韻》、《附釋文互注禮部韻略》（附《貢舉條式》）等少數幾部。

五、丁度與《武經總要》的纂修

（一）具備纂修的條件

　　在其祖輩、父輩的影響下，丁度自幼即博覽群書，「窮年對古書，文辭殊秀雅」，宋仁宗曾親書賜之「崇儒」稱號。他深通軍事微旨，對周邊國家戰略形勢的妥帖分析，有利於妥善處理複雜的國際關係；對軍事密碼技術的詳細研究，極大地推動了這項中國古代軍事技術的發展；飼養軍馬的建議，一定程度上緩解了當時騎兵馬匹不足的窘況，並成為後來王安石變法中「保馬法」之雛形；軍事著作等身，《備邊要覽》十策、《贍邊錄》一卷、《慶曆兵錄》五卷（篇）等極大地促進了當時軍事建設，特別是邊防建設。這些對於《武經總要》的成書極為重要，而且也在後來該書中多有具體中多有明顯的體現，尤其是前集卷十六至二十的五卷「邊防」地理，占全書的八分之一份額，當是以《備邊要覽》、《贍邊錄》等邊防軍事典籍為中心擴展而成的。

　　自勤詞學科登科後不久，丁度即遷太子中允、直集賢院、同判太常禮院、知太常禮院、知制誥等職。在此期間，宋仁宗曾經為之賜詞「諡忠愍命」〔註112〕。景祐至慶曆初，又先後擔任侍講學士、翰林學士、翰林學士承旨、端明殿學士等職。其中，所任翰林學士曾長達七年之久。在北宋時期，「學士」作為朝廷的智囊、顧問、皇帝最親近的侍從之臣，所擇尤精，非一般官員可以勝任。當時丁度長期擔任學士，伴隨宋仁宗周圍，以致於「帝每以學士呼之而不名」，足見皇帝對他的寵倖與信任。慶曆五年（1045）、六年（1046），又分別除樞密副使、參知政事等職。而仁宗時「提舉」官逐漸取代舊歷宰相監修圖書，擔任該官職既可以是宰相，亦可為參知政事、翰林學士等人，但無論是誰，首先必須為皇帝最為親近、信賴之臣。丁度完全具備這一條件。

　　具備深厚的文學素養，並多有「禦戎」之策的丁度，深得宋仁宗賞識與信任。這不僅使他成為《武經總要》的提舉官具備了可能，還為他後來具體

〔註112〕莊綽《雞肋編》卷下。

參與《武經總要》的編纂工作打下了堅實基礎。正是緣於此，宋仁宗才選擇了他總領書局，主持編纂《武經總要》。

（二）總領《武經總要》

如前所述，《宋史·丁度傳》記載了丁度「奉詔領諸儒集《武經總要》四十卷」。從中不難發現，慶曆年間丁度奉宋仁宗之詔率領諸臣修纂《武經總要》之事實。

《續資治通鑒長編》、《玉海》等亦載：「慶曆三年十月乙卯，命學士承旨丁度提舉修兵書，亮爲檢討前集校理。」〔註113〕更明確地指出了，丁度奉旨編書，所任爲提舉官，對《武經總要》負有總領、監修之主要責任。

除了上述有關記載外，《武經總要》修成後，仁宗皇帝在序言中也提到了「尚書工部侍郎、參知政事丁度總領書局」。作爲序言的撰寫者和該書編纂的見證人，宋仁宗應當比較瞭解當時實情，所言應極具說服力。許保林先生在《中國兵書通覽》中，就據此認爲「丁度是組織編纂者」〔註114〕。趙國華先生在《中國兵學史》中亦認爲《武經總要》的「負責統籌安排者，是工部侍郎參知政事丁度」〔註115〕。

要之，丁度擔任《武經總要》的提舉官，主要負責該書的監修與總領工作。當然，由於丁度本人在軍事方面所具備的才能，使得他不單單負責監修，還參與了不少具體編纂工作。因而，後世著錄中絕多數把丁度署名爲第二作者。如《郡齋讀書志》、《文獻通考》等均著錄「《武經總要》，四十卷，右皇朝曾公亮、丁度撰」〔註116〕。至今日，《中國兵書總目》所錄18種不同版本，國家圖書館所藏《武經總要》存前集一至十三卷手抄本，海南國際新聞出版中心，誠誠文化出版有限公司出版《武經總要》均錄爲「宋，曾公亮、丁度撰」。

又如《玉海》卷一百四十一錄：「《武經總要》，四十卷，天章閣待制曾公亮等承詔編定，參政丁度總領之。」《四庫全書總目》卷九十九著：「《武經總要》，四十卷，宋，曾公亮、丁度等奉敕撰。」《鐵琴銅劍樓藏書目錄》、《日本藏漢籍善本書志書目集成》所錄的明正統刻本；《中國古籍善本書目》所錄13種善本；國家圖書館所藏《武經總要》版本共12種，除明刻前集二十一卷

〔註113〕王應麟《玉海》卷一百四十一，《慶曆武經總要》。
〔註114〕許保林《中國兵書通覽》，解放軍出版社，2002年，第358頁。
〔註115〕趙國華《中國兵學史》，福建人民出版社，2004年，第400頁。
〔註116〕趙希弁《郡齋讀書志》後志，卷二，《武經總要》。

後集二十一卷本、四庫全書珍本初集本、中國古代科技圖錄叢編初集本、手
抄存前集一至十三卷本，餘者 8 種版本；臺灣《國立中央圖書館善本書目》
中所錄三種明本；《中國兵書知見錄》所錄古籍 21 種，除復旦大學所藏清抄
本著錄爲「宋，曾公亮編次」外，餘者 18 種版本（按：一種未藏前集目錄，
一種今未存）；《中國善本書提要》、《中國叢書綜錄》、《四川省圖書館館藏古
籍目錄》、中山大學圖書館所藏明抄本、北京大學古籍特藏閱覽室所藏明金陵
唐富春刻本等全部著爲「曾公亮、丁度等撰」。

　　如上節所述，儘管我們今天所能見到的各種版本，其署名均以曾公亮爲
主，但大多數亦署有丁度之名。甚至還有人提出，真正主持並參加該書編寫
工作的應當是丁度，並以此爲據爲一些版本的署名平反正身，如北京大學古
籍特藏閱覽室所藏明刻本《武經總要》即署爲「宋，丁度撰」。

　　宋仁宗爲編纂《武經總要》設立書局，任命丁度爲提舉官，監修這部兵
書的修纂。雖然當時的提舉官，多爲掛名，並不負責太多實際工作。但對於
丁度而言，絕非這麼簡單。他所擔任的提舉官，雖以總領爲主，但同時也做
了不少具體工作，否則該書中的專列「邊防」部分的內容便無從圓釋。還是
毛元佑先生說得好，「（丁度）『在侍中十五年』，追隨仁宗左右，深得賞識與
信任，而且學識淵博，精通軍政；其軍事著述頗多：計有《備邊要覽》十策、
《慶曆兵錄》五卷及《贍邊錄》一卷。仁宗皇帝讓他總領書局纂修兵書，可
謂所用得人，人儘其才。以丁度之軍政才幹而言，要說他對《總要》的撰修
祇是掛個虛名，也是不符合情理的。」〔註117〕

　　當然，這並不是抹殺曾公亮在《武經總要》編纂過程中所起的作用，否定
他所做出的貢獻。應該說，《武經總要》主要編修者是曾公亮和丁度兩人，丁度
晚年得以提舉《武經總要》的編撰工作，他與「曾公亮兩人，一個把握全局，
提綱挈領；一個具體負責，組織編寫。他倆同爲《總要》一書的主要作者。這
樣署名似乎更爲合適，捨去其中的任何一個，都不是客觀公正的。」〔註118〕這
樣看來《宋史·丁度傳》中說丁度統領諸儒撰修《武經總要》，而同書《藝文志》
中又言《武經總要》著者爲曾公亮，一書兩說應當並存不悖。

　　今天，多數學者亦持此說，如劉福鑄先生在《論〈武經總要〉的科技史

〔註117〕毛元佑《〈武經總要〉作者署名及成書時間考辨》，《軍事歷史》，1988 年第 3
　　　　期，第 45 頁。
〔註118〕同上，第 46 頁。

價值》中認爲《武經總要》是「由曾公亮與丁度等人奉敕編纂的」﹝註119﹞；
薄忠信先生在《〈武經總要〉與物理學》中認爲曾公亮和丁度均爲《武經總要》
「領修」，是仁宗「皇帝親自選定的兩個撰稿帶頭人」﹝註120﹞；王兆春先生在
《試論〈武經總要〉中的軍事技術問題》與《從〈武經總要〉看宋初的火藥
和火器》中均認爲《武經總要》是由曾公亮和丁度等人共同編寫的﹝註121﹞。

第三節　其他修撰者

一、楊惟德

　　楊惟德，北宋著名星占學家和天文學家。生卒情況不詳，目前僅可推知
他應生活於十世紀末葉至十一世紀中期。

　　楊惟德雖曾任殿中丞少監、朝散大夫、上柱國等散職，以將作監致仕，
但主要任職還是在司天監：先後任司天監保章正，太子洗馬兼司天春官正、
權同判監，權知司天少監、判監事，司天少監等職。

　　他對天文曆法鑽研極精。早在大中祥符三年（1010），著名天文學家韓
顯符年邁，宋眞宗詔擇可以傳其衣缽者，韓顯符就推薦了時任司天監保障正
的楊惟德，認爲他「可傳其學」。景祐元年（1034）九月，他奉詔與燕肅測
驗蓮花漏。寶元元年（1038）六月，在權知司天少監任上的他向宋仁宗建言：
「來歲閏十二月，則庚辰歲正月朔日當食。請移閏於庚辰，則日食在前正月
之晦。」﹝註122﹞慶曆元年（1041），在他獻給宋仁宗的《瑩元總錄》裏提到
了「地磁偏角現象」，這比沈括《夢溪筆談》（約 1093）所記載的「地磁偏角
現象」至少要早 50 年。至和元年（1054）七月，已致仕的楊惟德還向皇家報
告「客星見，微有光采黃色」﹝註123﹞。這顆由他觀測到新星被稱爲天關客星

﹝註119﹞劉福鑄《論〈武經總要〉的科技史價值》，《福建師範大學福清分校學報》，2003
　　　　年第 3 期，第 9 頁。
﹝註120﹞薄忠信《〈武經總要〉與物理學》，《錦州師院學報》（哲社版），1987 年第 3
　　　　期，第 70 頁。
﹝註121﹞具體内容可參見王兆春的《試論〈武經總要〉中的軍事技術問題》，《軍事歷
　　　　史研究》，1987 年 2 月；《從〈武經總要〉看宋初的火藥和火器》，《文史知識》，
　　　　1982 年第 5 期。
﹝註122﹞《宋會要輯稿》瑞異二，《日食》。
﹝註123﹞王應麟《玉海》卷二，《黃帝星傳，星官書，河圖，五星占，星經》。

（即 1054 超新星），它曾在現代天文學界掀起過極大的研究熱潮。由此也可知，楊惟德所從事的星占學是以特定觀察事實爲依據的，不同於一般江湖占星術，具有較強的客觀性與可信性。

在景祐年間（1034～1038），北宋曾經形成了一個研究、編纂中國古代星占和三式的高潮，許多相關名著就問世於此時。楊惟德作爲這一高潮的主要組織者和推動者，自然也爲後世留下了不少重要著作。提起他的著作，首要的便是《六壬神定經》、《景祐遁甲玉函符應經》、《景祐太乙福應經》。這三部著作作爲北宋政府官修的三部式法，也是中國封建社會中期式法的代表作。

《六壬神定經》十卷。由楊惟德與王正立、何譓等人集撰而成。仁宗皇帝爲之作序。它以釋 39 個六壬名詞的形式，引用大量上古原始文獻，對其本義和推演方法做出了較爲合理的解釋。

《景祐遁甲玉函符應經》，今人稱三卷，《文獻通考》、《直齋書錄解題》等稱兩卷，蓋今人所謂的三卷本應是由古人的兩卷本析出而來的。景祐年間，它由時任司天春官正的楊惟德與王用立、李自正、何譓等人集體編寫而成。此書可看作是中國古代遁甲理論發展至北宋時代的總結和概括。當時，仁宗皇帝十分看重此書，認爲它能對兵家用兵起到樞機作用，故作御製序。

《景祐太乙福應經》（或稱《景祐太一（乙）福應集要》、《景祐三式太一（乙）福應集要》）十卷。該書由楊惟德奉旨與王立、李自立、何譓等人在資善堂集撰而成。它「以諸家言太一（乙）者編爲一集」。仁宗皇帝爲之作序一篇。「書之所錄其始紀於上元明君基臣，基之位大遊，小遊之名九州島，十二次之災祥三年，十二年之考治，具分部類。其末則雪霜風雨之，不時兵革饑饉之，所繫祈祭之法，禬禳之科，行師出軍，指方辨位，叢出於內，無所不該。」〔註124〕然，該書雖以「九宮八門與遁甲相表**裏**」〔註125〕，其中的訛誤也比較多。

除了上述三部著作外，楊惟德還有如下著作：

《景祐乾象新書》三十卷。由時任太子洗馬兼司天春官正、權同判監的楊惟德與春官正王立翰、林天文、李自正、何譓等於資善堂「將歷代諸家天文占書，並自春秋至五代以來史書采摭撰集」〔註126〕而成。該書是我國古代重要的星占著作之一，於景祐元年（1034）七月成，仁宗皇帝仍御製序文。

〔註124〕王應麟《玉海》卷三，《景祐三式太一（乙）福應集要》。
〔註125〕馬端臨《文獻通考》卷二百二十，《景祐太一（乙）福應集要十卷》。
〔註126〕王應麟《玉海》卷三，《景祐乾象新書》。

書成之後，楊惟德被擢爲殿中丞少監。

《崇天萬年曆》十七卷。康定初年，由時任權知司天少監、判監事的楊惟德與司天監其他官員合力編次而成，有御製序一篇。慶曆元年（1041）十二月，書成，詔除楊惟德司天少監。五年後，該書頒行於世。

《皇祐地理新書》三十篇。宋眞宗時期曾編寫《乾坤寶典》四百五十篇，其中包含了三十篇地理類內容，但謬誤較多。後來，司天少監楊惟德等人，別修成三十篇，於皇祐五年（1053）而成（一說皇祐三年）。宋仁宗甚喜，乃賜名《皇祐地理新書》。

《塋元總錄》。據清《欽定協紀辨方書》卷三十六記載：「康熙七年，欽天監會議，選擇通書，闕少二十三條，於《通書大全》內取用此條，亦其一也。今按《通書大全》云，出宋司天少監楊惟德《塋元總錄》」。從中可知，楊惟德當撰有此書。如上所述，在該書中楊惟德最早提及了「磁偏角」現象。

《黃帝奇門遁甲圖》一卷。該書「所載惟陰陽十八局及入門凡例，而餘法皆不詳」。書中序文稱它爲景祐年間楊惟德所撰。但四庫館臣言楊惟德景祐間修《遁甲玉函符應經》時任司天春官正，而此書卻署爲兵部尚書銜，「其官階既不相合，而文辭鄙拙，亦不類宋人」〔註127〕。蓋爲後世好事者依託之作。

另外，楊惟德所撰見於史籍者還有《新儀象法要》一卷，《七曜神氣經》一部等。

綜上可知，楊惟德極爲精通天文星占，是中國古代少數幾個著名天文星占家之一，在中國古代歷史上，尤其是在北宋歷史上佔有很高地位。

陰陽占候作爲古代軍事作戰中不可缺少的一個重要組成部分，具有極強的專業性，非精通者而不可爲。而且在北宋天文占候及其陰陽五行之書爲禁書，其禁令十分嚴格，直到嘉祐年間還與兵書一道「獨不預大臣」。因而，其相關內容的編纂不可能讓一般大臣來參與。故，「以司天少監楊惟德等編纂天地、日月星辰、風雲氣候、三式占候訣分爲五卷」〔註128〕。時任司天少監的著名星占天文學家——楊惟德，成爲修纂仁宗皇帝極其重視的官修《武經總要》後集五卷「占候」部分主纂官的最佳人選。有關於此，宋仁宗在序言中亦有明言：「考星歷，辨雲氣，刑德孤虛，推步占驗，行之軍中，闕一不可，

〔註127〕《四庫全書總目》卷一百十一，《黃帝奇門遁甲圖》。
〔註128〕曾公亮、丁度等《武經總要》後集，卷十六，中國兵書集成本。

命司天監楊惟德等參考舊說附之於篇。」足可證明之。祇是他接受任務時任司天少監，後升任司天監之職而已。

後世認同此論者頗多。如清人朱彝尊曰：「至唐杜君卿始依孫吳證往事，而其後則宋仁宗之秘略（按：《武經總要》），以至曾公亮、丁度、楊肅之徒，咸集史冊之遺文，為權家之高擡貴手，可謂備矣。」〔註129〕其中所言「楊肅」即為楊惟德。此載，把楊惟德與曾公亮、丁度相提並論，共列為《武經總要》的主要編纂者之一，足見其對楊惟德在編纂中所起作用之認可。清著名文獻學家孫星衍亦認為「楊惟德考占候」〔註130〕，洪頤宣也認為「占候」由「司天監楊惟德等參考舊說」〔註131〕編輯而成。今許保林先生也認為，「關於陰陽星占等內容是為古代軍中專門學問，係由司天監楊惟德等參考舊說編纂而成」〔註132〕；姜勇等人亦認為，《武經總要》除了曾公亮與丁度外，「至少還有兩個參與編撰的工作人員……另一位是當時的司天監楊惟德，他是《武經總要》後集占候五卷的主要編纂人員」〔註133〕。上述這些論斷均較為公允地反映了楊惟德在《武經總要》編纂中之地位。

要之，楊惟德是《武經總要》「占候」部分的主纂官，在全書編纂當中起了重大作用。只可惜「舊例修書止著官高一人名銜」〔註134〕，因而僅署當時的參知政事丁度及後來官職更為顯赫者曾公亮二人。餘者，包括楊惟德在內這樣重要的「編輯」人員，皆未著明，從而在長期流布過程中給後人造成了不必要的認識誤區。

二、朱　宷

朱宷，南都（今江西南昌）人，生卒不詳。據零星史料所載，他曾舉進士屢進官至秘書丞。慶曆三年（1043）九月，「以佐著作、直講為集賢校理，尋卒」〔註135〕。范仲淹稱其「力學方起，美志未伸，不幸天喪，深可嗟悼」

〔註129〕朱彝尊《經義考》卷二百七，《左氏兵法測要》。
〔註130〕孫星衍《廉石居藏書記》，書目三編本，廣文書局有限公司，1969 年，第 25 頁。
〔註131〕孫星衍《平津館鑒藏書籍記》，書目三編本，廣文書局有限公司，1969 年，第 69～70 頁。
〔註132〕許保林《中國兵書通覽》，解放軍出版社，2002 年版，第 359 頁。
〔註133〕姜勇《〈武經總要〉纂修考》，《圖書情報工作》，2006 年第 11 期，第 133 頁。
〔註134〕陳振孫《直齋書錄解題》卷四，《新唐書》。
〔註135〕《續資治通鑒長編》卷一百四十四。

〔註136〕。從中可推知，朱寀大概是英年早逝。

他曾任「府界提點」，所任期間除「偶緣病罷」外，別無過犯，深爲時人所贊。

朱寀才學兼備，尤通儒學。范仲淹在《進故朱寀所撰〈春秋〉文字及乞推恩與弟寔狀》中講他「幼有俊材，服膺儒術，研精道訓，務究本源」〔註137〕。他所治春秋之學，深爲士林所稱，「有唐陸淳始傳此義學者，以爲《春秋》之道久隱而近乃出焉」〔註138〕，著有《春秋指歸》十二卷，辨析三傳疑義辭旨。

慶曆三年（1043），參加應賢良方正、能直言極諫科的制舉考試，所試六論，考中第四等下。本無資格參加詔試，但吳育、賈昌朝等上箚，極力稱讚他「頗稱遺才，兼其人履行端確，經術該明」，並呈其著作《春秋指歸》，宋仁宗「特賜召試，置之館閣」〔註139〕。

從上述所論可知，慶曆三年（1043）九月，才學出眾的朱寀升任集賢校理後「尋卒」。換言之，此後不久他即不在人世。但《續資治通鑒長編》卷一百四十四卻載有：「（慶曆三年冬十月）乙卯，詔修兵書，翰林學士承旨丁度提舉，集賢校理曾公亮、朱寀爲檢閱官。」似乎這兩條記載極爲相悖，不合情理。實則不然，因爲《續資治通鑒長編》本身史料價值是比較高的，記載是比較可靠的；況且這兩條史料中後一條記載爲正文，前一條爲注文，祇是爲了注解闡釋前一條所記內容。

也就是說，他作爲宋仁宗最初任命兩個「檢閱」官之一，參與了《武經總要》的編纂。祇是他以集賢校理的身份擔任《武經總要》「檢閱」官，參與該書編纂的時間並無太長，故李燾才本著史家秉筆直書的宗旨出注對之加以說明。也正是由此緣故，不但後世對《武經總要》所有署名中均沒有提及朱寀，就連其相關跋文也未言及此人。但無論如何，朱寀作爲欽定「編審」，曾經參與了《武經總要》的編纂，這一點應當是確定無疑的。因而，後世中也有人認爲該書的編纂者除了曾公亮、丁度、楊惟德外至少還有一人，那就是朱寀〔註140〕。筆者亦以此論爲然。

〔註136〕朱彝尊《經義考》卷一百七十九，《春秋指歸》。

〔註137〕范仲淹《范文正公集》卷十九。

〔註138〕朱彝尊《經義考》卷一百七十九，《春秋指歸》。

〔註139〕張方平《樂全集》卷三十，《舉朱寀充館閣職名》。

〔註140〕具體內容可參見姜勇的《〈武經總要〉纂修考》，《圖書情報工作》，2006年第11期。

三、王　質

　　王質（1001～1045），字子野，大名莘縣（今屬山東）人，北宋著名宰相王旦之侄。「少謹厚淳約，力學問，師事楊億，億歎以爲英妙」。〔註141〕先以蔭補太常寺奉禮郎。天禧二年（1018）二月，被薦爲館閣校勘。天禧三年（1019）九月，因獻文詔試，賜進士及第，改集賢校理，遷尚書祠部員外郎等職。

　　仁宗時他通判蘇州。當時，知州黃宗旦「得盜鑄錢者百餘人，下獄治，退告質曰：『吾以術鉤致得之。』喜見於色。質曰：『以術鉤人置之死而又喜，仁者之政，固如是乎？』宗旦慚沮，爲薄其罪。」〔註142〕還，判尚書刑部、吏部南曹、知蔡州，以本曹郎中召爲開封府推官。後，知泰州，遷度支郎中，徙荊湖北路轉運使。又後，加史館修撰、同判吏部流內銓。累擢天章閣侍制，知陝州。

　　他出身於富貴世家，在兄弟習驕侈的環境中，自己卻獨克己好善，奉簡素如寒士，從不喜畜財，以致於不能自給，惟蓄書萬件，並撰有《寶元總錄》百卷等著作。

　　在《續資治通鑑長編》卷一百四十四中有：「（慶曆三年冬十月）乙卯，詔修兵書，翰林學士承旨丁度提舉，集賢校理曾公亮、朱宗爲檢閱官。」這條史料已經在前文中多次被引用，從中我們可知其中的「兵書」即爲《武經總要》，參與編纂者有丁度、曾公亮、朱宗之人。

　　與此條資料正文相接還有一條重要記載，即兩日後，「（慶曆三年冬十月）丁巳，史館修撰王質，集賢校理、天章閣侍講曾公亮同詳定編敕」。〔註143〕其中雖未言明「詳定編敕」的對象，但從李燾行文風格上來講，極有可能是省略了這一對象。其次，從北宋圖書編輯史上來看，官方在這一時期所開始纂修的重要兵書只有《武經總要》這一部。再者，從曾公亮生平著述中可知，這一時期他所參與修撰者，只有《太常新禮》、《慶曆祀儀》、《武經總要》三部書籍。前兩者修纂起止時間爲景祐四年（1037）至慶曆四年（1044）正月。到慶曆三年十月，這兩部書已基本成書，而且在整個修纂過程中也未見王質的出現，故可排除是這兩部書的可能性。因此，這裡所指的「詳定編敕」對象應當就是《武經總要》。

〔註141〕《宋史》卷二百六十九。
〔註142〕同上。
〔註143〕《續資治通鑑長編》卷一百四十四。

如果說丁度以「提舉」官，曾公亮、朱宋以「檢閱官」的身份參與了《武經總要》的編纂，均是師出有名，而王質並未被委任什麼修纂官之類的頭銜，因而並沒有參與編纂的話，那就有些囿於陳條、不合乎實際情況了。因為，楊惟德同樣在《武經總要》編纂中也未見擔任什麼具體纂修官職，卻也發揮了重大作用。況且北宋的史館修撰與翰林學士院的首席翰林學士——翰林學士承旨，集賢院的集賢校理一樣均為「清貴」的館閣之職，可掌文書撰寫，完全具備資格參與此書的修纂。

要之，詔修《武經總要》後不久，王質雖未在編纂中具體任職，但作為宋仁宗欽定的「編輯」，也參與到其中來了，並做出相應的貢獻，起到一定作用。祇是在慶曆五年，未及書完全成稿，他也撒手人寰，不但給編纂又造成了一重大損失，也使得後人對之逐漸忽略與淡忘。可能正是出於此故，加之其仕途一直未曾十分顯赫，後世除了李燾的《續資治通鑑長編》外，凡論及《武經總要》者均未言及他。

四、其他未載者

宋代書局是官方修書的基本組織形式，凡官方每修一書照例都要設立書局。故，當時所設書局較多，且其中參與編修的成員亦尤多。如宣和六年（1123），尚書左丞宇文粹中奏曰：「近年諸局務，應奉等司截撥，上供而繁富，路分一歲所入亦不敷額。然，創置書局者比職事官之數為多，檢計修造者比實用之物增倍，其他妄耗百齣，不可勝數。」〔註144〕從中即可發現，北宋書局規模宏大，所轄人員之眾和所耗經費之巨，以致政府難以承受，不得謀求裁減。

具體到宋仁宗時期，慶曆三年（1043）九月至四年（1044）九月即設立「祖宗故實局」，負責編纂太祖、太宗、真宗「三朝典故及諸司所行可引用文字」〔註145〕，主持人是富弼，見於史載的預修者有王洙、余靖、孫甫和歐陽修等四人。至和元年（1054）至嘉祐五年（1060）又設立「《新唐書》書局」，負責重修唐史，由曾公亮監修，見於記載的預修者有歐陽修、宋祁，范鎮、王疇、宋敏求、呂夏卿和劉羲叟等七人。

慶曆三年（1043），宋仁宗為了編纂《武經總要》亦設立專門書局，任命丁度提舉，率領曾公亮、楊惟德、朱宋、王質等人共同修撰。這些人員均是

〔註144〕《宋史》卷一百七十九。
〔註145〕徐乾學《資治通鑑後編》卷五十三。

見於史籍，有專文所載的。除此之外，還應有其他一些人也參與了《武經總要》的編纂工作，祇是目前限於史料而不可詳知。

如宋仁宗本人不僅極為關注《武經總要》的修纂，親自為之撰序，還在景祐年間親自編定了《神武秘略》十卷。其中，所「纂古今兵書戰策及舊史成敗之跡類，權謀、形勢、陰陽、技巧，凡四門三十篇」〔註146〕，對《武經總要》編纂影響應當不小。同時，他還針對宋夏戰爭中陝西四路的實際情況編寫了《四路戰守約束》一部，亦當對《武經總要》的編纂起了一定作用。

又如這一時期的王洙，雖沒有史料肯定其參與《武經總要》的修纂，但他在寶元中所進的《三朝經武聖略》十五卷卻對《武經總要》後集一至十五卷「故事」的編纂產生了較大影響，其中被吸收內容也應當不少。

諸如此類者不在少數，限於篇幅，茲不一一贅述。但後世者切不可忘記他們，忘記他們所做出的貢獻。儻若沒有他們的努力，《武經總要》就難以問世，至少不可能順利地以現在的面貌問世。

小 結

慶曆年間，在仁宗皇帝的支持下，北宋朝廷專設書局編纂《武經總要》。在編纂過程中丁度任「提舉」官，總領書局，「統領諸儒」共同修撰《武經總要》，對該書起到了「把握全局，提綱挈領」的作用，功不可沒；曾公亮任「檢閱官」，「具體負責，組織編寫」，實為編纂中之「第一人」；楊惟德「考占候」，為後集卷十六至二十的主纂官；朱寀與曾公亮一道同為仁宗皇帝欽點的「檢閱官」，只可惜英年早逝，參與編纂的時間並無太長；王質在「史館修撰」任上與曾公亮共同「詳定編敕」。他們均對《武經總要》的編纂做出了重要貢獻。也正是在他們的辛勤努力下，這部50餘萬字的兵學巨著，耗時近五載，才得以順利面世。

由於古代修書只署高官，所以後世流傳的種種版本所著錄的作者除曾公亮與丁度兩人外，餘者概無提及。但我們並不能由此而抹殺了這些人在編纂中所起的具體作用。相反，更應當記住這些功臣，如果沒有他們的參與，這部大型綜合性兵書是不可能順利完工的。

除了上述已知名的撰修者外，應當還有許多尚未可考、可知者參與了《武

〔註146〕趙希弁《郡齋讀書志》後志，卷二，《神武秘略》。

經總要》的編纂。同時，還有更多的人、更多的機構爲該書的編纂提供了各種有效的服務和便利。這些目前尚未可考、可知的無名英雄也是編纂中不可缺少的重要組成部分。

要之，《武經總要》是集體智慧的結晶。有關於此，毛元佑先生的說法最具代表性，也比較客觀公允。他認爲，「北宋仁宗爲編寫這部軍事巨著，專門設立書局，任命翰林學士承旨丁度總領書局，統領諸儒編寫。又以天章閣侍講、集賢校理曾公亮及集賢校理朱宷爲檢閱官，史館修撰王質參與其事。至於『考星曆、辨雲氣、刑德孤虛、推步占驗』方面的內容，則有司天監楊惟德負責。」加之其他未可考之人，「《總要》爲集體勞動的成果是確定無疑的」〔註147〕。

〔註147〕毛元佑《〈武經總要〉作者署名及成書時間考辨》，《軍事歷史》，1988 年第 3 期，第 45 頁。

第三章　纂修時間考

一、諸説紛爭

　　《武經總要》的纂修時間，在卷首仁宗皇帝的御製序正文中並未言明，文末也未署年月；曾公亮所撰的後集原序中亦未言及，末尾同樣未署年代。加之，《宋史・藝文志》中亦僅載：「曾公亮《武經總要》四十卷」，未言其他。由是，後世諸説並起。

（一）「康定元年」説

　　該説以晁公武爲首，認爲《武經總要》始纂康定元年（1040）而成書於慶曆四年（1045），共費時五年。有關於此，宋代目錄學名著《郡齋讀書志》、《直齋書錄解題》有較爲詳細的記載。

　　《郡齋讀書志・後志》卷二載：《武經總要》四十卷。右皇朝曾公亮、丁度撰。康定中，朝廷恐群帥昧古今之學，命公亮等采古兵法及本朝計謀方略，凡五年奏御。制度五卷，邊防五卷，故事十五卷，占候五卷，御爲製序。

　　《直齋書錄解題》卷十二載：《武經總要》四十卷。天章閣待制曾公亮等撰。制度故事各十五卷，邊防、占候各五卷，昭陵（即仁宗）御製序，慶曆四年也。

　　依據上述記載不難得知，《武經總要》的編纂應始於康定中。「康定」是宋仁宗的年號，前後共用過 21 個月：寶元三年（1040）二月改元「康定」，康定二年（1041）十一月改元「慶曆」。輔之以「凡五年奏御」語，可知「康定中」，實指康定元年（1040）。也就是説，《武經總要》編纂應始於康定元年，終於慶曆四年。

後世文獻多沿襲晁氏之說。

《文獻通考》卷二百二十一載：《武經總要》四十卷。晁氏曰：「皇朝曾公亮、丁度撰。康定中，朝廷恐群帥昧古今之學，命公亮等采古兵法及本朝計謀方略，凡五年奏御。制度十五卷，邊防五卷，故事十五卷，占候五卷，御爲製序。」

《四庫全書總目》卷九十九載：《武經總要》四十卷。宋，曾公亮、丁度等奉敕撰。晁公武讀書後志稱，康定中，朝廷恐群帥昧古今之學，命公亮等采古兵法及本朝計謀方略，凡五年奏御，仁宗御製序文。

《萬卷精華樓藏書記》卷七十五載：《武經總要》前集二十二卷、後集二十一卷，《行軍須知》二卷。宋，曾公亮等撰。陳氏曰：「制度、故事各十五卷，邊防、占候各五卷，昭陵御製序，慶曆四年也。」（按：錄於《直齋書錄解題》）晁氏曰：「康定中，朝廷恐群帥昧古今之學，命公亮等采古兵法及本朝計謀方略，凡五年奏御。」（按：錄於《郡齋讀書志》）

馬端臨的《文獻通考》在「晁氏曰」之下，全引《郡齋讀書志》所載；紀昀等在《四庫全書總目》亦沿襲了《郡齋讀書志》的說法；耿文光的《萬卷精華樓藏書記》則具錄了晁氏、陳氏之說。

目前該說在學界最具代表性。今人所編寫的工具書、著作與文章，多采此說。《中國歷史大辭典》云：《武經總要》始纂於「康定中」〔註1〕；《辭源》云：《武經總要》「成於仁宗慶曆四年」〔註2〕；《中國大百科全書》曰：《武經總要》「宋仁宗康定元年，曾公亮、丁度等奉敕編集，以供將領學習參考。五年成書，共四十卷」〔註3〕。《中國軍事史》認爲，《武經總要》「成書於宋仁宗慶曆四年」〔註4〕；《中國兵書集成》中的《武經總要編輯說明》認爲，《武經總要》「康定元年（1040）始纂，慶曆三年（1043）完成（按：此處慶曆三年，實爲慶曆四年之誤，蓋由此文作者不大精通宋代紀年方式而致，下面此類問題者皆同）」〔註5〕。

除此之外，陳振先生在《中國通史》和《宋史》中認爲，《武經總要》於慶曆四年成書〔註6〕；劉雲柏先生在《中國兵家管理思想》中認爲，「宋朝康定元

〔註1〕 鄭天挺《中國歷史大辭典·宋史卷》，上海辭書出版社，2000年，第272頁。

〔註2〕 《辭源》，商務印書館，1980年，第1674頁。

〔註3〕 《中國大百科全書·中國歷史》，中國大百科全書出版社，1992年，第1257頁。

〔註4〕 《中國軍事史》編寫組《中國軍事史》，第四卷，解放軍出版社，1988年，第201頁。

〔註5〕 《武經總要·武經總要編輯説明》，解放軍出版社、遼瀋書社，1988年，第1頁。

〔註6〕 具體内容可參見陳振《中國通史·中古時代·五代遼宋夏金時期（上）》，上海人民出版社，1999年，第12頁；《宋史》，上海人民出版社，2003年版。

年，朝廷擔心軍事將領不懂古今兵學，於是命令曾公亮等采輯古代兵法及本朝的計謀方略，用五年的時間編成《《武經總要》)」〔註7〕；姜柱國先生在《中國軍事思想簡史》中認為，「《武經總要》於康定元年始纂，慶曆三年完成（按：如上，當為慶曆四年之誤)」〔註8〕；王兆春先生在《中國火器史》、《中國科學技術史》中認為，《武經總要》於康定元年由曾公亮等人始編，在慶曆四年成書刊行〔註9〕；姜春良先生的《軍事地理學》書中亦同「康定元年」說〔註10〕。

　　另外，朱少華先生在《〈武經總要〉的軍事倫理學思想》中認為，「《武經總要》的編撰共用了五年時間。據宋晁公武《郡齋讀書志》記載，仁宗康定元年（西元1040年），朝廷擔心軍事將領不懂古今兵學，於是，仁宗趙禎命令曾公亮等人采輯古代兵法及本朝的計謀方略，到仁宗慶曆四年（西元1044年）成書，仁宗親自為此書作序，並定名為《武經總要》，頒行全國。」〔註11〕王兆春先生在《試論〈武經總要〉中的軍事技術問題》與《從〈武經總要〉看宋初的火藥和火器》中認為，《武經總要》成書當在慶曆四年（1044）〔註12〕。劉福鑄先生在《論〈武經總要〉的科技史價值》中認為，「《武經總要》是宋仁宗康定元年（1040）至慶曆四年（1044）由曾公亮與丁度等人奉敕編纂的」〔註13〕。薄忠信先生在《〈武經總要〉與物理學》中認為「《武經總要》從西元1040年到1044年歷五年而修成」〔註14〕。陳培坤先生在《試論曾公亮的歷史功績》中認為，「《武經總要》是曾公亮、丁度等人於宋仁宗康定元年（西元1040年）奉敕修撰的一部兵書，經過五年書修成」〔註15〕。史愛君先生在《略論曾公亮》中認

〔註7〕　劉雲柏《中國兵家管理思想》，上海人民出版社，1993年，第167～168頁。

〔註8〕　姜柱國《中國軍事思想簡史》，新世界出版社，2006年，第211頁。

〔註9〕　具體內容可參見王兆春《中國科學技術史‧軍事技術卷》，科學出版社，1998年，第102頁；以及《中國火器史》，軍事科學出版社，1991年，第10頁。

〔註10〕　具體內容可參見姜春良的《軍事地理學》，軍事科學出版社，1995年版。

〔註11〕　朱少華《〈武經總要〉的軍事倫理思想》，《軍事歷史研究》，1997年第3期，第153頁。

〔註12〕　具體內容可參見王兆春的《試論〈武經總要〉中的軍事技術問題》，《軍事歷史研究》，1987年2月；《從〈武經總要〉看宋初的火藥和火器》，《文史知識》，1982年第5期。

〔註13〕　劉福鑄《論〈武經總要〉的科技史價值》，《福建師範大學福清分校學報》，2003年第3期，第9頁。

〔註14〕　薄忠信《〈武經總要〉與物理學》，《錦州師院學報》（哲社版），1987年第3期，第71頁。

〔註15〕　陳培坤《試論曾公亮的歷史功績》，《福建師大學報》（哲社版），1983年第2期，第107頁。

爲，「《武經總要》是曾公亮等人，於宋仁宗康定元年（西元 1040 年）奉敕修撰的一部軍事百科全書，經過五年書修成」〔註16〕。

（二）「慶曆三年」說

既然有《郡齋讀書志》與《直齋書錄解題》等宋代史籍的明確記載，又有學界諸人認同，那麼《武經總要》的纂修時間應當是可以確定無疑的了。其實不然，自南宋起就有一種與上述觀點迥異的認識，那就是「慶曆三年」說。該說認爲，《武經總要》始撰於慶曆三年（1043）十月，止於慶曆七年（1047），約五年時間。有關於此，《續資治通鑑長編》、《宋史》、《玉海》均有相關記載。

《續資治通鑑長編》卷一百四十四載：（慶曆三年十月）乙卯，詔修兵書，翰林學士承旨丁度提舉，集賢校理曾公亮、朱寀爲檢閱官。朱寀九月丙寅以佐著作、直講爲集賢校理，尋卒，范仲淹集有奏狀乞錄其弟。丁巳，史館修撰王質，集賢校理、天章閣侍講曾公亮同詳定編敕。

《宋史》卷十一載：（慶曆三年十月）乙卯，詔修兵書。

《玉海》卷一百四十一載：《慶曆武經總要》。《書目》：《武經總要》四十卷。天章閣待制曾公亮等承詔編定，參政丁度總領之，書成，仁宗御製序冠篇首。內制度十五卷，邊防五卷，故事十五卷，占候五卷。慶曆三年十月乙卯，命學士承旨丁度提舉修兵書，集賢校理曾公亮爲檢討。前集始於選將，終於邊防；後集始於伐謀，終於遁甲。四十卷，三百十八門。

後世學者亦多襲此說，以之爲是。

徐乾學的《資治通鑑後編》卷五十四載：（慶曆三年十月）乙卯，詔修兵書，翰林學士承旨丁度提舉，集賢校理曾公亮、朱寀爲檢閱官。

《欽定續通志》卷二十九載：（慶曆三年）冬十月乙卯，詔修兵書。

非但如此，清代文獻學大家錢大昕還從修纂者所任官職時間角度進行了簡單考證，得出《武經總要》成書當在慶曆六年（1046）後。有關於此，在他的《潛研堂文集》卷三十有載：「《武經總要》，宋，天章閣待制曾公亮等奉敕撰，仁宗御製文序。其端不著年月，陳直齋以爲慶曆四年。考丁度除參知政事在慶曆六年八月，則序當在六年以後也。」

今人持此說者亦多有之。許保林先生在《中國兵書通覽》中認爲，「據宋晁公武《郡齋讀書志》記載，康定（1040 年）中，朝廷恐群帥昧古今之學，

〔註16〕史愛君《略論曾公亮》，《史學月刊》，1993 年第 6 期，第 99 頁。

命公亮等采古兵法，及本朝計謀方略，凡五年奏御。即是說，《武經總要》共用五年編成，成書於 1044 年。另，據《續資治通鑑長編》卷一四四、《宋史‧仁宗紀》和《玉海》卷一四一記載，慶曆三年（1043 年）十月乙卯詔修兵書，並命丁度提舉。但未及完成時間。」〔註 17〕兩說並存。趙國華先生在《中國兵學史》中認爲，「從慶曆三年十月開始，到慶曆七年（1047 年）六月，經過四年的編纂，《武經總要》終於完稿」〔註 18〕。金玉國先生在《中國戰術史》中認爲，「該書從 1043 年起至 1047 年止，費時五年」〔註 19〕。毛元祐先生、張其凡先生、姜勇師兄等人則撰專文，較爲詳細地梳理了相關史料，認眞地進行了考證，認爲晁氏所記有誤，以其爲首的「康定元年」說，不足爲據，而「慶曆三年」說則較爲可信〔註 20〕。

兩說各持一端，令人莫衷一是，以致後世許多論著在談及《武經總要》的纂修時間問題時，語焉不詳，甚至直接迴避。如今人謝詳皓先生在《中國兵學》中籠統認爲，「這是北宋前期奉旨官修的一部兵書。主持人曾公亮、丁度，撰成於仁宗慶曆年間」〔註 21〕。而孫星衍的《廉石居藏書記》，孫星衍、洪頤煊的《平津館鑒藏書籍記》關於《武經總要》的記載中則均未言及編纂時間〔註 22〕，楊泓先生等在《中國古代兵器與兵書》關於《武經總要》的介紹中亦不稱其著述時間〔註 23〕。這就使得原本就比較複雜的時間問題更爲撲朔迷離。

有關此問題，筆者認爲後說較爲可靠。其原因主要在於，相對而言，後者資料記載的可信度較高。就《續資治通鑑長編》、《宋史》來講，二書是研究宋史的兩部基本史料書，具有較高的史料價值；《玉海》雖是宋代私撰類書，但亦以考據史實見長。把這幾部書結合起來，其記載的可信程度應當是比較

〔註 17〕 許保林《中國兵書通覽》，解放軍出版社，2002 年，第 358 頁。
〔註 18〕 趙國華《中國兵學史》，福建人民出版社，2004 年，第 400 頁。
〔註 19〕 金玉國《中國戰術史》，解放軍出版社，2003 年，第 196 頁。
〔註 20〕 具體內容可參見毛元祐《〈武經總要〉作者署名及成書時間考辨》，《軍事歷史》，1988 年第 3 期，第 46 頁；張其凡《〈武經總要〉編纂時間考》，《軍事史林》，1990 年第 6 期，第 56～57 頁；姜勇《〈武經總要〉纂修考》，《圖書情報工作》，2006 年第 11 期，第 132～133 頁。
〔註 21〕 謝詳皓《中國兵學》，山東人民出版社，1998 年版，第 48 頁。
〔註 22〕 具體內容可參見孫星衍《廉石居藏書記》、《平津館鑒藏書籍記》，書目三編本，廣文書局有限公司，1969 年，第 25～26 頁、第 69～70 頁。
〔註 23〕 具體內容可參見楊泓、于炳文、李力的《中國古代兵器與兵書》，新華出版社，1992 年版。

高的。相反，《郡齋讀書志》雖為目錄學名著，但卻具有讀書箚記性質，其載「康定中，恐群帥昧古今之學」等語，模糊不清，看口氣不像是指修纂開始的具體日期，而更似闡明編著《總要》的歷史背景，不足為據。然而，由於宋代目錄學著作，今存已不多，主要有官修《崇文總目》，私撰《遂初堂書目》、《郡齋讀書志》、《直齋書錄解題》等。《遂初堂書目》屬於簡明書目，無注釋；《崇文總目》注文也已散佚。目前可考諸書源流者，惟有《郡齋讀書志》及《直齋書錄解題》二書，而後者又因前者之說。故而，後世目錄學著作多據晁氏而編，導致了「康定」說以訛傳訛，在學界影響頗大。但我們應當清楚，這種廣泛影響不是「康定」說所引起的，而是由於目錄作為讀書入學之門徑，本身影響較為廣泛而導致的〔註24〕。

另外，從《武經總要》纂修者的所任官職，記載的地理建置情況來看也完全與後說相符。故而，筆者擬在學界前人的論述基礎上，以該書纂修者官職、地理建置情況的記載為根本，輔以其他相關資料，進行一全方位，深層次之論證，以期得出一令人信服之結論。

二、纂修者官職

史籍關於《武經總要》主要纂修者的官職情況多有記載，而且仁宗皇帝御製序亦提供了「命天章閣待制曾公亮等同加編定」，「尚書工部侍郎、參知政事丁度總領書局」等信息。這為我們對該書主要纂修者這一時期仕途情況的梳理提供了有力支持，從中我們能略窺纂修時間之大概。

（一）始纂之時

首先，考索丁度的「翰林學士承旨」任職時間。

前文《續資治通鑑長編》卷一百四十四、《玉海》卷一百四十一、《資治通鑑後編》卷五十四等均載，《武經總要》始纂時丁度為「翰林學士承旨」。結合上章相關論述，丁度以「翰林學士承旨」之職從事《武經總要》編纂的結論應當無誤。下面我們就對他所任此職的時間進行簡單梳理。

《宋史》卷二百九十二記：慶曆五年（1045）正月，「帝嘗問，用人以資與才孰先？度對曰：『承平時用資，邊事未平宜用才。』」時度在翰林已七年，

〔註24〕該處所論參考了毛元佑先生的說法，具體可見毛元佑《〈武經總要〉作者署名及成書時間考辨》，《軍事歷史》，1988年第3期，第46頁。

而朝廷方用兵，故對以此。」從中可推知，丁度曾長期在翰林學士位上，至少寶元二年（1139）已在任上。

《宋史》卷一百五十四載：「康定元年五月，翰林學士承旨丁度、翰林學士王堯臣、知制誥葉清臣等請製軍中傳信牌及兵符事」；卷二百一十一又載：慶曆五年（1045）四月，「丁度自翰林學士承旨、端明殿學士除工部尚書、樞密副使」。從中可知，康定元年（1040）五月至慶曆五年（1045）四月前，丁度曾任翰林學士承旨。翰林學士承旨，屬於差遣官名，位在翰林院諸翰林之上，一般由翰林學士入院最久者為之，丁度很可能就是因為此原因之一才被擢升為該職的。此職一旦被授，若無特殊情況要直至再次得以陞遷時方可被免職。換言之，從康定元年（1040）至慶曆五年（1045）四月前丁度均在翰林學士承旨任上。

其次，考察曾公亮的「集賢校理」任職時間。

前文《續資治通鑑長編》卷一百四十四、《玉海》卷一百四十一、《資治通鑑後編》卷五十四等均載，《武經總要》始纂時曾公亮為「集賢校理」。結合上章相關論述，曾公亮以集賢校理之職從事《武經總要》修纂的結論應當無誤。下面我們就來簡單地看一下曾公亮任此職的時間情況。

《宋會要輯稿》選舉三一，「召試」條目載：康定二年（1041）「八月七日，學士院試屯田員外郎曾公亮，試詩三上，詔充集賢校理」。《續資治通鑑長編》卷一百三十三亦載：慶曆元年（1041）八月，「屯田員外郎、集賢校理曾公亮，右正言、直史館同修起居注梁適考試鎖聽舉人」。兩者所載具體時日大致相同。由此可以斷定，曾公亮在康定二年（1041）八月方被除集賢校理，且就在該月以該職從官事。即是說，他在康定元年（1040）間，還未被任命為集賢校理，根本不可能以此職從事《武經總要》的編纂。

再次，探究其他纂修者的任職時間。

關於楊惟德、王質所任官職的具體情況，目前限於史料尚未可知，下面我們從朱寀所任官職時間進行簡單分析。

從上章論述中可以確定，朱寀與曾公亮一樣以「集賢校理」身份參與《武經總要》修纂，成為重要作者之一。考之《續資治通鑑長編》卷一百四十四，「慶曆三年冬十月乙卯」條目小注可知「朱寀九月丙寅以佐著作、直講為集賢校理，尋卒」。這也就是說，《武經總要》的始纂之日不會早於慶曆三年（1043）九月丙寅。

由上可知，《武經總要》始纂之時當在慶曆三年（1043）九月至慶曆五年（1045）四月間。以晁氏為首的「康定元年」說根本無法立足，而《續資治通鑑長編》等所載的「慶曆三年」說卻與此相吻合。

（二）成書之日

其一，查證丁度「尚書工部侍郎、參知政事」任職日期。

仁宗皇帝在序言中曰：「尚書工部侍郎、參知政事丁度總領書局，適成編綴，形於奏請，願賜敘引，因言用兵之道有愧博古之能，聊以冠篇，傳之可久。」前文《玉海》卷一百四十一、《潛研堂文集》卷三十等有關《武經總要》編纂的記載中也稱其所任官職為「參知政事」。由此可推知，書成之時丁度已經為參知政事了，也正是由於他的奏請，仁宗皇帝才御製序言，並「聊以冠篇」。

參知政事的拜罷，史籍多有明文記載。《宋史》卷二百二十一，《宰輔年表二》中載：「（慶曆六年八月癸酉），丁度自工部侍郎、樞密副使除參知政事……（慶曆八年）四月辛未，丁度自參知政事遷紫宸殿學。」《宋史》卷十一、《續資治通鑑長編》卷一百五十九、卷一百六十四等對丁度的參知政事拜罷年月均有著相同記載。由此可知，丁度任工部侍郎、參知政事的時間應是在慶曆六年（1046）八月至慶曆八年（1048）四月。換言之，《武經總要》的成書，也只能在這一年半時間之內。

其二，考證曾公亮「天章閣待制」任職時間。

宋仁宗在序言中稱：「命天章閣待制曾公亮等同加編定。」前文《直齋書錄解題》卷十二、《玉海》卷一百四十一、《潛研堂文集》卷三十等有關《武經總要》編纂的記載中亦稱之職為「天章閣待制」。由此可推知，書成之日曾公亮已經任天章閣待制了。

《續資治通鑑長編》卷一百六十載：慶曆七年（1047）三月「乙亥，賜天章閣待制兼侍講曾公亮三品服。故事，待制入謝，未始賜服。至是，上御邇英閣面賜之，仍宣諭曰：『朕即講席賜卿，蓋所以尊寵儒臣也。』公亮自修起居注當遷知制誥，賈昌朝其友婿也，避嫌，故使待制天章閣。昌朝罷既半載，乃命知制誥。」有關於此，《太平治蹟統類》卷二十九、《資治通鑑後編》卷五十八等亦有相同記載。史雖未明載其除職的具體日期，但被授皇帝身邊的「清貴」館閣之職，拜謝應當不會太久。否則，就不會出現「故事，待制入謝，未始賜服」之事。而且，還有前文所講被除「集賢校理」時的情況可

作參證。據此可推知，曾公亮所授天章閣待制當在本月。

　　《續資治通鑑長編》卷一百六十又載：在曾公亮入謝前四日，即慶曆七年（1047）三月乙未，「工部侍郎、平章事賈昌朝罷爲武勝節度使、同平章事、判大名府、兼北京留守司、河北安撫使」。賈昌朝罷相「既半載」後，乃命曾公亮爲知制誥。由此可知，曾公亮所任天章閣待制，只有半年時間，即慶曆七年（1047）三月至八月。而這段時間又恰好在丁度參知政事的任期之內。因此，我們可以把《武經總要》修訖時間範圍再行縮小進這半年之內。

　　賈昌朝罷相緣於御史中丞高若訥所奏當時出現的天旱是因爲「陰陽不和，責在宰相」，不得已他才「引漢災異冊免三公故事，上表乞罷」。「昌朝既罷，執中等復申前請，於是各降官一等而輔政如故」，結果「（三月）壬寅，降宰臣工部侍郎陳執中爲給事中，參知政事給事中宋庠爲右諫議大夫，工部侍郎丁度爲中書舍人……（四月）乙卯，陳執中、宋庠、丁度皆復所降官」〔註 25〕。有關於此，《宋史》卷十一、《資治通鑑後編》卷五十八亦有相同記載。故而，在慶曆七年（1047）三月底四月初這十幾天中，丁度不能稱爲「尙書工部侍郎」。由此推知，昭陵之序所作時間當在慶曆七年（1047）四月乙卯（十一日）之後。換言之，《武經總要》的成書，只能是在慶曆七年（1047）四月至八月之間。

　　據前文《續資治通鑑長編》卷一百五十六所載可知，曾公亮在慶曆五年（1045）閏五月已經兼任了「編修唐書官」，表明此時《武經總要》大部應已完工。而慶曆七年（1047）六月「庚午，命參知政事丁度提舉編修《唐書》」〔註 26〕，丁度也被調往提舉編修《唐書》去了，此時《武經總要》應當已經纂成。如是，《武經總要》成書時間極有可能是在慶曆七年（1047）四月乙卯（十一日）至六月庚午（二十七日）間。

　　綜上可知，《武經總要》的纂成當在慶曆七年（1047）。只有這樣，丁度與曾公亮的官職才與宋仁宗序文所稱相符。而且由此上溯五年，爲慶曆三年，是《武經總要》的始編時間。《續資治通鑑長編》等史籍的記載亦恰好印證了這一推斷。

三、地理建置

　　單從纂修者所任官職一個方面進行考證，所得結論難免有些顯得過於單

〔註 25〕《續資治通鑑長編》卷一百六十。
〔註 26〕同上。

薄，不太足以服眾。因而，我們有必要換一個角度，挖掘《武經總要》本身所載地理建置資料的價值，以所載慶曆年間西北地區所修置的大量寨堡爲中心，並佐以相關邊防地理內容，進行進一步考述。

（一）慶曆五年西北寨堡建置記錄

中國古代封建王朝抵禦少數民族進攻的手段主要有兩種：一是修築長城；一是設置關寨，據險把守。宋夏戰爭中，由於西夏越過了長城，修築寨堡也就成爲北宋防禦西夏進攻的主要形式，因而這一時期西北各地建置了大量寨堡。即便在慶曆四年（1044）與李元昊議和之後，修築寨堡依然是北宋抗擊西夏的基本思路。《武經總要》對此多有記錄。下面就以《宋會要輯稿》所載慶曆五年（1045）西北地區修置的寨堡爲中心進行考證。

1、麟府路

銀城寨。即今陝西神木縣南黃家石頭村。《宋會要輯稿》方域一八，「諸寨」條目載：「銀城寨，在麟州銀城縣，慶（歷）五年置。」

《宋史・地理志二》，「麟州」條目在講到所轄「新秦縣」時，對之出注曰：「新秦。上。政和四年，廢銀城、連谷二縣入焉。有神堂、靜羌二寨，惠寧、鎮川二堡；銀城有：屈野川，五原塞，銀城、神木、建寧三寨，肅定、神木、通津、闌干四堡；連谷有屈野川、橫陽堡。」很明顯，此處所講的「銀城寨」與《宋會要輯稿》所記爲同一地，轄於麟州舊銀城縣。

《武經總要》中提及銀城寨共 5 次，其中包括前集卷十七「麟府路」條目所載：「銀城寨，即麟州廢縣，慶曆中始築爲寨，西扼賊路。」從此條記載中不難發現，其所錄內容與上述兩處相吻合。換言之，該書對慶曆五年（1045）時北宋政府所置西北寨堡進行了著錄，下面所舉之例均是如此。

神木堡。「神木堡」就是神樹堡，即今陝西神木縣楊家城〔註 27〕。《宋會要輯稿》方域二〇，「諸堡」條目載：「陝西東路麟州銀城縣神木堡，慶（歷）五年置。」

《武經總要》前集卷十七「麟府路」條目載：「神樹堡，麟州舊寨也，咸平中廢，慶曆中修復。」從中不難發現，此條所錄內容與《宋會要輯稿》等記載相吻合。其中的差異祇是在於把慶曆年間所「置」改爲「修復」，可能是由於該寨於北宋初期就已建置，真宗咸平年間廢除，仁宗慶曆五年（1045）

〔註27〕李華瑞《宋夏關係史》，河北人民出版社，1998 年，第 274 頁。

又重新修復建置，這並無大礙。

神堂寨。《宋會要輯稿》方域一八，「諸寨」條目載：「神堂寨，麟州，慶（歷）五年置，在新秦縣。」「新秦縣」，即今陝西神木縣北部楊家城古城。

《元豐九域志》卷四載：「新秦神堂、靜羌二寨，惠寧、鎮川二堡。」《大清一統志》卷一百八十七載「神堂砦（寨）」時注曰：「在神木縣北。」兩者所載與《宋會要輯稿》相符。故而可知，三者所記史實當確，神堂寨屬新秦縣管轄。

《續資治通鑑長編》卷四百九十又載：「大中祥符二年，始置橫陽、神堂、銀城三寨，皆在屈野河東，以衙前為寨將，使蕃漢義軍分番守之。」由此可以推知，神堂寨可能為大中祥符二年（1009）置，並於慶曆五年（1045）重新修復。

《武經總要》前集卷十七，「麟府路」條目載：「神堂寨，即麟州舊城也，咸平中廢，慶曆中修復。東南至大堡津一百里，西至故麟州南北銀城寨四十里，北至建寧寨五十里。」此條記載完全吻合《續資治通鑑長編》與《宋會要輯稿》的內容，進一步表明《武經總要》成書不會早於慶曆五年（1045）。

惠寧堡。《宋會要輯稿》方域二○，「諸堡」條目載：「陝西東路（按：河東路之誤）麟州新秦縣惠寧堡，慶曆五年置。」

如上《元豐九域志》所載「新秦神堂、靜羌二寨，惠寧、鎮川二堡」，亦表明惠寧堡屬於新秦縣。而《續資治通鑑長編》卷一百八十九載：嘉祐四年（1059）二月，「河東經略安撫使孫沔請廢府州西安、靖化、宣威、清塞、百勝、中候及麟州橫戎、神林、惠寧、肅定、鎮川、臨塞等十二堡寨使臣……。詔存府州中候、百勝寨，麟州鎮川寨，餘從之。」可見，惠寧堡自修成後至嘉祐四年（1059）前一直存在，《宋會要輯稿》等所載內容當確。

《武經總要》前集卷十七，「麟府路」條目載：「惠寧堡，西控泥多谷、窟野河一帶賊路。西北至麟州，南至銀城寨二十五里，北至神樹寨二十里。」此條記載則與上述內容相吻合，當屬慶曆五年（1045）至嘉祐四年（1059）二月之間內容。

橫陽堡、肅定堡。「橫陽堡」，即今陝西神木縣北黃羊城村。《宋會要輯稿》方域二○，「諸堡」條目載：「陝西東路（按：河東路之誤）麟州連谷縣橫陽堡、肅定堡，並慶曆五年置。」

《元豐九域志》卷四載：「銀城州南八十里，銀城、神木、建寧三寨，肅

定、神木、通津、蘭於四堡」;「連谷州北一十里橫陽一鎮」。此載與《宋會要輯稿》所記相符,所錄內容當確。

《武經總要》前集卷十七,「麟府路」條目載:「橫陽堡,天祐中置。北控橫陽河一帶賊路,東至府州靖化堡八十五里,西至西界下和市俄支谷,南至故連谷縣城,北至橫陽河。」「天祐」為唐哀宗的年號,西元904年。同時,還記載了「肅定堡,地名清水谷。南至神樹寨二十里,北至銀城寨二十五里。」從中不難發現,該書所記與上述內容相合。

2、鄜延路

安定堡。即今陝西子長縣安定鎮。《宋會要輯稿》方域二〇,「諸堡」條目載:「陝西鄜延路延州豐林縣安定堡。注:慶曆五年以馬蹄川置。」

《續資治通鑑長編》卷一百五十七載:慶曆五年(1045)十月,「以延州馬蹄川新築城為安定堡」。《玉海》卷一百七十四亦載:「(慶曆)五年十月甲子,以延州城馬蹄川為安定堡。」兩者所載均與《宋會要輯稿》相同,足見該堡確為慶曆五年(1045)置。

《武經總要》前集卷十八上,「鄜延丹坊堡安軍路」條目載:「安定堡,地名為蹄川,控清澗川一帶,東西控安遠廢寨。慶曆中築。東至丹頭寨七十里,西南至安遠廢寨,南至大糧寨七十里,北至黑水堡五十里。」從中不難發現,此條記載完全與上述內容吻合。

園林堡。即今陝西志丹縣東侯家灣村杏子河北岸山上。《宋會要輯稿》方域二〇,「諸堡」條目載:「陝西鄜延路保安軍園林堡,慶曆五年置。」

《元豐九域志》卷三載:保安軍有「堡一,慶曆五年置,園林軍東北四十里」。這裡所載「慶曆五年置」的寨堡即是園林堡,與上條所記完全相同。此後,清畢沅的《關中勝蹟圖志》卷二十三、《大清一統志》卷一百八十二等中亦有同文。足見,《宋會要輯稿》所記內容甚確,該堡所置時間當為慶曆五年(1045)。

《武經總要》前集卷十八上,「鄜延丹坊堡安軍路」條目載:「園林寨,西控土門一帶賊路,入渾州川至瓦堂川。慶曆中置堡戍守。東至龍安寨九十里,西至北安軍五十里,南至招安寨八十里,北至瓦堂川界。」北宋的城、寨、堡大多並無嚴格區分界限,在很多情況下是可以互換的,尤其是寨、堡之間更是如此,故此處改「堡」為「寨」乃屬正常。從此記載中不難得知,《武經總要》所錄與上述內容是相吻合的。

3、涇原路

耳朵城堡。可能在今寧夏彭陽縣交岔鄉。《宋會要輯稿》方域二〇，「諸堡」條目載：「陝西環慶路（按：涇原路之誤）原州立馬城堡、耳朵城堡，並慶曆五年置。」

《續資治通鑑長編》卷六十九又載：大中祥符元年（1008）六月，「慶州言築耳朵城畢。上曰：「此城無屯兵，止令蕃落自守，亦足爲近塞之捍蔽也。」從這兩條記載中可推知，耳朵城堡當爲大中祥符元年（1008）置，而在慶曆五年（1045）又重新進行了大規模修繕。

《武經總要》前集卷十八上，「涇原儀渭鎭戎德順軍路」條目載：「耳朵城，古城也，慶曆中重修，與綏寧、靖安二寨相應援。」該條記載不但可證明上述兩書所錄內容屬實，同時還可進一步表明其資料來源當在慶曆五年（1045）之後。

靖安堡。即今寧夏彭陽縣草廟鄉。《宋會要輯稿》方域二〇，「諸堡」條目載：「陝西環慶路（按：涇原路之誤）路原州靖安堡，慶（歷）五年置，管八保（堡），曰中郭普、吃羅垈（岔）、中嶺、張岩、常理、新勒、雞川、殺獐川。」

《宋史·地理志三》，「原州」條目在提到所轄「寨五」時，不但指出靖安寨屬於五寨之一，而且還出小注「領中普、吃囉岔、中嶺、張岩、常理、新勒、雞川、立馬城、殺獐川九堡」。如上「園林堡」中所講北宋寨、堡之間名稱經常是可以互換的，故此處「靖安堡」與「靜安寨」祇是稱呼不同，並無實質性區別。換言之，此條所載與《宋會要輯稿》完全相符，兩者所記均爲可信資料。

《武經總要》前集卷十八上，「涇原儀渭鎭戎德順軍路」條目在論及「綏寧寨」時講道：該寨「與靖安寨相應援，得守禦之要，與柳泉等八寨爲次邊」。又如上所述，耳朵城堡亦「與綏寧、靖安二寨相應援」。多個寨堡可以構成聯防群，從而可以增強寨堡的抵禦能力，這與現代戰爭中具體戰術的運用是相一致的。同時，從中也不難發現，《武經總要》此兩條內容所錄均當在慶曆五年（1045）後。

4、秦鳳路

隴城寨。即今甘肅秦安縣隴城鎮。《宋會要輯稿》方域一八，「諸寨」條目載：「隴城寨，在秦鳳路秦州，慶（歷）五年置。」

《金史》卷二十六在論述「秦州」時亦載：秦州下轄「縣八」，其中包含

「隴城」縣，該縣有「寨一」，即「隴城寨」。這表明，兩者所載一致，《宋會要輯稿》所載應當屬實。

《武經總要》前集卷十八上，「秦隴鳳翔階成路」條目載：「隴城寨，唐縣也，至德後陷於吐蕃。宋慶曆中建寨，與德順軍水洛城、結公城二城相援。」從此條記載中不難看出，其所錄內容亦與上述兩處相合。

隴城川堡。《宋會要輯稿》方域二○，「諸堡」條目載：「陝西秦鳳路秦州隴城川堡，慶曆五年修。」

《續資治通鑑長編》卷一百四十九載：慶曆四年（1044）五月，韓琦奏曰：「今修水洛城，本要通兩路之兵，其隴城川等大寨，須藉秦鳳差人修置。」同書卷一百五十五又載：慶曆五年（1045）五月「辛未，賜秦州修隴城川堡使臣、役卒銀絹有差」。從中不難發現，「隴城川堡」於慶曆四年（1044）奏請修繕，五年（1045）當已完工，或正在修繕中；兩處記載與《宋會要輯稿》相符，均屬信史。

《武經總要》前集卷十八上，「涇原儀渭鎮戎德順軍路」條目論述所屬有關寨堡時提及：「又於隴城川修一城，南至床穰寨、龍城寨，今屬秦州。」從上述記載中不難得知，該處所錄修建隴城川堡之事當在慶曆五年（1045）。這就是說，《武經總要》成書亦當在此之後。

達隆堡。達隆堡就是達龍谷堡，即今甘肅甘谷縣禮辛鎮〔註28〕。《宋會要輯稿》方域二○，「諸堡」條目載：「陝西秦鳳路秦州達隆堡，慶曆五年置。」

《元豐九域志》卷三載：「慶曆五年置達隆，熙寧五年改冶坊，八年改床穰並為堡。」該處不但以慶曆八年（1048）「改床穰並為堡」之事證明了上述《武經總要》所記隴城川堡內容屬實，更為重要的是所載置「達隆堡」的時間完全與《宋會要輯稿》相同，表明兩者所記皆確。

《武經總要》前集卷十八上，「秦隴鳳翔階成路」條目所載：「達龍谷堡，慶曆中築。東龍川約四十里，西至西界生戶約百里，東南安遠寨六十里。」從中不難發現，該書所載內容與上述兩書相符，時間當在慶曆五年（1045）後。

武平寨。《宋會要輯稿》方域一八，「諸寨」條目載：「武平寨，秦鳳路階州，慶曆五年置。」

《武經總要》前集卷十八上，「秦隴鳳翔階成路」條目載：「武平寨，地居險要，多生戶，蕃部往年頻有聚劫。慶曆中，改就苦李平築城，賜今名。與沙

〔註28〕李華瑞《宋夏關係史》，河北人民出版社，1998年，第288頁。

灘、峰貼峽二寨防托應援，管青岡峽、圍城谷、斫鞍、三堡子、東磨鼻山、石婦口、西青崗峽、沙灘川。」不但詳細交代了「武平寨」修置原因，管轄區域；還記錄了該寨修置的時間，與《宋會要輯稿》相合。這就表明，兩書所錄武平寨的情況均屬實，《武經總要》的資料來源當在慶曆五年（1045）後。

慶曆年間，西北共設五個安撫使路：陝西路的鄜延路、環慶路、涇原路、秦鳳路和河東路的麟府路。上述案例中除環慶路外，均有大量實證，足以表明《武經總要》對慶曆五年（1045）北宋所設大量寨堡多有載記。換言之，此時及其以後相當長的一段時期《武經總要》均處於編纂當中。

要之，《武經總要》的成書當在慶曆五年（1045）後。

（二）慶曆七、八年相關地理記載

除了上述《武經總要》所著錄慶曆五年大量建置的寨堡，從其他地理建置上亦可管窺其成書大致時間。

1、「夕陽鎮」名稱的變更

「夕陽鎮」，即今甘肅天水縣西北新陽鎮。《續資治通鑑長編》卷一百五十八載：慶曆五年（1045）六月辛卯，秦鳳經略司言：「奉詔相度修秦州夕陽鎮。」《宋會要輯稿》方域一二，「市鎮」條目又載：「（秦州）成紀縣夕陽鎮，舊夕陽鎮，慶曆七年建為綏遠寨，熙寧八年復為鎮。」從此二條史料中不難得知，慶曆五年（1045）六月北宋對夕陽鎮進行修繕，慶曆七年（1047）改稱為綏遠寨。在慶曆七年（1047）之前，一直未有「綏遠寨」之名。

《武經總要》前集卷十八上，「秦隴鳳翔階成路」條目載：「伏羌寨，本唐初伏州，後改為縣，天寶後陷於吐蕃。本朝建隆中，酋長尚波於獻地，特置寨戍守。東至定西寨四十里，南至永寧寨三十里，南至夕陽鎮三十里。」此處所錄地名為「夕陽鎮」而非「綏遠寨」。據此可推知，《武經總要》成書應不會在慶曆七年（1047）之後，否則，就當以「綏遠寨」而不是「夕陽鎮」稱之。

2、河北四安撫使路的建置

清代著名學者錢大昕曾經講過「志（按：《宋史‧地理志》）所云路者，以轉運司所轄言之。若慶曆元年分陝西沿邊為秦鳳、涇原、環慶、鄜延四路，八年河北置大名、高陽關、真定、定州四路，熙寧五年陝西又置熙河路，此特為軍事而設……故不在十八路、二十三路之數。」〔註29〕不僅說明河北四

〔註29〕錢大昕《十駕齋養新錄》卷十一。

安撫使路等均爲專門的軍事區域，還言明了其所置時間爲慶曆八年（1048）。有關其具體建置情況，《宋史》、《續資治通鑑長編》等史籍中均有明確記載。如《宋史·地理志二》中詳細有載：「（慶曆）八年，始置大名府路安撫使，統北京，澶、懷、衛、德、博、濱、棣，通利、保順軍。」「慶曆八年，始置高陽關路安撫使，統瀛、莫、雄、貝、冀、滄，永靜、保定、乾寧、信安一十州軍。」「慶曆八年，初置眞定府安撫使，統眞定府，磁、相、邢、趙、洺六州。」「慶曆八年，始置定州路安撫使，統定、保、深、祁，廣信、安肅、順安、永寧八州。」這充分表明，四安撫使路的建置的確當在慶曆八年（1048）。

但《宋史》卷十一又載：慶曆七年（1047）「八月乙丑，析河北爲四路，各置都總管」。從表面看來，該處所載時間似乎與慶曆八年（1048）析分河北路的時間相悖。實則不然，這裡所說的慶曆七年（1047）八月爲夏竦「請析河北爲四路」〔註30〕之時間。有關於此，《續資治通鑑長編》等有明確記載。如《續資治通鑑長編》卷一百六十四注云：「實錄於七年八月乙丑先書析河北爲四路，蓋誤也。」並在卷一百六十一詳細解釋道：「實錄於此月（按：慶曆七年八月）乙丑書析河北大名、眞定府、定州、高陽關爲四路，每路各置都部署一員，鈐轄二員，都監四員⋯⋯實錄誤以始下竦議爲即施行，於七年八月先書此，與八年四月互見⋯⋯會要亦同實錄，蓋實錄因會要致誤也。」從中不難得知，慶曆七年（1047）八月爲夏「竦實建此議」之時，至八年（1048）四月宋仁宗才「詔遂行之」。然而爲何致使《宋史》這樣的正史記載造成這樣嚴重的錯誤，細究起來原因必然很多，但恐怕很大程度上還在於當時夏竦的建議影響較大，尤其是對於官方更非同一般。

《武經總要》前集卷十六上分河北路爲「定州路、眞定府路、高陽關路」三路，而未包含「大名府路」，不像卷十八上將陝西分爲秦鳳、涇原、環慶、鄜延四安撫使路來記載當時河北邊防地理情況。其中，「定州路」條目載關於「定州路」的簡介時云：「置本路駐泊馬步軍都部署以下兵官，以州爲治所，統定、保、深、祁、廣信、安肅、順安、永寧八州軍。」「定州路」條目中的「順安軍」分目載關於「眞定府路」的簡介時云：「後置眞定府路駐泊馬步軍都部署以下兵官，統眞定府、磁、相、邢、趙、洺六州，以府爲治所。」「高陽關路」條目載關於「高陽關路」的簡介時云：「後置高陽關路，馬步軍都部署已下兵官，統瀛、莫、雄、霸、貝、冀、滄、永靜、保定、乾寧、信安十一州軍，以州爲治所。」

〔註30〕《宋史》卷二百八十三。

從中我們不難看出，此時河北四安撫使路尚未奉詔設立。但由於「定州路、真定府路、高陽關路」三路的舊有慣稱由來已久，如在慶曆三年（1043）十月就有「李昭亮為真定府、定州路都部署」〔註31〕之事；慶曆四年（1044）八月又有「右正言、知制誥田況為龍圖閣直學士、知成德軍，充真定府、定州路安撫使」〔註32〕的任命，因而《武經總要》亦沿襲了這種慣用稱呼。換言之，《武經總要》的記載內容是合乎當時歷史事實的，其時間應不會晚於慶曆八年（1048）四月，甚至很有可能在慶曆七年（1047）八月前。

3、西南羈縻州隸屬關係的變遷

關於西南邊防地理的記載，《武經總要》分為「益利路」和「梓夔路」。這裡我們以「梓夔路」下轄的「黔州」為例進行簡單考證。

《宋史・地理志五》載：「重慶府，下，本恭州，巴郡，軍事。舊為渝州。崇寧元年，改恭州，後以高宗潛藩，升為府。舊領萬壽縣，乾德五年，廢。雍熙中，又廢南平縣。慶曆八年，以黔州羈縻南、溱二州來隸。」這表明，慶曆八年（1048）前「南、溱二州」歸屬黔州而非渝州。

而在《武經總要》前集卷十九，「梓夔路」條目記載有「宋理黔州，管黔內思、南、費、溱、夷、播六州，又有羈縻州數十」。從中不難得知，《武經總要》所載南、溱二州的行政隸屬關係應在慶曆八年（1048）前。換言之，該書的纂成當不會晚於慶曆八年（1048）。

實際上，北宋在西北掀起過三次修築寨堡的高峰，其中慶曆至嘉祐年間為第一次。除了上述所舉慶曆七年（1047）前寨堡外，慶曆八年（1048）及其以後所修之數目仍不在少數，但這些均未在《武經總要》中出現過。如《宋會要輯稿》方域一八，「諸寨」條目所載的「靜羌寨，在麟州，慶曆八年置，在連谷縣」；「通邊寨，在涇原路德順軍，慶曆八年置」；「神木寨，麟州，慶曆八年置，在連谷縣」等，在《續資治通鑑長編》、《宋史》等中均亦有載，而在該書中卻均未得見。這也再次表明，《武經總要》的成書必不在八年之後。

要之，《武經總要》成書應不晚於慶曆八年（1048），而且很有可能在慶曆七年（1047）八月之前。

綜上可得，《武經總要》的成書當在慶曆五年（1045）至八年（1048）間，而且極有可能就在慶曆五年（1045）至七年（1047）八月之間。只有這樣該

〔註31〕《宋史》卷一百四十四。
〔註32〕《續資治通鑑長編》卷一百八十一。

書中所錄邊防地理內容，尤其是大量西北寨堡的建置，才能與史實相符。而且此結論與考證該書纂修者官職情況所得結論、《續資治通鑑長編》所載「慶曆三年」說也是相合的。

小　結

考之曾公亮、丁度等纂修者成書時所任官職情況，佐以《武經總要》所載邊防地理內容可得出《武經總要》成書當在慶曆七年（1047），而且極有可能就在四至六月間。上溯五年左右，可推知該書始纂當起於慶曆三年（1043）；對纂修者們這一時期的仕途情況進行考證，得出當在慶曆三年（1043）九月至慶曆五年四月間，亦與之相合。由此可得，《武經總要》的纂修時間應起於慶曆三年（1043）九月至五年（1045）四月，止於慶曆七年（1047）四月乙卯（十一日）至六月庚午（二十七日）。而《續資治通鑑長編》、《宋史》、《玉海》等所載的「慶曆三年十月乙卯（二十日）」說法，恰好印證了上述推斷，故而該觀點是可信的。換言之，《武經總要》當起於慶曆三年（1043）十月二十日修纂，止於慶曆七年（1047）四月十一日至六月二十七日成書。

值得注意的是，《武經總要》成書後，歷代刊刻者不斷因時而「改」，導致其中所載一些具體內容與慶曆年間史實不符。如前集卷十七，「並代忻州寧化岢嵐軍路」條目載有關「隰州大寧郡」內容時就言道：「隰州大寧郡……即今之平陽府隰州是也。」而《宋史·地理志二》載：「平陽府，平陽郡，建雄軍節度。本晉州，政和六年，升爲府。」從中可知，此條內容所改當在政和六年（1116）後。

又如前集卷十九，「梓夔路」條目載有關「黔州」內容時亦曰：「黔州，治彭水縣，古蠻夷地……即今之重慶府彭水縣是也。」而《宋史》卷三十六載：淳熙十六年（1189）「八月甲午，升恭州爲重慶府」。從中可知，此條內容所改應在淳熙十六年（1189）後。

再如前集卷十七，「並代忻州寧化岢嵐軍路」條目載有關「火山軍」內容時亦云：「火山軍，本嵐州地，東控契丹界，西接藏才三族，最爲極邊……即今之太原府河曲縣是也。」而《元史》卷十九載：大德元年（1297），「隩州巡檢司爲河曲縣」。這表明，此條內容所改必在大德元年（1297）後。

另外，前集卷十九目錄對「益利路」、「梓夔路」還分別出注曰：「益州今

改爲成都府路」;「梓州重和元年改爲潼川府路」。益州路是在嘉祐四年
（1059），改爲成都府路的，《文獻通考》卷三百十五對此有明確記載:「嘉祐
四年，改益州路爲成都府路」;而梓州路則在重和元年（1118）被改爲潼川府
路，《宋史》卷二十一對此亦有相應記載:重和元年（1118）十一月「乙巳，
升梓州爲潼川府。」這說明，此內容所改至少應在嘉祐四年（1059）之後。

據筆者統計，諸如上述之類的後人所「改」之處，在《武經總要》中共
出現 31 次，其中 26 次集中在前集卷十五至二十的「邊防」地理部分，所「改」
內容亦多是對地名變化的簡單說明。就其行文方式來講，有正文，亦有出注，
但均明顯爲注釋類言語，而非慶曆年間所編時的正文用語。故，我們不可據
此而否認《武經總要》成書於慶曆年間之事實。

第四章 版本源流考

第一節 宋 本

一、祖 本

「元昊既叛，邊將數敗」〔註1〕。在對西夏的作戰中，北宋王朝屢屢敗北，宋仁宗命曾公亮、丁度等人編纂了《武經總要》一書。該書纂成後不久，極有可能就開始刊印成冊，「頒賜內外武職重臣」〔註2〕，其理由大致如下：其一，該書作爲一部應急之作，編纂目的十分明確，即「深惟帥領之重，恐鮮古今之學」，纂成後當隨即抄寫、刻梓，交付眾將領學習運用；其二，宋仁宗序中所言「帥」，馬文升所言「內外武臣重職」，人數應當不少，地方也比較分散，對於50餘萬字的大型兵書來說，如果完全靠抄寫，是根本無法滿足需要的；其三，宋人喜刻書，宋初雕版印刷開始盛行，刻書業幾乎遍佈全國，並逐漸形成了開封、四川、福建、浙江、江西幾個中心，其中尤以都城開封最爲繁榮，這就使得仁宗皇帝極爲重視的大部頭官修《武經總要》刊印成爲可能。可見，儘管北宋兵書在實際中作用不大，但這部官修應急之作還是很有可能在形式上受到一定重視，成書後隨即刊印的。

有關於此，《續資治通鑑長編》卷二百四十一、《玉海》卷一百四十一、章如愚的《群書考索》後集卷四十七均有類似記載：熙寧五年（1072）十二

〔註1〕 趙希弁《郡齋讀書志》後志，卷二，《王晳注孫子三卷》。
〔註2〕 馬文升《馬端肅奏議》卷七，《刊印武書以作養將材事》。

月，「詔賜王韶《御製攻守圖》、《行軍環珠》、《武經總要》、《神武秘略》、《風角集占》、《四路戰守約束》各一部，仍令秦鳳路經略司抄錄」〔註3〕。且《宋史》卷一百九十五更明確載道：「（熙寧五年）十二月，知通遠軍王韶請降《合行條約》，詔賜《御製攻守圖》、《行軍環珠》、《武經總要》、《神武秘略》、《風角集占》、《四路戰守約束》各一部，餘令關秦鳳路經略司抄錄。」

熙寧五年（1072）五月，宋神宗為了恢復河、隴地區，在王韶等人建議下，下詔升古渭寨為通遠軍，並「以韶知軍事」〔註4〕。古渭寨原屬秦州，因而初設立的通遠軍屬秦鳳路管轄。有關於此，《宋史·地理志三》「秦鳳路」條目明確有載：「秦州，下府，天水郡，雄武軍節度。舊置秦鳳路經略、安撫使，統秦州、隴州、階州、成州、鳳州，通遠軍，凡五州一軍，其後割通遠軍屬熙河，凡統州五。」至熙寧五年（1072）十月，「戊戌，改鎮洮軍為熙州，以鎮洮為節度軍額，分熙河、洮、岷州，通遠軍為一路，置馬步軍都總管、經略安撫使，所應制置事，令經略安撫使司詳具以聞……知通遠軍、右正言、集賢殿修撰王韶為龍圖閣待制、熙河路都總管、經略安撫使兼知熙州」〔註5〕。可見，從熙寧五年（1072）十月熙河路設立起，通遠軍已割歸熙河路管轄。

從上述《續資治通鑑長編》、《宋史》等相關記錄中不難得知，熙寧五年（1072）十二月，宋仁宗所賜熙河路王韶等人的《武經總要》，是以秦鳳路經略司所存為底本進行抄錄的，而這一底本很可能是刻本。因為，早在慶曆元年（1041），為了對抗西夏，宋仁宗就下詔將陝西路一分為四，設立鄜延、環慶、涇原、秦鳳並列的軍事專區。如果說王韶等人為了熙寧開邊的需要，請求宋神宗賜《武經總要》，那麼在此之前至少陝西四安撫使路與河東的麟府州路為了軍事作戰亦當存有此書。照此推來，不少軍事要地均當受賜而有該書，這如果僅靠抄寫恐是很難辦到的。同時，我們還可推知，該本應是在熙寧前較長一段時間內所刻，很可能就是在纂成後不久。否則，不可能至熙寧年間就已經沒有了庫存，以致秦鳳路經略司不得不重新進行抄錄。

另外，趙體國在其跋文中講道：「濡滇郡有本，磨滅舛錯不可勝紀（計），學者病之。」〔註6〕同樣，鄭魏挺的跋文亦言道：沈景淵「暇日閱郡（按：濡

〔註3〕　《續資治通鑑長編》，卷二百四十一。
〔註4〕　《宋史》卷三百二十八。
〔註5〕　《續資治通鑑長編》卷二百三十九。
〔註6〕　趙體國《武經總要》，《後跋》，明弘治刻本。

湏郡）中《武經總要》刻梓本多訛舛，思有以定正之」〔註7〕。「濡湏郡」，今屬安徽省。從中除了發現濡湏郡本訛誤較多外，還不難得知宋理宗紹定年間以前已確有《武經總要》刻本。而參與後來校訂的林半千、沈景淵、趙體國等人（具體情況，見下文），均為通儒之士，頗為知學，以其較高的身份得此書後還甚喜，並耗費巨時進行點校。這說明濡湏郡所傳之本應當較早，至少應在北宋年間，至紹定年間已經較為少見，否則，他們不當如此。

要之，《武經總要》最早應當是在慶曆年間，或至少在宋仁宗時期刻印，頒賜各軍事要地長官，以備所用，至南宋時已經傳至安徽一帶。該本訛誤較多，對後世影響不大，急需進行認真校勘，重新刊印，以「廣其傳」〔註8〕。同時，該書至少在熙寧年間也已出現了抄本，它是以慶曆年間刻本為底本的，祇是其流傳情況，目前限於史料已不可得知。

二、紹定刻本

「跋文多是敘述編纂經過、刊刻情況等」〔註9〕，多為實際編纂、主持刊印者所寫，其內容空談較少，實際較多，價值尤大。因而依據古書跋文來鑒定古書版本，成為最常用、最可靠的方法之一。此處亦不例外，關於紹定刻本的情況，在宋人趙體國、鄭魏挺所作的後跋中有明確交代，故特將其摘錄於下：

明弘治本附趙體國後跋曰：

> 濡湏郡有本，磨滅舛錯不可勝紀（計），學者病之。嘉禾沈公景淵分庚節守是邦，儒術飾吏治。三年，政通人和，百度修舉，謂強事未爾。此書蓋廣其傳，非特得精明貫通之事，修猶亡益也。三山林公半禾（千）少以文明，誼弗苟合於時，適來二郡，相得甚馭，遂委心焉。林公既承命，則居一室，粹諸史圓左右，公退之餘，審閱讐校，夜不分倦。文字之訛，氏名之誤，時代之差，凡若干條參互諸本，其失一律乃各以本史之文訂當時之事，考究詳悉，應手箋改盡，掃以訛傳訛之弊。鳩工刻梓，數月而就，偉哉。紹定三年春沈公將束歸、體國亦解官於合肥，往後公別獲聞其事。明年，體國歸，分校於濠來，謁帥漕林公，實長幀議，用念其成，謂體國悉公知之最

〔註7〕 鄭魏挺《武經總要》，《後跋》，明弘治刻本。
〔註8〕 趙體國《武經總要》，《後跋》，明弘治刻本。
〔註9〕 李致忠《古書版本鑒定》，文物出版社，1997年，第123頁。

深，當附姓名於卷末，不詎敢以荒陋舜辭竊思……。紹定四年四月望門生承直郎差充濠州學教授趙體國謹跋。

明弘治本附鄭魏挺後跋載：

> 嘉禾沈侯景淵，以太府寺丞出爲淮西常平使者兼守濡湏，謹身節用，保障隱然，暇日閱郡中《武經總要》刻梓本多訛舛，思有以定正之。……三山林庚半千亦儒英文伯來監州，既見，恨得晚。相傳國事揆策之餘，因以武經之本未善爲請，林侯欣諾。初，欲隨事刊正。繼而審閱，見其間文字錯亂謬妄，多舊所記誦不合。於是取其事之見載於籍者，自戰國而下至歷代史蒐檢定證，爲之刪益竄定。然後爲全書因易梓而一新之……。紹定辛卯孟春太末鄭魏挺謹跋。

從上述跋文中明顯可得知以下幾點：其一，紹定四年（1231）四月，《武經總要》重新刊印。其二，該本是以濡湏郡所藏本爲底本的，由於底本訛誤較多，歷經長時期的艱苦校勘方才進行了刻梓。其三，參與校勘者除趙體國外，還有沈景淵、林半千等人，其中尤以林半千用工爲最深。趙體國江南吳縣人，嘉定十三年（1220）進士。沈景淵曾知衢州軍。林半千爲福建上杭縣人，嘉泰二年（1196）進士，慶元年間曾任吉水縣縣令，後官至淮西提刑。

由於用工甚深，訛誤較少，此本問世後影響極大，後代刊刻者多因之。

第二節　明　本

《武經總要》宋本今已不傳，元代又未見刻抄。至明代刻書業興盛，該書版本較多，現存刻本9種，抄本8種，共17種版本。

一、刻　本

1、明正統刻本

該本是今存最早刻本。它於明正統四年（1439）刊印，前集二十二卷，後集二十一卷，附《行軍須知》二卷，上海圖書館、臺灣的國立中央圖書館、日本靜嘉堂有藏。其中，上海圖書館所藏附有清孫星衍跋、葉德輝跋，臺灣所藏僅存前集二十二卷。另外，中國科學院圖書館藏有該本殘卷，前集十一至二十，後集一至十八，爲英國著名科技史專家李約瑟先生從琉璃廠訪得，1952年9月獻於中國科學院圖書館。

除此之外，該本鄭振鐸先生亦曾有過收藏，其中第一卷缺第二頁。雖鄭先生底本今已不見，但業已被中華書局上海編輯 1959 年 8 月和上海古籍出版社 1988 年 8 月影印出版。

該本書高 26.7cm、寬 15.2cm，版框高 20.0cm、寬 13.0cm。

該本有前集二十卷（非二十二卷）總目，未見有後集二十一卷總目；前集卷一、二無子目，前集卷九、十二無卷首子目。總目中有序號，子目中則無；總目、子目中均無「制度一」類語，其例如：

（前集總目）第三卷　凡五卷

　敘戰第一上中下　　抽隊第二　軍爭第三　以寡擊眾第四　捉生第五

（子目）武經總要前集卷之三

　敘戰上　敘戰中　敘戰下　抽隊　軍爭　以寡擊眾　捉生

字體：手寫版軟體字，趙體為主，多數字體偏瘦兼有少數偏肥者。字體工整、清晰、美觀。

行款版式：每半頁十一行，每行二十一字。前集一至四卷均空一字格為二十字（但前集卷一第一頁「庸人論將常視於勇夫勇者才之偏爾未必無害蓋勇必」行為二十二字）；從前集卷五起漸有首行頂格二十一字，餘者空一字格二十字，後基本上如此；間有在空一字格的基礎上再空兩字格十八字之行，主要集中在前集卷十六至二十二。

四周雙邊，外粗內細，行線明顯，上下大黑口本，黑順魚尾。版心上刻有「武經總要」書名；中刻有「十◢、十一◢、十二◢、十三◢（按：此式多為插圖頁），一卷、二卷、三卷、十卷、十一卷，前二、前五、前八、前二十，前集六、前集八、前集二十、前集二十一，前集廿二」等幾種類型卷數標識；下刻有「乙」、一、十三等頁碼。

該本版心中用「乙」字代替「一」字，序、前集總目、每卷結束後均有「終」字，前集結束與後集結束均有「畢」字。

筆者以明金陵書林唐富春本為底本對明正統刻本、明弘治刻本、明仿元抄本等不同刻、抄本進行部分校勘發現：仁宗皇帝御製序中明正統刻本與其文字不同者 4 字，其中正確者 1 字、不同者 2 字、錯誤者 1 字；明弘治刻本與其文字不同者 10 字，其中正確者 1 字、不同者 2 字、錯誤者 6 字，異體者 1 字；明仿元抄本與其文字不同者 11 字，其中正確者 1 字、不同者 2 字、錯

誤者 8 字。前集卷一中明正統刻本與其文字不同者 26 字（異體字未包含在
內），其中正確者 8 字、訛脫衍者 18 字；明弘治刻本與其文字不同者 26 字（異
體字未包含在內），其中正確者 12 字、訛脫者 14 字；明仿元抄本與其文字不
同者 76 字（異體字未包含在內），其中正確者 19 字、不同者 36 字、訛脫衍
倒者 21 字。

另，以明金陵書林唐富春本爲底本與此本進行對照，

例一：前集卷九，六形，通形

通者，四戰之地，須先焚高陽之處，萬使敵先得而我後至也。利糧道者，
成每於坤範之要衝，築壘城，或作通道以護之。人曰通地雖有亦散而無
要害，故兩通往來。處高陽，候望向陽示生，根道便人轉運，所以利於
戰。——明金陵書林唐富春刻本

通者，四戰之地，須先焚高陽之處，方使敵先得而我後至也。利糧道者，
成每於坤範之要衝，築壘城，或作通道以護之。人曰通地雖有亦放而無
要害，故兩通往來。處高陽，候望向陽示生，糧道便人轉運，所以利於
戰也。——明正統刻本

例二：前集卷九，六形，支形

友者，隔隘可以相要截友，友特故不和先出也。——明金陵書林唐富春
刻本

交者，隔隘可以相要截交，交持故不利先出也。——明正統刻本

例三：前集卷九，六形，隘形

隘形者，敵先守惛，我去之；若無守，我從之。——明正統刻本、明弘
治刻本、明金陵書林唐富春刻本

綜合其他版本情況可知（具體內容見下文），此本與現存明刻本相似：版
式類同，文字差別不大，屬於同一版本系統，這其中尤以明弘治刻本最爲相
近。同時，從以上文字對比中還可得知，該本訛誤不少。

關於此本的斷識近現代以來多有不同，多數認爲應是正統四年（1439）
刻本，如清代的孫星衍，現代的上海圖書館、日本靜嘉堂、中國科學院圖書
館、《中國古籍善本書目》、《中國兵書知見錄》、《中國兵書通覽》與《中國兵
書總目》等；也有人認爲應是正德四年刻本，該種說法以中華書局上海編輯
所及後來的上海古籍出版社爲代表。筆者傾向於前一種看法，大致情況如下：

從字諱上看，儘管宋代避諱之法不是很嚴格，但該本每「遇宋帝、本朝字樣提行，而廟諱痕跡仍有保留」〔註 10〕，因而有理由可以相信它是按照紹定本行款的履宋本。如該本多避宋太祖趙匡胤名諱，全書對「匡」字只有 6 次不避者，對「胤」字只有 8 次不避者；宋仁宗趙禎亦是如此，全書對「禎」字只有後集卷十三中 1 次不避，「貞」字不避者 34 次，但多數為「貞觀」之類前朝年號。並且陳垣在《史諱舉例》中所提及的關於「禎改為真，為詳，貞改為正，禎州改為惠州，永貞縣改為永昌，諡文貞者稱文正」〔註 11〕，表現也十分明顯。如「真」字全書中出現 97 次；「祥」字出現 51 次；「正」字出現 437 次；「禎州」出現 0 次，「惠州」4 次；「永貞」出現 0 次，「永昌」出現 4 次；「文貞」、「文正」均為 0 次。

至明代刻書，亦「多不避諱」，尤其是明前期所刻之書。該本全文根本不避明英宗朱祁鎮和明武宗朱厚照的名諱，全書「祁」字共出現 8 次，「鎮」字出現 318 次，均不避；「厚」字共出現 100 次，「照」字共出現 23 次，也均不避。從中雖可斷定其為明前期刻書，卻無法區別出究竟為正統還是正德年間所刻。

從字體上說，「明刻本字體，大致可分為明初、明中葉、晚明三個階段。明初是指正德以前的一段時期，字體仍宗趙孟頫」〔註 12〕。此本為手寫軟體字，且以趙體字為主，故應屬正統至正德間刻本。但同時仍表明，該本可能是正統四年（1439）刻本，也可能為明正德四年（1509）刻本，很難辨別清楚。

從行款版式上看，明代初期刻本繼承元人刻書風格，字體上承趙字，表現在行款版式上就是「從洪武起，經建文、永樂、洪熙、宣德、正統、景泰、天順、成化、弘治、正德等十一朝一般都是四周雙欄，粗黑口，少數為細口……從弘治、正德起風氣逐漸改變，以宋本為模範，黑口變白口，個別書出現左右雙邊、上下單邊」〔註 13〕。該本行款版式正是四周雙邊，上下大黑口本，極可能為正統刻本。

中華書局上海編輯所認為該本「因所附《行軍須知》由正統四年李進敘（序），孫星衍遂定為此年刻本。但就字體、刀法看，應非十五世紀三十年代的刻本。故洪頤煊代孫氏編《平津館鑒藏書籍記》時，已不再言正統刻。」〔註 14〕

〔註 10〕中華書局上海編輯所《武經總要前集·後記》，中華書局，1959 年版。
〔註 11〕陳垣《史諱舉例》，上海古籍出版社，1997 年，第 113 頁。
〔註 12〕程千帆、徐有福《校讎廣義·版本篇》，齊魯書社，2005 年，第 351 頁。
〔註 13〕戴南海《版本學概論》，巴蜀書社，1989 年，第 212 頁。
〔註 14〕中華書局上海編輯所《武經總要前集·後記》，中華書局，1959 年版。

此說法似爲不妥。首先，從字體、刀法上看根本無法確定該本爲正統還是正德所刻，相反，從行款版式上卻可得出傾向於正統年間所刻之結論。

其次，孫星衍作爲清代文獻學大家，對兵書亦有專深研究，應不會如此草率和淺薄。《行軍須知》李進序原文是這樣講的：「是書永樂初年李西元凱已壽諸梓，歲久而字文朽腐難於徧閱，公退之餘乃取舊本參補脫誤，修其殘闕再新，仍付之於司，用廣其傳，庶與同志者咸知夫行兵之道，非敢爲之序也，故識之首。」〔註15〕該序只表明，《行軍須知》早在永樂年間已有刊印，至後來已經逐漸殘缺，李元凱在正統四年（1439）對其進行校補，重新刊印於世。很明顯，其中所言及的「是書」指《行軍須知》而非《武經總要》，不能憑《行軍須知》的序言時間來斷定《武經總要》的刊刻年代。孫星衍應當很清楚這一點，不會犯如此低級之錯誤。他所稱的「《行軍須知》前有正統四年李進序，先書（按：《武經總要》）即其時所刊」〔註16〕，前後之間沒有邏輯必然聯繫。也就是說，《武經總要》爲正統四年所刊的結論並非是由《行軍須知》前的正統四年李進序而得，應當還有今人未知的其他方面資料。而洪頤煊所言「正統四年李進序稱是書（按：《武經總要》）永樂初李西元凱已壽諸梓，是亦舊人所作」〔註17〕，則不同。其「舊人所作」結論，完全是建立在李進序文基礎上的，犯下了所指對象錯位的根本性錯誤。故而，孫氏的結論當確，而洪氏的結論則不足爲據。這一點在明弘治刻本、明金陵書林唐富春刻本、明嘉靖刻本的斷識中也得到了很好證明，這些版本均附有李進序，卻都未斷爲正統四年（1439）刻本。

復次，日本靜嘉堂所藏之書即皕宋樓原本，清代藏書大家、文獻學大家陸心源應經過鑒定；李約瑟先生也對中國古籍有一定研究。他們均認定該本爲正統四年（1439）所刻，應自有其道理。

要之，筆者認爲此本應爲明正統四年（1439）刻本。

2、明弘治刻本

《武經總要》在明代頗受重視，多次翻刻，除明正統刻本外，在弘治九年（1496）兵部尚書馬文升還「乞敕內閣儒臣撿尋，如有古本《武經總要》，

〔註15〕李進《武經要覽行軍須知》，《序》，明嘉靖刻本。
〔註16〕孫星衍《廉石居藏書記》，書目三編本，廣文書局有限公司，1969年，第26頁。
〔註17〕孫星衍《平津館鑒藏書籍記》，書目三編本，廣文書局有限公司，1969年，第70頁。

校正明白上進。仍乞敕司禮監，將此書重新刊板（版），務在字樣眞正，用好紙刷印數百部，頒賜兩京公、侯、伯、都督、武職大臣並各邊鎮守總兵、太監、巡撫、都御史及副、參、游擊、守備內外官員並本部及兩京武學各一部」〔註18〕。而且弘治十四年（1501）四月，馬文升再次「請刊印《武經總要》一書，頒賜在京武職大臣及各邊將領，俾資其智識」〔註19〕。此次所提及刊印的《武經總要》，即後來的弘治十七年（1504）刻本。

　　該本前集二十二卷，後集二十一卷，附《行軍須知》二卷，《百戰奇法》二卷，北京大學圖書館、天一閣博物館、遼寧省圖書館、遼寧省遼陽圖書館有藏。其中，後三家所藏均爲殘本。另，據1959年中華書局本《武經總要》前集出版後記言：「借用鄭振鐸先生遺藏的弘、正間刊本影印」，可知鄭振鐸先生也曾收過此本，惜今已不見。

　　該本有前集二十卷（非二十二卷）總目；前集卷一、二等無子目。前集總目中有序號，無「制度一」類語；前集子目中除前集卷一「選將第一」外，餘者均無序號，且無「制度一」、「邊防一」類語。該本無後集總目，但有子目，部分有「制度一」類語，具體情況如下：後集卷十三子目有「故事十六」（按：應爲「故事十三」，子目之誤），後集卷十五有「故事十五」，後集卷十六有「占候六」（按：應爲「占候一」，子目之誤），後集卷十七有「占候二」，後集卷十八有「占候三」，後集卷二十一有「占候五」。

　　字體墨色：手寫版軟體字，趙體爲主，瘦爲主兼有肥體。字體工整、優美，但個別有模糊難識及墨色較重者。許多夾縫中有較黑不清晰、不潔淨者，如前集卷六、前集卷七、前集卷九、前集卷十七、前集卷十八、前集卷二十一、後集卷三、後集卷五、後集卷十等。

　　行款版式：每半頁十一行，每行二十一字。前集卷一至四每行均空一字格爲二十字（前集卷一第一頁「庸人論將常視於勇夫勇者才之偏爾未必無害蓋勇必」行爲二十二字）；從前集卷五起每段首行頂格二十一字，餘者空一字格二十字；與其他明刻本相似，間有在空一字格的基礎上再空兩字格十八字者，如前集卷六第二頁等，不過此種情況主要也是集中在前集卷十六至二十二。

　　四周雙邊，外粗內細，行線明顯，上下大黑口本，黑順魚尾。版心上刻

〔註18〕馬文升《馬端肅奏議》卷七，《刊印武書以作養將材事》。

〔註19〕《大明孝宗敬皇帝實錄》卷一百七十三。

有「武經總要」書名；中刻有「十◢、十一◢、十二◢、十三◢（按：此式多爲插圖頁），後六，一卷、二卷、三卷、十卷、十一卷，前五卷、前八卷、後五卷，前集十六、後集一、後集三，前集六卷、前集七卷、前集八卷、前集十六卷、後集一卷」等幾種類型卷數；下刻有「乙」、一、十三等頁碼。

該本版心中用「乙」字代替「一」字，序、前集總目、每卷結束後均有「終」字，在後集二十一卷全部結束後有「畢」字。

如上，筆者以明金陵書林唐富春本爲底本對其進行部分校勘發現：仁宗序中文字不同者 10 字，其中正確者 1 字、不同者 2 字、錯誤者 6 字，異體者 1 字；前集卷一中明弘治刻本：文字不同者 26 字（異體字未包含在內），其中正確者 12 字、訛脫者 14 字。

另，以明金陵書林唐富春本爲底本與此本進行對照，

例一：前集卷九，九地，圍地

圍其三面，間其（空一字格）面。塞之，則人死戰。——明金陵書林唐富春刻本

圍其三面，間其一面。塞之，則人死戰。——明正統刻本、明嘉靖刻本、明弘治刻本

例二：前集卷九，六形，通形

通者……萬使敵先得而我後至也。利糧道者，成每於坤範之要衝，築壘城，或作通道以護之……處高陽，候望向陽示生，根道便人轉運，所以利於戰。——明金陵書林唐富春刻本

通者……方使敵先得而我後至也。利糧道者，成每於坤範之要衝，築壘城，或作通道以護之……處高陽，候望向陽示生，糧道便人轉運，所以利於戰也。——明弘治刻本

例三：前集卷九，六形，隘形

隘形者，敵先守愊，我去之；若無守，我從之。——明正統刻本、明弘治刻本、明金陵書林唐富春刻本

由上可知，此本與現存明刻本相似：版式類同，文字差別不大，屬於同一版本系統。這其中尤以明正統刻本最爲相近：版式除少數版心中的卷數標識外完全相同，文字差別也最少，蓋兩者均爲紹定本行款的履印本。同時，還可得知該本文字訛誤亦不少。

3、明嘉靖刻本

該本封面題名為《武經要覽》，於明世宗嘉靖年間刻印，前集二十卷，國家圖書館有藏。該本有《武經要覽行軍須知》二卷，置於《武經總要》前面。另外，該本仁宗皇帝御製序，缺第二頁中一面；緊隨其後有時任山西按察副使奉敕提督學校曹忭所撰的《刻武經要覽序》。從曹忭序中可知，該本為其「搜檢府篋，得先任督學陳公所收《武經總要》，下教校勘，刪其繁忌復得。給諫一齋李公，居廬讀禮方，在暇日相與訂定」〔註20〕而成的。

該本前集總目共有十五卷（一至十五）；卷一、二無子目，卷九等無卷首子目。總目中有序號，無「制度一」類語；子目無序號，大多數無「制度一」類語，其樣式為：

（子目）武經總要前集卷之三

敘戰上 敘戰中 敘戰下 抽隊 軍事（按：「事」應為「爭」，子目之誤。） 以寡擊眾 捉生

但卷七、八、九、十九、二十分別有「制度七」、「制度八」、「制度九」、「邊防四」、「邊防五」字樣。

字體墨色：字體仿宋，肥為主兼有瘦體，工整、美觀。墨色普遍較重。

行款版式：每半頁十行，每行十八字。但卷一至五每行均空一字格為十七字；至卷六每段首行頂格十八字，餘者空一字格十七字；與其他刻本相似有在空一字格的基礎上再空兩字格十五字者，主要集中在卷十六至二十二相關解說、數字頁碼。

四周雙邊，外粗內細，行線明顯，上下大黑口本，黑順魚尾。版心上刻有「武經總要」書名；中刻有「前卷一、前卷五、前卷六，前集卷七、前集卷八、前集卷九、前集卷九，前集十二卷、前集十三卷、前集十五卷、前集十九卷，前集卷之十九（極少，如十九卷中的一至十二頁）」等幾種類型卷數；下刻有十二、十三等頁碼。

該本版心中無「乙」字，但序、前集總目、每卷結束後皆有「終」字。

該本頁碼缺誤較多。除仁宗皇帝御製缺一面外，還有卷二缺第二頁中的一面，卷十一缺第二十一頁、第二十二頁。而卷十一出現兩個「十九」頁碼，後一個應為「二十」。諸如此類者甚多，此不備列。

〔註20〕曹忭《刻武經要覽序》，明嘉靖刻本。

筆者以明金陵書林唐富春本為底本與此本進行對照，

例一：前集卷九，九地，圍地

圍其三面，間其（空一字格）面。塞之，則人死戰。——明金陵書林唐富春刻本

圍其三面，間其一面。塞之，則人死戰。——明正統刻本、明弘治刻本、明嘉靖刻本

例二：前集卷九，六形，通形

通者……萬使敵先得而我後至也。利糧道者，成每於坤範之要衝，築壘城，或作通道以護之……處高陽，候望向陽示生，根道便人轉運，所以利於戰。——明金陵書林唐富春刻本

通者……勿使敵先得而我後至也。利糧道者，我每於津厄之要衝，築壘城，或作通道以護之……處高陽，候望向陽示生，糧道便人轉運，所以利於戰。——明嘉靖刻本

例三：前集卷九，六形，隘形

隘形者，敵先守隘，我去之；若無守，我從之。——明正統刻本、明弘治刻本、明金陵書林唐富春刻本

隘形者，敵先守隘，我去之；若無守，我從之。——明嘉靖刻本

由上可知，此本與現存明刻本差異較大：版式較不同，文字差別也較大，應屬於明刻本系統的別支。同時，還可知該本文字錯訛誤相對較少，較為可信。

4、明金陵書林唐富春刻本

該本是目前保存最為完好的明刻本。它於明萬曆二十七年（1599）由金陵對溪唐富春校對，豫章新齋李鼎長訂正，金陵唐心雲付梓，前集二十二卷，後集二十一卷，附《百戰奇法》二卷，《行軍須知》二卷，北京大學圖書館、遼寧省圖書館、南京圖書館、日本尊經閣有藏。其中，南京圖書館所藏為殘本。

該本前集卷三第三、第四頁漏刻。

該本有前集二十二卷和後集二十一卷總目，置於前集正文之前；前集卷一、二等無子目。前集總目中有序號，無「制度一」類語；前集子目中除前集卷一「選將第一」外，餘者均無序號，且無「制度一」、「邊防一」類語。後集總目中無序號，且無「故事一」、「占候一」類語；後集子目無序號，除

後集卷十六有「占候六」（按：應爲「占候一」，子目之誤）、後集卷十八有「占候三」外餘者亦無此類語。

該本用紙爲粗黃棉紙，雙層，部分在雙層中間還夾一張橘紅色較硬紙張，故該本較其他本子厚出許多。

字體墨色：字體仿宋，工整、優美。前後用墨均勻。

行款版式：每半頁十一行，每行二十一字。前集卷一至四每行均空一字格爲二十字（前集卷一第一頁「庸人論將常視於勇夫勇者才之偏爾未必無害蓋」行亦爲二十字），從前集卷五起每段首行頂格二十一字，餘者空一字格二十字；與其他刻本相似間有在空一字格的基礎上再空兩字格十八字者，此種情況也是主要集中在前集卷十六至二十二。

四周單邊，黑粗，行線明顯，白口本，單魚尾。版心上刻有「武經總要」書名；中心除後集卷三四、五兩頁刻有「後集卷三」外，餘者均刻有「卷之一」類型卷數；下刻有「乙」、一、十三等頁碼。

該本版心中部分有用「乙」字代替「一」字者；前集總目及每卷結束後均有「終」字。

由上可知，此本與現存明刻本雖屬於同一版本系統，但行款版式差異較大。同時，通過有關文字對照也可得知該本文字訛誤甚多，蓋明刻本大多如此，尤其是中後期之刻，因而無太大的校勘價值。

5、明刻本 A

該本集二十二卷，後集二十一卷，國家圖書館有藏，缺前集第二十二卷。

該本有前集二十卷（非二十二卷）總目，無後集二十一卷總目；前集卷一、二無子目，前集卷九、十二無卷首子目。總目中有序號，子目中則無，其例如：

（前集總目）第三卷　凡五卷

　敍戰第一上中下　抽隊第二　軍爭第三　以寡擊眾第四　捉生第五

（子目）武經總要前集卷之三

　敍戰上　敍戰中　敍戰下　抽隊　軍事（按：「事」應爲「爭」，子目之誤。）

　以寡擊眾　捉生

總目、子目中多數無「制度一」類語，但後集中部分亦有此語，如後集卷十五有「故事十五」、後集卷十九有「占候四」語。

字體墨色：字體仿宋爲主，大小、形體略有不一，但較爲工整。墨色普遍較重，這其中以前集卷二爲最，同時還存在著不同頁碼、字體之間墨色不均的現象，甚至有些字體不同筆劃之間用墨即不勻，對於注文更是濃淡不一，此類情形可能是由於不同刻工刻寫風格與水平所致。

行款版式：每半頁十一行，每行二十一字。每段首行頂格二十一字，餘者空一字格二十字，亦有在空一字格的基礎上再空兩字格十八字之行，主要集中在前集卷十六至二十二。

四周雙邊，外粗內細，行線明顯，上下大黑口本，黑順魚尾。版心上刻有「武經總要」書名；中刻有「十卷、十一卷、十二卷，前五卷、前十九卷，前集十六卷、前集十七卷、後集一卷、後集四卷」等幾種類型卷數；下刻有「乙」、一、十三等頁碼。

該本頁碼刊印錯誤較多。如前集卷十四「罰條」條目，版心頁碼錯誤標識爲「十一」，正確應爲「十三」；前集卷十五「鄉導」條目，版心頁碼錯誤標識爲「十」，正確應爲「十二」；後集卷九「散眾」條目，版心頁碼錯誤標識爲「一」，正確應爲「十六」；後集卷十七「風角占」中的「災祥」分目結尾處，版心頁碼正確標識應爲「二十」。

該本版心中多處有用「乙」字代替「一」字者，序、前集總目、每卷結束後均有「終」字。

筆者以明金陵書林唐富春本爲底本與此本進行對照：

例一：前集卷九，九地，圍地

圍其三面，間其（空一字格）面。塞之，則人死戰。——明金陵書林唐富春刻本

圍其三面，間其一面。塞之，則人死戰。——明正統刻本、明弘治刻本、明刻本

例二：前集卷九，六形，通形

通者……萬使敵先得而我後至也。利糧道者，成每於坤範之要衝，築壘城，或作通道以護之……處高陽，候望向陽示生，根道便人轉運，所以利於戰。——明金陵書林唐富春刻本

通者……方使敵先得而我後至也。利糧道者，成每於坤範之要衝，築壘城，或作通道以護之……處高陽，候望向陽示生，糧道便人轉運，所以

利於戰。──明刻本

例三：前集卷九，六形，隘形

隘形者，敵先守隘，我去之；若無守，我從之。──明正統刻本、明弘治刻本、明金陵書林唐富春刻本、明刻本

由上可知，此本與現存明刻本相似：版式類同，文字差別不大，屬於同一版本系統。這其中尤與明弘治刻本最爲相近：版式除少數版心中的卷數標識外完全相同，文字差別也最少。同時，還可知該本文字訛誤不少。

6、明刻本 B

該本前集二十二卷，國家圖書館有藏，缺卷一第二頁。

該本有前集二十卷（非二十二卷）總目；卷一、二無子目，卷九、十二無卷首子目。總目、子目中均無序號，且無「制度一」類語，從此處可看出該本與上一種國家圖書館所藏明刻本非同一種本子。

字體墨色：字體仿宋，大小略異，多數字體偏肥兼有少數偏瘦者，工整、清晰、美觀。少數墨色較重，如卷三、五、七等。

行款版式：每半頁十一行，每行二十一字。每段首行頂格二十一字，餘者空一字格二十字，亦有在空一字格的基礎上再空兩字格十八字之行，主要集中在前集卷十六至二十二。

四周雙邊，外粗內細，行線明顯，上下大黑口本，黑順魚尾。版心上刻有「武經總要」書名；中刻有「一卷、二卷、三卷、十九卷，前五卷、前八卷、前十九卷，前集六卷、前集九卷、前集十八卷」等幾種類型卷數；下刻有「乙」、一、十三等頁碼。

該本版心中多處有用「乙」字代替「一」字者，序、前集總目、每卷結束後均有「終」字。

筆者以明金陵書林唐富春本爲底本與此本進行對照，

例一：前集卷九，九地，圍地

圍其三面，間其（空一字格）面。塞之，則人死戰。──明金陵書林唐富春刻本

圍其三面，間其一面。塞之，則人死戰。──明正統刻本、明弘治刻本、明刻本

例二：前集卷九，六形，通形

通者……萬使敵先得而我後至也。利糧道者,成每於坤範之要衝,築壘城,或作通道以護之……處高陽,候望向陽示生,根道便人轉運,所以利於戰。——明金陵書林唐富春刻本

通者……方使敵先得而我後至也。利糧道者,我每於坤範之要衝,築壘城,或作通道以護之……處高陽,候望向陽示生,糧道便人轉運,所以利於戰。——明刻本

例三:前集卷九,六形,隘形

隘形者,敵先守恤,我去之;若無守,我從之。——明正統刻本、明弘治刻本、明金陵書林唐富春刻本、明刻本

由上可知,此本與現存明刻本相似:版式類同,文字差別不大,屬於同一版本系統,這其中尤與上一種國家圖書館所藏明刻本最爲相近。同時,還可知該本文字訛誤亦不少。

7、明刻本 C

該本前集二十二卷,後集二十一卷,國家圖書館有藏。

該本有前集二十卷(非二十二卷)總目,無後集二十一卷總目;前集卷一、二無子目,前集卷九等無卷首子目。總目中有序號,無「制度一」類語;子目中無序號,基本上無「制度一」類語,但後集卷十六至二十一有「占候六」、「故事十五」等類語,與國家圖書館所藏第 5 種明刻本極爲相像。

字體墨色:仿宋,多數字體偏肥兼有少數偏瘦者。字體工整、清晰、美觀。有少數墨色較重,如前集卷一、前集卷二等。

行款版式:每半頁十一行,每行二十一字。每段首行頂格二十一字,餘者空一字格二十字;亦有整卷每行均空一字格二十字者,主要集中在前集卷一至十五;也有在空一字格的基礎上再空兩字格十八字之行,主要集中在前集卷十六至二十二。

四周雙邊,外粗內細,行線明顯,上下大黑口本,黑順魚尾。版心上刻有「武經總要」書名;中刻有「十卷、十一卷,後二十卷、後二十一卷,前集九卷」等幾種類型卷數;下刻有十二、十三等頁碼。

該本版心中多處有用「乙」字代替「一」字者,序、前集總目、每卷結束後均有「終」字,後集二十一卷全部結束後有「畢」字。

筆者以明金陵書林唐富春本爲底本與此本進行對照,

例一：前集卷九，九地，圍地

圍其三面，間其（空一字格）面。塞之，則人死戰。——明金陵書林唐富春刻本

圍其三面，間其一面。塞之，則人死戰。——明正統刻本、明弘治刻本、明刻本

例二：前集卷九，六形，通形

通者……萬使敵先得而我後至也。利糧道者，成每於坤範之要衝，築壘城，或作通道以護之……處高陽，候望向陽示生，根道便人轉運，所以利於戰。——明金陵書林唐富春刻本

通者……方使敵先得而我後至也。利糧道者，成每於坤範之要衝，築壘城，或作通道以護之……處高陽，候望向陽示生，糧道便人轉運，所以利於戰。——明刻本

例三：前集卷九，六形，隘形

隘形者，敵先守隘，我去之；若無守，我從之。——明正統刻本、明弘治刻本、明金陵書林唐富春刻本、明刻本

由上可知，此本與現存明刻本相似：版式類同，文字差別不大，屬於同一版本系統。其中，尤以與第5、6兩種最爲相近。同時，可知該本文字訛誤也不少。

8、明刻本 D

該本前集二十二卷，北京大學圖書館有藏。

該本有前集二十卷（非二十二卷）總目；卷一、二無子目，卷九等無卷首子目。總目中有序號，無「制度一」類語；子目中除卷一「選將第一」有序號外餘者均無，且全無「制度一」類語。

該本保存完好，但封面表層已經磨損較重；其所用紙張白而透明，當爲明代上等棉紙。

字體：仿宋，多數字體偏瘦兼有不肥不瘦及少數肥者，工整、優美。

行款版式：每半頁十一行，每行二十一字。但卷一至四每行均空一字格爲二十字（卷一第一頁「庸人論將常視於勇夫勇者才之偏爾未必無害蓋勇必」行爲二十二字），從卷五起首行頂格二十一字，餘者空一字格二十字；間有在空一字格的基礎上再空兩字格十八字者，主要集中在卷十六至二十二。

　　四周雙邊，外粗內細，行線明顯，上下大黑口本，黑順魚尾。版心上刻有「武經總要」書名；中刻有「十▲、十一▲、十二▲、十三▲（按：此式多為插圖頁），一卷、二卷、三卷、十卷，前五，前二卷、前四卷、前五卷、前八卷，前集六▲、前集七▲，前集六卷、前集八卷、前集九卷」等幾種類型卷數；下刻有十二、十三等頁碼。

　　該本版心中有用「乙」字代替「一」字者，序、前集總目、每卷結束後均有「終」字。

　　筆者以明金陵書林唐富春本為底本與此本進行對照，

　　例一：前集卷九，九地，圍地

　　圍其三面，間其（空一字格）面。塞之，則人死戰。——明金陵書林唐富春刻本

　　圍其三面，間其一面。塞之，則人死戰。——明正統刻本、明弘治刻本、明刻本

　　例二：前集卷九，六形，通形

　　通者……萬使敵先得而我後至也。利糧道者，成每於坤範之要衝，築壘城，或作通道以護之……處高陽，候望向陽示生，根道便人轉運，所以利於戰。——明金陵書林唐富春刻本

　　通者……方使敵先得而我後至也。利糧道者，成每於坤範之要衝，築壘城，或作通道以護之……處高陽，候望向陽示生，糧道便人轉運，所以利於戰。——明刻本

　　例三：前集卷九，六形，隘形

　　隘形者，敵先守慍，我去之；若無守，我從之。——明正統刻本、明弘治刻本、明金陵書林唐富春刻本、明刻本

　　由上可知，此本與現存明刻本相似：版式類同，文字差別不大，屬於同一版本系統。同時，還可知該本文字錯誤也不少。

　　9、明刻本（抄補）E

　　該本前集二十二卷，後集二十一卷，今存三十六卷，即後集缺卷十四至二十，四川圖書館有藏。其中，「有鈔（抄）補，有沈中印」〔註21〕。

〔註21〕《四川省圖書館館藏古籍目錄》，四川省圖書館編印，1956年，第55頁。

二、抄　本

1、《永樂大典》本

該本是今存最早《武經總要》版本內容。它存於《永樂大典》卷八千三百三十九，「十九庚」，「兵」，具體情況是：六至九頁中存後集卷十五「守城」條目內容；三十八至四十頁存後集卷五「多方以誤之」條目，後集卷七「堅壁挫銳」、「持重」條目部分內容。

筆者以明金陵書林唐富春本爲底本與永樂大典所存《武經總要》進行對照，

例一：《武經總要》後集卷七，持重

秦王翦將兵六十萬伐李信，擊荊。荊聞王翦益軍而來，乃悉國中兵以拒秦。王翦至，堅壁而守之，不有戰。——明金陵書林唐富春刻本

秦王翦將兵六十萬伐李信，擊荊。荊聞王翦益軍而來，乃悉國中兵以拒秦。王翦至，堅壁而守之，不肯戰。——明永樂大典本

例二：《武經總要》後集卷七，堅壁挫銳

春秋時，晉將欒書伐楚，將戰，楚晨壓晉軍而陣壓，窄其未備也。——明金陵書林唐富春刻本

春秋時，晉將欒書伐楚，將戰，楚晨壓晉軍而陣壓，窺其未備也。——明永樂大典本

例三：《武經總要》後集卷十五，守城

梁侯景反，浮江西寇，軍次夏首。王僧辯爲大都督，軍次巴陵。景既陷郢城，將進寇荊州，於是沿江屯戍望風請服。僧辯並沈公私船於水，分命眾軍乘城固守，偃旗臥鼓，安若無人，翌日，賊眾濟江，輕騎至城下，謂城中曰：「語王領軍，何不早降。」僧辯使答曰：「大軍但向荊州，此城自當非礙。僧辯百口在人掌握，豈得便降？」頃之，景軍內薄苦攻，城內同時鼓噪，矢石雨下，賊乃引退。元帝又令平北將胡僧祐率兵援僧辯。是日，賊復攻城，不克。又爲火艦燒柵，風不便，自焚而退。有流星墮其營中，賊徒大駭，相顧失色。賊帥任約又爲陸法和所擒，景乃燒營夜遁。——明金陵書林唐富春刻本

梁侯景反，浮江西寇，軍次夏首。王僧辯爲大都督，軍次巴陵。既景陷郢城，將進寇荊州，於是沿江屯戍望風請服。僧辯並沈公私船於水，分命眾軍乘城固守，偃旗臥鼓，安若無人，翌日，賊眾濟江，輕騎至城下，

謂城中曰：「語王領軍，何不早降。」僧辯使答曰：「大軍但向荊州，此城自當非礙。僧辯百口在人掌握，豈得便頃？」降之，景軍內薄苦攻，城內同時鼓噪，矢石雨下，賊乃引退。元帝又令平北將胡僧祐率兵援僧辯。是日，賊復攻城，不克。又爲火艦燒柵，風不便，自焚而退。有流星墜其營中，賊徒大駭，相顧失色。賊帥任約又爲陸法和所擒，景乃燒營夜遁。——明永樂大典本

通過上述文字對照可發現，《永樂大典》所存《武經總要》與現存明金陵書林唐富春刻本相似，差別不大。據此推理，其所據底本亦應是紹定四年（1231）刻本。同時，還不難發現該本文字訛誤極少。目前儘管《永樂大典》所存之內容不多，但還是具有其他本子不可比擬的優勢，這對於後人進行研究，尤其是版本、校勘方面的研究十分重要。但是《永樂大典》所存《武經總要》亦有少量不妥之處，如在《武經總要》後集卷七「堅壁挫銳」條目有：

唐武德中，太宗率師往河東討劉武周，江夏王道宗從軍。太宗登玉壁城睹賊，顧謂道宗曰：「賊恃其眾，來邀我戰，汝謂如何？」對曰：「群賊鋒不可當，易以計屈，難與力爭。令眾深壁高壘，以挫其鋒。烏合之徒，莫能持久，糧運致竭，自當離散，可不戰而擒。」太宗曰：「汝意見暗與我合。」若急攻之，損遊軍之力。外寇卒至，表裏受敵。此危道也。但堅守三面，若賊陸逆而來，軍糧必少。吾以遊兵輕騎絕其轉輸，可不戰而破。外賊破，欽等必爲我擒矣。誕、欽等出攻長圍，諸軍逆擊，走之。初，誕、欽內不相協，及至窮蹙，轉相疑二，誕殺欽，欽子鴦逾城降，以爲將軍，封侯。使鴦巡城而呼，文王見城士持弓者不發，因令攻而拔之。

《武經總要》後集卷五「多方以誤之」條目有：

魏末，諸葛誕、文欽反，據壽春，投吳請援。司馬文王總兵討之。王謂諸將曰：「誕當突圍，決一朝之命。」或謂：「大軍勢不能久，省食減口，冀有它變。料賊之情，不出此二者。今當多方以亂之，備其越逸，此勝計也。」因命合圍，分遣羸疾就穀淮北稟，軍士給大豆，人三升。欽聞之，果喜。文王愈羸形以示之，多縱反間，揚言吳救方至。誕等益冗食，俄而城中乏糧。諸將並請攻之，文王曰：「誕聚糧固守，外結吳人，自謂足據淮南，必不便走。今與我合。後賊果食盡，夜遁。追及介休，一戰敗之。

而《永樂大典》卷八千三百三十九，「武經總要·堅壁挫銳」條目則將二

者不同戰例合為一例：

> 唐武德中，太宗率師往河東討劉武周，江夏王道宗從軍。太宗登玉壁城睹賊，顧謂道宗曰：「賊恃其眾，來邀我戰，汝謂如何？」對曰：「群賊鋒不可當，易以計屈，難與力爭。令眾深壁高壘，以挫其鋒。烏合之徒，莫能持久，糧運致竭，自當離散，可不戰而擒。」太宗曰：「汝意見暗與我合。」後賊果食盡，夜遁。追及介休，一戰敗之。

此處所合實為不妥，蓋是由於編纂時的省略或抄寫中的竄誤所致，後人應用該資料時應當注意辨別。

2、明萬曆抄本

該本是明人莊重「於壬午（1582）年冬得是書，見其訛舛零落，復從而參考，從而校正……凡若干年」〔註22〕，在萬曆三十六（1608）年抄寫而成。它前集二十卷，後集二十卷，附明莊重跋、清高宗弘曆題詩，國家圖書館有藏。

該本有前集二十卷和後集二十卷總目。其中，前集總目置於前集正文之前，後集總目置於後集正文之前。前集總目與後集總目中均有「制度一」、「故事一」類語而無序號。前集子目中無序號，部分有「制度一」類語，具體如下：前集卷一子目中無「制度一」，前集卷二至卷十五子目中有「制度二」至「制度十五」，前集卷十六至二十子目中無「邊防一」至「邊防五」。後集子目中無序號，多數有「故事一」、「占候一」類語，後集卷十八、十九除外。

該本前集卷一、二、九等均在卷首有子目，例：

（前集總目）第一卷　制度一

　選將　將職　軍制料兵　選鋒　選能

（子目）武經總要前集第一

　選將　將職　軍制料兵　選鋒　選能

字體：手寫楷體，書寫工整有力、優美、較具鑒賞價值。

行款版式：該本行數每半頁十三行，每行二十四至二十六字不等。初每行一律頂格書寫；後漸有空一字格者；到後集基本均是空一字格者；中間夾有空兩字格者，如前集卷六等。

無版框、版心、魚尾、行線等版式內容。

該本序、總目、每卷結束後基本無「終」字。

〔註22〕莊重《武經總要》，《跋》，明萬曆抄本。

筆者以明金陵書林唐富春本為底本與此本進行對照

例一：前集卷九，九地，輕地

無近其高_{或作名城}無由其通路。━━━━明金陵書林唐富春刻本

無近其高無由_{高字下有或作名（按：此小字注於地腳）}其通路。━━━━明萬曆抄本

例二：前集卷九，六形，通形

通者……萬使敵先得而我後至也。利糧道者，成每於坤範之要衝，築壘城，_{或作通道以護之}……處高陽，候望向陽示生，根道便人轉運，所以利於戰。━━━━明金陵書林唐富春刻本

通者……勿使敵先得而我後至也。利糧道者，我每於津通之要衝，築壘城，_{或作通道以護之}……處高陽，候望向陽示生，糧道便人轉運，所以利於戰。━━━━明萬曆抄本

例三：前集卷九，六形，隘形

隘形者，敵先守愶，我去之；若無守，我從之。━━━━明正統刻本、明弘治刻本、明金陵書林唐富春刻本

隘形者，敵先守隘，我去之；若無守，我從之。━━━━明萬曆抄本

另外，前集卷九「六形」中「掛形」條目，明萬曆抄本作「刑形」；前集卷九「六形」中「支形」條目，明萬曆抄本作「支刑」等等，諸如此類者，不勝枚舉。

由上可知，此本與明刻本差異較大，而與明抄本系統相似，故可歸屬明抄本一系統。同時，對照其文字也不難發現此本文字雖較為可靠，但也存有一些明顯的訛誤。

值得注意的是，此本中有抄者的注釋，字數較多。如上例中的「高字下有或作名」即是注釋；再如後集卷二十「遁甲」條目，在其天頭中分別注有「王神一曰生神」、「仍或曰城」等等。這些注釋對研讀《武經總要》有一定的幫助，今人閱讀時應充分利用這些注釋。

3、明抄本 A（仿元）

該本前集二十卷，後集二十卷，今僅存四卷，即前集卷一至四，國家圖書館有藏。

該本存有前集二十卷總目，所存四卷均有卷首子目。總目和子目中均無序號而有「制度一」類語，其例如：

（前集總目、子目）第一卷　制度一

　　選將　將職　軍制料兵　選鋒　選能

字體：手寫楷體，清晰、美觀。

行款版式：每半頁十二行，每行二十一字，均頂格書寫。無版框、版心、魚尾、行線等版式內容。

該本序、前集總目、每卷結束後無「終」字。

該本在封面「武經總要」書名下有一清晰的「元」字。並且從字體、刀法上看應當是在明前期抄寫。故，筆者以爲是明仿抄元本。

如在正統刻本中所述，筆者以明金陵書林唐富春本爲底本對其進行部分校勘發現：仁宗序中文字不同者 11 字，其中正確者 1 字、不同者 2 字、錯誤者 8 字；前集卷一中文字不同者 76 字（異體字未包含在內），其中正確者 19 字、不同者 36 字、訛脫衍倒者 21 字。具體如

例一：仁宗皇帝御製序

夫戰國群雄競起，任權詐而兼形勢，包陰陽而用技巧，孫武吳起之說、尉繚穰苴之傳數且百家，類分四種，刪取要用，晉侯所以敘兵法也，招撫遺逸楊僕所以修軍政也。宏惟三聖開統，繼紹奮神武以平多壘揚天聲，以薄四海，豐功美利非可殫紀。昨藩臣阻命，王師出伐，深惟帥領之重，恐鮮古今之學，命天章閣待制曾公亮等同加編訂。──明金陵書林唐富春刻本

夫戰國群雄競起，任權詐而兼形勢，包陰陽而用技巧，孫武吳起之說、尉繚穰苴之傳數且百家，類分四種，刪取要用，晉侯所以敘兵法也，捃撫遺逸楊僕所以修軍政也。宏惟三聖開統，繼照奮神武以平多壘揚天聲，以薄四海，豐功美利非可殫紀。昨藩臣阻命，王師出戍，深惟師領之重，恐鮮古今之學，命天章閣待制曾公亮等同加編訂。──明仿元抄本

例二：前集卷一，選將

所謂九術者，一曰道之以德，齊之以禮，知其饑寒，悉見其勞苦之謂仁將；二曰事無苟免，不爲利撓，有死榮而無生辱之謂義將；三曰貴而不驕，勝而不逸，賢而能下，剛而能忍之謂禮將；四曰奇變不常，動靜無端，轉禍爲福，因危立勝之謂智將；五曰進之有重賞，退之有嚴刑，賞不逾時，刑

不擇貴之謂信將；六曰足輕戎馬，力越十夫，善用短兵，長於射之謂步將；七曰臨高歷險，馳射若飛，進則先行，退則爲殿之謂騎將；八曰氣凌三軍，志輕強虜，怯於小戰，勇於大敵之謂猛將；九曰見賢思齊，見善若不及，從諫如流，寬而能剛，簡而少傲之謂大將也。──明正統刻本、明弘治刻本、明金陵書林唐富春刻本

所謂九術者，一曰道之以德，齊之以禮，知其饑寒，悉見其勞若之謂仁將；二曰事無苟免，不爲利撓，有死而榮無生而辱之謂義將；三曰貴而不驕，勝而不逸，賢而能下，剛而能忍之謂禮將；四曰奇變不常，動靜無端，轉禍爲福，因危立勝之謂智將；五曰進之有重賞，退之有嚴刑，賞不逾時，刑不擇貴之謂信將；六曰足輕戎馬，力越十夫，善用短兵，長於射親之謂步將；七曰臨高歷險，馳射若飛，進則先行，退則爲殿之謂騎將；八曰氣陵三軍，志輕強虜，怯於小戰，勇於大敵之謂猛將；九曰見賢思齊，見善若不及，從諫如流，寬而能剛，簡而少傲之謂大將也。──明仿元抄本

例三：前集卷一，將職

道者，令民與上下同意也，故可以與之生，而民不畏危。──明正統刻本、明弘治刻本、明金陵書林唐富春刻本

道者，令民與上下同意也，故可以與之死，可以與之生，而民不畏危。──明仿元抄本

從上可知，此本與明刻本相異者甚多，不屬於同一系統。同時，也不難發現此本文字錯誤亦不少，蓋抄本由於是手工抄寫，訛誤在所難免之故。

4、明抄本 B

該本前集二十卷，後集二十卷，今存二十一卷，即前集全、後集卷一，中山大學圖書館有藏。

該本存有前集二十卷總目。

該本所用紙張爲白棉紙。

字體：手寫楷體，字體書寫有力，較爲工整，清晰而美觀。

行款版式：該本行數爲每半頁十二行，每行二十至二十五字不等。該本每行均無頂格書寫，空格較多。

該本也是作爲手抄本爲數不多的有版框、版心者。四周雙邊，外粗內細，

無行線，大黑口，雙對黑魚尾。版心上無有任何記錄。

該本保存不甚完好，部分紙張較爲殘破，並有少量缺頁。

5、明抄本 C

該本原爲「南塘都督家藏本……後先公見此本，以古琴易得之」〔註23〕。它前集二十卷，後集二十卷，今存三十五卷，即前集卷一至二、六至九、十二至二十，後集全，附清岳瀟跋與《皇明演教一字圖陣》，國家圖書館有藏。

該本存有前集二十卷總目，無後集二十卷總目；前集卷一、二等均在卷首有子目。總目均無序號而有「制度一」類語；子目中大部分有「制度一」類語，但少數如前集卷十九即無「邊防四」、後集卷十三無「故事十三」、後集卷十七無「占候二」語。

字體：手寫體，字體書寫有力，清晰，多數不太工整。

行款版式：每半頁十一行，每行二十至二十七字不等。行間書寫不太規範，部分段落每行均頂格書寫，但也間有段落首行頂格書寫餘者空一字格，甚至有空兩字格、五字格者。

無版框、版心、魚尾、行線等版式內容。

該本序、前集總目、每卷結束後無「終」字。

筆者以明金陵書林唐富春刻本爲底本與此本進行對照，

例一：前集卷九，六形，通形

通者……萬使敵先得而我後至也。利糧道者，成每於坰範之要衝，築壘城，或作通道以護之……處高陽，候望向陽示生，根道便人轉運，所以利於戰。——明金陵書林唐富春刻本

通者……勿使敵先得而我後至也。利糧道者，我每於津梁之要衝，築壘城，或作通道以護之……處高陽，候望向陽示生，糧道便人轉運，所以利於戰。——明抄本

例二：前集卷九，六形，支形

友者隔隘，可以相要截友，友特故不利先出也。——明金陵書林唐富春刻本

支者隔隘，可以相要截支，支持故不利先出也。——明抄本

〔註23〕岳瀟《武經總要》，《岳瀟跋》，明抄本。

例三：前集卷九，六形，隘形

隘形者，敵先守懚，我去之；若無守，我從之。——明金陵書林唐富春刻本

隘形者，敵先守隘，我去之；若無守，我從之。——明抄本

由上可知，此本與明刻本相異者甚多，不屬於明刻本一系統，而與明抄本系統相似，故可歸屬明抄本一系統。同時，也不難發現此本文字訛誤相對較少。

另外，此本後集卷一、後集卷十三有後世讀者的注釋，比較集中，字數不少，對《武經總要》的研讀有一定幫助，但注釋書寫比較混亂，今人閱讀時應注意這一點。

6、明抄本 D

該本前集二十卷，後集二十卷，今存十二卷，即前集卷一至五，後集卷五至八、十八至二十，國家圖書館有藏。

該本存有前集二十卷總目，每卷均有卷首子目。在總目和子目中均無序號；總目中無「制度一」類語，但個別子目中有之，如後集卷十九子目中就有「占候四」。

字體：手寫楷體，字體較為瘦小，前後字體不一，清晰、比較工整。

行款版式：該本行數每半頁十二、十三行不等，每行二十至三十字不等。前集一至五卷每半頁十二至十三行；每行均頂格書寫，二十至三十字不等。後集五至八卷每半頁十三行；每段首行頂格，餘者空兩字格，每行二十五字至三十字不等。後集十八至二十卷每半頁十三行；每行均頂格書寫，二十七至二十八字。

該本作為手抄本是為數不多有版框、版心的版本。四周單邊，細線，有行線，白口，白單魚尾。版心空白，無有任何黑墨色和文字，但部分如後集卷五與卷六中極個別有「三八」、「三九」、「四十」之類的頁碼編號。

該本版心中無有用「乙」字代替「一」字者，序、前集總目、每卷結束後有「終」，但後集結束無「畢」字。

筆者以明正統刻本、明弘治刻本、明金陵書林唐富春刻本及明仿元抄本與此本進行對照，

例一：前集卷一，將職

復對趙李成王論兵曰：百將一心，三軍同力。——明正統刻本、明弘治

刻本、明金陵書林唐富春刻本

復對趙孝成王論兵曰：百將一心，三軍同力。——明仿元抄本、明抄本

例二：前集卷一，將職

三軍既疑既惑，是謂亂軍引勝——明正統刻本、明弘治刻本、明金陵書
林唐富春刻本、明仿元抄本、明抄本

由上可知，此本與明刻本相異者甚多，而與明仿元抄本相似，故可斷定
同屬明抄本一系統。同時，此本文字訛誤亦不少。

7、明抄本 E

該本前集二十卷，後集二十卷，今僅存九卷，即前集卷六至九，後集卷
十三至十七，國家圖書館有藏。

該本不存總目。其中前集卷六、前集卷九、後集卷十三至十七有卷首子
目，且前集卷九卷首子目中有「制度九」語；前集卷七、前集卷八子目存於
卷中，例如前集卷七子目存於「陣法總說」正文之後，為「本朝平戎萬全陣
法、本朝八陣法、本朝常陣制」，與明刻本不同（以明金陵書林唐富春本前集
卷七為例：「陣法總說、大宋平戎萬全陣法、大宋八陣法、大宋常陣制」）。從
此處目錄的對照上即可看出，抄本系統與刻本系統多不同，而且抄本系統似
乎更接近宋本原貌。

字體：手寫楷體，字體有力、工整、書寫優美。

行款版式：該本行數每半頁十二行，每行二十五至三十三字不等。所存
全文中有每行均頂格書寫；兼有每段首行頂格，餘者空三字格；亦有在空三
字格基礎上再空兩字格。

該本也是作為手抄本為數不多的有版框、版心者。四周單邊，黑粗線，
行線明顯，白口，黑對魚尾，有些類似與刻本的版式。版心寫有「九九十五」、
「九九十六」、「九九十七」之類的卷頁碼編號。

該本版心中未存見有用「乙」字代替「一」字者，每卷結束後亦無「終」
字。

筆者以明金陵書林唐富春刻本為底本與此本進行對照，

例一：前集卷九，六形，通形

通者……萬使敵先得而我後至也。利糧道者，成每於坤範之要衝，築壘
城，或作通道以護之……處高陽，候望向陽示生，根道便人轉運，所以

利於戰。──明金陵書林唐富春刻本

通者……勿使敵先得而我後至也。利糧道者，我每於津厄之要衝，築壘城，或作通道以護之……處高陽，候望向陽示生，糧道便人轉運，所以利於戰。──明抄本

例二：前集卷九，六形，支形

友者隔隘，可以相要截友，友特故不利先出也。──明金陵書林唐富春刻本

支者隔隘，可以相要截支，支持故不利先出也。──明抄本

例三：前集卷九，六形，隘形

隘形者，敵先守愶，我去之；若無守，我從之。──明金陵書林唐富春刻本

隘形者，敵先守隘，我去之；若無守，我從之。──明抄本

由上可知，此本與明刻本相異者甚多，而與明抄本系統相似，故可歸屬明抄本一系統。同時，還可發現此本文字訛誤較少。

8、明抄本 F

該本前集二十卷，後集二十卷，爲四庫全書底本，上海圖書館有藏。其中，有少量缺頁。

第三節　清以來版本

《武經總要》清代無刻本，僅有抄本 3 種。近代以來，對其整理、刊抄較多，其中包含普通占籍 2 種，現代版本 3 種，電了版本 4 種。另外，還有 2 種目前尚未斷知的舊抄本。

一、舊　本

（一）清抄本

1、清抄本 A

該本前集二十二卷，後集二十卷，附清丁丙跋，南京圖書館有藏。

2、清抄本 B

該本題名爲《正續武經總要》，其中《武經總要》前集二十卷，後集二十卷，明范景文《續武經總要》八卷，復旦大學圖書館有藏。

該本存有《正續武經總要》四十八卷總目，每卷均有子目。總目和子目中均無序號，且無「制度一」類語，但在每卷首有「宋天章閣待之臣曾公亮奉敕編次，明南京兵部尚書臣范景文增續」，其例如：

（子目）正續武經總要前集卷之一

宋天章閣待之臣曾公亮奉敕編次

明南京兵部尚書臣范景文增續

選將上　選將下續　將職　軍制上　軍制下續　料兵　選鋒　選能

字體：字大而清晰，爲清代最爲普遍的硬字體，即仿宋體。此種字體「橫輕直重，撇長而精，捺拙而肥，右橫折筆亦肥而粗，與明正德、嘉靖間的仿宋體已迥然不同」〔註24〕。

行款版式：每半頁八行，每行十八字，頂格書寫。

該本也是作爲手抄本爲數不多的有版框、版心者。四周雙邊，外粗內細，行線明顯，白口，單白魚尾。版心上寫有「正續武經總要」書名。

該本序、總目、每卷結束後有「終」字。

3、《四庫全書》本

「乾隆三十八年，高宗詔開四庫館，採訪遺書，海內藏書家，踴躍進獻。廷博家藏善本六百餘種，命其子士恭進呈一覽。廷博之書，大半宋元舊板，舊寫本，又手自校讎，一無訛謬，故爲天下獻書之冠。四十年復奉詔還其原書。其書內《唐闕史》及《武經總要》，皆御製詩題之，一時傳誦。」〔註25〕從中可知，該本底本「由浙江進呈」〔註26〕。但不知爲何，紀昀認定是由「江蘇巡撫采進」〔註27〕。無論哪種說法，今已不重要，因爲該本底本尚存於上海圖書館。

該本在乾隆四十六年（1781）三月校勘並抄寫完畢，共七部；今存有兩部，即文淵閣本和文津閣本，前者藏於臺北故宮博物院，後者藏於國家圖書館，均爲前集二十卷，後集二十卷。民國二十三、二十四年（1934、1935），

〔註24〕戴南海《版本學概論》，巴蜀書社，1989年，第215頁。

〔註25〕鮑夫《啁啾漫記》，《記鮑廷博藏書事》。

〔註26〕阮元《揅經室集》二集，卷五。

〔註27〕紀昀《四庫全書總目》卷九十九，《武經總要》。

當時上海商務印書館受教育部中央圖書館籌備處委託影印故宮博物院所藏文淵閣四庫全書，成《四庫全書珍本初集》本；1986 年臺灣商務印書館再次影印文淵閣四庫全書，成今天大家所通用的四庫全書普通本，此兩種在全國多處圖書館、研究機構均有收藏。至 2005 年，上海商務印書館亦影印了國家圖書館所藏的文津閣四庫全書，通行於世，爲多家圖書館與研究機構所收藏。

該本有後集原序。

該本無總目，但每卷均有子目。在子目中大多有「制度一」類語，具體如下：前集卷一至十爲「制度一」類語，前集卷十至十三無「制度十」字樣，前集卷十四至二十爲「制度」、「邊防」字樣；後集卷一至二十爲「故事一」、「占候一」字樣。

字體：仿宋，較肥，工整、美觀。

行款版式：每半頁八行，每行二十一字。前五卷均頂格爲二十一字，從前集卷五開始每段首行頂格二十一字，餘者空兩字格十九字。

四周雙邊，外粗內細，行線明顯，白口本，黑單魚尾。版心上刻有「欽定四庫全書」字樣；下刻有「武經總要」字樣。

該本版心中無「乙」字，卷尾亦無「終」字。

筆者以明金陵書林唐富春本爲底本與此本進行對照，

例一：前集卷九，九地，圍地

圍其三面，間其（空一字格）面。塞之，則人死戰。——明金陵書林唐富春刻本

圍其三面，開其一面。塞之，則人死戰。——四庫本

例二：前集卷九，六形，通形

通者，四戰之地，須先焚高陽之處，萬使敵先得而我後至也。利糧道者，成每於坤範之要衝，築壘城，或作通道以護之。人曰通地雖有亦散而無要害，故兩通往來。處高陽，候望向陽示生，根道便人轉運，所以利於戰。——明金陵書林唐富春刻本

通者，四戰之地，須先居高陽之處，勿使敵人先得而我後至也。利糧道者，我每於津扼之處衝，築壘城，或作通道以護之。又曰通地雖有高版而無要害，故兩通往來。處高陽，候望向陽示生，糧道便人轉運，所以利於戰。——四庫本

例三：前集卷九，六形，隘形

隘形者，敵先守愾，我去之；若無守，我從之。——明正統刻本、明弘治刻本、明金陵書林唐富春刻本

隘形者，敵先將守隘，我去之；若無守，我從之。——四庫本

由上可發現，此本版式、文字與現存明刻本有些差異而與明抄本相似，蓋四庫本是以明抄本爲底本緣故。同時，也可知該本較差，文字訛誤極多，有關於此，中華書局在《中國古代科技圖錄叢編初集》中的《武經總要》前集後記中講道：

> 《四庫》寫本《武經總要》，實極惡劣，綜其缺點，凡有四端：一，所舉底本，中有缺葉（頁），不加說明，妄事連輟。二，庫本通病，擅改擅刪宋人著作中的北虜、匈奴字樣，同樣也發現在本書中。三，鈔（抄）寫錯誤，或以意爲之，以致形成混亂。四，這也是非常重要的一點，即庫本插圖大失原意。由於器物形制之圖，是文物考訂的依據，愈能近眞爲愈佳。庫本遠遠不能負起這一責任。

此段評論對於《四庫全書》本《武經總要》實爲妥帖，今人應用此本時應多加小心。

值得一提的是，目前所見除了上述抄本外，還有兩種尙未斷明朝代之抄本，即西藏自治區圖書館藏本和軍事科學院藏本。西藏自治區圖書館所藏抄本（A）爲前集二十卷，其中總目缺一至十八卷上；軍事科學院所藏抄本（B）亦爲前集二十卷，無總目。

（二）民國抄本

該本今存十三卷，即前集卷一至十三，國家圖書館有藏。

該本存有前集二十卷總目，前集卷一、二無子目。總目中有序號，子目中則無。總目均無「制度一」類語；子目中除卷八、九有「制度八」、「制度九」外，餘者無「制度一」類語。

該本紙張黃、厚，應是近代以來常用的紙張。

字體：民國前後繁體字。字體以肥爲主兼有瘦者；大小不一，多數較大，少數較小；大多數字體較爲潦草，卷五以後草體尤多。全書書寫較爲流暢。

行款版式：每半頁十一行，每行二十一字。卷一至五均空一字格爲二十字；卷五後每段首行頂格二十一字，餘者空一字格二十字。

無版框、版心、魚尾、行線等版式內容，但卷一第一至十五頁在書心（無版式，故不稱版心）標有「一、二、三……十五」頁碼字樣。

筆者以明金陵書林唐富春本為底本與此本進行對照，

例一：前集卷九，九地，圍地

圍其三面，間其（空一字格）面。塞之，則人死戰。——明金陵書林唐富春刻本

圍其三面，間其一面。塞之，則人死戰。——明正統刻本、明弘治刻本、抄本

例二：前集卷九，六形，通形

通者……萬使敵先得而我後至也。利糧道者，成每於坤範之要衝，築壘城，或作通道以護之……處高陽，候望向陽示生，根道便人轉運，所以利於戰。——明金陵書林唐富春刻本

通者……方使敵先得而我後至也。利糧道者，成每於坤範之要衝，築壘城，或作通道以護之……處高陽，候望向陽示生，糧道便人轉運，所以利於戰。——抄本

例三：前集卷九，六形，隘形

隘形者，敵先守愶，我去之；若無守，我從之。——明正統刻本、明弘治刻本、明金陵書林唐富春刻本

隘形者，敵先守隘，我去之；若無守，我從之。——抄本

由上可知，此本與現存明抄本版式相似，屬於同一版本系統，但其文字與明刻本差別不大，故疑是民國前後手抄明刻本。同時，還可發現該本文字訛誤相對較少。

該本中間有少數正文字詞用紅筆抄寫。通過與明刻本的正文對比不難發現，抄者用紅筆多是對認為原文有誤者進行更正：如，卷十二守城：「右平隆築城」中「隆」字旁有「陸」字；「右釣橋……二柱各長三丈五尺」中「二」字旁有「三」字；「敵樓前高……束二十人」中「束二十」字旁有「容十二」。同時，紅筆也用來對標題等進行標識，如，「火攻」，「水攻」及空一字格的段落首行均用紅色「▲」標出，圖畫中的標題也用紅色「▲」標識。

另外，在文中有個別注釋小字（少數注文亦用紅筆書寫），如卷一「水攻」

條目上有「牽」字；卷二首段首句上面有「練兵法」；卷二正文標題前多有「擺陣」二字等。

二、新　本

1、《中國古代科技圖錄叢編初集》本

① 《中國古代科技圖錄叢編初集》本。

該本前集二十二卷，爲 1959 年 8 月中華書局借用鄭振鐸先生遺藏的正統四年（1439）刻本影印，其中鄭先生藏本所缺之第二頁一張，借用上海圖書館所藏同一刻本補足。目前國家圖書館、中國科學院圖書館、軍事科學院圖書館等多處有藏。

該本扉頁有「明正德刊本」（按：中華書局認爲正統刻本爲正德刻本）和「原書高 26.7cm、寬 15.2cm，版框高 20.0cm、寬 13.0cm」字樣。

該本附有中華書局上海編輯所（即後來上海古籍出版社前身）1959 年 6 月撰寫的《武經總要》前集後記。

② 1959 年中華書局影印明正德年間刊本。

該本即《中國古代科技圖錄叢編初集》本，只不過單行而已。

2、《中國古代版畫叢刊》本。

該本前集二十二卷，上海古籍出版社 1988 年 8 月出版。全國許多圖書館，尤其是進行美術史研究的單位、個人有藏。

該本十六開本，以鄭振鐸先生遺藏的明正德刊本（按：正統四年刻本）爲底本進行影印出版，有「明正德間刊本」幾字。

該本亦附有《武經總要》前集後記，全文同《中國古代科技圖錄叢編初集》本後記，只不過後記署名改爲上海古籍出版社。

3、《中國兵書集成》本。

該本前集二十二卷，後集二十一卷，附《行軍須知》二卷，《百戰奇法》二卷，由中國兵書集成委員會編輯，解放軍出版社、遼瀋出版社出版 1988 年 8 月出版。全國許多圖書館、單位、個人均有收藏。

該本開卷有中國兵書集成編輯部撰寫的《武經總要·編輯說明》及總目錄。

該本三十二開本，以遼寧省圖書館藏明萬曆金陵書林書林唐富春刻本爲底本，少數不清的印頁及缺頁用南京圖書館藏的同一版本補入。由於金陵書

林唐富春刻本《武經總要》前集卷三第三、四兩頁漏刻，補以中華書局 1959 年影印明弘治十七年刻本。因金陵書林唐富春刻本與弘治刻本每頁前後誤差兩行，為保持版面整齊，編委會進行了並裁處理，故這幾頁沒有書口，但原書並非如此。

該本雖有金陵書林唐富春刻本原書的種種不足，但影印、編輯整潔、漂亮，是目前有關《武經總要》最為通行的版本。

4、海南國際新聞出版中心、誠誠文化出版有限公司本。

該本以文淵閣四庫全書本為底本，由浦偉忠、劉樂賢整理，海南國際新聞出版中心、誠誠文化出版有限公司 1995 年出版，19cm 高，共 477 頁。

三、電子版本

1、Apabi 電子本

該本即電子版《四庫全書》本《武經總要》，由上海人民出版社和香港迪志文化出版有限公司合作 2001 年編輯文淵閣《四庫全書》而成。其中文字訛誤較多。

2、《兵學備覽》本

該本以文淵閣四庫全書本為底本，由李建國主編，北京國學時代文化傳播有限公司研製，商務印書館國際公司 2004 年出版。其中文字訛誤較多，但用簡體字出版，還進行了斷句；並且標識明顯，便於檢索，這對於普通閱讀者來講比較方便。

3、《漢籍全文檢索系統》本

該本前集二十二卷，後集二十一卷，由陝西師範大學歷史文化學院編輯出版。它以《中國兵書集成》本為底本，綜合了相關版本，訛誤明顯減少。更為難得的是該本（簡體版）用簡體字出版，並加以句讀，儘管在一些複雜和不常用的漢字簡化上還有些錯誤，並且部分斷句也明顯有誤，但畢竟為普及《武經總要》做出了較大貢獻。

4、《中國基本古籍書庫》本

該本由北京大學主持，取明刻本、文淵閣四庫全書本兩種本子，合現代計算機先進技術而成。不僅可供電子閱讀與檢索，還可對這兩種本子進行對照，展開版本研究。

第四節 結 論

從上文可明顯得知，現存《武經總要》版本不僅較多，且情況比較複雜。

一、版本內容複雜

《武經總要》在慶曆年間成書後不久，即有刊印。至紹定四年（1231），它經林半千、沈景淵、趙體國等人校勘後又重新頒行於世，並成爲後世刻印、傳抄的底本。有關這一點，透過原書內容，「一般是能找出人、時、地、事的時代特點的，因而會給版本鑒定提供堅實可靠的線索、啓示和證據」〔註28〕。目前從多數本子前集卷十九均有「益州路益州今改爲成都路，梓夔路梓州重和元年改爲潼川府路」，重和元年即西元 1118 年；前集卷二十「荊湖北路」條目又有「鼎州武陵郡隆興二年升爲常德府」，隆興二年即西元 1164 年；前集卷二十「廣南西路」條目還有「桂州始安郡紹興三年升爲靜江府」，紹興三年即西元 1133 年等。從中不難推知，多數明刻本、抄本應是以紹定四年版爲底本的。

但《武經總要》版本共有 31 種，單重要古籍即有 20 餘種，數量比較多，內容也比較雜。首先，行款上，除明嘉靖刻本外，多數明刻本基本上是一致的，但在版式上金陵書林唐富春刻本又與多數明刻本有較大差異。抄本之間的行款多有不同，且國家圖書館所藏明抄本、中山大學所藏明抄本、復旦大學所藏清抄本等還各有不同版式。

其次，字體上，各本多有不同；同時，在用墨上，墨色均勻程度差異亦不小。這大概與當時刻工、抄工的水平與風格有較大關係。

復次，文字上，刻本普遍訛誤較多，抄本普遍差異較大。早在紹定年間，趙體國、鄭魏挺等人就提出北宋「刻梓本多訛舛」，「磨滅舛錯不可勝計，學者病之」，以致「公（沈景淵）退之餘審閱讎校，夜分不倦，文字之訛，氏名之誤，時代之差，凡若干條參互諸本，其失一律乃各以本史之文訂當時之事，考究詳悉，應手箋改盡，掃以訛傳，訛之弊，雄工刻梓，數月而就」。至明清之際，這一問題再次凸顯，其中刻本以明萬曆年間金陵書林唐富春刻本最具代表性，抄本以四庫全書本爲最差。當然，也並非是想像中那樣刻本、抄本越早訛誤率越低，越晚訛誤率就越高，而是與當時的刻工、抄工水平及其他條件有一定關係。因爲，《武經總要》作爲實用性較強的武學典籍，多數是爲

〔註28〕李致忠《古書版本鑒定》，文物出版社，1997 年，第 168 頁。

軍事將領翻閱的，其刻工、抄工水平大多是較差的，訛誤自然也就多一些，
而遇有水平較高者，訛誤率也就少得多，比如明嘉靖刻本錯誤就較之以前刻
本訛誤要少許多。

復次，《武經總要》中總目、子目與正文情況多有不符。刻本正文多爲四
十三卷本，而所存總目仍爲四十卷本，前後不符，「蓋明人刻書體例不書一如
此」〔註 29〕；抄本正文多爲四十卷本，所存總目亦多爲四十卷本，前後較相
符合。這當中還存在卷中子目與所書正文標題不盡符合者甚多，具體情況此
就不再備述。

實際上，類似以上幾種問題，在《武經總要》中還有許多，但限於篇幅
此不一一贅言。由此可見，《武經總要》版本內容十分複雜，對其版本的鑒定
造成了巨大困難。

二、版本鑒定困難

版本鑒定不僅是一項實踐性、經驗性較強的技術工作，還要求鑒定者有豐
富的知識和學術修養，難度可見一斑。時至今日，「世人仍視版本學爲一門玄妙
莫測、難以琢磨的學問」〔註30〕，此論用於《武經總要》版本的鑒定尤爲適合。
因其現存版本較多，且具體情況又各異，從而使得鑒定難度進一步加大。

從實際接觸上看，明正統刻本、弘治刻本與絕大多數明刻本（明嘉靖刻
本除外）基本一致，在行款版式及文字上應與南宋紹定刻本區別不大；明嘉
靖刻本在行款上與明刻本主流系統有較大區別，應當算是明刻本的支流。抄
本系統情況則極爲複雜，每一抄本均有不同，不僅文字差異較大，少數抄本
還有不同的版式，極難歸類。

即便是大體歸了類，每一版本的具體鑒定難度也不小。難怪屈萬里先生說：
「舊時善本書之編撰，著錄率不盡詳。以著者項言之，往往僅題著者、注釋者；
而與批校者、評論者、增補者、刪定者，則多不之及。版本項之著錄尤略，大
都但題曰宋刊本、元刊本、明刊本等；其較詳者，亦只題曰宋咸淳刻本、元大
德刊本、明嘉靖刊本而已。夫批校、評論、增補、刪定之本，其不同於他本，
固不待言。但以版刻而論，同一古籍，在前後數十年中，常有多種不同之刊本；

〔註29〕 孫星衍《廉石居藏書記》，廣文書局有限公司，書目三編本，1969 年，第 25
頁。
〔註30〕 姚伯岳《版本學·自序》，北京大學出版社，1993 年版。

僅著其刊刻朝代，困難使人知爲何本；即題帝王元號者，亦莫能辨其爲何處何人所刻也。」〔註31〕《武經總要》的版本著錄就是如此，多數即斷爲明刻本、明抄本、清抄本、民國抄本；即便個別有較爲詳細的界定，如正統四年（1439）刻本、弘治十七（1504）年刻本，也還是遠遠不夠精細的。

由於保存情況的種種限制，今天許多可供鑒定版本的資料均已不存，無法再進行更爲詳細地斷識，因而只能大抵如此。如《中國兵書集成・武經總要編輯說明》即載：「據有關書目反映，國家圖書館藏四十三卷明刻本，上海圖書館藏四十三卷著錄爲正統刻本，這兩個明刻本實際上都是弘治十七年李贊刻，因兩館之書各有所缺，失去了考查的根據，鑒定或誤，自在情理之中。」〔註32〕筆者以爲，本文中所錄的很多圖書館、書目斷爲不同版本的明刻本很可能會是同一種本子，許多明、清抄本的底本也應當是一致的。祇是目前由於資料以及作者學識與能力所限，尚無法進一步具體鑒別，這還有待於後人繼續進行深入研究。

三、卷數情況

卷數是書籍內容的階段劃分和計量單位。「在中國書籍發展的歷史長河中，不但不同書籍呈現著不同的分卷，就是同一書籍，因爲編著者前後理解的不同，或是佚逸增損的不同，也往往呈現出不同的分卷和卷數。這種同一書在自己發展演變過程中所表現出來的不同分卷和卷數，則往往是不同刻本或抄本的反映。」〔註33〕

仁宗皇帝御製序中稱《武經總要》「共勒成四十卷，內制度一十五卷，邊防五卷，故事十五卷，占候五卷。」至南宋趙體國後跋中有言：「《武經總要》，條目故事，凡四十卷」〔註34〕；《郡齋讀書志》中亦有言：《武經總要》四十卷，其中「制度十五卷，邊防五卷，故事十五卷，占候五卷」；《直齋書錄解題》也有載：《武經總要》四十卷，其中「制度、故事各十五卷，邊防、占候各五卷」。元，《宋史》中亦言：「曾公亮武經總要四十卷。」清，耿文光進一

〔註31〕（台）屈萬里《國立中央圖書館善本書目・增訂序》，國立中央圖書館，1986年，第3頁。

〔註32〕中國兵書集成編輯部《中國兵書集成・武經總要編輯說明》，解放軍出版社、遼瀋書社，1988年，第4頁。

〔註33〕李致忠《古書版本鑒定》，文物出版社，1997年，第159頁。

〔註34〕趙體國《武經總要》，《後跋》，明抄附岳瀟跋本。

步認為：「晁志、陳錄卷數俱同此本（按：正統刻本），前集二十二卷，目錄作二十卷，蓋十六卷、十八卷各分上、下，尚是原本之舊。」〔註35〕另外，從現存多數四十三卷本總目上看，其總目錄仍書前後集各二十卷，應是保存了原貌。從以上資料中不難得出，祖本應是四十卷本。

但同時，明弘治刻本所附紹定年間趙體國後跋中曰：「《武經總要》，條目故事，凡四十四卷（按：應為四十三卷之誤）」；明金陵書林唐富春刻本中亦有：「《武經總要》，條目故事，凡四十餘卷」。而且，現存版本中四十三卷本與四十卷本數量基本相當，多有存在。

上述情況雖可表明《武經總要》慶曆初成時應為四十卷，後來有一部分版本中逐漸演化為四十三卷本，但對其何時進行的演化卻沒有言明。實際上，目前尚未見有史料可以直接證明這一演變的具體年代。只有《中國兵書集成·武經總要編輯說明》推斷四十三卷本「當產生於南宋紹定四年（1231）以前，原因有二：第一，現存明刻本四十三卷本並無序跋言及增衍之事，說明所據之底本既已如此；第二，南宋紹定四年《武經總要》曾刻印一次，趙體國為之寫了跋，稱『武經總要條目故事凡四十餘卷』（按：明金陵書林唐富春刻本），不言四十卷，可見在此以前已有人將四十卷增衍為四十餘卷。現存流傳的四十三卷本，當是從紹定本出……而且弘、正刻本應是履刻，因此可以相信南宋刻本已改其卷第，而非明人竄亂舊次。」〔註36〕此推論應較為妥帖。

當前社會上流傳的《武經總要》版本就是這兩個系統：一個是四十卷本，另外一個是四十三卷本。四十卷本，多為抄本，可能與成書時的面目大體相符；四十三卷本，多為明刻本（明嘉靖刻本除外），由後人增衍而成。所謂四十卷本，即前集二十卷，其中第十六卷、第十八卷各分為上、下兩卷；後集二十卷，其中第十九卷分為上、下兩卷。所謂四十三卷本，即移前集原卷十六下（北蕃地理）為第二十二卷，又把原卷十八下（西蕃地理）作為第十九卷，改原十九、二十兩卷為二十、二十一卷，但前集總目錄仍書二十卷；移後集原卷十九下（太乙定主客勝負陰局立成）為第二十卷，改原二十卷為二十一卷，存有後集總目者亦書二十卷。

就目前實際情況來看，四十三卷的刻本系統，種類較少，但保存較全，

〔註35〕耿文光《萬卷精華樓藏書記》卷七十五，《武經總要》。
〔註36〕中國兵書集成編輯部《中國兵書集成·武經總要編輯說明》，解放軍出版社、
　　　　遼瀋書社，1988年，第3頁。

較多附有《行軍須知》和《百戰奇法》；四十卷本的抄本系統，種類較多，但保存較差，不附《行軍須知》和《百戰奇法》。這可能與多數刻本刻印較多，較正規，較受人重視；而多數抄本抄寫較少，隨意性較大，不太受人重視的原因有關。

同時，從現存實際情況中還可發現，前集二十二卷保存較後集二十一卷完整。這可能與前集位於全書上半部分而較易保存、流傳有一定關係，但更主要的恐怕還是出於前集價值含量較高，後集大不如前集之緣故。關於這一點，在後文相關論述中可明顯看出。

四、古籍書目、兵書書目之誤較多

本章節參考古籍書目、兵書書目較多，其中尤以《中國古籍善本書目》、《中國兵書通覽》、《中國兵書知見錄》、《中國兵書總目》最為突出，此處就其所引《武經總要》相關著錄內容簡單加以評說。

1、誤載較重

如天一閣所藏明弘治十七年刻本，《中國兵書通覽》、《中國兵書知見錄》誤載為明弘治上年刻本。

又如《中國兵書總目》誤載明弘治刻本北京師範大學圖書館有藏，明金陵書林唐富春刻本中國社會科學院圖書館、北京師範大學圖書館有藏，明嘉靖刻本日本尊經閣有藏。經查，均無。

再如《武經總要》前集二十一卷，後集二十一卷，明刻本，十六冊，國家圖書館有藏，四書目均誤載前集為二十二卷。

諸如上述誤例較多，易給書目使用者帶來很多誤導，應當引起足夠重視。

2、漏載較多

中國科學院圖書館所藏明正統刻本殘本；國家圖書館善本閱覽室所藏《武經總要》前集二十二卷，明刻本，七冊；國家圖書館善本閱覽室藏《武經總要》前集二十二卷，後集二十一卷，明刻本，十四冊；北京大學古籍特藏閱覽室所所藏《武經總要》前集二十二卷，明刻本，八冊；《永樂大典》卷之八千三百三十九所存《武經總要》部分內容。上述幾種版本，四書目均未收錄，這就使得利用書目展開相關研究成果的質量大打折扣。相反，如果突破原有書目的記載，充分利用這幾種書目未載的版本有關資料，就會為《武經總要》

版本學、目錄學、校勘學等研究新添不少異彩。

3、載異較大

如明正統刻本,《中國古籍善本書目》、《中國兵書通覽》、《中國兵書知見錄》均載爲上海圖書館有藏,而《中國兵書總目》則載爲上海圖書館、臺灣中央圖書館、日本靜嘉堂有藏。

又如明金陵書林唐富春刻本,《中國古籍善本書目》載爲北京大學圖書館、遼寧省圖書館、南京圖書館有藏,《中國兵書通覽》、《中國兵書知見錄》則載爲北京大學圖書館、遼寧省圖書館,《中國兵書總目》則載爲中國社會科學院圖書館(誤)、北京師範大學圖書館(誤)、遼寧省圖書館、南京圖書館、日本尊經閣有藏。

諸如上面異例較多,極易帶來許多不必要的麻煩,應該引起書目使用者注意。

4、亦有載無而有者

如《中國兵書通覽》、《中國兵書知見錄》載:河南省圖書館所藏明刻本;國家圖書館所藏《武經總要》前集二十卷,明抄本。經核實並無此兩種本子,這就容易引起誤導,也應該引起書目使用者的注意。

綜上所述,現存目錄書籍存在問題相當多,就這四種書目來講亦不例外。但客觀地來說,集全國眾多文獻學專家之力編輯而成極具權威的《中國古籍善本書目》記錄雖然較少,卻是最爲精確者;《中國兵書通覽》與在編輯《中國兵書集成》叢書基礎上著寫而成的《中國兵書知見錄》大致相同,載記較全卻訛誤較多;而《中國兵書總目》之訛誤最多,但對海外內容記載較多,四書互有優劣,可相互補充。

五、古籍散失嚴重

漢籍散佚海外的情況極其嚴重,且不講近代以來西方列強對善本中國古籍的侵奪和損毀,僅就今人賈貴榮所輯的《日本藏漢籍善本書志書目集成》來說,就用十六開大紙刊印了十冊、五十卷之多。另外,在 1949 年國民黨又大量「遷運善本來臺,裝箱啓運者,凡十二餘萬冊;其中有宋本二〇一部、金本五部、元本二三〇部、明本六二一九部、嘉興藏經一部、清代刊本三四四部、稿本四八三部、批校本四四六部、鈔本(包括朝鮮、日本鈔本)二五八六部、

高麗本二七三部、日本刊本二三○部、安南刊本二部、及敦煌寫經一五三卷」
〔註37〕。

　　就《武經總要》來說，如上所述，其版本保存不甚完整，這當中又以抄
本最爲突出。即便是比較完整保存下來的版本，很多也不在大陸，甚至不在
國內。如臺灣國立中央圖書館、日本靜嘉堂藏有明正統刻本，日本尊經閣藏
有明金陵書林唐富春刻本等。這幾種散失版本目前均爲《武經總要》十分珍
稀的版本，對於中國大陸傳統文化來說不能不算是一種巨大的損失，同時也
給我們開展相關研究帶來了很大的困難。

〔註37〕（台）蔣復璁《國立中央圖書館善本書目‧原序》，國立中央圖書館，1986
　　　　年，第 1～2 頁。

附：《武經總要》版本源流圖

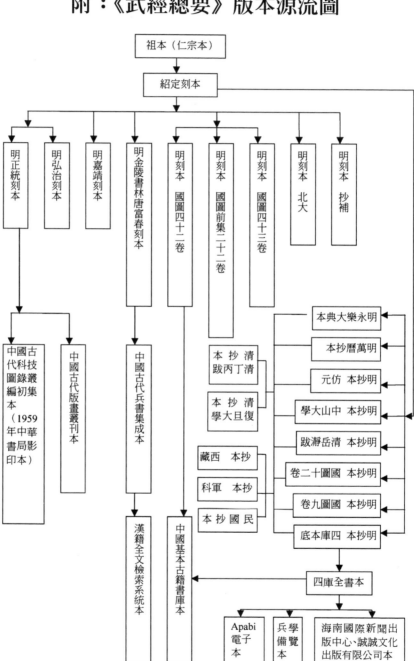

注：清及以後抄本亦有可能是以明刻本等為底本，故不書箭頭，而以直線代之。

第五章　纂修體例考

　　伴隨著私有制和國家的產生，戰爭成爲一種不可避免的經常性社會現象。當戰爭日漸頻仍，作爲記錄古代軍事知識的主要書面載體——兵書就逐步濫觴、成熟、發展，並興盛起來。春秋時，從《軍志》、《軍政》到《孫子》，兵學典籍漸臻成熟，種類也隨之增多。至西漢張良、韓信「序次兵法」，楊僕「捃摭遺逸，紀奏《兵錄》」，到漢成帝時任宏又對兵學典籍進行了一次大規模整理。此次整理，著眼於兵學體系的內部結構，「論次兵書四種」，最終形成了中國古代最早的兵學文獻分類法，即劉向《七略‧兵略》中所載的權謀、形勢、陰陽、技巧四種。所謂「權謀者，以正守國，以奇用兵，先計而後戰，兼形勢，包陰陽，用技巧者也」；「形勢者，雷動風舉，後發而先至，離合背鄉，變化無常，以輕疾制敵者也」；「陰陽者，順時而發，推刑德，隨斗擊，因五勝，假鬼神而爲助者也」；「技巧者，習手足，便器械，積機關，以立攻守之勝者也」〔註1〕。用今語來講，「權謀」主要是指戰略類兵書，「形勢」主要是指戰術類兵書，「陰陽」主要是指天候、地理、陰陽卜筮類兵書，「技巧」主要是指是軍事技術及其運用的兵書。這四者有機結合起來，合理地涵蓋了當時兵書門類，構成一個較爲完整的學術體系，成爲中國古代最早同時也是影響最大的兵書分類方法。

　　隨著戰爭樣式的進一步多樣化與複雜化，單一內容的兵書已很難再滿足時代需求，於是一種新的編纂體裁——綜合類兵書就應運而生，並逐步完善起來。所謂綜合類兵書，就是「指內容包括軍事領域多個門類知識的兵書」〔註2〕，

〔註1〕　班固《漢書》卷三十。
〔註2〕　許保林《中國兵書通覽》，解放軍出版社，2002年，第349頁。

也就是今人通常所講的古代軍事百科全書。這種兵書，不僅涉及兩類或兩類以上軍事知識，而且每類內容均帶有較強的綜合性。現存最早具有綜合性質的兵書爲唐李筌的《太白陰經》；繼之，有宋許洞的《虎鈐經》。而眞正大型綜合類兵書的編纂則始於《武經總要》，它由官方主持編寫，內容比前兩書更加豐富，體例也更爲完善。後世，尤其是明清之時，多部兵學著作對其體例多有繼承，如明趙本學、俞大猷的《續武經總要》、王鳴鶴的《登壇必究》、茅元儀的《武備志》以及唐順之的《武編》等，承襲均不少。

《武經總要》四十卷，分前、後兩集，由「制度」、「邊防」、「故事」、「占候」四部分組成。其條目具體如下：

前集：制度：卷一：選將、將職、軍制、料兵、選鋒、選能；卷二：講武、教例、教旗、旗例、習勒進止常法、教平原兵、教步兵、教騎兵、教法、教條十六事、日閱法、教弩法、教弓法；卷三：敘戰上、敘戰中、敘戰下、抽隊、軍爭、以寡擊眾、捉生；卷四：用車、用騎、奇兵、料敵將、察敵形；卷五：軍行次第、行爲方陣法、禁喧、度險、出隘、齎糧、斥候聽望、探旗、探馬、遞鋪、烽火、行烽、軍祭、軍誓、定惑；卷六：下營法、營法、諸家軍營九說、下營擇地法、綠營雜制、警備、備夜戰法、立號、定鋪、持更、巡探、漏刻、防毒、尋水泉、養病、征馬；卷七：陣法總說、本朝平戎萬全陣法、本朝八陣法、本朝常陣制；卷八：古陣法敘、八陣法、握奇圖、金鼓旌旗數、李靖陣法、裴子法、常山蛇陣、八陣圖；卷九：九地、六形、雜敘戰地、土俗；卷十：攻城法；卷十一：水攻、水戰（濟水附）、火攻；卷十二：守城；卷十三：器圖；卷十四：賞格、罰條；卷十五：行軍約束、符契、傳信牌、字驗、間諜、嚮導；

邊防：卷十六上：敘、河北路、定州路、高陽關路、眞定府路；卷十六下：北蕃地理、燕京州軍、關口、幽州四面諸州、西京州軍、雲州四面諸州、戎狄舊地、中京四面諸州、東京四面諸州、上京四面諸州、蕃界有名山川、奚、渤海、女眞；卷十七：河東路、麟府路、廢壘；卷十八上：陝西路、鄜延丹坊堡安軍路、邠寧環慶路、涇原儀渭鎮戎德順軍路、秦隴鳳翔階成路；卷十八下：西蕃地理；卷十九：益利路梓夔路敘、益利路、梓夔路；卷二十：荊湖北路荊湖南路廣南東路廣南西路敘、荊湖北路、荊湖南路、廣南東路、廣南西路。

後集：故事：卷一：上兵伐謀、不戰屈人之師、用間、用諜、覘國、用敵人以爲謀爲主、縱生口；卷二：明賞罰、軍政不一必敗、軍無政令必敗、將帥和必有功、將帥不和必敗、法貴必行、兵道尚嚴、臨敵不顧親、仁愛、士卒同甘苦、親受矢石、撫士、得士心、得士死力、貴先見、知己知彼、料敵主將、料敵制勝、料敵形勢；卷三：方略、權奇、奇計、詭道、臨事制宜；卷四：將貴輕財、將貪必敗、臨敵易將、將驕必敗、矜伐致敗、不矜伐、將帥自表異致敗、將帥自表異以奪敵心、均服、隱語、先鋒後殿、擊其後、退師；卷五：出奇、伏兵、多方誤之、避銳、聲言欲退誘敵

破之、聲言怠敵取之、稱降及和因懈敗之、卑辭怠敵取之、甘言怠敵以擊之、搗虛、擊東南備西北、聲言擊東其實擊西、示形在彼而攻於此；卷六：張大聲勢、先聲後實、疑兵、察虛聲、避實擊虛、以寡擊眾、攻其必救、夜擊、潛兵襲營、橫擊、掩襲、偽退掩襲；卷七：持重、輕敵必敗、戒輕舉、堅壁挫銳、以逸待勞、矯情安眾、軍中虛驚、克敵安眾心、辨詐偽；卷八：御士推誠、與敵推誠、以恩信結敵人、知人、善用人、解仇用人、使過、示信、示義、以義感人、激怒士心、威棱伏眾；卷九：絕藝、挑戰、勢宜決戰、臨危決戰、戮力必勝、驍勇敢前、陷陣摧堅、表裏夾攻、乘勝破敵、乘機破敵、乘風雨破敵、散眾；卷十：兵貴有繼（兵無繼必敗附）、兵多宜分軍相繼、救兵、力少分兵必敗、分敵勢破之、上速、示緩（攻敵有緩急附）、示弱、示強、示閒暇、設詐誤敵（此條正文缺）、素教、素備、先設備取勝（戒不備附）；卷十一：新集可擊（擊未集附）、半濟可擊、饑渴可擊、心怖可擊、奔走可擊、氣衰可擊、糧盡可擊（糧道不繼必遁附）、不得地利可擊、天時不順可擊、不暇可擊、不戒可擊、將離部伍可擊、撓敵可擊、陣久力疲必敗、攻不整、敵無固志可擊、擊不備、出不意、大陣動可敗、擊未成列；卷十二：餌兵勿食（防毒附）、圍敵勿周、窮寇勿逼、高陵勿向、佯北勿從、察敵進止、察敵逃遁、歸師勿遏、死地勿攻、立奇功、軍師伐國若中路遇大城須下而過、舍小圖大、師不襲遠、軍勝重掠伏襲必敗、擊歸墮、地有所不爭；卷十三：察敵降（附料降詐降）、招降、諭以禍福、縱舍、占候、至誠獲神助、推人事破災異、假託安眾、下營擇地、據險、先據要地、據水草、絕水泉、據倉廩、斷敵糧道、伏歸路敗之；卷十四：水戰、濟水、斷船路、引水灌城、擁水誤敵、火攻、用車、用騎、遊騎；卷十五：修城柵、攻城、守城、屯田、讓功、辭賞；

占候：卷十六：天占、地占、五行占、太陽占、太陰占、陵犯雜占；卷十七：日辰占、五星占、二十八宿次舍占、諸星占、星變占、風角占；卷十八：雲氣占、氣象雜占、行軍災異雜占、太乙占；卷十九：太乙定主客勝負陽局立成、太乙定主客勝負陰局立成；卷二十：六壬占法、遁甲法。

　　現結合所列篇目，進行詳細分析，可得出《武經總要》在體例上有如下特點：

一、設置全面

　　《武經總要》體例設置全面，涵蓋內容豐富。

　　「制度」十五卷，是全書的核心內容。它以《孫子》為核心，「大量引用《孫子兵法》的文字，各節內容多是結合新的經驗分條闡發《孫子兵法》的軍事原則」〔註3〕。它不僅討論兵制，還涉及軍事作戰的諸多方面，從選將到練兵，從營法到陣法、戰地到風俗、攻城到守城、水攻到火攻、器械到賞罰，

都逐一進行了論述。這些內容建立了一個相對完整的軍事知識體系，有利於加強北宋軍隊的理論建設。

「邊防」五卷，主要從軍事角度記述了仁宗時期沿邊地區——河北路、河東路、陝西路、益利路、梓夔路、荊湖南北路、廣南東西路的地理方位、政區沿革、山川河流、道路關隘、重要寨堡及其契丹與西夏簡單的地理情況。正如書中所言：「王者守在四陲，東西北尤重，懷柔示信，謹疆場之事；折衝禦侮，張藩衛之服；治險阻，繕甲兵，嚴烽燧，設亭障，斯長轡遠馭之術也。」〔註4〕有了這部分內容，就使得當時邊疆地域的遠近，城堡戍守的要害一目了然。

「故事」十五卷，主要是依仿「制度」部分的分類之法，從前代兵法典籍中選錄一些精言、術語，列爲 182 門。每一門下又有若干戰例，選自諸家經典戰史，共 1,070 則。這部分的編纂，以「上兵伐謀」、「不戰屈人之師」始，至「讓功」、「辭賞」終，其中言明瞭軍事謀略、將帥素質、治軍原則、作戰方法等諸問題。更重要的是通過大量史實，比較用兵得失，達到了「彰往察來」，借鑒歷史經驗之目的。

「占候」五卷，主要記載軍事陰陽相關內容，包括天地、五行、太陽、太陰、星宿、風角、雲氣、太乙占、六壬、遁甲等。按照楊惟德等人的觀點，「仰觀天文，著在圖籍，昭昭可驗者也。七曜所行，經星常宿，次舍陵犯，飛流斗蝕，暈珥背冗，抱珥虹蜺，迅雷妖風，怪雲變氣，背陰陽之精。其本在地，而上發於天。猶影之象形，響之應聲。使拘者爲之，則牽於禁忌，泥小數，舍人事，任鬼神。凡誓軍旅履行陣，制勝決於人事，參以天變，則虧衄者鮮。」〔註5〕這部分內容的記述，反映了陰陽占術作爲古代軍事活動不可缺少的組成部分，在戰爭中所居有的特殊地位。

該書規模宏大，正如其序言中所言，「凡軍旅之政，討伐之事，經籍所載，史冊所記，祖尙仁誼（義），次以鈐略。至若本朝戡亂，邊防禦侮，計謀方略咸用概舉。且用兵貴乎有紀，尙節制也，決勝至於無形，尙權變也。六師練訓四方風土，爰從刪正，可備廟諱（算）也。又若，營陣法制，器械名數，攻取之具，守拒之用，並形圖繪，悉以訓釋考。星歷辨雲氣，刑德孤虛，推步占驗行之軍中，闕一不可。」〔註6〕並「采春秋以來列國行師制敵之謀，出

〔註4〕 曾公亮、丁度等《武經總要》前集，卷十六，《敘》，中國兵書集成本。
〔註5〕 曾公亮、丁度等《武經總要》後集，卷十六，中國兵書集成本。
〔註6〕 趙禎《武經總要》，《仁宗皇帝御制序》，明金陵唐富春刻本。

奇決勝之策，並著於篇，隨其效應，依仿兵法以分其類目，謂之故事，總一百八十五門（按：實際條目 182 門）。古今陳跡不必盡錄，每目取數事尤切者，以爲法庶乎。發智士之聰明，佐將士之術略，聞一知十，觸類而長，誠有補云耳。」〔註7〕作爲官修大型綜合類兵書，洋洋灑灑 50 餘萬字，《武經總要》全面系統地彙集了古代軍事作戰各種知識，使得「自孫吳氏不傳之秘，開帙可盡得，誠爲兵學指南」〔註8〕。

當然，這種比較全面著錄兵學內容的體例並非憑空而來。早在唐《太白陰經》中李筌就「人謀、籌策，攻城、器械，屯田、戰馬，營壘、陣圖，括囊無遺，秋毫必錄；其陰陽天道，風雲嚮背，雖遠人事，亦存而不忘」〔註9〕，較爲全面地反映了唐以前軍事知識，從而成就了第一部帶有百科全書性質的綜合類兵書。此書十卷，凡 100 篇。綜觀全書內容，大體可歸爲六部分：第一部分爲兵法，是全書的核心部分，集中地討論政治、軍事原則和方法；第二部分爲軍禮，主要記述拜將的儀式、軍隊的部署、幕府的設置，鬻人、相馬的方法，誓師的言辭，出兵的條令，關塞四夷的情形，以及各類軍用祭文與各式軍事捷報；第三部分爲兵器，記述各類武器裝備，包括各種常用器械；第四部分爲戰備，主要記述修築城牆、壕溝、弩臺，設置烽燧、馬鋪、土河，報告平安、警戒，規定夜號、更刻，使用嚮導，預防迷途，開展屯田，儲備糧食，以及宴會、娛樂活動；第五部分爲陣法，主要記述各種陣法；第六部分爲占候，記述各種占卜、推算方法。這六部分，「以兵法爲核心，輔之以軍禮、兵器、陣法、占候等內容，構築起一相對完整的兵學體系，爲後世修撰兵學類編，提供了一個範本」〔註10〕，對《武經總要》的編纂起到了重要作用。

然，全書不僅所存戰例較少，且緊隨在以「經曰」爲開端的兵法理論之後，並無單列成篇，更無獨立成一大部類；所言軍事地理內容者亦僅有卷三的「關塞四夷」篇，1,157 字，僅用概括性質的語言對「關內道」、「黃河北道」、「河東道」、「隴右道」、「河西道」、「安西道」、「劍南道」、「范陽道」、「平盧道」、「嶺南道」及其重要的少數民族部落的地理位置做了簡單介紹。換言之，此書較《武經總要》缺少了「邊防」與「故事」兩大部分內容。而這兩部分

〔註7〕 曾公亮《武經總要》，《後集原序》，四庫全書本。
〔註8〕 趙體國《武經總要》，《後序》，明金陵唐富春刻本。
〔註9〕 李筌《太白陰經》，《進太白陰經表》。
〔註10〕 趙國華《中國兵學史》，福建人民出版社，2004 年，第 329 頁。

知識對軍事活動起著重要作用，因為任何戰爭都是在一定的地理條件下進行的，它對軍隊戰鬥行動直接產生重要影響，是用兵作戰中必不可少的條件；而輝煌的戰例是優秀軍事指揮員對軍事理論最好詮釋，作為軍事實踐的書面記載，學習這些戰例對於後人來講無疑是一條捷徑。缺少了這兩部分，就使得此書綜合類體例的全面性大打折扣。況且就其核心部分兵法類的知識來講，它不僅遠沒有《武經總要》詳細，還缺少了諸如「守城」、「攻城」、「水戰」、「火攻」等具體戰法的運用。

杜佑的《通典・兵典》、《通典・邊防》各十五卷。依據杜佑「所纂《通典》，實采群言，征諸人事，將施有政」〔註11〕，經世致用的志趣，《通典・兵典》「以為孫武所著十三篇，旨極斯道，故知往昔行師制勝，誠當皆精其理。今輒捃摭與孫武書之義相協，並頗相類者纂之，庶披卷足見成敗在斯矣。凡兵以奇勝，皆因機而發，但取事頗相類，不必一二皆同，覽之者幸察焉。其與孫子義正相協者，即朱書其目；頗相類者，即與墨書。其法制可適於今之用者，亦附之於本目之末。」〔註12〕此十五卷，以《孫子》為底本，分解出42個段落，作為論述的基本依據。每一段落下設眾多條目，共137個，作為對傳統兵法的概括。每個條目下列戰例，包括一部分兵學摘錄，作為具體實證。如卷一百五十二以「視卒如嬰兒，可與之赴深溪；視卒如愛子，可與之俱死」為一段，下列「撫士」、「明賞罰」、「賞宴不均致敗」、「行賞安眾」、「分賞取敵」、「行賞招降」、「示惠招降軍師志堅必勝」、「軍將驕敗」、「敵屢勝驕不備可敗」、「軍行自表異致敗」、「師行眾悲恐則敗」、「聲感人附」、「守則有餘」、「守拒法附」14個條目，每個條目下列不同戰例；卷一百五十四以「佯北勿從」為一段，下列「佯敗引退取之」、「偽稱敗怠敵取之」、「引退設伏取之」、「聲言退誘敵破之」、「引退設伏潛兵襲其營」、「設伏引敵鬥襲其營」、「示退乘懈掩襲敵退追奔」、「縱敵退於歸路設伏取之」9個條目，每個條目下轄各自相關之戰例。這一編纂體例，注重史論結合，「對於宋代官修《武經總要》、《經武要略》等著作，起著示範的作用」〔註13〕。但其作用亦僅限於此，《通典・兵典》並無涉獵其他方面的內容。

至於《通典・邊防》部分，分別對「東夷」、「南蠻」、「西戎」、「北狄」

〔註11〕杜佑《通典》，《序》。
〔註12〕杜佑《通典》卷一百四十八，《兵序》。
〔註13〕趙國華《中國兵學史》，福建人民出版社，2004年，第347頁。

等少數民族情況進行了記錄。但作爲制度史的一部分，其法以敘述爲主，所選資料也沒有緊扣軍事，範圍較爲寬泛，許多軍事作戰方面所需地理內容都沒有存錄在內。

《虎鈐經》二十卷，210 篇。此書內容比較豐富，許洞「上采孫子、李筌之要，明演其術；下撮天時人事之變，備具其占」，凡「有補於軍中者，莫不具載」〔註 14〕，幾乎涉及了古代軍事的各個方面。綜觀全書大體可分爲兩部分，前十卷，113 篇，主要討論戰爭的勝負、治軍、訓練、陣法、料敵、作戰的一般理論與各項具體戰術原則，以及記時、方位識別、金鼓旗號、人馬醫護等軍事實用方面的問題；後十卷，87 篇全爲陰陽占候，主要敘述六壬遁甲、日月星辰、風雲氣候、風角鳥情等問題。這對於《武經總要》「制度」、「占候」兩部分的編纂起到了重要作用，但缺少「邊防」、「故事」方面的內容。

由此可見，這些以一人之力耗費數載所著之作，不僅其內容無法與官方專門設立書局，召集眾臣而纂的《武經總要》相比，而且就其體例完善程度來講亦無法與之媲美。但它們畢竟爲《武經總要》的編纂提供了許多可資借鑒的經驗。《武經總要》正是在這些前人著作的基礎上，進一步加以完善，才形成了當時最爲全面的著錄體例，同時所載內容也最爲豐富。這極爲符合百科全書的性質，以致後世許多兵書對之加以承繼與發揚。

如明《登壇必究》是古代「專事彙集而鮮發揮」的綜合類兵書。它體系龐大，全書四十卷，73 類，約 100 萬字，「自天文地理，內夏外夷，江河海防，以及選將行軍，攻城象敵，樵蘇芟舍諸類，雖一器一藝無不具載」〔註 15〕，內容十分全面而豐富。綜觀全書可歸爲三部分：第一部分爲陰陽占候類，主要包括天文曆法、奇門遁甲、太乙、六壬等內容；第二部分爲軍事地理類，著重從軍事的角度輯錄北直隸、南直隸、浙江、江西、福建、湖廣、河南、山東、山西、陝西、四川、廣東、廣西、雲南、貴州省府州縣遠近，道路險易，山川形勢，風土人情，邊塞關隘，江海設防，水路運輸等情況，以及四夷相關內容；第三部分爲兵法類，從將帥職能、選擇，至選兵、訓練，行軍紮營，攻城、守城，各種陣法、陣圖，十八般兵器，以及附帶的賞罰、屯田、守邊、馬政等內容俱有所錄。從中可見，此書體例除戰例外，餘者皆爲全備，尤其是軍事地理部分的著錄不能不說沒有受到《武經總要》的影響。

〔註14〕許洞《虎鈐經》，《自序》。
〔註15〕黃克纘《登壇必究》，《淮陰王羽卿兵法序》。

又如《武備志》是茅元儀歷時十五載而完成的中國古代部頭最大的一部綜合類兵書。全書由「兵訣評」、「戰略考」、「陣練制」、「軍資乘」、「占度載」五部分組成，共二百四十卷，約 200 萬字。其中，「兵訣評」十八卷，選錄《孫子》、《吳子》、《司馬法》、《三略》、《六韜》、《尉繚子》、《李衛公問對》全文及《太白陰經》、《虎鈐經》的部分內容進行評點。這當中對《孫子》最為推重，認為「自古談兵者必首推孫武子」，「先秦之言兵家者六家，前孫子者，孫子不遺，後孫子者，不能遺孫子，謂五家為孫子注疏可也」〔註16〕。

「戰略考」三十三卷，以時間為序，從戰略高度選錄了從春秋到元各代有參考價值的 600 餘個戰例。所選注重奇略，「足益人意志」，並在緊要之處均有評點。

「陣練制」四十一卷，分「陣」和「練」兩部分。其中「陣」主要記載西周至明代各種陣法，不僅對「聖王賢將」所立之陣予以廣揚，還對唐宋偽託附會之陣予以廓清。「練」詳記選士練卒之法，包括選士、編伍、懸令賞罰、教旗、教藝五方面內容，選自唐、宋、明有關兵書中的律令，尤以《紀效新書》、《練兵實紀》為重。

「軍資乘」五十五卷，分「營」、「戰」、「攻」、「守」、「水」、「火」、「餉」、「馬」八類，下設 65 項細目，內容十分廣泛，涉及到行軍設營、作戰佈陣、旌旗號令、審時料敵、攻守城池、配製火藥、造用火器、河海運輸、戰船軍馬、屯田開礦、糧餉供應、人馬醫護等事項，頗為詳備。

「占度載」九十三卷，分「占」和「度」兩部分。「占」，即占天，主要記載天文氣象。「度」，即度地，記載兵要地志，分方輿、鎮戍、海防、江防、四夷、航海六類，緊緊圍繞軍事題材，敘述了地理形勢、關塞險要、海陸敵情、衛所部署、督撫監司、將領兵額、兵源財賦等內容。

可見，《武備志》的編纂體例明顯是在繼承《武經總要》的基礎上，將「制度」、「邊防」、「故事」、「占候」等古代兵學各門類及其內容的廣度和深度，進一步擴展與延伸，幾乎囊括了明代以前所創造的成果，從而形成一部資料為主，理論為輔，包舉宇內而納百川於大海的古典兵學大系，堪稱中國古代的兵書寶庫。不僅對於改善明末重文輕武，武將不知兵法韜略，武備廢弛的狀況有較強的現實意義，還為後世兵學修纂者所推重，在古代軍事史上佔有較高地位。

〔註16〕茅元儀《武備志》卷一，《孫武子》。

再如軍事類書是「按照一定的編排方式，把古代軍事資料分門別類地加以輯錄的一種兵書。就其收錄資料廣泛來說，它和綜合性的兵書是相同的。」〔註17〕唐順之所纂的《武編》作爲一部軍事類書，分前後兩集，共十二卷。它廣搜博采，從歷代兵書及其它史書中輯錄對於武備有所裨益的資料，「一切命將馭士之道，天時地利之宜，攻戰守禦之法，虛實強弱之形，進退作止之度，間諜秘詭之權，行陣行伍之次，舟車火器之需，靡不畢載」〔註18〕。綜觀此書，前集主要輯錄相關兵法理論方面的資料，包括將帥選拔、士伍訓練、行軍作戰、攻防守備、計謀方略、營制營規、陣法陣圖、武器裝備、人馬醫護等。後集全部是用兵實踐，「其體例與《武經總要・後集》略同，係從古代史籍中擷取有關治軍和用兵的故事，以爲借鑒」〔註19〕。

除了全面的著錄體例外，作爲一部當時「指導戰爭實踐的百科大全」，《武經總要》還保存了大量兵學典籍的重要內容，這些資料亦爲後世許多兵學著作所采集。不僅《登壇必究》、《武備志》對其多有吸收與引用，明何如濱所撰《兵錄》，也是「總括群書鉤其玄要，而間附以己意，采輯成帙」〔註20〕，其「資料來源，一半采自《武經總要》」〔註21〕。而《武編》的資料來源同樣也比較廣泛，「從《武經七書》、《太白陰經》、《虎鈐經》、《武經總要》、《續武經總要》等兵法典籍到漢唐以來的名臣奏議，無不摭集」〔註22〕，尤其是上述所講的後集用兵實踐內容，許多更是直接源自《武經總要》正文。

當然，其他如明劉基的《兵法心要》、章潢的《圖書編》、趙本學與俞大猷的《續武經總要》等，對《武經總要》內容亦多有引用，此不一一贅評。

二、編排合理

《武經總要》編纂體例，邏輯性較強：從理論到實踐，由主及次，由古及今，層次分明，條理清晰。

（一）從理論到實踐

〔註17〕許保林《中國兵書通覽》，解放軍出版社，2002年，第398頁。
〔註18〕吳先用《武編》，《武編序》。
〔註19〕許保林《中國兵書通覽》，解放軍出版社，2002年，第403頁。
〔註20〕何如濱《兵錄》，《自序》。
〔註21〕許保林《中國兵書通覽》，解放軍出版社，2002年，第371頁。
〔註22〕同上，第403頁。

《武經總要》全書四大部分，從理論到實踐，井然有序，不可分割。

一般說來，軍事知識主要包含：「兵法」，即傳統軍事理論；「兵制」，即有關各項軍事活動的制度；「兵器」，即直接用於具體作戰的器具；「兵略」，即對兵法實際應用的總結，它是建立在戰史基礎上的。其中「兵略」與「兵法」是主體，相對而言，「兵略」體現於具體的戰爭過程中，具有突出的實踐性；而「兵法」則是對戰爭指導的探討，具有較強的理論性。換言之，「兵法」是「兵略」的理論基礎，「兵略」是對「兵法」的實際運用。

書中的「制度」、「故事」兩部分，作為全書的主體，不但包含了「兵法」、「兵略」等方面的內容，並在邏輯順序上還從理論到實踐，層層進行推進。某種程度上可以講，曾公亮等人在《武經總要》中首開理論＋戰例的先例。

先秦兵書歷來重視理論論述，而缺少實際戰例的編纂。唐代《李衛公問對》是現存較早有戰例論述的兵學代表性著作，它在主要進行理論論述的同時輔助探討了 15 個戰例，即牧野之戰、秦晉河曲之戰、荀吳伐狄之戰、越伐吳之戰、燕齊即墨之戰、昆陽之戰、吳漢討公孫述之戰、諸葛亮南征之戰、馬隆討涼州之戰、淝水之戰、霍邑之戰、李靖平蕭憲之戰。儘管上述戰例並未單列，獨成一部分，但這畢竟結束了以《孫子》為代表的以往兵書「捨事而言理」，高度抽象的傳統風格，嘗試了一條理論＋戰例之路，從戰爭、戰役、戰術、訓練和管理的實例中去深化軍事理論認識。

然而受傳統思維的影響，《李衛公問對》這種風格並未得以很好的繼承與發展。此後，雖《通典‧兵典》對此加以發展，但亦未突破《李衛公問對》侷限，未將戰例單列成文。直至《武經總要》方才以「垂之空言不若見之行事」〔註23〕為指導，將戰例單列十五卷，真正形成了從理論到實踐的著錄體例，奠定了古代兵書新的行文體例和風格。

這種「軍事理論和戰例故事結合，既能言法而又言事與人」〔註24〕，不僅使後學者較易和靈活地理解與接受這些理論，還使得戰例有理可查，大大方便後人深層次地、系統地研究戰史，從而更好地、全面地發揮兵書之功效。

至於「邊防」和「占候」分列於「制度」與「故事」之後，根據北宋和古代戰爭的需要，則可視為對「理論＋戰例」這一主體內容的補充和完善。

〔註23〕曾公亮《武經總要》，《後集原序》，四庫全書本。
〔註24〕《中國大百科全書‧軍事》，中國大百科全書出版社，1989 年，第 1079 頁。

　　（二）由主及次

　　其實，上述從理論到實踐的整篇邏輯順序即可視爲一種由主及次的表現。除此之外，《武經總要》在各大部分的內容安排上也突出地體現了這一特徵，其中以「制度」和「邊防」最爲明顯。

　　「制度」作爲全書的核心內容，依照選將到選兵，從訓練到實戰，從營法到陣法，從戰地到風俗，從攻城到守城，從水攻到火攻，從器械到賞罰的順序進行排列，這種順序本身就是依照主至次邏輯順序來編排的。眾所週知，「君不擇將，以其國與敵也」，因而「古者國家雖安，必常擇將」〔註25〕，無將，尤其是無「智、信、仁、勇、嚴」之將一切都無從談起。北宋王朝之所以長期對外作戰中處於不利狀態除了制度方面的原因，將帥不才也是重要原因之一。《武經總要》所纂的根本宗旨就是爲了「深惟帥領之重，恐鮮古今之學」，解決這一問題的。故而，將「選將」、「將職」等內容作爲重中之重，提到了全書之首。

　　又如排兵佈陣是古代作戰的最基本形式，因而《武經總要》在前集卷七、卷八中對重要陣法進行單列。值得注意的是，北宋對各種固定陣法，尤其是宋太宗所製「平戎萬全陣」、宋眞宗所製「常陣制」以及流行於當時的「八陣法」尤爲推崇和倚重，因此曾公亮、丁度等人將這些陣法視爲獨家秘笈、取勝法寶，列於古代各家戰陣之前。

　　另外，還需提及的是，該部分所采內容多依《孫子》。尤其是前集卷一「選將」、「將職」，前集卷三「敘戰上」、「敘戰中」、「軍爭」，前集卷九「九地」、「六形」等條目最爲明顯，幾致這些卷目大部分內容均屬《孫子》原文或對原文的闡釋。這也使得「制度」部分中的重點內容更爲突出。曾公亮等人正是以此爲基礎而構建了一個相對完整的軍事理論知識體系。

　　「邊防」作爲專門敘述軍事地理的內容，它對軍隊戰鬥行動有著直接的影響。古今中外能征善戰的軍事家，都把軍事地理，尤其是地形，看作軍事戰鬥行動的一個重要因素，用兵的輔助條件。《孫子》中專門有一篇講地形；《孫臏兵法》中有「天時、地利、人和，三者不得，雖勝有殃」〔註26〕；《太白陰經》中有「關塞者，地之要害也，設險守固，所以阻隔蠻夷」〔註27〕；近世克勞塞維茨在《戰爭論》中亦認爲戰略包括五要素，其中第四項就是可

〔註25〕曾公亮、丁度等《武經總要》前集，卷一，《選將》，中國兵書集成本。
〔註26〕孫臏《孫臏兵法》，《月戰》。
〔註27〕李筌《太白陰經》卷三，《關塞四夷篇》。

能影響軍事行動的地形要素，主要包含山脈、江河、森林和道路等。

北宋時人不僅已經認識到了軍事地理對戰爭的重要影響，在《武經總要》編纂中專列「邊防」，還根據當時周邊國際安全主要威脅由主到次分別爲遼、西夏與交趾之順序進行著錄。「國家禦戎之計在北爲大」，遼給宋造成的亡國陰影始終難以驅散，因而前集卷十六、十七主要著述河北、河東地區。「夏國自祖宗以來，爲西方巨患，歷八十年」，西夏給北宋的國防造成了巨大壓力，尤其是宋仁宗時的宋夏戰爭，大宋王師又屢屢敗退，故而前集卷十八對陝西地區進行詳述。三者之中，交趾對北宋安全的威脅最小，不足以與遼的亡國威脅、西夏的巨大壓力相提並論，所以《武經總要》所載益利路、梓夔路、荊湖南北路、廣南東西路的情況被置於前集卷十九、二十。

這種著錄方式從當時國家軍事形勢的需要出發，體現出了極強的經世致用思想，對於指導將帥具體作戰起到了較強的實際功效。

（三）由古及今

後集「故事」部分，「采春秋以來列國行師制敵之謀，出奇決勝之策」，按由古及今的時間順序「並著於篇」。

如後集卷一開篇「上兵伐謀」條目下列：韓信擊楚、高祖伐韓信、馮行襲平賊、李繼隆平趙保忠叛逆 4 個戰例，即按楚漢爭霸、西漢初年、唐、北宋初年的時間順序排列。

又如後集卷一「用間」條目下列：春秋時的楚師伐宋、子反征兵，戰國時的鄭武公伐胡、燕齊即墨之戰、趙奢救韓、長平之戰、王翦滅趙，西漢之初的陳平間楚，東漢時的堅鐔攻洛，三國時的渭南之戰、攻佔荊州、孟達降魏、陸遜鎮荊州、周魴詭曹休、周魴平賊，兩晉時的衛瓘平烏桓、杜預平吳、劉琨間虜、平陽之戰、郫城之戰，南北朝時的呂延之敗、楊檦誘半東魏城堡、韋孝寬用間、後周平齊、達奚武探敵、李達使間，隋時的陰壽討寶寧，唐時的間離突厥、馬邑之戰、武牢關之戰、唐高祖錯斬劉世讓、討伐梁崇義，五代十國時的梁帝討伐李茂貞，共 33 個戰例，依照春秋戰國至五代十國的時間順序進行排列。

再如後集卷十一「半濟可擊」條目下列：春秋時的宋楚泓之戰、吳楚清發之戰，楚漢相爭之時的成皋之戰，東漢時的公孫瓚鎮壓黃巾軍，三國時的魏蜀漢水之戰、鍾繇平陽平賊，隋時的隋煬帝征高麗，唐時的薛萬均敗竇建德，宋仁宗時的石保興黑水河斬敵，共 9 個戰例，依據春秋戰國至北宋仁宗

朝的時間順序排列。

　　「故事」十五卷，182 門所納戰例均如上所舉，以時間先後爲序進行著錄。這一著錄方式便於系統研究、精心剖析各個歷史時期的各種戰例，弄清諸次戰爭戰略戰術的變化，循著歷史軌跡眞正掌握戰爭的基本規律，從而不僅使得兵學研究者比較容易地找到戰史研究這個「研究戰爭理論的不二法門」，還對廣大軍事指揮人員探索和涉及新的作戰方法，指揮實際作戰大爲有利。

　　要之，《武經總要》的這種從理論到實踐，由主及次，由古及今，邏輯性較強的著錄方式不僅將大量相似內容歸屬一門類，不同條目內容層層疊進，避免分類較多而混亂的局面，還使得兵書更多地容納不同種類內容，更好地發揮其指導作用。因而，這種方式爲後世多家兵學著作所吸納，其中尤以《武備志》表現最爲突出。

　　郎文煥在給《武備志》作序時，以醫喻此書編排：「首兵訣者，如醫之探腑髒，論脈理也。次戰略者，如醫之舉舊案，宗往法也。次陣練者，如醫之辨藥性，講泡製也。次軍資者，如醫之分寒溫，定丸散也。終占候者，如醫之考壯弱，斷死生也。」〔註 28〕不僅每一大部分具有極強的邏輯性，在論述每一門類的內容時，此書也採取由大要至細端，由表及裏，由淺入深的方法，按事物發展的層次和順序，次第落筆，逐層深入的行文方式。如「軍資乘」部分的編排，茅元儀按「營」、「戰」、「攻」、「守」、「水」、「火」、「餉」、「馬」之序，逐一展開，排列出了軍隊作戰部署的全部內容：「三軍既聚，必先安其身，身安而後氣可養，身安而後患可防，故首以營。營具而可以戰矣，故次之戰。地有異形，時有異勢，不可徒恃其野戰，故次之攻。可攻人，人即可攻我，故次之守。五兵之用有時窮，則必濟之水火，水火之資生者大，故其爲殺也亦暴。智伯曰：『吾知水之可以亡人國也』，故次之水。水待於地，火待於天，地有定而天無常移，是以火之效居多，故次之火。明乎六者而思過半矣，然民以食爲大，故次之餉。士以馬爲命，故次之馬。於茲八者，覈其詳，辨其制，是爲軍資乘。」〔註 29〕從這段闡述中，可見茅元儀的編纂邏輯思維是十分有序、有條不紊的。

　　又如「戰略考」三十三卷依照「春秋一卷」、「戰國一卷」、「西漢二卷」、「東漢二卷」、「三國四卷」、「晉二卷」、「宋一卷」、「齊一卷」、「梁二卷」、「陳

〔註 28〕朗文煥《武備志》，《序》。
〔註 29〕茅元儀《武備志》卷九十三，《軍資乘》。

一卷」、「隋一卷」、「唐六卷」、「五代二卷」、「北宋三卷」、「南宋三卷」、「元一卷」進行著錄，與《武經總要》完全相同，以時間爲序。

三、結構精當

《武經總要》體例統一，條目設置精當。

首先，三級目錄清晰。《武經總要》大部類下設門類條目，門類條目中還包含有不同分條目。一級大部類爲「制度」、「邊防」、「故事」、「占候」。二級門類條目爲「制度」部分下設的 91 門類，「邊防」部分下設的 36 門類，「故事」部分下設的 182 門類，「占候」下設的 20 門類，凡 329 門類（按：如果加上其他附屬類目內容《武經總要》共 335 篇）。三級分條目雖然還未在所有二級門類條目中完全鋪開，但已經有不少，如「制度」部類，前集卷六「營法」門類條目下設「李靖法」、「裴緒營法」2 個分條目；前集卷七「本朝常陣制」門類條目下設「大陣」、「東西拐子馬陣」、「先鋒陣」、「策先鋒陣」、「前陣」、「無地分馬」、「拒後陣」7 個分條目；前集卷九「九地」門類條目下設「散地」、「輕地」、「爭地」、「交地」、「衢地」、「重地」、「圮地」、「圍地」、「死地」9 個分條目，「六形」門類條目下設「通形」、「掛形」、「支形」、「隘形」、「險形」、「遠形」6 個分條目。

又如「占候」部類，後集卷十七「星變占」門類條目下設「瑞星」、「妖星」、「客星」、「流星」4 個分條目，「風角占」門類條目下設「災詳」、「八節日占」、「觀風察將」、「主客」、「用兵勝負」、「中國伐夷」、「風攻旋射」、「營寨警悉」、「敵城相陷」、「夷兵犯塞」、「軍城吉凶」、「風來知賊數」、「伏兵」13 個分條目；卷十八「雲氣占」門類條目下設「城吉氣象」、「戰陣氣象」、「陰謀氣象」、「攻城氣象」、「暴兵氣象」、「伏兵氣象」、「軍敗氣象」7 個分條目。

三級分條目的設立，是對二級門類條目的深入劃分。這是目錄分類法的進步，它反映了編撰者對軍事知識的進一步深入認識，從而使得相關內容能夠更加準確地加以歸屬。

這種三級分類的方式自創始後還被多部大型兵書所繼承。尤其是《武備志》，在此書中每一大類之下又分爲若干小類，小類之下根據需要設置細目。如「軍資乘」下分爲「營」、「戰」、「攻」、「守」、「水」、「火」、「餉」、「馬」8 小類。「營」下設「營制」、「營算」、「營地」等 6 個條目，「戰」下設「軍行」、「涉險」、「齊糧」、「尋水」、「候探」等 18 個條目，「攻」下設「措置條件」、「器具

圖說」2 個條目,「守」下設「城制」、「約束」、「需備」等 6 個條目,「水」下設「水利」、「水平」、「戰船」等 6 個條目,「火」下設「製火器法」、「用火器法」、「火器圖說」3 個條目,「餉」下設「屯田今制」、「屯田水利」、「河漕」等 11 個條目,「馬」下設「相形」、「相毛」、「齒訣」等 13 個條目,凡 65 個條目。

又如「占度」下設「占」、「度」兩部分。其中,「占」下設「占天」、「占日」、「占月」、「占星」、「占雲氣」等 21 個條目,「度」下設「方輿」、「鎮戍」、「海防」、「江防」、「四夷」、「航海」6 個條目。

可見,《武備志》所設三級目錄在《武經總要》的基礎上更加系統化、全面化。除此之外,《武備志》還在三級目錄的基礎上還設立相關的四級目錄,諸如此類者甚多,如「軍資乘」部類下「營」小類「營制」條目中又包含「李靖法」、「李靖方營法圖」、「李靖偃月營法圖」、「裴緒法」等 18 個分目,「火」小類「製火器法」條目中又包含有「製具」、「試驗」、「火藥賦」、「提硝法」、「提礦法」等 37 個分目;「占度」部類下「度」類「鎮戍」條目中又包含「薊鎮」、「遼東」、「宣府」等 9 個分目。進一步完善了兵學目錄的設置,推動兵學著錄體例的發展。

其次,條目命名精確。一般來講,三級目錄中的一級目錄比較籠統,二級目錄相對複雜,三級條目就十分複雜而精細。因而,要想包含大量複雜而精細的內容,各級條目的命名就必須精確。

按照白壽彝先生所講,標題命名應當準確、簡明且樸實無華〔註30〕。《武經總要》一級目錄中的「制度」所載勾勒了傳統兵法之精髓,「故事」的選錄全面總結了軍事歷史經驗,「占候」、「邊防」的記述言明瞭天時與地利,所命之名均準確合理,而且全部為二字命題,十分簡約。

二級目錄所述內容較為細密,其標題命名不僅概括了所載內容之主題,而且用詞十分簡潔、明瞭。全書 329 個二級條目中以一字命名的有兩個,即前集卷十六上的「敘」、卷十六下的「奚」,約占 0.6%;二字命題的有 110 個,其中包括許多整卷中的全部標題,如前集卷一、卷十一、卷十二、卷十三、卷十四,共約占 33.5%;三字命題的有 57 個,約占 17.4%;四字命題的有 96 個,約占 29%;四字以上者僅占 19.5%。

三級目錄在二級目錄基礎上進一步細分,所命之題更加突出下轄內容的

〔註30〕具體內容可參見白壽彝《史學概論》,寧夏人民出版社,1983 年,第 159～160 頁。

主題，同時用詞也十分簡明。如上所舉，前集卷九中的 15 個三級目錄、後集卷十七「星變占」條目中的 4 個三級分條目全部為二字命題，餘者亦多為三字或四字命題。

兵學屬於實用性極強的學科，《武經總要》以此種精確的方式命題極為符合其兵學著作的特性，有效地避免了「苟失其途，有乖至理」〔註 31〕，以及「有意為弔詭也」〔註 32〕等訛病的出現。

值得注意的是，各種條目的命名是隨著時代的推移，社會文化的發展，在前人成果的基礎上才越來越細密化、精確化的。《武經總要》亦不例外，其中大量標題的命名就源自《孫子》之文。如曾公亮等人在前集「制度」部分中就大量引用了《孫子》原文，其中亦包括部分三級條目的設置。如前所列，前集卷九「九地」條目中的「散地」、「輕地」、「爭地」、「交地」、「衢地」、「重地」、「圮地」、「圍地」、「死地」，「六形」條目中的「通形」、「掛形」、「支形」、「隘形」、「險形」、「遠形」等分條目，以及前集卷十一的「火攻」條目等，均是如此。

又如後集「故事」部分「依仿兵法以分其類目」，「所設子目多以《孫子兵法》之語為題」〔註 33〕。如後集卷一的「上兵伐謀」、「不戰屈人之師」、「用間」條目，卷二的「明賞罰」、「法貴必行」、「知己知彼」、「料敵制勝」，卷三的「詭道」條目，卷五的「出奇」、「避銳」條目，卷六的「避實擊虛」、「以寡擊眾」、「攻其必救」條目，卷七的「以逸待勞」，卷十二的「餌兵勿食」、「圍敵勿周」、「窮寇勿逼」、「高陵勿向」、「佯北勿從」、「歸師勿遏」、「死地勿攻」條目，卷十四的「火攻」條目等。

《孫子》作為歷代兵學之圭臬，除了包含極深的軍事哲理外，還以文約見長，《武經總要》對此直接加以吸收，不僅使其條目的精約化更具特色，同時也對北宋孫子兵學的發展起到了一定推動作用。

再次，條目下內容設置妥當合理。所謂互著就是「把『理有互通，書有兩用者』在目錄學中重複互見，這就是說，把圖書中具有比較廣泛或複雜的內容的，或者說具有兩個或兩個以上主題的，在分類編目時，都應該適當的分入兩個或兩個以上的類目中去」〔註 34〕。它與別裁一起，同為著錄圖書的

〔註 31〕劉知幾《史通》，《題目》。
〔註 32〕章學誠《文史通義》卷四，《繁稱》。
〔註 33〕于汝波，《孫子兵學大典·歷代研究》，北京大學出版社，2004 年，第 63 頁。
〔註 34〕王重民《校讎通義通釋》，上海古籍出版社，1987 年，第 15 頁。

兩種並行而又互爲補苴的重要方法。《武經總要》對所屬條目內容不僅妥當安排，書寫詳略得當（具體內容將在第七章中有所論述），還對許多此類同一著錄內容多種歸屬的現象，採用了互著之法。

如後集卷三，「權奇」條目有：「春秋時，齊師、宋師次於郎，魯侯禦之。公子偃曰：『宋師不整，可敗也偃，魯大夫。宋敗，齊必還。請擊之。』公弗許。自雩門竊出，蒙皋比而先犯之雩門，魯南城門。皋比，虎皮。」有關此條內容，在後集卷十一，「攻不整」條目亦有存錄：「春秋時，齊師、宋師次於郎。公子偃曰：『宋師不整，可敗也公子偃，魯大夫，宋敗，齊師必還。請擊之。』公弗許。自雩門竊出，蒙皋比而先犯之雩門，魯南城。皋比，虎皮。」兩者相較，除了後者較前者正文多出一「師」字，注文多出「公子」二字，餘者完全相同，明顯屬於互著之法的運用。

又如後集卷七，「戒輕舉」條目有：「楚伐絞，軍其南門。莫敖屈瑕曰：『絞小而輕，輕則寡謀，請無捍采樵者以誘之捍，衛也。樵，薪也。』從之。絞人獲三十人獲楚人也。明日，絞人爭出驅楚役徒於山中。楚人坐其北門，而覆諸山下坐，猶守也。覆，設伏兵而待之，大敗之，爲城下之盟而還城下盟，諸侯所恥。」有關此條內容在後集卷十二，「餌兵勿食」條目也有著錄：「春秋時。楚伐絞，軍其南門，莫敖屈瑕曰：『絞小而輕，輕則寡謀，請無捍采樵者以誘之捍，衛也。樵，薪也。』從之。絞人獲三十人獲楚也。明日，絞人爭出驅楚役徒於山中。楚人坐其北門，而覆諸山下坐，猶守也。覆，設伏兵以待之，大敗之，爲城下之盟而還。」兩者相較，除了後者較前者正文多出「春秋時」，注文少了「人」、「城下盟，諸侯所恥」幾字外，餘者完全相同。而且需要指出的是，後者較前者多出「春秋時」三字，也是因爲前者爲其條目所列之第二例，前面第一例爲「春秋時，吳子詣楚伐謀，以報舟師之役，門於巢。巢牛臣曰：『吳王勇而輕，若啓之，將親門。我獲射之，必殪。是君也死，疆其少安。』從之。吳子門焉，牛臣隱伏短牆以射之，卒。」其中已言明瞭時間。而後者爲其條目所列第一例，必須言明時間。因而，兩者明顯也是採用了互著之法。

古人著錄，「至理有互通，書有兩用者，未嘗不兼收並裁，初不以重複爲嫌，其於甲乙部次之下，但加互注，以便稽檢而已。古人最重家學，敘列一家之書，凡有此一家之學者，無不窮源至委，竟其流別，所謂著作之標準，群言之折衷也。如避重複而不載，則一書本有兩用而僅登一錄，於本書之體

既有所不全；一家本有是書缺而不載，於一家之學亦有所不備矣。」〔註35〕其中的「互注」，即爲今人所講的互著之法。其法的運用不僅僅限於圖書目錄的著錄，更多地是體現在同一書內重要部分、篇章的相互著錄上。在《武經總要》中，尤其是後集「故事」部類中，就較多地採用了這種文獻互著之法，使得不同條目下的內容設置更加妥當合理，全書著錄體例也更爲完善。

四、圖文並茂

　　《武經總要》中存有大量繪圖。這一點在前集「制度」部分表現最爲明顯，主要有前集卷二「教騎兵」條目的「鼓角金鉦教場圖」、「教兵圖」2 幅，「教條十六事」條目的「打圍草教法圖」1 幅，「日閱法」條目的「騎兵習五變法圖」5 幅、「步兵習四變圖」4 幅，「教弩法」條目的教弩法圖 1 幅；卷五「軍行次第」條目的「行軍次第圖」1 幅，「行爲方陣法」條目的「行列方陣圖」、「立成方陣圖」2 幅；卷六「營法」條目的「方營圖」2 幅、「偃月營圖」1 幅；卷七「本朝平戎萬全陣法」條目的「本朝平戎萬全陣圖」，「本朝八陣法」條目的「牝陣圖」、「牡陣圖」、「衝方陣圖」、「車輪陣圖」、「罘罝陣圖」、「雁行陣圖」、「容輜重方陣圖」7 幅；卷八「握奇圖」條目的「黃帝所傳風後握後奇陣圖」1 幅，「常山蛇陣」條目的「常山蛇陣圖」、「常山蛇陣又圖」2 幅，「八陣圖」條目的「方陣圖」、「圓陣圖」、「牝陣圖」、「又牝陣圖」、「牡陣圖」、「牡陣又圖」、「衝方陣圖」、「車輪陣圖」、「又車輪陣圖」、「罘罝陣圖」、「又罘罝陣圖」、「雁行陣圖」12 幅；卷十「攻城法」條目的「地道」1 幅，「距堙」1 幅，「不排搭緒棚」等 9 幅，「頭車」、「砲樓」等 12 幅，「行砲車」等 5 幅，「雲梯」1 幅，「火車」1 幅，「飛梯」等 7 幅，「望樓車」1 幅，「鐵貓」、「火鉤」、「火鐮」、「火叉」4 幅，「短刃槍」等 5 幅，「烈鑽」等 5 幅，「注盤」等 4 幅，「行女牆」等 6 幅，「巢車」等 3 幅，「搭天車」、「搭車」等 7 幅；卷十一的「水平」、「水攻」、「遊艇」、「蒙衝」、「火禽」等 21 幅；卷十二「守城」條目的「城制」、「弩臺」、「白露屋」、「釣橋」、「垂鐘板」、「撞車」、「布幔」、「木立牌」、「竹立牌」、「砲車」、「火藥鞭箭」等 96 種兵器圖；卷十三的各種甲冑、弓弩、刀槍劍戟等十八般兵器圖，共 108 種。這些附圖生動形象地反映了北宋及其之前操法、陣法以及軍事科學技術等方面的發展概貌，這是再多單純

〔註35〕章學誠《校讎通義》卷一，《互著》。

語言文字都所無法表達和替代的。

　　北宋時外患極深，因而統治者極力改良各種兵器，力爭在歷次實際對抗作戰中有所斬獲。反映到官方所纂的《武經總要》中，不僅有大量文字記錄了這些兵器，還對每一種兵器都附有繪圖，保存了大量珍貴的圖畫資料。這些資料，不僅形象地反映了當時軍事科學技術的發展，還與圖片前後的大量說明文字相結合，圖文並茂，極大地便利了後人理解書中相關內容，並展開系統學習和相關專項研究。如前集卷十二「守城」條目中的「砲車」、「單梢砲」、「雙梢砲」、「五梢砲」、「七梢砲」、「旋風砲」、「虎蹲砲」、「柱腹砲」、「獨腳旋風砲」、「旋風車砲」、「臥車砲」、「車行砲」、「旋風五砲」、「合砲」、「火砲」，基本保存了當時的全部砲圖；卷十三的「黑漆弩」、「雌黃樺梢弩」、「黃樺弩」、「白樺弩」、「三弓斜子弩」、「跳鐙弩」、「木弩」、「雙弓床弩」、「大合蟬弩」、「小合蟬弩」、「斜子弩」、「手射弩」、「二弓弩」、「次三弓弩」，基本保存了當時的全部弩圖。砲車、弓弩等拋射兵器是北宋王朝抵禦游牧民族的進攻時所倚重的主要兵器。「砲，軍中之利器也，攻守師行皆用之」〔註36〕，它不僅用於攻守城，還用於野戰；不但是拋射石彈的工具，還在後世拋擲燃燒和爆炸性火器中起到重要作用。弓弩相比較而言，弩比弓的射程更遠，命中率更高，威力更大。早在景德元年（1004）宋軍就曾用床弩射殺遼軍大將蕭撻凜。作為以步兵為主的作戰隊伍，為了對抗以騎兵為主的游牧民族軍隊，北宋步兵的編組大部分是弓弩手，而且某種程度上更為倚重於弩，只有少部分的長槍手和刀手。因而，相關砲與弩的大量附圖的存錄對於研究北宋軍隊的編制以及對外作戰具有十分重要的意義。

　　又如北宋時期中原民族製造火藥已有成法，所製武器已在實際作戰中收到一定成效，但多數火器僅名見於史書，而未有圖譜流傳於今。卷十二「守城」條目中的「火藥鞭箭」、尤其是「引火毬」、「蒺藜火毬」、「霹靂火球」等附圖彌補了這一不足，對北宋、乃至整個中國古代火器史的研究具有重要價值。

　　值得一提的是，中國古代大規模有插圖的書籍始於北宋《博古圖》、《營造法式》、《大觀本草》等。其中，自然也包括了《武經總要》，雖它的原本插圖今已不見，但在後世刻本與摹繪本中亦可見當時繪圖的浩浩蕩蕩、氣魄宏大與精緻工細。因而，該書在中國古代美術史上也佔有重要地位，被鄭振鐸先生主編的《中國古代版畫叢刊》所收錄，成為該叢書十八部版畫古籍之一。

〔註36〕曾公亮、丁度等《武經總要》前集，卷十二，《守城》，中國兵書集成本。

這種大規模圖文並茂的著錄體例,自《武經總要》創始後不久即為大多數百科全書性質的大型綜合類兵學著作所繼承。如《登壇必究》中有附圖560餘幅,尤其是卷二十五「水戰」;卷二十七「攻城」;卷二十八「守城」;卷二十九「器械」、「器圖」、「營器」、「火器」;卷三十「劍經」、「附長槍」;卷三十三「陣圖一」;卷三十四「陣圖二」;卷三十五「陣圖三」;卷三十六「陣圖四」等條目中所附最多、最詳。

又如《武備志》中更是文圖並茂,異彩紛呈,除「兵訣評」、「戰略考」兩部類外,其他三部類共附圖738幅,主要集中在「陣練制」中的「陣」;「軍資乘」部類「營」小類「營制」條目,「攻」小類「器具圖說」、「火器圖說」條目;「占度載」中的「度」等卷目中。關於古代陣法、營法,茅元儀認為久已失傳,後人便胡編亂造,他把這些圖繪製下來,目的是要正本清源,以正視聽;至於大量軍事築城、兵器、車船、海防、江防、四夷等附圖,則使我們在數百年後依然可以生動形象地看到它們的形制以及山川河流的概貌。這些附圖中許多已經極為罕見,諸如「鄭和航海圖」、「過洋牽星圖」、「神火飛鴉」、「火龍出水」等附圖,特別是卷二百四十「航海」條目中的「鄭和航海圖」,「其圖列道里國土,詳而不誣」〔註37〕,成為研究鄭和下西洋不可缺少的珍貴史料。

另外,明何如濱的《兵錄》中亦存有大量陣法圖、兵器圖;清王紱的《戎笈談兵》中也著錄了大量方輿圖、陣法圖。

至於其他類兵書,如專述陣法的《續武經總要》中多列有圖,尤其是《韜鈐內篇》中將古代「聖王賢將」所作的22種陣法全部繪圖,圖文並茂,使得對古陣法的解說詳細而又清晰;專述兵器的明焦玉《火龍神器陣法》、湯若望《火攻挈要》中均有大量精美繪圖;軍事地理類的清顧祖禹《讀史方輿紀要》中專附《輿圖要覽》四卷。諸如此類甚多,此不一一列出。

五、缺失與不足

當然《武經總要》在著錄體例方面也存在不少問題,歸結起來主要有兩個方面:一是條目繁冗,二是不注材料來源出處。

條目繁冗主要集中在「故事」部分。如後集卷一,「用間」與「用諜」條目。何謂「間」?何謂「諜」?兩者並無大的分別,尤其是在古代,區別就

〔註37〕茅元儀《武備志》卷二百四十,《航海》。

更加微乎其微。「用諜」條目所列春秋「楚鄭之戰」，唐「李晟用諜」、「李朔討淮西」戰例主要講述反間與用間情況，本身所要說明的問題與「用間」條目也沒有什麼區別。而且「用諜」條目僅列此 3 個戰例，每個戰例文字還比較簡略，分別為 45 字、77 字、37 字。因而，「用諜」條目完全沒有必要從「用間」條目中分離出來，單列成文。

又如後集卷四，「矜伐致敗」與「不矜伐」條目，題目含義本身無甚區別，分別所列春秋楚「屈瑕伐羅」、魏晉南北朝「淝水之戰」，東漢「馮異戒矜」、東晉「朱伺用忍」戰例，說明的問題亦無大的差別，故可合二為一。

再如後集卷五，「擊東南備西北」與「聲言擊東其實擊西」條目，兩者共列 7 個戰例，其中所言除具體方位、地點、人物、時間不同外，所用謀略與經過均基本相同，故也可合二為一。

不注明材料出處，主要是指全書所引用資料基本均未言明來源。這些資料的原始舊本、舊篇今許多已經亡佚，或者新舊本、新舊篇差異較大，這樣就給後人利用書中相關資料展開研究造成了許多不必要的麻煩，尤其是給輯佚工作帶來很大困難（有關內容可詳見下章）。

要之，條目繁冗一定程度上影響全書的行文風格；未注明材料出處使得材料的利用率和有效性大打折扣。某種程度上講，正是由於此，尤其是後者的原因，才使得今人對《武經總要》的文獻研究和運用一直停滯不前。

後世，《登壇必究》中所輯之資料大都注明來源或原作者，《武備志》對許多資料亦注明出處，從而避免了《武經總要》著錄方式上的這一點不足。但作為大型兵學著作，其中一些缺陷不可避免的也還在延續，如表現在《武編》中，條目重複與不準確的現象就比較多，甚至在同一卷中就存有此種現象，像後集卷六就有兩個條目是「水」，一個講水攻，一個講水源，若將其改為「水攻」和「水源」，既能準確具體地表達條目的意義，又能避免條目的重複。

小　結

所謂著錄體例就「是關於一部文獻內部如何組織和表述的基本宗旨、原則和方法」〔註38〕。它雖千變萬化，沒有固定程式，但總與作者的編纂宗旨和內

〔註38〕楊燕起、高國抗《中國歷史文獻學》，北京圖書館出版社，1989 年，第 313 頁。

容需要是相一致的。作爲中國古代第一部大型綜合類兵書，《武經總要》以其全面的設置，包含了豐富內容；合理的編排，邏輯性較強；精當的條目命名，所轄內容著錄妥當、細密；文圖並茂，便於讀者理解。可見，該書的著錄體例不僅與其「深惟帥領之重，恐鮮古今之學」的宗旨和所列浩富資料是相適應的，而且是比較完備的，由此在中國兵學編纂史上佔有十分重要的地位。

這種在兵學史上具有「開創性」意義的著錄體例〔註 39〕，具有嚴密的科學性和廣泛的實用性，因而爲後世各家，尤其是明清諸家所傲仿。明茅元儀的《武備志》也正是在該書的基礎上進一步加以完善，才形成了中國古代最爲完備兵學著錄體例，達到了傳統兵學著錄的巔峰。至今，這種著錄方式對於現代軍事百科全書的編纂來說，亦有不少可取之處，將其某些優點與長處加以繼承，不僅可以省卻不少精力，還可避免一些不必要的缺失。當然，這一體例是在近千年前形成的，其中相關不足之處，在今天進行研究和運用時也不可忽略。「以史爲鑒」，方可有效地避免再犯前人同樣的錯誤。

〔註 39〕具體內容可參見謝詳皓《中國兵學‧宋元明清卷》，山東人民出版社，1998年，第 50 頁。

第六章　文獻價值論（上）──輯佚學價值

　　「世間凡物未有聚而不散者，而書爲甚。」〔註1〕中國是享譽世界的文明古國之一，但中華民族在歷史上創造的輝煌文化載體──浩如煙海的古籍，卻在漫長的歷史歲月中，由於人爲或自然的原因，遭受多次劫難，散佚十分嚴重。南北朝之前有秦始皇焚書，王莽時赤眉入關，東漢末董卓遷都，西晉末劉、石亂華，南朝侯景之亂。隋至宋末有「隋開皇之盛極矣，未幾皆燼於廣陵。唐開元之盛極矣，俄頃悉灰於安史，肅、代二宗洊加鳩集，黃巢之亂復致蕩然。宋世圖史一盛於慶曆，再盛於宣和，而金人之禍成矣；三盛於淳熙，四盛於嘉定，而元季之師至矣。」〔註2〕元至今七百年間又有李自成之陷北京，錢氏絳雲樓之烈焰，清高宗之焚書，咸豐朝之內憂外患，民國中日之役等等〔註3〕。

　　兵書屬於官家秘藏，歷代均把它列爲禁書，並束之於內閣，甚至連親信大臣亦不識見。常此以往，不僅遭受上述劫難，許多本子還由於本身內容的緣由自然或人爲性地也被淘汰。這樣作爲官藏秘書的兵家經典就成爲遭受破壞最爲嚴重的圖書類別。以今人所錄爲例，許保林先生的《中國兵書知見錄》載目前所見存目兵書爲 1,072 部，4,936 卷。其中，先秦存目兵書爲 78 部，468 卷；秦漢存目兵書爲 69 部，574 卷；三國兩晉南北朝存目兵書爲 87 部，251 卷；隋唐五代存目兵書爲 166 卷，776 卷內 10 部無卷數；宋遼金元存目兵書

〔註1〕　周密《齊東野語》卷十二，《書籍之厄》。
〔註2〕　胡應麟《少室山房筆叢》正集，卷一。
〔註3〕　具體內容可參見高尚榘主編的《文獻學專題史略》，齊魯書社，2007 年，第167 頁。

為 352 部，1,743 卷（按：此時存世兵書僅為 229 部，2,205 卷）。存目兵書尚有如此之多，未載入存目而完全散佚不見者則更多不可計。

元貢師泰曾經講過：「宋皇祐間，始大集群書，擇其可用者，作《武經總要》前、後二集。」〔註4〕除了時間記載有所偏差外，餘者均屬事實。該書作為官方修纂的大型綜合類兵書，既有最高統治者仁宗皇帝支援，又有出身館閣要職的曾公亮、丁度等人參與，許多皇家、官府相關藏書俱為其所用，因而在整個編書過程中具備極其便利的條件，可以參閱並運用諸多常人難以見到的秘笈。如「制度」部分前集卷二有：「今故悉采前世教閱之法，重複研究，詳載於篇」；前集卷六「下營法」條目有：「今采諸家之法，著於篇云」；前集卷八「古陣法敘」條目有：「其說頗詳，今並列於後」；前集卷十「攻城法」條目有：「今采歷代攻城之器，可施設者，圖形於左，以備用」；前集卷十一「濟水附」條目有：「今以所存法，圖之於後。」足見，該部分的編纂採納不少前世兵法內容。當然，「邊防」、「故事」、「占候」部分亦是如此，均參用了大量相關典籍。據筆者考證，目前可確定《武經總要》所參考的圖書典籍主要有以下諸種：

兵學典籍：《軍志》、《風後握奇經》、《孫子》及諸家注、《吳子》、《司馬法》、《六韜》、《三略》、《將苑》、《長短經》、《李靖兵法》、《太白陰經》、《裴緒新令》、《三朝武經聖略》等；

其他典籍，經部：《詩經》、《尚書》、《周禮》、《周官》、《論語》、《左傳》、《京房易》，《說文解字》等；

史部：《史記》、《漢書》、《後漢書》、《三國志》、《晉書》、《北齊書》、《北史》、《隋書》、《舊唐書》、《舊五代史》，《國語》、《東觀漢記》、《戰國策》、《通典》，《禹貢》、《水經注》、《河東記》、《皇華四達記》、《涇陽圖經》及大量的本朝史料；

子部：《老子》、《管子》、《荀子》、《呂氏春秋》，《太平御覽》，《五行傳》、《洪範傳》、《河圖秘徵篇》、《孝經援神契》、《孝經雌雄圖》、《河圖帝覽嬉》、《春秋運斗樞》、《春秋感精符》、《天官書》、《符瑞圖》、《春秋考異郵》、《春秋合成圖》、《星贊》、《太乙金鏡式經》、《玉門經》、《神樞經》、《曾門經》、《玄女降囊經》、《黃帝龍首經》、《金匱經》、《黃帝占》、《玉帳經》、《三元經》等；

集部：《魏都賦》等。

從中不難發覺，《武經總要》所引資料中除了豐富的兵學典籍外，還包含

〔註4〕 貢師泰《玩齋集》卷六，《武經總要序》。

了大量經書與小學，正史、別史、雜史、政書、地理類著作，諸子之作、類書和諸家陰陽之書，辭賦類等。時至今日，這些資料相當一部分已經散佚，如《李靖兵法》、《裴緒新令》、《皇華四達記》、《玉帳經》等書諸多內容均難以得見。因而，《武經總要》中所存大量今已散佚或部分佚脫的典籍內容就成爲展開相關圖書輯佚與補遺的重要資料。

一、兵書的輯佚與補遺

（一）對已亡兵書的輯佚

1、對《軍志》等先秦已亡兵書的輯佚

兵法，即傳統軍事理論，包括對戰爭的認識和理解、戰爭指導的原則和方法。作爲中國古代兵學核心內容，自從人類進入文明社會，它一直被有志之士所關注。成於西周晚期的《軍志》、《軍政》等書，就已經不再是戰爭活動的簡單記錄，而是對戰爭經驗的總結和概括，在一定程度上揭示了戰爭中帶有規律性的東西，被視爲中國古代兵書產生的標誌。可惜的是，這些著作由於時代久遠，早已不傳於世，有關內容只能見於相關書籍的零星記載。

有關《軍志》一書內容，《左傳》有三處記載：魯僖公二十八年（前 632）「晉侯在外，十九年矣，而果得晉國，險阻艱難，備嘗之矣，民之情偽，盡知之矣，天假之年，而除其害，天之所置，其可廢乎。《軍志》曰：『允當則歸。』又曰：『知難而退。』又曰：『有德不可敵。』此三志者，晉之謂矣。」〔註5〕

魯宣公十二年（前 597）「寧我薄人，無人薄我，詩云：『元戎十乘，以先啓行，先人也。』《軍志》曰：『先人有奪人之心，薄之也。』」〔註6〕

魯昭公二十一年（前 521）「《軍志》有之，先人有奪人之心，後人有待其衰。」〔註7〕

唐《李靖兵法》有一處記載：「《軍志》云：『失地之利，士卒迷惑，三軍困敗。饑飽勞逸，地利爲寶，不其然矣？』」〔註8〕

另外，《孫子》及其注文中亦有其佚文，如《軍爭》篇就有杜牧注：「《志》曰：『止則爲營，行則爲陣。』」〔註9〕

〔註5〕　左丘明《春秋左氏傳》，僖公二十八年。
〔註6〕　左丘明《春秋左氏傳》，宣公十二年。
〔註7〕　左丘明《春秋左氏傳》，昭公二十一年。
〔註8〕　汪宗沂《衛公兵法輯本》，卷上，《將務兵謀》。
〔註9〕　孫武、曹操等《十一家注孫子》，上海古籍出版社，1978 年，第 175 頁。

由上可知，《軍志》等書確實存在，但所存資料極為零星分散。相對而言，《武經總要》卻比較集中地保存了一些該書的內容，具體如下：

前集卷六，「下營法」條目有：「《軍志》曰：『止則為營，行則為陣。』」有關此條，該卷「備夜戰法」條目亦有相同記錄。此二處記錄亦同《孫子‧軍爭》篇杜牧注文。

後集卷十，「上速」條目有：「《軍志》有之：『先人有奪人之心，後人有待其衰。』」有關此條，同《左傳》魯昭公二十一年（前 521）記載。且前集卷七「陣法總說」條目亦有通俗記載：「《軍志》素定奪敵人之心，不待旗壘之相摩、兵矢之相接，而勝負之勢決於前矣。」

後集卷十一，「出不意」條目有：「《軍志》云：『攻其不備，出其不意。』」有關此條，《三國志》亦有載：「《軍志》有之曰：『攻其不備，出其不意。』」〔註10〕同樣的記錄在《通典》卷一百五十五，《太平御覽》三百十五，《通志》卷一百十七，《長短經》卷六，《武編》後集卷三等中均有存在，足以表明《武經總要》所載無誤。

5 處記載，3 條內容，與其他相關典籍記載進行對照，可對今人展開《軍志》及其中國古代兵法相關專題研究產生較大影響。

2、對《李靖兵法》（《衛公兵法》）的輯佚

李靖（571～649），《舊唐書》卷六十七有傳，本名李藥師，雍州三原（今陝西三原）人，唐代著名軍事家、政治家。據《舊唐書‧經籍志》、《通志‧藝文略》、《宋史‧藝文志》、《遂初堂書目》、《文淵閣書目》、《崇文總目》等書目記載可知其兵學著作甚多，高達 16 部。其中，《李衛公問對》對春秋至唐時的傳統兵學發展進行了一次系統的學術小結，「於兵家微意時有所得」〔註11〕，被列為《武經七書》之一，後世兵家對之奉為圭臬。

《李靖兵法》（《衛公兵法》）是李靖歷時多年，耗費諸多心血而作的一部兵學名著。在該書中由於他「對『孫吳兵法』有深刻的研究和指揮大軍作戰的豐富實踐經驗，在繼承前代兵家的優秀傳統的基礎上，結合時代特點，在戰略、戰術思想上，都有其創新與發展」〔註12〕。但該書至北宋中葉已殘，宋神宗在熙寧年間，曾詔樞密院曰：「唐《李靖兵法》，世無全書，雜見《通

〔註10〕陳壽《三國志‧魏志》卷二十八。
〔註11〕紀昀《四庫全書總目》卷九十九，《李衛公問對》。
〔註12〕鄧澤宗《李靖兵法輯本注譯‧前言》，解放軍出版社，1990 年，第 2 頁。

典》，離析訛舛。又官號、物名，與今稱謂不同，武人將佐多不能通其意。今樞密院檢詳官與王振（震）、曾收、王白、郭逢原（源）等校正，分類解釋，令今可行。」〔註13〕但終宋之世，並未見該書輯成。直至清代光緒年間，才有學者汪宗沂輯成《衛公兵法輯本》三卷，其中上卷爲《將兵務謀》，中卷爲《部伍營陣》，下卷爲《攻守戰具》。

　　《李靖兵法》作爲兵學名著，頗受後人青睞。「曾公亮等編《武經總要》，亦多引唐《李靖兵法》」，以致清汪宗沂輯佚時「合唐杜佑《通典》、杜牧《孫子注》，宋《太平御覽》、《武經總要》，明唐順之《武編》諸書所引逸文，參互輯錄，區爲上、中、下三篇」〔註14〕。從中不難得知，《武經總要》中保存了《李靖兵法》的許多內容，今存《衛公兵法輯本》在成書過程中大量參考了這些內容。據筆者統計，《武經總要》中共出現「李靖」36次，其中所引《李靖兵法》內容可分爲兩類，一類是明引，另一類是暗引。「所謂明引，即引用時已注明出處，或某書曰，或某人曰」〔註15〕。大致情況如下：

　　「唐李靖所作兵法，有分軍定隊之數，而無立陣之形，已載於敍戰篇。」〔註16〕前集卷三，「軍爭」條目有：唐李靖法：凡出兵，且以二萬人爲準，分爲七軍。中軍四千人；左右虞候二軍，各二千八百人；左右四軍，各二千六百人。總而言之，得二萬人，內取萬四千人，爲二百八十隊出戰，六千人守戰重。凡中軍，四千人內揀戰兵二千八百人，五十人爲一隊，計五十六隊。其間弩手四百，弓手四百，馬軍千，跳蕩五百，奇兵五百。左右虞候軍各二千八百人，每軍取戰兵一千九百人：弩手三百，弓手三百，馬軍五百，跳蕩四百，奇兵四百。左右軍各二千六百人，每軍內揀戰兵一千八百五十人：弩手二百五十，弓手三百，馬軍五百，跳蕩四百，奇兵四百。凡出戰佈陣，先從右虞候軍引出，次右軍，次中軍，次後軍，次左軍，次左虞候軍。自馬軍八十隊外，其步軍二百隊，中軍三十六隊，左右虞候兩軍各二十八隊，左右廂四軍各二十七隊。須先置大隊，以三十隊合爲一隊，防賊並兵衝突。其隊在陣中安置，使均。其大隊五十隊，中軍三隊，餘六軍各二隊，通五十八隊，合有七十隊，爲戰駐等隊。其馬軍各在當戰駐隊後左右，下馬立。佈陣訖，鼓音發，其弩手去賊百五十步，即發箭；弓手去賊六十步，即發箭。若賊至二十步內，即射手舍弓弩，令駐隊人收其射手，先絡膊將力棒自隨，即與戰鋒隊齊入奮擊。戰鋒每隊重行在戰隊前，聞鼓聲即入也。其爲軍跳蕩、奇兵，不得輒動。若步兵被賊蹙逐，則跳蕩、馬軍、奇

〔註13〕《宋史》卷一百九十五。
〔註14〕汪宗沂《衛公兵法輯本》，《敍（序）》。
〔註15〕劉琳、吳洪澤《古籍整理學》，四川大學出版社，2003年，第173頁。
〔註16〕曾公亮、丁度等《武經總要》前集，卷八，《古陣法敍》，中國兵書集成本。

兵迎前騰擊，步兵須卻回整頻援前。若跳盪、奇兵又爲賊排退，戰鋒等隊即須齊進奮擊。如擊賊退，馬軍亦中擇百人最勇者先往，次勇者數百人繼往，罷軟者後往，令相續而至也。

此處「《武經總要》所引，字句多同《御覽》」〔註17〕，成爲汪宗沂《衛公兵法輯本》卷中的重要內容〔註18〕。

前集卷六，「李靖法」條目有：凡大將軍出征，且約授兵二萬人，即分爲七軍。如或少，臨時更定。中軍四千人，內取戰兵二千八百人，計五十六隊。戰兵內弩手四百人，弓手四百人，馬軍一千人，跳盪五百人，奇兵五百人。左、右虞候各一軍，每軍各二千八百人，內各取戰兵一千九百人。戰兵內每軍弩手三百人，弓手三百人，馬軍五百人，跳盪四百人，奇兵四百人。左右兩廂各二軍，每軍各二千六百人，內各取戰兵一千八百五十人。弩手二百五十人，弓手三百人，馬軍五百人，跳盪四百人，奇兵四百人。凡馬步軍，通計總當萬四千人，共二百八十隊當戰，餘六千人守輜重。下營之時，以四千人爲中營，在中心。左右虞候、左右廂四軍，共六總管，各一千人爲營，六面援中軍。六總管下，各更有兩小營。每隊幕五口。若在賊境，地狹，則四步下幕；若地土廣闊，不在賊境，則五步下營。凡五十人爲一隊，其隊內兵士須結其心。每三人，自相得意者結爲一小隊。又合三小隊，得意者結爲一中隊。又合五中隊，爲一大隊。餘少五人：押官一人，隊頭執旗一人，副隊頭一人，左右傔旗二人。即五十人。至於行立前卻當隊，並須自相依附。如三人隊失一人者，九人隊失小隊二人者，臨陣日仰押官、隊頭便斬。不救人，陣散計會隊內少者，勘不救所由，斬。

此段與《通典》卷一百四十八，「大唐衛公《李靖兵法》曰」條目內容基本相同。《衛公兵法輯本》卷中相關內容〔註19〕，正是以《通典》爲底本，參以《武經總要》、《太平御覽》諸書輯佚而成的。而且難能可貴的是除了本段內容，該卷隨後還有大量文字對此相關人員、後勤裝備等進行了較爲詳細地闡釋、補充，這也與《李靖兵法》有著十分密切的關聯，限於篇幅此就不再一一詳列。

「大宋慶曆中，上出《臨機指（制）勝圖》，賜近臣。中有陣制，曰：李靖法及裴緒來諸家之義，爲九陣變動之勢。其說頗詳，今並列於後。」〔註20〕前集卷八，「李靖陣法」條目有：古今以來，臨戎對敵，每作四面陣，周回受敵，以爲必固。儻若選鋒而擊之，其陣必破。此非天殃，將之失也。亦或作長陣，或作蛇陣，背以隊伍，步騎相接。或

〔註17〕汪宗沂《衛公兵法輯本》，《敘（序）》。

〔註18〕具體內容可參見汪宗沂《衛公兵法輯本》卷中，中華書局，1985年，第31～32頁。

〔註19〕同上，第17～19頁。

〔註20〕曾公亮、丁度等《武經總要》前集，卷八，《古陣法敘》，中國兵書集成本。

被之破一處，即敗散不全。不將避潰師之罪移過於下，遂使驍勇小將無罪受誅。今則成定制，各立陣，各部曲分鬥，各明奇正，若失一陣，則斬一將。形勢既就，諸戰陣相應，猶手臂相救，以此攻守，萬無一失。然以中軍爲中黃陣，次有若前御後衝，左突右擊，白雲青蛇，大赤大黑，推凶決勝，先鋒破敵。以上除中黃之外，餘十二陣，以應十二辰。

　　大黑子大赤午破敵醜，

　　在突寅青蛇卯摧凶辰。

　　前衝巳先鋒未右擊申，

　　白雲西決勝戌後衝亥。

　　凡每八百人，爲一小方陣。陣周圍十二隊五十人，中間二百人，並騎射、長槍、短兵等伏在陣中，隨便衝擊。其白雲、青蛇、大赤、大黑既礙掩尾趁退，每陣加騎長槍一百人。凡都計馬步軍，共萬八百人，成一大陣。其中三千人，是騎射長槍馬軍。除中黃、大黑、大赤、白雲、青蛇之外，餘八陣，每陣抽騎射弓弩一百人，共八百人，充遊突軍挑戰，亂兵引敵。如兵少，即於隊中減人；兵多，即於隊中加數。必要存其陣隊，止即爲營，動即爲陣。逢賊告急，鼓聲一發，陣即立成，更不在勞煩指布。此則應變之法，出入如神，攻取皆勝，所嚮無敵。其小陣皆有四頭，每頭配勇將一人，用戰鼓一面，中兵立一大旗號，凡每面如有賊來攻擊，即諸陣相救。欲救南陣，即南面鼓動，八百人一時順日向南轉戰，東、西、北同此。只轉步人，騎兵不移。每陣相去廣狹一百步，狀如街陌。設詐挑戰，引之令入，即背他陣，突出弓弩騎射長槍，左右夾擊，前抄其胸，後掩其尾，是以先爲不可勝，以待敵之可勝也。

　　此處與《通典》卷一百五十七「下營斥候並防捍及分佈陣附衛公李靖兵法曰」條目內容基本相同。《衛公兵法輯本》卷中相關內容〔註21〕，正是以《通典》爲底本，參以《武經總要》前集卷八「李靖陣法」、《武編》前集卷二十「下營」諸內容輯佚而成的。值得注意的是，此處文字較《通典》多出不少，且文意亦有不少出入，蓋《武經總要》取《李靖兵法》大要，結合當時實際情況對其展開了一定論述。

　　所謂暗引，「即不注出處，不說明古言」〔註22〕。關於此類所引，《武經總要》中更多。有關《衛公兵法輯本》卷上內容，如前集卷四，「料敵將」條目有：又若兩軍相持，未戰未挑，欲知敵將之謀也，何以能之？曰：彼士馬驍雄，反示我以羸弱；陣伍齊整，反示我以不戰；見小利佯爲不敢爭，必奇兵誘以奔北；內實嚴備，而外爲弛慢，頻使諜來，托以忠告；或執使以相忿，或厚賂以相悅；移軍則減竈，合營則偃旗；非得地而不捨，非全軍

────────────

〔註21〕具體內容可參見汪宗沂《衛公兵法輯本》卷中，中華書局，1985年，第28頁。
〔註22〕劉琳、吳洪澤《古籍整理學》，四川大學出版社，2003年，第173頁。

而不侵；以多舉少，必候晨朝，以寡擊眾，必候日暮。如此，則兵多詭伏，將有深圖，理須曲爲防備也。

　　此段未注明材料出處，經過文字對照，發現它與《通典》卷一百五十相關部分基本相同。《衛公兵法輯本》相關內容〔註23〕，正是以《通典》爲底本，參以《武經總要》、《太平御覽》諸書輯佚而成的。

　　又如前集卷四，「料敵將」條目有：太公亦謂用兵之法，大要在審察敵人。其形之變，十有五變。見賄擊之，新集可擊，未食可擊，奔走可擊，不戒可擊，不順可擊，動勞可擊，將離可擊，長路可擊，擾亂可擊，不暇可擊，候濟可擊，險路可擊，警怖可擊，不定可擊。

　　此段亦未注明材料出處，經過文字對照，發現它與《通典》卷一百五十相關部分基本相同，同時在《衛公兵法輯本》卷上有：「敵有十五形可擊：新集，未食，不順，後至，奔走，不戒，動勞，將離，長路，候濟，不暇，險路，擾亂，驚怖，不定」〔註24〕，與之亦大致相同。汪宗沂正是以《通典》卷一百五十相關記載，並參以《武經總要》、《六韜》輯佚而成的。

　　有關《衛公兵法輯本》卷中內容，如《武經總要》前集卷三，「教平原兵」條目有：凡教兵，必擇平原曠野、孤山高隴，可以登高視遠之地，大將居其上，南向左右置鼓十二面，角十二枚，立五色旗，分左右，六纛在前，旗節次之。監軍御史稗副左右衛官駐隊如偃刀形爲後騎，下臨平野，使士卒目見旌旗，耳聞鼓角，心存號令。乃命諸將分爲左右，皆去兵刃，以精新甲冑旗幟教之，蓋以易見而生勇也。各以兵馬使爲長，班布其次，陣間容陣，隊間容隊，曲間容曲，人間容人。出入來往，不鬥馳逐，以長參短，以短參長。回軍轉陣，以後爲前，以前爲後。進無奔迸，退不趨走。紛紛紜紜，鬥亂而不可亂；渾渾沌沌，形圓而不可敗。以正合，以奇勝。聽音望麾，乍合乍離。於是三令而五申之：白旗點，鼓聲動，則左右廂齊合；朱旗點，角聲動，則左右廂齊離。離之與合，皆不過子午之位。左廂陽向而旋，右廂陰向而旋，左右各復初位信旗下立。俟白旗棹，鼓音動，左右廂各如雲蒸鳥散，彌川絡野，然而不失部隊之疏密。朱旗掉，角音動，左右廂各復初位。前後左右，人立之疏密，使無差尺寸，散則法天，聚則法地。如此三合、三離、三聚、三散，不如法者，軍吏之罪，罰從軍令。既畢，大將乃立五色旗十二口，置於左右廂陣前。每旗命壯士五十守之，使壯士五十奪旗，左廂奪右廂旗，右廂奪左廂旗，鼓音動而奪，角音動而止。得旗者勝，失旗者負。勝則賞，負則罰。因是使習知立陣之法。

　　此段未注明材料出處，經過文字對照發現，它與《通典》卷一百四十九

〔註23〕具體內容可參見汪宗沂《衛公兵法輯本》卷上，中華書局，1985年，第3頁。
〔註24〕汪宗沂《衛公兵法輯本》卷上，中華書局，1985年，第4頁。

相關部分基本相同。《衛公兵法輯本》相關內容〔註25〕，正是以《通典》為底本，參以《武經總要》、《太白陰經》、《武編》諸書輯佚而成的。

又如前集卷五，「軍行次第」條目有：凡軍將發，先使腹心及鄉導前覘，逐營各以跳盪、奇兵、馬軍先出，去營一里外，當前面布列。戰鋒隊、駐隊各持伏，依營四面布列隊伍，一如裝束輜重訖，依次第起發。凡聞第一角聲絕，右虞候捉馬騾。第二角聲絕，即彼駕。右一軍捉馬騾。第三角聲絕，右虞候即發，右一軍被駕，右二軍捉馬騾。第四角聲絕，右一軍即發，右二軍被駕。以後諸軍，每聽角聲，裝束、被駕准此。每營各出一戰隊，令取虞候進止，防有賊至，便用騰擊。如其路更狹小，須更加角聲，仍令將校排此催督急過，勿令停擁。其步兵隊、輜重隊二千步外引，馬軍去步軍二里外引。

此段同樣未注明材料出處，但在段末有注文「李靖、裴緒亦同」，言明其行軍用兵之法與《李靖兵法》相同。通過文字對照發現，它與《通典》卷一百五十七相關部分基本相同，而《衛公兵法輯本》的相關內容〔註26〕，正是以《通典》為底本，參以《武經總要》、《武編》諸書輯佚而成的。

再如，《武經總要》前集卷六，「緣營雜制法」條目有：凡兵馬，每下營訖，營主即須干當四司官典、司兵及左右，令分頭巡隊，問兵士到否。如有未至，即差本吏主持畜產及水食。如逃走，即牒所在捕捉。

凡兵士，每下營訖，先令兩隊共掘一廁。

此輯亦未注明材料出處，經過文字對照發現，它與《武編》前集卷二相關部分基本相同。《衛公兵法輯本》相關內容〔註27〕，正是以《武編》為底本，參以《武經總要》前集卷六、《太平御覽》卷三百六諸書內容輯佚而成的。諸如此者，《武經總要》所存甚多，均可歸屬《李靖兵法》，成為輯佚該書的重要資料。

有關《衛公兵法輯本》卷下內容，如前集卷六，「尋水泉法」條目有：

行軍下營，須先擇水泉。舊法：軍行，右虞候在前，兼視水草，道中遇水，則揭青旗以告眾。

凡軍至處乏水，則視沙磧中有野馬黃牛路縱，尋其所至，當有水。

凡野外，鳥獸所集，或水鳥聚處，並當有水。

凡地生葭葦菰蒲，並有蟻壤處，其下皆有伏泉也。一說：駱駝能知水，若行渴，以足跑

〔註25〕具體內容可參見汪宗沂《衛公兵法輯本》卷中，中華書局，1985 年，第 21～22 頁。
〔註26〕同上，第 25～26 頁。
〔註27〕同上，第 29 頁。

沙，其下亦當有泉。

凡大軍冬月行，人各持冰片，可以備渴。

凡水泉，有峻山阻隔者，取大竹去節，雄雌相合，油灰黃蠟固縫，勿令氣泄。推竹首插水中五尺，於竹末燒松樺薪或乾草，使火氣自竹內潛通水所，則水自中逆上。

凡逾越山阻，以絙繫竿頭，引掛高處。擬固能勝人，便即令上。又增絙，次引人，而又加大絙續更汲上，則束馬懸車可以立辦。

此輯未注明材料出處，經過文字對照發現，它與《通典》卷一百五十七相關部分基本相同。《衛公兵法輯本》相關內容〔註28〕，正是以《通典》為底本，參以《武經總要》、《太平御覽》、《武編》諸書輯佚而成的。值得注意的是，此處文字較《通典》多出不少，這可能也是《武經總要》結合當時實際展開了一定論述的結果。

又如前集卷十二，「守城」條目有：右弩臺，上狹下闊，如城制，高與城等，面闊一丈六尺，長三步，與城相接。每臺相拒亦如之。上通閣道。臺上架屋，制如廠棚，三面垂以濡氊，以遮垂鐘板，亦備繩梯。內容弩手一十二人，棚上三面立牌。遮箭棚上亦容弓弩手一十二人，隊將一人，置五色旗各一，鼓一，弓弩、檑木、炮石、火鞴等皆蓄之。

此段亦未注明材料出處，經過查對發現在《衛公兵法輯本》卷下有：「弩臺高下與城等，去城百步，每臺相去亦如之。下闊四丈，高五丈，上闊二丈。上建女牆，臺內通暗道，安屈膝梯，人上便卷收。中設氊幕。置弩手五人，備乾糧水火。」〔註29〕通過對照可發現，儘管二者文字出入較大，但《衛公兵法輯本》注文中對《武經總要》相關內容多有引述，如在「弩臺」下有注文：「總要作：『上狹下闊，如城制；面闊一丈六尺，長三步，與城相接；臺上架屋，制如廠棚，三面垂以濡氊，以遮垂鐘板』」；「五人」下亦有注文「總要作：『十二人』」。這表明，此條內容仍可作為《李靖兵法》輯佚時的重要參考資料。事實上，此處《衛公兵法輯本》所輯內容，正是以《通典》卷一百五十二相關部分為基礎，參以《武經總要》、《太白陰經》、《虎鈐經》諸書而成的。

綜上所舉不難發現，《武經總要》中所存《李靖兵法》內容甚多。同時，對照現存汪宗沂所輯的三卷《衛公兵法輯本》，還可發現其中尤以卷中《部伍營陣》所占比重較大。儘管該書中多數係《李靖兵法》之內容而並未加注明，

〔註28〕具體內容可參見汪宗沂《衛公兵法輯本》卷下，中華書局，1985年，第41頁。

〔註29〕汪宗沂《衛公兵法輯本》卷下，中華書局，1985年，第43～44頁。

且個別處文字出入較大，但畢竟倖存此書，參以相關之作，才未使衛公之跡絕沒。況其中文字之出入，甚至個別離析譌舛之處，亦是時移世易，在所難免的。

3、對《裴緒新令》的輯佚

裴緒，唐代著名軍事家。宋高似孫曾有言：「諸儒多稱諸葛武侯八陣、唐李衛公六花皆出乎此唐裴緒之論」〔註30〕，可以為憑。明唐順之認為：「《武經總要》孫武子八陣圖八首，唐裴緒之所演也」〔註31〕；「《武經總要》常山蛇陣圖一首，唐裴緒之所演」〔註32〕，亦可為證。考其著作，見載於《宋史·藝文志》等書目中者有「《裴緒新令》二卷」。可惜該書早已佚失，今不可得見。

通過查考《武經總要》全文不難發現，其中保存了一定的《裴緒新令》內容，如前集卷六，「裴緒營法」條目有：凡兵師之營，擬於城郭、宮室，必須牢固，不可得而犯亂也。其古法多依九宮、六甲、太乙、天門、地戶之法，皆為疑惑，不便於事。今則但取山川地形、利便水草，隨其險易為之，御平則方列，圍水則圓關，山路則盤回，川流則屈曲，務於適時便用耳。

法曰：凡下營，非賊境，地土寬平，即布大方陣。營內有一十七小營，中間相去使容一營。如在賊庭，即須窄狹，不得使容一營。其營四角編入，彷彿使圓。其一十七小營，計一萬七千人。古制一萬二千五百人為軍，令加四千五百人為奇伏揚備，則軍中之手足，以應時用。其非正門，不得輒出入，犯者論如軍律。

此輯文字為明引，文中注明了《武經總要》的材料來源為「裴緒營法」。兩段內容，尤其是後一段，對於後人認識裴緒及其《裴緒新令》，瞭解當時行軍安營之法有著重要作用。

又如前集卷八，「裴子法」條目有：五陣之法，一鼓，舉黑旗，則為曲陣；二鼓，舉朱旗，則為銳陣；三鼓，舉青旗，則為直陣；四鼓，舉白旗，則為方陣；五鼓，舉黃旗，則為圓陣。陣之疏密，卒一人居地廣縱各二步。十人為一列，一隊凡十列，廣縱各二十步。陣間容陣，隊間容隊，曲間容曲。前禦其前，後禦其後，左防其左，右防其右。行必魚貫，立必雁行；長以參短，短以參長。回軍轉陣，以後為先，以前為後。進無奔迸，退無伏走，五陣乃理。凡百人曰隊，二隊曰官，二官曰曲，二曲曰部。

此段文字非但為明引，且在清人著作中也有相關記載，如孫承澤《春明

〔註30〕 高似孫《子略》卷一，《兵體》。
〔註31〕 唐順之《武編》前集，卷四，《孫武子八陣辯》。
〔註32〕 唐順之《武編》前集，卷四，《孫武子常山蛇陣辯》。

夢餘錄》卷四十三曰：「《裴緒新令》數尙十隻，從五法起，每部前後曲，總是兩其伍，百人曰隊，二隊曰官，二官曰曲，二曲曰部，部以前後曲相次，曲以左右官相當，官以前後隊相隨，隊百人爲列，列十人爲對，對則伍也。隊分爲團，團合爲隊，團則十之伍也。方、圓、牝、牡、衝方、罘罝、軍（車）輪、雁行陣，雖八皆自方爲變，已爲知要，後尾常山楊奇備伏，且以應權。」足以證明，該段材料源於《裴緒新令》，這對於認識唐代戰陣及其兵制有著重要參考價值。

再如前集卷七，「本朝八陣法」條目有：「法曰：八陣者，蓋本裴緒新令方、圓、牝、牡、衝方、罘罝、車輪、雁行之名也。」該材料表明，《裴緒新令》中記載了「方、圓、牝、牡、衝方、罘罝、車輪、雁行」等唐代八陣之法。

其實該條內容，除了上述所講的清孫承澤《春明夢餘錄》有記載外，《武經總要》前集卷八「八陣圖」條目也有相關記載，即「《裴緒新令》有九陣圖，參引太公、孫子、諸葛之法爲證，舍是無有焉」；明歸有光《震川集》別集卷三亦曰：「《裴緒新令》有九陣圖，其說可得而詳歟。」這些均可證明，《裴緒新令》中載有八陣法及其圖譜。

薛季宣所錄：「先漢都肆已有孫吳六十四陳（陣），竇憲常勒八陳（陣）擊匈奴矣；至晉馬隆又用八陳（陣）以復涼州。陳勰持白虎幡以亮遺法教五營士，是則武侯之前既有八陳（陣），後亦未嘗亡也。今有馬隆《握奇圖贊》其傳起於風後，李筌繪而圖之見於《太白陰經》。又有曰：『雜兵書頗有黃帝、太公、孫吳、武侯遺術，裴緒變而通之著於兵法新令，其形皆八，不與武侯陳（陣）圖相似，筌乃定而無變。緒又方圖非整俱，曰八陳（陣）。』」〔註33〕其中不僅較爲詳細地交代了八陣的來源，還對《裴緒新令》中所載八陣法略有述論，更加地明確驗證了該書記載八陣法的事實。

要之，《武經總要》中所存裴緒的安營之法、戰陣之法以及八陣法等，對於輯佚《裴緒新令》十分重要，並對後人認識裴緒及其兵法理論起到很大作用。

4、對北宋所著已亡兵書的輯佚

兩宋時期，中國封建經濟和科技文化高度發展；同時，民族矛盾擴大，階級矛盾進一步激化，外族入侵不斷，農民起義風起雲湧，戰爭非常頻繁。由於物質、文化條件的提高和戰爭的客觀要求，兵學迅速出現了復興。據《中

〔註33〕薛季宣《浪語集》卷二十八，《策問二十道》。

國兵書知見錄》統計，兩宋兵書 559 部，3,865 卷，分別是隋唐 213 部的 2.6
倍，963 卷的 4 倍。

儘管北宋前葉，所著兵書尚不甚多，但在血的教訓面前，朝廷對軍事已
經開始逐漸重視，士大夫之間也開始競相言兵。因而，如符彥卿的《五行陣
圖》一卷、許洞的《虎鈐經》二十卷、梅堯臣的《孫子注》一卷、歐陽修的
《孫子集注》十三卷、任鎮的《康定論兵》一卷、王洙的《三朝經武聖略》
十卷（一說十五卷）等，相繼問世。可惜的是，時至今日許多著作已經散佚
不見，如《五行陣圖》、《康定論兵》等。值得欣慰的是，《武經總要》博采諸
說，參考引用了其中不少資料。這對於今人重新認識上述散佚古籍的原貌，
進行宋代專門軍事研究起著重要作用。

如《武經總要》前集卷七主要講述仁宗之前的北宋王朝戰陣方式，包括「本
朝平戎萬全陣法」、「本朝八陣法」、「本朝常陣制」三方面內容。其中，「雍熙中，
契丹數盜邊境，太宗皇帝乃自製平戎萬全陣圖，以授大將，俾從事焉。今存其
詳，用冠篇首，以示聖製云。」〔註34〕主要內容在該卷「本朝平戎萬全陣法」
條目有：前行，每隊五十人。後行，每隊並三十人。前後並五隊爲一點。每隊計一千四百四十地
分，方五里。每地分車一、兵二十二，並十地分爲一點。

右萬全陣法，凡九圍，共成一陣。凡中心連排方陣三，每陣各大將一人生之。其陣各方五里，
人相去一里，東西占十七里。每陣周回二十里，計七千二百步。每五百步爲一地分，每一地分用戰
車一乘、兵士二十二人。一陣計千四百四十地分，戰車千四百四十乘，地分兵士三萬一千六百八十
人。無地分兵士五千人，以三十人爲一隊，計百六十六隊。餘二十人。其兵士於陣內列行。東西
稍陣，各用騎兵萬人解鐙，分爲兩行，前行配五十騎爲一隊，計百二十五隊，每隊並隊眼占地五十
步，計六千二百五十步，計一十七里一百三十步；後行配三十騎爲一隊，計百二十五隊，每隊並隊
眼占地五十步，東西占地十七里九十步。三路探馬計三十隊。前後陣各用騎兵五千解鐙，分爲兩行。
前行配五十人騎爲一隊，計六十二隊，每隊並隊眼占地六十五步，計四千三十步，計一十一里七十
步。後行配三十人騎爲一隊，計六十二隊，餘十八人；每隊並隊眼占地六十五步，計四千九十五步，
計十一里三十五步。五路探馬計五十隊，每路各浮圖子排，計二百七十五騎。三陣圖凡用兵士十四
萬九百三十人。

此處所列尚未包含原文中大量注文及其它相關內容。可見，該條資料對
宋太宗所製「平戎萬全陣」所記甚詳。據筆者所見，該陣法除此有錄外，尚
僅存於宋人魏齊賢撰、清人葉芬所輯《五百家播芳大全文粹》中的呂伯恭所

〔註34〕曾公亮、丁度等《武經總要》前集，卷七，《陣法總說》，中國兵書集成本。

書的《雍熙平戎萬全陣圖贊》一文，具體內容是「凡一大陣，爲九小陣。凡內列三方陣，陣車各千四百四十乘，地分兵士各三萬一千六百八十人，東西四陣爲左右翼騎兵各萬，爲三百五十隊；前後二陣爲前鋒後殿，騎兵各五千人爲百二十隊九陣之士，凡十四萬九百三十人方員」〔註35〕。兩者相較，不難看出前者更爲詳盡可據。因而，《武經總要》所存此條內容，對於研究宋太宗及其以後相當長一段時期內的排兵佈陣、戰術作戰均有重要價值。

至於宋眞宗御製的「常陣」以及流行於當時的「本朝八陣法」內容，除《武經總要》外，筆者尚未見其他書籍有錄。因而，其輯佚價值、專題研究價值則更大，但限於篇幅，此就不再一一詳列。

（二）對未亡兵書的補遺

所謂補遺，就是在整理某一方面或某人某部著作時發現有失收的材料，於是補加進去。由於「古籍在流傳過程中，特別是雕版印刷術產生以前的去時已遠的古籍，沒有多少能完整保存下來的。有一些古籍似乎是完整流傳下來了，卷數也不缺，但實際上這些似乎完整流傳下來的古籍，深究起來其中仍有不少的佚脫之文。」〔註36〕因而，對原書似乎完存的古籍中的脫佚之文，脫佚之篇的補遺研究亦屬於廣義輯佚學的重要範疇。

1、對《孫子》諸篇的補遺。

「諸兵書，無出孫武。」〔註37〕作爲中國古代最著名，同時也是現存最早的的兵書，《孫子》毫無爭議的被列爲《武經七書》之首，享有百世兵經的美譽。原書成於春秋戰國之交，凡「八十二篇，圖九卷」〔註38〕，數十萬言。其中十三篇多講戰略、戰術，是其核心部分。因此，魏武帝曹操「削其繁剩，筆其精粹」〔註39〕，單列十三篇於世。十三篇問世後不久即爲師旅所稱。相反，餘篇長期以來由於多講「春秋末期的『治軍之法』，已經不能適應時代的需要，而逐漸被淡漠、遺忘」〔註40〕，致使今人難以詳曉。唐宋時期，諸書對《孫子》徵引十分盛行，《武經總要》亦屬其列。它保存了《孫子》的許多

〔註35〕呂伯恭《五百家播芳大全文粹》卷一百九，《雍熙平戎萬全陣圖贊》。
〔註36〕曹書傑《中國古籍輯佚學論稿》，東北師範大學出版社，1998 年，第 4 頁。
〔註37〕李靖《李衛公問對》卷中。
〔註38〕班固《漢書》卷三十。
〔註39〕王應麟《玉海》卷一百四十，《孫子兵法》。
〔註40〕王家祥《大通上孫家寨漢簡〈孫子〉研究》，《文獻》，2000 年第 1 期，第 40 頁。

佚文，這爲我們輯佚、恢復其舊本原貌提供了珍貴資料。

如前集卷二，「教平原兵」條目有：「三令而五申之」。銀雀山出土的漢簡本《孫子》中有佚篇《見吳王》，即佚文中常見的孫武、吳王問對。古代凡屬專門之學，長篇問對是普遍形式，如《六韜》就是託文王、武王與太公問對，《吳子》是託魏文侯、武侯與吳起問對。在該篇中就提到了「三告而五申之」。而在《尚書・泰誓》孔穎達疏、《史記》卷六十五《孫子吳起列傳》中均爲「三令五申之」。清畢以珣的《孫子敘錄》、王仁俊的《孫子佚文》對此文曾有搜輯，今人楊炳安的《孫子會箋》、李零的《〈孫子〉十三篇綜合研究》、徐勇的《先秦兵書佚文輯解》等著作亦對此文亦均有收錄。故，此句當屬《孫子・見吳王》篇佚文。

又如前集卷九，「雜敘戰地」條目有：吳子問孫武曰：「敵人保據山險，擇利而處之，糧食又足，挑之則不出，乘間則侵掠，爲之奈何？」曰：「分兵守要，謹備勿懈，潛探其情，密候其怠，以利誘之，禁其牧採。久無所得，自然變改。待離其固，則奪其所愛也。」

此段文字，《通典》一百五十九卷亦有記載，祇是以「擇」爲「常」，末尾又多出「敵據險阻，我能破之」兩句。《太平御覽》三百三十一卷也有此文，轉引之《戰國策》，祇是「敵人保據山險，擇利而處之」作「敵人保山據險，擅利而處」，「其固」作「其故」。清畢以珣的《孫子敘錄》、王仁俊的《孫子佚文》對此文曾有搜輯，今楊炳安的《孫子會箋》、李零的《〈孫子〉十三篇綜合研究》、徐勇的《先秦兵書佚文輯解》等許多著作中對此文亦均有收錄。故，此佚文屬於孫子後學所著，以問對形式來解釋《九地》篇相關內容，應當無誤。

再如前集卷九，「九地」條目中的「散地」分條中有：吳子問孫武曰：「散地，士卒顧家，不可與戰，則必固守不出。敵攻我城壘，掠吾田野，禁吾樵採，塞吾要道，待吾空虛而急攻，則如之何？」武曰：「敵人深入吾都，多背城邑，士卒以軍爲家，專志輕敵。吾兵在國，安土懷生，以陣則不堅，以鬥則不勝。當集人眾，聚穀蓄帛，保城避險，遣輕兵絕其糧道。彼挑戰不得，轉輸不至，野無所掠，三軍困餒，因而誘之，可以有功。若欲野戰，則必因勢，依險設伏。地無險，則隱於天氣陰暗（按：明正統刻本作「暗」，餘者多數作「晦」）昏霧，出其不意，襲其懈怠，可以有功。」

此段文字在《通典》一百五十九卷有存，祇是「固守」重出，以「城壘」爲「小城」，「急攻」爲「急來攻」，「避險」爲「備險」，「則必因勢」爲「必因勢」，「若欲野戰」爲「若欲戰」，「則必因勢」爲「必因勢」，「依險設伏」爲「勢者，依險設伏」，「地無險」爲「無險」，「天氣」爲「天」，末尾無「可以有功」。同時，《孫子・九地》篇何延錫亦有此文，祇是何延錫注首句作「吳

王問孫武曰」，以「城壘」作「小城」，「急攻」作「急來攻」，「以陣」作「以陳」，「集人眾」作「集人合眾」，「避險」作「備險」，「地無險」作「無險」，「陰暗」作「陰晦」。清畢以珣的《孫子敘錄》、王仁俊的《孫子佚文》對此文曾有搜輯，今楊炳安的《孫子會箋》、李零的《〈孫子〉十三篇綜合研究》、徐勇的《先秦兵書佚文輯解》等許多著作中對此文亦有輯錄。因而，此處同上，同爲《孫子·九地》問對篇相關內容。諸如此類者，在前集卷九，「九地」條目關於「散地」、「輕地」、「爭地」、「交地」、「衢地」、「重地」、「圮地」、「圍地」、「死地」的論述中均有大量存錄。

儘管「現在的《孫子》佚文，有不少都是孫子後學的解釋與發揮。這些佚文，在很大程度上應作筆記、注釋、學案、傳狀來看待。」〔註41〕但眾多諸篇佚文的存錄不僅爲今人恢復舊本《孫子》八十二篇提供了寶貴資料，在某種程度上還進一步證明了宋代八十二篇本仍然存在。否則，唐宋時期《御覽》、《通典》、《長短經》、《北堂書鈔》、《群書治要》、《藝文類聚》以及《武經總要》等書大量徵引諸篇佚文，尤其是對後來所引最多的張預注釋《孫子》，便無以圓釋。

除上述《孫子》諸佚篇內容外，《武經總要》中還保存了相當數量的已遺失的諸家注文。如前集卷一，「將職」條目有：「軍之所患者三：不知軍之不可以進而進，不知軍之不可以退而退，是謂縻軍爲將，不知進退之利害，惟欲從己周權，令軍士不能收功而縻繫之矣；不知三軍之事而同三軍之政，則軍惑軍國異容，所理各異，欲以治國之法以治軍，則軍事惑亂；不知三軍之權而司三軍之任，則軍疑不知用兵機謀之人，用爲將，則軍不治而士疑惑也。三軍既疑且惑，是謂亂軍引勝士疑惑而無畏，則亂。此三者，又不可不察也。」此處正文屬《孫子·謀攻》篇內容，注文共有四處，其中第二處、三處、四處均出自何延錫注文，原文爲「軍國異容，所治各殊；欲以治國之法以治軍旅，則軍旅惑亂」〔註42〕；「不知用兵權謀之人，用之爲將，則軍不治而士疑」〔註43〕；「士疑惑而無畏則亂，故敵國得以乘我隙釁而至矣」〔註44〕。三處《武經總要》所引文字與何氏所注原文均差異不大，祇是第二處的「理」爲「治」，「軍」爲「軍旅」，「軍事」爲「軍旅」；

〔註41〕李零《〈孫子〉十三篇綜合研究》，中華書局，2006年，第418頁。
〔註42〕孫武、曹操等《十一家注孫子》，上海古籍出版社，1978年，第71頁。
〔註43〕同上，第72頁。
〔註44〕同上，第73頁。

第三處的「用」為「用之」，末尾多出「惑也」二字，至於「機謀」為明金陵唐富春刻本、弘治刻本、正統刻本所作，而國家圖書館所存前一至四明抄本中則作為「權謀」與何氏注文相同；第四處則原封不變的源自何氏部分注文。

　　但第一處卻不知出自何處，對照此處流傳下來的十一家注文「曹操曰：縻，御也。李筌曰：縻，絆也。不知進退者，軍必敗；如絆驥足，無馳騁也。楚將龍且逐韓信而敗，是不知其進；秦將苻融揮軍少却而敗，是不知其退。杜牧曰：猶駕御縻絆，使不自由也。君，國君也。患於軍者為軍之患害也。夫授鉞凶門，推轂，閫外之事，將軍裁之。如趙充國欲為屯田，漢宣必令決戰，孫皓臨滅，賈充尚請班師。此不知進退之謂也。賈林曰：軍之進退，將可以臨時制變；君命內御，患莫大焉。故太公曰：『國不可以從外治，軍不可以從中御。』杜佑曰：縻，御也，縻為反。君不知軍之形勢，而欲從中御也。梅堯臣曰：軍不知進退之宜，而專進退，是縻繫其軍，六韜所謂『軍不可以從中御』。王晢曰：縻，繫也。去此患，則當託以不御之權，故必忠才兼備之臣為之將也。張預曰：軍未可以進，而必使之進，軍未可以退而必使之退，是謂縻絆其軍也。故曰：進退由內御，則功難成。」〔註45〕從中不難發現，當中並無其原文或相近之文。查閱其他現存相關典籍，亦無發現此文。但從文風格式等方面來看，該處注文又不像曾公亮等編纂者自己的撰文，反而極似《孫子》諸家注文。且同段中所餘三處皆源自何氏注文。故，該處注文疑是何氏注佚文。

　　在古籍流傳過程中，由於不同時代、不同傳刻等因素，不同版本之間的多有差異，有些甚至很大。以何延錫所注《孫子》來講，《通志‧藝文略》中載何延錫所著《孫子注》為三卷本，《崇文總目》中載為兩卷本，兩者卷數記載就不相同，至於其中文字差異則會更大。而且後來該書為吉天保所輯成為現存《十一家注孫子》的一部分，之後並無單行本流傳於世。既是「所輯」，其中遺失文字內容自不在少數。

　　又如前集卷三，「敘戰上」條目有：「地生度 地者，遠近險易也。度，計也。未出軍，先計敵國之險易，道路之迂直，兵甲眾多，勇怯孰是，計度可伐，即出其軍也，度生量 量酌彼我之形勢，量生數 數，機變之先。酌量計度彼我之強弱利害，然後為機數也，數生稱 稱，拔也。校彼我之勝負，稱生勝 稱量計度，萬無失勝之道。此所謂修道保法也。」此處正文屬《孫子‧軍形》篇內容，注文共有五處，其中第一處、二處、三處、四處於《十一家注孫子》均有出處，具體情況如下：第一處原文是「何氏曰：地者，遠近險易也。度，

計也。未出軍，先計敵國之險易，道路迂直，兵甲孰多，勇怯孰是。計度可伐，然後興師動眾，可以成功。」〔註46〕第二處原文爲「何氏曰：量酌彼己之形勢。」第三處原文是「何氏曰：數，機變也。先酌量彼我強弱利害，然後爲機數。」第四處原文爲何氏與杜牧同言：「稱，校也。機權之數已行，然後可以稱校彼我之勝負也。」〔註47〕四處注文中除了第四處，其餘三處均無大的差異；至於第四處雖其文字差異較大，但也祇是較何氏注文簡略了些，含義並無變化。故而，可以肯定前四處注文均源自十一家注中的何氏，其中第四處杜牧注文同何延錫。

然而第五處注文卻不知源自何處，對照此處十一家注文「曹操曰：稱量之，故知其勝負所在。李筌曰：稱知輕重，勝敗之數可知也。杜牧曰：稱校既熟，我勝敵敗，分明見也。梅堯臣曰：因輕重以知勝負。王晳曰：重勝輕也。陳皞、杜佑（李筌）同杜牧上『五事』注。何氏曰：上五事，未戰先計必勝之法。故孫子引古法，以疏勝敗之要也。張預曰：稱，宜也。地形與人數相稱，則疏密得宜，故可勝也。尉繚子曰：『無過在於度數。』度謂尺寸，數謂什伍。度以量地，數以量兵。地與兵相稱則勝。五者皆因地形而得，故自地而生之也。李靖『五陳』（陣）隨地形而變是也。」〔註48〕從中不難得知，其中並無此文。同樣，查閱相關軍事典籍，亦無發現此處原文或相近之文。而從語言風格來看，該處注文又不似曾公亮等編纂者專門所撰，至少「稱量計度，萬無失勝之道」一句不似。相反，此處注文卻與諸家注較爲相像。況同段所餘四處注文皆源自何氏。因而，某種程度上可以認爲，該處注文可能亦出自何氏注文，祇是其原文今人已不能得見。

諸如此類注文者，《武經總要》所存甚多，如前集卷九，「重地」條目有：「入敵已深，國糧難應資給，將上不挾，何取？兵法曰：「入人之地，深而難返，背城邑多者，爲重地難返之地。入人之境已深，過人之城已多，津澤皆爲所持也。重地則掠，吾將維其食所入既深，常梁皆爲所符，糧道不無阻絕，須掠人儲積，給我軍用，而得以伺敵者也。」此例共有注文兩處，前一處共二句，其中第一句爲曹操注文，第二句爲杜牧注文；而後一處則未見於十一家注文及相關典籍，可能爲已經遺失的《孫子》注文。

〔註46〕同上，第92～93頁。

〔註47〕同上，第93頁。

〔註48〕同上，第94頁。

又如前集卷九，「重地」條目有：「投之無所往，死且不北言皆死戰而不奔也，死焉不得言士必死，安有不得勝之理也？」此例有兩處注文，其中後一處為杜牧注文，而前一處則在十一家注文與相關典籍中亦未得見，可能也是今已不見的《孫子》注文。

這些注文都是後世《孫子》之學研讀者的結晶，雖然在今天看來未必完全有理，但畢竟代表了古人的一種智慧，對於研究《孫子》是大有幫助的。《武經總要》中所存的相關遺失注文在豐富《孫子》研究資料，加深對原文原義理解等方面有著重要意義。

2、對《司馬法》的補遺

古本《司馬法》在流傳過程中大部分散佚。《漢書·藝文志》著錄此書為155篇，今本僅存三卷，5篇，3,419字，所差甚遠。儘管迄今為止對舊有原文的輯佚不是很多，遠遠湊不到原有的篇幅，難以恢復其原貌，但對於瞭解《司馬法》一書的內容和全貌，正確地估價該書在兵學典籍中的地位和價值，從事先秦軍事史乃至整個先秦歷史、文化的研究，均具有重要意義。《武經總要》在此方面獨秀一枝，起了重要作用。

如前集卷一，「軍制」條目有：「萬二千五百人為軍」。此句國圖所藏明抄前集卷一至四本、四庫全書本等錄為此文，而明金陵唐富春刻本等著為「萬人為軍」。筆者認為抄本較之刻本與舊本原貌更為相近，因而以「萬二千五百人為軍」為原文較妥。除此處有記錄外，前集卷六「裴緒營法」條目亦有同樣記載：「古制一萬二千五百人為軍」，祇是所載將「萬」變成了通俗用語「一萬」。

該句在《尚書·泰誓》相關注疏中有存，如宋林之奇在《尚書全解》卷十二中注曰：「案：《大司馬法》：凡制軍萬二千五百人為軍」；魏了翁在所著《尚書要義》卷二十「三郊三遂謂魯人三軍」條目中注曰：「《司馬法》：萬二千五百人為軍」。林之奇文中所載《大司馬法》即今人所講的《司馬法》。由此可知，兩處記載同出一處，即文中所明確指出的《司馬法》。今傳《司馬法》中未見此文。因而，可基本肯定該句為古本《司馬法》之佚文。

宋王應麟的《玉海》卷一百二十二，「周政官之屬」條目為講解先秦官制專之篇，王應麟講述了周朝軍事相關官制「軍司馬下大夫四人，輿司馬上士八人，行司馬中士十六人，旅下士三十二人」〔註49〕，隨後即載道：「凡制軍

〔註49〕王應麟《玉海》卷一百二十二。

萬二千五百人爲軍」。《玉海》爲文獻學名著，其載極爲可信，因而此處亦當無誤。而《司馬法》爲中國最古老的兵法之一，其載體形式主要表現爲先秦「軍法」，還不是純粹意義上的「兵法」；內容多帶有條例和操典的性質，其中主要之一就是「軍隊編制」問題，與《玉海》所載周朝兵制極爲相通。因而，從內容、語言風格等方面亦可基本認定該句當爲古本《司馬法》佚文。

另外，漢鄭玄在《毛詩箋》、唐陸德明在《春秋左傳注疏》、宋王與之在《周禮訂義》等諸多著作中均注有此句。今田旭東先生在《〈司馬法〉淺說》、黃樸民先生在《〈武經七書〉鑒賞》、徐勇先生在《先秦兵書佚文輯解》、陳宇先生在《〈司馬法〉破解》等著作中均已收錄。綜之，此句爲《司馬法》之佚文應當無疑。

又如前集卷三，「敘戰上」條目有：「歸師勿遏，圍師必闕，窮寇勿迫圍兵者，圍其三面，開其一面，以示生路也。」此處正文屬《孫子・軍爭》篇，而注文爲曹操轉引《司馬法》之語，其原文爲「曹操曰：《司馬法》曰：『圍其三面，闕其一面，所以示生路也』」〔註50〕。祇是曹注文少了「圍兵者」三字，並將「開」作「闕」，「以」作「所以」。除此記錄外，前集卷九「圍地」條目還有：「背固前隘者，圍地也。圍地則謀艱阻之地，與敵相將，須用奇險詭譎之謀，吾將塞其闕圍其三面，間其一面。塞之，則人死戰。」該處正文屬《孫子・九地》篇，而其第二處注文中的「圍其三面，間其一面」則亦與曹注文基本相同，祇是其中的「間」作「闕」。可見，此兩處記載原文均出於《司馬法》，但查考今本《司馬法》並未見其文。

事實上，這一點在宋王應麟的《漢藝文志考證》卷二「軍禮司馬法百五十五篇」條目中載有：「杜佑引上謀下鬥，圍其三面，開其一面之類，然其文或不見今五篇中。」對照杜佑《通典》卷一百六十確有：「兵之情，圍則禦，相禦持也。窮則同心守禦。不得已則鬥，勢有不得已也。言鬥太過，戰不可以惡勝，走不能脫，恐其有降人之心者。過則從。陷之甚過，則計從也。圍師必闕。司馬法曰：『圍其三面，開其一面，以示生路。』此用兵之法。」足見，「圍其三面，闕其一面，所以示生路也」語，當爲古本《司馬法》之佚文。

再如後集卷六，「避實擊虛」條目在談及春秋齊桓公伐鄭時有：「曼伯爲右拒，祭仲足爲左拒，原繁、高渠彌以中軍奉公，爲魚麗之陣，先偏後伍，伍承彌縫司馬法：車戰，二十五乘爲偏，以車居前，以伍次之，承偏之隙而彌縫闕漏也。五人爲

〔註50〕孫武、曹操等《十一家注孫子》，上海古籍出版社，1978年，第192頁。

伍，此蓋魚麗陣法。」此處注文亦明顯爲舊本《司馬法》之佚文，原因主要如下：其一，注文本身已標明出處，與《司馬法》之間的關係已經得到了確認，但查考今本《司馬法》原文未見此句。故而，可確定其爲舊本《司馬法》之佚文。

其二，從內容上看，以「二十五乘爲偏」爲例進行簡單分析。該語不見於今傳《司馬法》，但元以前不著姓名者所撰的《周禮集說》卷七有：「司馬法曰：二十五乘爲偏，百二十五乘爲伍，周之遺法焉」；宋程公說的《春秋分記》卷三十九有載：「司馬法云：五十乘爲兩，百二十乘爲伍，八十一乘爲專，二十九乘爲參，二十五乘爲偏」；王應麟的《漢藝文志考證》卷二「軍禮司馬法百五十五篇」條目亦載：「《〈左傳〉疏》服虔引《謀帥》篇曰：大前驅啓乘卑大晨倅車屬焉。又引五十乘爲兩，百二十乘爲伍，八十一乘爲專，二十九乘爲參，二十五乘爲偏。」諸如此類者，歷代古籍中所存甚多。它們均表明，「二十五乘爲偏」爲《司馬法》之內容。以此推之，「司馬法：車戰，二十五乘爲偏，以車居前，以伍次之，承偏之際而彌縫闕漏也。五人爲伍，此蓋魚麗陣法。」亦當爲舊本《司馬法》之內容。

其三，「司馬法：車戰，二十五乘爲偏，以車居前，以伍次之，承偏之際而彌縫闕漏也。五人爲伍，此蓋魚麗陣法。」與之完全相同之記載亦不少，如在《左傳》「桓公五年」條目杜預注、王應麟《玉海》卷一百四十二，「鄭魚麗陣」條目中就有同樣之記錄，而並非《武經總要》這一孤證。

作爲追述古代軍禮或軍法，即先秦軍賦制度、軍隊編制、軍事裝備保障、指揮聯絡方式、陣法操練、軍隊禮儀和獎懲措施的重要內容，《司馬法》具有特殊價值，「今世所傳兵家流，又分權謀、形勢、陰陽、技巧四種，皆出《司馬法》也」〔註 51〕，不僅爲歷來兵家所重視，而且也爲一些研究古代禮制的學者所看重。因而，《武經總要》所存上述相關內容，對瞭解舊本《司馬法》原貌具有重要作用，同時也爲研究先秦軍事制度、作戰方式、陣法戰術等方面提供了寶貴資料。

3、對《六韜》的補遺

《六韜》是古代一部十分重要的軍事著作，流傳甚廣，爲歷代兵家所重。但兩千多年來，由於不斷散佚和傳抄改變以及北宋元豐年間的修訂整理，今

〔註51〕王應麟《玉海》卷一百四十，《漢軍禮司馬法》。

本《六韜》已遠非其本來面目。所幸的是，諸多兵書，包括《武經總要》在內，對其內容均有大量引用。這些引文雖然多見於今本《六韜》，但也有不少未見者。其中，未見之文對於今人恢復舊本《六韜》原貌以及開展相關研究極為重要。

如前集卷九「雜敘戰地」條目有：「平陸之軍處易平陸必擇其坦易平移之處，我軍騎得以馳逐之也，而右背高，前死後生戰便也。太公曰：軍必左川澤而右丘陵。死者，下也；生者，高也。下不可以禦高，戰不便於軍馬也，此處平陸之軍。」此處正文屬《孫子・行軍》篇，而第二處注文為杜牧之言，其原文為「杜牧曰：太公曰：『軍必左川澤而右丘陵。』死者，下也；生者，高也。下不可以禦高，故戰不便於軍馬也。」〔註52〕其中，「太公曰：軍必左川澤而右丘陵」句直接標明「太公曰」，故而可知此引屬太公之言。即是說，該句來自《六韜》。但查考今本《六韜》，卻未見其語。故而，可以斷定此句為舊本《六韜》所佚之文。

祇是不知何故，此文在清孫同元、王仁俊、黃奭所輯《六韜》佚文以及近人嚴可均所輯《全上古三代秦漢三國六朝文》中均無載錄，今孔德騏先生在《〈六韜〉淺說》、徐勇先生在《先秦兵書佚文輯解》等中亦無輯錄。尤其是徐勇先生的《先秦兵書佚文輯解》中對「右背山陵，前左水澤」一文即有記錄，並認為「《史記》引《兵法》，與孫子不同。杜牧《孫子注》引《太公兵法》：軍必左川澤而右丘陵，概括斯言。知此引《兵法》屬太公也。此之言背，謂後也，與前相對。」〔註53〕但卻未對杜牧注文與《武經總要》等所載的「太公曰：軍必左川澤而右丘陵」加以輯解。

4、對《孫臏兵法》的補遺

孫臏被譽為古代兵家亞聖。其作《孫臏兵法》不僅是戰國時期諸多軍事著作中極為重要的一部，而且在我國整個古代軍事史上也是不可多得的兵學經典。該書至漢代尚廣為流傳，在《漢書・藝文志》「兵權謀家」類中著有「《齊孫子》八十九篇。圖四卷，師古曰孫臏。」〔註54〕但不知何原因，約在東漢末年突然失傳。此後，在《隋書・經籍志》以下的各類公私書目中均已不見著錄。

《孫臏兵法》的「亡佚」，致使歷代兵學研究者難識其真面目。直至 1972 年銀雀山漢簡的發掘，才使得這部珍貴的兵書重現於世。目前，學界公認出土

〔註52〕孫武、曹操等《十一家注孫子》，上海古籍出版社，1978 年，第 221 頁。
〔註53〕徐勇《先秦兵書佚文輯解》，天津人民出版社，2003 年，第 246 頁。
〔註54〕班固《漢書》卷三十。

的漢簡本《孫臏兵法》共 16 篇，比《漢書・藝文志》中所著錄的 89 篇，圖 4 卷要少得多。「那麼，除了上述學術界基本公認的 16 篇本《孫臏兵法》外，還有無其他孫臏直接論兵的文字流傳下來，是值得認眞探討的問題。與其他一些先秦兵書遭遇不同的是，《孫臏兵法》全書散佚了一千多年，在竹簡外似無大量的佚文存在。但是也絕不能排除孫臏言兵的個別段落通過某種渠道輾轉流傳至今的可能性」〔註 55〕。霍印章在《孫臏兵法逸文》中就言道：「人們有理由認爲，古代歷史文獻中散存的孫臏論兵資料，具有孫臏兵法佚文的性質」〔註 56〕。這些佚文主要來自八個方面，其中第五個方面就是《武經總要》〔註 57〕。

如前集卷四，「用騎」條目有：孫臏亦曰：騎戰之眞，以虛實爲主，變化爲輔也。形爲佐，又有十利八害焉。一乘其未定，二掩其不固，三攻其不屬，四邀其糧道，五絕其關樑，六襲其不慮，七亂其戰器，八陵其恐情，九撩其未裝，十追其奔散，此十利也。八害者：一，敵乘背虛，寇躪其後；二，越阻追背，爲敵所覆；三，往而無以反，入而無以出；四，所從入者隘，所回去者遠；五，澗谷所在，地多林木；六，左右水火，前後山阜；七，地多汙澤，難以進退；八，地多溝坑，眾草接茂。此八害者，皆騎士成敗之機，將必習，乃可從事焉。

有關此條內容，《通典》卷一百四十九有：「孫臏曰：用騎有十利：一曰迎敵始至；二曰乘敵虛背；三曰追散亂擊；四曰迎敵擊後，使敵奔走；五曰遮其糧食，絕其軍道；六曰敗其津關，發其橋樑；七曰掩其不備，卒擊其未整旅；八曰攻其懈怠，出其不意；九曰燒其積聚，虛其市里；十曰掠其田野，係纍其子弟。此十者，騎戰利也。」兩者相較，雖然《武經總要》中所說的「十利八害」中的「十利」與《通典》中所載的「十利」在文字方面略有不同，但兩者表述的層次和範圍基本上是一致的，且兩者均明確標明所言出自孫臏之語。查考今傳《孫臏兵法》卻無此文。故而，可以肯定《武經總要》中所引此條內容爲《孫臏兵法》原本佚文。它反映了孫臏某些珍貴思想，是研究孫臏軍事思想的重要資料。

又如後集卷六，「攻其必救」條目在談及魏伐趙時有：孫臏曰：夫解雜亂紛糾者不控卷，救戰者不搏撠，扼吭搗虛，形格勢禁，則自爲解。今魏趙相攻，輕兵銳卒必竭於外，老弱罷於內。君不若引兵疾走大樑，據其街路，衝其方虛，彼必釋趙而自救。是我一舉解趙之圍，而收敝於魏也。

〔註 55〕 徐勇《先秦兵書佚文輯解》，天津人民出版社，2003 年，第 215 頁。
〔註 56〕 房立中《兵書觀止》第一卷，北京廣播學院出版社，1994 年，第 730 頁。
〔註 57〕 具體內容可參見徐勇的《先秦兵書佚文輯解》，天津人民出版社，2003 年版。

　　此段文字，《史記·孫子吳起列傳》亦有載：「孫子曰：夫解雜亂紛糾者不控捲，救鬥者不搏撠，批亢搗虛，形格勢禁，則自爲解耳。今梁趙相攻，輕兵銳卒必竭於外，老弱罷於內，君不若引兵疾走大梁，據其街路，衝其方虛，彼必釋趙而自救。是我一舉解趙之圍，而收弊於魏也。」兩者文字進行相較，祇是「扼吭」作「批亢」，多出一「耳」字，「魏」作「梁」，文意並無差別。至於「孫臏」作「孫子」，在 1972 年山東臨沂漢簡《孫臏兵法》出土前，多數著作一直將孫臏與孫武未區別開來，兩者並稱「孫子」；間或有區別開來者，將孫臏稱爲「齊孫子」，將孫武稱爲「吳孫子」。考之「圍魏救趙」之事在戰國時期，爲記錄孫臏馬陵之戰所作，《史記》所載之內容當爲「齊孫子」，即孫臏之言。由此可以得知，該條內容確爲孫臏之言。但今存《孫臏兵法》卻無此文。因而，可以肯定該條所載爲《孫臏兵法》原本之佚文。

　　值得注意的是，《武經總要》對此段文字還有闡發與運用，如在前集卷十六有編撰者的論述：「若胡馬南牧，王師分入虜境，牽制其勢，則保州沿邊都巡檢緣西山路入幽薊，北平軍路部署出飛狐口路入蔚州界，東莫州路部自白溝河入涿州界，河東麟府路軍司馬渡河入天德界，代州部署出西陘等山谷間入雲朔界，岢嵐軍兵馬出草城川路入朔州界，此扼吭搗虛之義也。」此段內容明顯爲丁度、曾公亮等人結合當時河北路邊防的實際情況，對孫臏「扼吭搗虛」的戰略闡釋與具體應用。由此亦可見，孫臏之言對宋代兵學與邊防設置的影響之一斑，儘管當時《孫臏兵法》原書並未流行於世。

　　再如後集卷十，「示弱」條目在談及魏趙攻韓時有：齊孫子謂田忌曰：彼三晉之兵素皆悍勇而輕齊，號爲怯。善戰者，因其勢而利導之。兵法：百里趣利者蹶上將，五十里趣利者半至。

　　此段內容，《史記·孫子吳起列傳》亦有同載：「孫子謂田忌曰：彼三晉之兵素悍勇而輕齊，齊號爲怯。善戰者，因其勢而利導之。兵法：百里而趣利者蹶上將，五十里而趣利者軍半至。」祇是「齊孫子」作「孫子」，多出一「齊」與「而」字，這與上例所講情況是完全一致的。因而，亦可確定此條內容爲孫臏在桂陵之戰時之言。同樣，查考漢簡本《孫臏兵法》亦未見此文。故，該條內容當爲《孫臏兵法》之佚文。

　　「《孫臏兵法》的佚文被後世兵家們視爲珍品，竭力加以保存，收入《通典》、《太平御覽》、《武經總要》等書當中。」〔註58〕《武經總要》所保存的

〔註58〕霍印章《〈武經七書〉鑒賞·〈孫臏兵法〉鑒賞》，軍事科學出版社，2002 年，

上述佚文，無疑會對今人從事相關專項研究起到很大推動作用。

除保存如上有關《孫臏兵法》佚文，《武經總要》還存載了相當數量《孫臏兵法》整體情況及相關內容資料。如前集卷八，「八陣圖」條目有：「漢張良、韓信序次兵法，定著三十五家，而孫武書凡八十二篇，圖九卷；孫臏八十九篇，圖四卷。」其中對《孫臏兵法》整體情況進行了著錄，可與《漢書·藝文志》、《玉海》卷一百四十等相關記載相對照，考究該書之原貌。

又如前集卷九，「雜敍戰地」條目有：「龐涓失計於馬陵，而孫臏破之。」後集卷十，「示強」條目在談及東漢虞翊討伐叛羌時有：「孫臏減竈而君增之。兵法：日行不過三十里，以戒不虞。」分別對馬陵之戰、桂陵之戰相關情況進行記載，不僅有力地廓清了孫臏與孫武的身份，證明北宋時學界即有人認可孫臏之人存在的正確性，同時還可以之與宋代相關記載進行對照。如《何博士備論·霍去病論》中的「『百里而爭利者蹶上將』，孫臏所以殺龐涓也」。又如《百戰奇法》卷二「弱戰」條目中的「孫臏減竈而君增之。兵法：日行不過三十里。」再如《百戰奇法》卷三「知戰」條目中的「孫臏謂田忌曰：『彼三晉之兵素悍勇而輕齊，齊號為怯。善戰者，因其勢而利導之。兵法：百里而趨利者蹶上將，五十里而趨利者軍半至。」經過對照不難得出，宋時即已有學人認可並引用了《孫臏兵法》相關內容。而持有這種觀點的人，在今天看來無疑是正確的，因為今存漢簡本《孫臏兵法·擒龐涓》等篇對此情況確有肯定記載。

如此，關於孫臏及其兵書的種種爭議，就不應當直到 1972 年漢簡本《孫臏兵法》出現時方才解決。如果說在這一疑案的「禍首」梅堯臣、歐陽修時期尚未見《武經總要》等資料而發出疑義尚屬正常，那麼至少在仁宗年間該書成書後這一爭論就應當結束。筆者不明白為何後人不利用《武經總要》所存如此重要的資料加以辨別，反而仍舊進行依託，以致訛說流毒於世，甚至幾為「正」言。

要之，《武經總要》在編纂時，「秘府所存孫武書，惟十三篇，無圖，其所言皆權謀之事，極為精密。《太公六韜》、《黃石公三略》、《穰苴法》、《吳子》書，皆遠古所存可觀者。唐《李靖兵法》於近世最為詳練，可舉而行。杜佑採其條目，著於《通典》。其書亡慮數十家，悉淺近無取。而陣圖所存者，惟唐人李筌有八陣圖，而其說難以依據。《裴緒新令》有九陣圖，參引太公、孫子、諸葛亮

第 665 頁。

之法爲證，舍是無有焉。」〔註59〕曾公亮、丁度等人所采大量兵書內容，尤其是相關佚文資料，對於認識並恢復已亡或缺失的兵書原貌具有重要作用。今人在從事相關軍事研究時對此切不可忽略不見，以免造成不必要的缺憾。

二、其他典籍的輯佚與補遺

1、地理學著作的輯佚

除了「制度」十五卷外，「邊防」在《武經總要》中亦單列五卷，佔有重要地位。該部分的主要作者丁度等人精通邊防地理，在編纂過程中引用了大量相關地理學著作。這些著作中許多已經亡佚，有些甚至今人已無法查考其大概。因而，《武經總要》中保存的相關散佚之文就顯得彌加珍貴。

如《皇華四達記》爲唐賈耽所撰，德宗貞元年間成書，凡十卷。《玉海》卷十五「《皇華四達記》十卷，貞元十四年上」；《通志》卷六十六「《皇華四達記》十卷，賈耽撰」；王堯臣《崇文總目》卷四「《皇華四達記》十卷」等歷史名著對該書均有目錄記載。然遍考史籍，卻未見有此書，可見該書今已亡佚。

《武經總要》前集卷十六下，「雲州四面諸州」條目有：按《皇華四達記》：嬌州北一百四十里至廣邊鎮，一名白城，又東北五十里至赤城，又北七十里至鎮城。

此段文字直接標明所言內容出自《皇華四達記》，已經表明該條資料屬於《皇華四達記》。雖然《皇華四達記》今已亡佚，但歷代名家、名著對其內容還是有不少引用，因而還可與相關記載進行對比。如宋洪邁《容齋隨筆》續筆卷十，「輿地道里誤」條目有：「唐賈耽《皇華四達記》所記中都至外國尤爲詳備。其書虔州西南一百十里至潭口驛，又百里至南康縣。然今虔至潭口才四十里，又五十里即至南康，比之所載不及半也。」又如《玉海》卷十五有：「國史志地理名家者，賈耽此之所傳有《皇華四達記》，餘多殘缺。元和志引賈耽古今述。」從中不僅可以得知該書對後世地理學影響較大，還不難發現諸書所引內容與《武經總要》所載相似。諸如內容類別、語言風格等方面均是如此。這也就再次表明，《武經總要》所載內容完全符合流傳下來的《皇華四達記》要求，當屬該書內容。

除前集卷十六下「雲州四面諸州」條目存有《皇華四達記》內容外，《武經總要》中還有 5 條相關記載，即前集卷十六上，「登州附見」條目有：按《皇

〔註59〕曾公亮、丁度等《武經總要》前集，卷八，《八陣圖》，中國兵書集成本。

華四達記》：（登州）北渡海，至馬石山五百里，舊女眞國，今契丹界。

前集卷十六下，「中京四面諸州」條目有：宜州，按《皇華四達記》：營州東北八十里，凡九遞至燕郡城，自燕郡東經汝羅守捉，渡遼州十七驛，至安東都護府，約五百里。

前集卷十六下，「東京四面諸州」條目有：顯州，本渤海國，按《皇華四達記》：唐天寶以前，渤海國所都顯州，後爲契丹所併。

前集卷十八上，「邠寧環慶路」條目有：按《皇華四達記》：至靈州五百四十里。

前集卷二十，「荆湖北路」條目在談及溪洞州所屬南江二十個羈縻州時有注語：按《皇華四達記》：二百四十里即敘州界，又一百二十里至蔣州，又二百八十里至允州，又百里至牂牁州，五十里至捷州，又五十里至莊州。

考遍文淵閣《四庫全書》，發現現存有關《皇華四達記》的記載共 26 條，其中包含上述《通志》、《玉海》、《崇文總目》中的 4 條相關目錄方面記載。而《武經總要》中就存有 6 條記錄，且這 6 條全部是針對具體不同內容而言的。仔細品味這些佚文的內容和出處，不僅可見《武經總要》對於今人重新認識《皇華四達記》的重要性，還使人朦朧地感受到《皇華四達記》原書內容的浩富性。

又如《河東記》爲唐薛漁思撰，共三卷。《郡齋讀書志》、《文獻通考》、《通志》等對此書均有目錄方面記載，如《郡齋讀書志》卷三下有：「《河東記》三卷。右不著撰人，亦記譎怪之事。」《文獻通考》卷二百十五有：「《河東記》三卷。晁氏曰：『唐薛漁思撰，亦記譎怪事。』序云：『續牛僧孺之書。』」《通志》卷六十六有：「《河東記》三卷」。《山西通志》卷一百七十五有：「薛漁思《河東記》三卷」。諸如此類的目錄記載頗多，然遍考史籍，未見有此書，蓋該書今已亡佚。

《武經總要》前集卷十七，「並代忻州寧化岢嵐軍路」條目有：西陘寨，有井泉河水，西至土燈寨七十里，按《河東記》「契丹寰州」句注在州西北三十里，即西陘山也。

此處直接標明「『契丹寰州』句注」內容出自《河東記》。同時與相關記載進行對比，如宋《太平寰宇記》卷四十二「忻州」條目有：「按：《河東記》漢之定襄，今朔州是也」；《太平寰宇記》卷四十九「代州」條目有：「按《河東記》云：代句注在州西北三十五里，雁門縣界，西經（陘）山也」；《太平御覽》卷一百六十三「代州」條目有：「《河東記》曰：代句注在州西北雁門界，西陘山是也」，與《太平寰宇記》卷四十九所載基本相同。從中不難發現，諸書所引內容與該條中的「契丹寰州」句注」相似。這就再次表明，《武經總

要》所載內容完全符合流傳下來的《河東記》要求，當屬該書內容。

再如前集卷十八下，「西蕃地理」條目有：「《涇陽圖經》曰：賀蘭山在邑西九十三里。」《涇陽圖經》今已散佚不見，未見有其相關記載。《武經總要》所存該條資料對於確認該書的存在，並重新認識該書具有不可替代的作用。

2、天文曆法圖書的輯佚

除相關邊防地理內容外，天文曆法在《武經總要》中亦佔有重要地位，單列五卷於書中。該部分的編纂者楊惟德等人精通陰陽曆法，在編纂過程中博通古今，采引了大量相關著作。由於歷代統治者嚴禁此類書籍，使得這些著作今多已亡佚不存，難以查考。因而，《武經總要》中所保存的相關散佚之文對於重新認識這些典籍具有重要作用。

如《龍首經》是古代一部重要的占卜之書。「《龍首經》之法必非出自黃帝，亦屬後世假託」〔註60〕，但世人多稱之為《黃帝龍首經》。它共二卷，一說一卷，今已佚失不見，不過諸家書目均有記錄。如《隋書·經籍志》、《新唐書·藝文志》、明白雲霽《道藏目錄詳注》卷一等載：《黃帝龍首經》二卷；《宋史·藝文志》、《通志·藝文略》等載：《黃帝龍首經》一卷。

《武經總要》後集卷二十，「六壬占法」條目有：《龍首經》曰：蓍龜能知吉凶，而不能變吉凶。

此處直接標明所引內容出自《黃帝龍首經》。與相關記載進行對比，如清《欽定協紀辨方書》卷三十六「六道」條目所錄：「《黃帝龍首經》有占歲月利道吉凶法，陽歲以大吉臨，太歲、陰歲以小吉臨。太歲視天上甲庚所臨，為天道丙壬所臨，為人道魁罡所臨，為拘檢天道、人道吉，拘檢凶假。令今年太歲在寅大吉臨，寅視天上甲庚臨地，乙辛為天道天上，丙壬臨地，丁癸為人道魁罡，臨己亥為拘檢魁，為拘罡，為檢，他歲仿此歲。在子午卯酉為四仲，天道及人道皆在四維，難可移徙。陽月以大吉，臨月建陰月以小吉，臨月建移徙吉凶，皆如太歲法。」從中不難發現，《武經總要》所存內容與《欽定協紀辨方書》中對《黃帝龍首經》之介紹也相吻合。因此，可以肯定《武經總要》所載該條當屬《黃帝龍首經》內容。

又如李靖的《玉帳經》為古代一部重要的「兵陰陽」著作。「玉帳乃兵家厭勝之方位，謂主將於其方置軍帳，則堅不可犯，猶玉帳。」〔註61〕因而，

〔註60〕《欽定協紀辨方書》卷三十六，《六道》。
〔註61〕陶宗儀《說郛》卷二十八上，《玉帳》。

古代以「玉帳」為名的相關著作甚多，如《玉海》卷一百四十一「唐玉帳經」條目載有：「《志（按：新唐書·藝文志）·兵書·五行類》：李靖《玉帳經》一卷，李筌《六壬玉帳歌》十卷；《崇文目》：《彭門玉帳》一卷；《書目》：李靖《兵鈐新書》一卷。」其中，就包含了李靖所撰的《玉帳經》一卷。該書今已散失不見，不過唐宋主要書目對之均有記錄，如《舊唐書》卷四十七、《崇文總目》卷八、《宋史》卷二百六有：「《玉帳經》一卷」；《新唐書》卷五十九有：「李靖《玉帳經》一卷」；《宋史》卷二百七有：「《玉帳經》一卷，李靖」；《通志》卷六十八：「《玉帳經》一卷，李靖纂」。清《四庫全書總目》卷一百十一，「六壬兵占二卷」條目亦載有：「唐志有李靖《玉帳經》一卷」。

　　《武經總要》後集卷二十，「六壬占法」條目有：《玉帳》曰：軍入敵境，當下營寨，善擇地者，上將宜居太歲、太陰、大將軍、月建下。

　　該條目中所言《玉帳》即《玉帳經》之簡稱。換言之，其中亦標明了文字出處為《玉帳經》。同時，以該條與相關存錄進行對比，如清《御定星曆考原》卷四、《欽定協紀辨方書》卷六，「天火」條目有：「《玉帳經》曰：天火者，月中凶神也。其日，忌苫蓋，築壘垣牆，振旅興師，會親娶婦。」從中不難發現，《武經總要》所存內容與《御定星曆考原》、《欽定協紀辨方書》等書所載內容、類別、風格等方面均較為吻合。因而，《武經總要》所載該條當屬李靖《玉帳經》之內容。

　　又如後集卷十六，「天占」條目有：雨草。《五行傳》曰：君吝爵祿，厥妖天雨草。

　　後集卷十六，「地占」條目有：劉向《洪範傳》曰：地動陰有餘，皆下之強盛。

　　其中《五行傳》為洪範所著，《洪範傳》為西漢年間劉向所撰，兩者今均已不存。

　　再如後集卷二十，「六壬占法」條目有：謹按《六壬靈匣經》云：甲庚戊日，善能用者，使前一騰蛇墜水，二朱雀頭破，後三玄武拆足，四勾陳入獄，五白虎燒身，六天空被剝。

　　遍查史籍未見此書相關記載，蓋今亦已散佚。

3、其他典籍的輯補

　　「宋元以前舊籍，傳本頗多殘缺，後人難窺其全。」〔註62〕《武經總要》中所存之輯補內容遠非上述所列，其中還有相當多內容目前尚未被挖掘出來。

　　「《管子》，舊書凡三百八十九篇，漢劉向校，除其重複定著為八十六篇。

─────────────

〔註62〕曹書傑《中國古籍輯佚學論稿》，東北師範大學出版社，1998年，第9頁。

今亡十篇，近世所傳往往淆亂，至不可讀。」〔註63〕至今，其間佚脫之文又不在少數，故每每見於他書引徵，其中就包括《武經總要》在內。

如前集卷一，「選將」條目有：《管子》曰：王者不能知人，害霸也；知人而不能用，害霸也；用而不能任，害霸也；任而不能信，害霸也；既信而又使小人參之，害霸也。

該條不僅已言明其文來源於《管子》，經過查考也發現許多典籍中均存有該條內容或極為相似內容的記載。如西漢劉向《說苑》卷八，唐吳兢《貞觀政要》卷四，五代《舊唐書》卷七十一，宋《新唐書》卷九十七、《冊府元龜》卷五百四十二、《文苑英華》卷六百九十五、林之奇《尚書全解》卷三十五、李綱《梁溪集》卷一百七十四、《宋名臣奏議》，明馮琦、馮瑗《經濟類編》卷八，明《歷代名臣奏議》，清馬驌《繹史》卷四十四之一、陳厚耀《春秋戰國異辭》卷十五等多處均有引之。因而，該條內容當屬《管子》。但遍閱今傳本全書卻未見其文。故而，可以確定該條內容為舊本之佚文。

《魏都賦》「以吳蜀遞相頓，折以魏都制度」〔註64〕，為曹魏之時左思所作之著名賦文，凡三卷。後世對其相關內容引用極多，僅《四庫全書》中就有 285 條（按：不包含李善《文選注》卷六所錄該賦原文）相關內容記載。如唐顏師古《匡謬正俗》卷六引「左太沖《魏都賦》云：二嬴之所曾聆是也」以證「聆」字之確，宋《太平御覽》卷八百四十二「東薔」條目存有名物地產方面內容，清胡渭《禹貢錐指》卷二、卷八存有相關地理方面內容。

在《武經總要》後集卷六，「先聲後實」條目亦有：「為將軍計，莫如案甲休兵，鎮撫其孤弱，百里之內，牛酒日至，以饗士大夫西幸兵《魏都賦》曰：酉幸者，順呼。劉逵曰：酉幸，酒也，北首燕路，而後遣辯士奉咫尺之書，暴所長於燕，燕必不敢不聽從。」該段所注文字所包含的「《魏都賦》曰：酉幸者，順呼」，已直接言明「酉幸者，順呼」出自《魏都賦》。但查閱今傳本《魏都賦》全文，未見無此內容。故，其應為舊本之佚文。

餘　論

「至唐杜君卿始依孫吳證往事，而其後則宋仁宗之秘略，以至曾公亮、

〔註63〕趙用賢《管子》，《原序》。

〔註64〕李善《文選注》卷六。

丁度、楊蕭之徒咸集史冊之遺文爲權家之高擡貴手，可謂備矣」〔註65〕。「是書蓋自有五兵以來，大而攻圍之籌略，戰守之法度；小而接（樓）櫓之規制，器械之形模上下數千載，間增創沿公革，靡不畢載」〔註66〕。

作爲一部綜合性的兵學典籍，《武經總要》廣泛地汲取、繼承了前人的許多重要成果。其中大量典籍，尤其是兵學名著諸如《孫子》、《吳子》、《李衛公問對》等的文字章句，包括大量佚文，均被它有選擇地加以采納或移用，成爲其兵學體系的有機組成部分。當然，《武經總要》的博采並非單純的因襲移植，而是師古不泥古，融眾家之長爲一體，依據事物發展變化的規律，適應時代的變遷，進行再創造和再發展，更好地爲當時軍事鬥爭服務。

從文獻學角度講，《武經總要》中所存的大量佚文及其相關文字對於展開許多專項研究都具有十分重要的意義。因而，本文對其大概內容進行了梳理。但由於該書所載資料並未標明出處，使得輯佚、輯錄等相關研究工作難度大大增加。

加之，輯佚工作作爲一種專門「將散佚、亡佚文獻的殘篇散句等各種佚存之文逐一摘錄出來，按一定的方法原則加工後編輯成冊（篇），使之集中復現流傳的文獻整理活動」〔註67〕。它涉及內容極爲廣泛，對輯佚工作者學識造詣、知識積累要求也極高。單從古籍文獻方面來講，它就不僅是把古佚文獻的遺文簡單地摘抄到一起，而是需要作仔細的校勘，認眞的考辨，是版本學、目錄學、校勘學、傳注學、辨僞學、編纂學、史源學、歷史學等眾多學科知識、能力的綜合運用。同時，它還要求輯佚者具備特定知識，對所輯佚之書涉及專業做較爲深入的研究，具備方方面面的歷史文化知識，如陰陽曆法、政區輿地，姓氏名號、禮儀習俗、官職科舉、民族宗法、宗教文化、典章制度等。只有在具備上述眾多學科知識的基礎上，以科學的態度，清醒的頭腦，辛勤的努力，輯佚者才能輯出較好的本子，從而嘉惠學林。由於筆者學識淺陋，難以全面、深入地挖掘全部資料，因而僅就上述部分書目進行了簡單述論，其餘大量內容尚待其他有志於此研究者進一步深入地拓掘研究。

〔註65〕 朱彝尊《經義考》卷二百七，《左氏兵法測要》。
〔註66〕 鄭魏挺《武經總要》，《後跋》，明弘治刻本。
〔註67〕 曹書傑《中國古籍輯佚學論稿》，東北師範大學出版社，1998年，第7頁。

第七章　文獻價值論（下）——注釋學價值

古代經學家習慣運用傳統的經學注疏模式，在著述兵經書過程中對諸多問題進一步深化認識，以便豐富、發展其範疇和體系。這種模式自東漢起逐漸形成，至北宋時期由於學術文化事業的興盛與文人論兵的興起，它對兵學著作的影響逐步加大。《武經總要》作為該時期兵學著作的主要代表，由曾公亮、丁度等碩儒通力完成，所受傳統儒家經典內容的影響較大，其注釋內容較多、較廣。

《武經總要》作為第一部奉敕編修的大型兵書，其正文中有大量文字對古代兵學名著，尤其是《孫子》進行闡釋。如前集卷一，「將職」條目中有：「將者，民之司命，國家安危之主，三軍之事專達焉。兵法曰：輔周則國強，輔隙則國弱。蓋言其才不可不周用，事不可不週知也。故將在軍，必先知五事、六術、五權之用，與夫九變四機之說，然後可以內御士眾，外料戰形；苟昧於茲，雖一日不可居三軍之上矣。」該段文字中「將者」與「兵法曰」句分別來自《孫子‧作戰》、《孫子‧謀攻》篇，而其中「蓋言」之句就是對《孫子》所言的闡釋。非但如此，緊接「蓋言」句，《武經總要》還大量論述「五事」、「六術」、「五權」、「九變」、「四機」之說，進一步補充將帥之職所包含的重要內容，從而使閱讀者對將帥之職的重要性以及所包含的主要內容有一較為全面、深刻的認識。

又如前集卷二有：「傳曰：士不選練，卒不服習，起居不精，動靜不集，趨利弗及，避難不畢，前擊後解，此不習勒卒之過也，其法百不當一。故曰：軍無眾寡，士無勇怯，以治則勝，以亂則負。兵不識將，將不知兵，聞鼓不進，聞金不止，雖百萬之眾，以之對敵，如委肉虎蹊，安能求勝哉？所謂治

者，居則閱習，動則堅整；進不可以犯，退不可以追；前劫如節，左右應麾；可合而不可離，可用而不可疲；雖絕成陣，雖散成行，治之素也。」該段文字中「傳曰」句從《孫子・兵勢》中意引而出，所占大部的「故曰」之後內容均是對「傳曰」句的發揮與闡釋，其中尤以對「治者」解釋最爲詳細、最具代表性。

再如前集卷二有：「古法曰：三官不繆，五教不亂，是謂能軍。三官者，鼓、金、旗也；五教者，目、耳、手、足、心也。教目知形色之旗，教耳知號令之數，教足知進退之度，教手知長短之兵，教心知賞罰之用。五者用習，是取勝之治卒也。故用兵欲其便，用器欲其利，將校欲其精，士卒欲其教。蓋士有未戰而震懾者，馬有未馳而疫汗者，非人怯馬弱，不習之過也。」該段文字中「故用兵欲其便」句源自《呂氏春秋》卷八「簡選」條目中的「故凡兵勢險阻，欲其便也兵，甲器械欲其利也，選練角材欲其精也，統率士民欲其教也，此四者義兵之助也，時變之應也，不可爲而不足專恃」。它與「蓋士有未戰」句一起共同闡釋了源自《管子》卷六「兵法」條目中的「古法曰」所言內容，使時人對管仲所言內容更易理解與接受。

諸如上述此類內容，在《武經總要》中隨處可見，此不贅列。除了正文對古代兵學相關內容進行發揮、闡釋外，該書中尚有大量別於正文的專門注釋之言。下面我們就這些注釋的內容、方法、模式、特點等進行爬梳與歸納，以期做出較爲全面的評價。

一、注釋內容

（一）注解軍事用語

注釋的內容，「往往隨其所注之書的性質而異」〔註1〕。作爲北宋軍事著作的代表，《武經總要》分爲「制度」、「邊防」、「故事」、「占候」四部分。其中，「制度」部分內容，是該書的主體。正文如此，作爲其補充的注文大抵亦當如此，因而「制度」方面的注解在該書所有注釋內容中所占比重最大。如前集卷一，「選將」條目有：「若兵法所謂論除謹，動靜時，吏卒辦，兵甲治，正行伍，連阡陌，明鼓旗，此尉之官爾尉官，司馬；前後知險易，見敵知難易，發斥不亡遺，此侯之官爾侯，軍之虞侯；隧路塞，行輜治，賦物均，處軍輯，井

〔註1〕 周大璞《訓詁學初稿》，武漢大學出版社，1987年，第44頁。

竈通，此司空之官爾軍司空，主善治；收藏於後，遷舍不離，無浮輿，無遺輜，此輿之官爾輿，軍之後殿者。」「尉官」、「侯」官、「司空」、「輿」官屬於古代重要軍職，對它們的注釋即屬軍事方面內容。

又如前集卷二，「教步兵」條目有：「信旗又三點，一點一交聲。三點三交聲訖，鼓三聲一聲警眾，二聲排比，三聲陳長打，便長打鼓，皆作何何聲。」此處對「鼓三聲」的闡明即為具體戰術用語。

又如前集卷二，「日閱法」條目有：「第一習軍中呼為開閉門陣」；「第二變軍中呼為疊三」；「第三變軍中呼為花六」。諸如此類注釋者，據筆者統計，在騎兵訓練中有 5 次，在步兵訓練中有 3 次，共 8 次，均屬戰術用語方面內容。

再如前集卷七，「本朝常陣制」條目有：「或排長陣常山地陣也，或排方陣令號四門斗底陣，以步軍槍刀手在前為方陣，即四面排布，凡一指揮五百人，則人十人，槍手四，一人陌刀手」。古代戰陣是實際作戰的主要形式。此段資料中 3 次注釋即屬對戰陣名稱與具體內容的闡釋。

除了「制度」部分有大量軍事內容的注釋外，在「邊防」、「故事」等中亦有許多此類注解。如前集卷十六上，「真定府路」條目有：「自契丹界緣河增補巡綏軍，曰忠順舊曰鄉丁，真宗建軍額，寶元初，因補空闕，又有增置緩急之備，大為要害矣。」此處對「忠順」軍的注解即屬北宋軍制方面內容。

又如前集卷十八上有：「其立功者，別建為刺史、諸衛將軍、諸司使、副使，至借職殿侍，充本族巡檢，綏懷族帳，謹固疆界，器械餱糧無煩於公上蕃部巡檢，有諸司使、副使，承制崇班供奉官至殿侍，受俸準正員官，添支亦如之。諸刺史、諸衛將軍者，授俸準蕃部官首領。補都軍主、副軍主、副都虞侯、指揮使、副兵馬使者，其月給自三千至三百為差，每歲多又給袍服，紅錦者七種，紫綾者二種，以官為差。次十將以下，皆給土田。景德中，鎮戎軍曹瑋言：蕃部兵最為精銳，其列校皆朝廷補授，多已衰老，願省者擇本軍人充。從之。」此處作者不惜大量筆墨對邊疆各「蕃部巡檢」的闡釋，亦屬北宋軍制的重要組成部分。

再如後集卷二，「料敵主將」條目有：「其君之戎分為二廣君之親兵，廣有一卒，卒偏之兩十三乘為一廣。」此段有兩處注釋，其中前者是對此處「君」之內涵的闡釋，後者是對古代「廣」的注釋。兩者均是注解古代軍事制度，強烈地體現出了軍事色彩。

（二）注明地理設置

「邊防」地理是《武經總要》的重要組成部分，所占比重較大，因而有關

地理設置的注釋內容也比較多。這部分注釋主要是以原書爲基礎，參以相關文獻，較爲細緻地記述了北宋前期的邊疆地理情況。如前集卷十六上，「高陽關路」條目有：「瀛州河間郡，古燕之南境，周世宗恢復土宇，兩河之地並置三關霸州益津關、雄川瓦橋關、嬴州高陽關，捍禦北狄，分重兵守之，西與眞定府定州三路軍馬相爲掎角。」河北「三關」，是爲了抵禦遼人進攻，早在北宋初期就設立的邊防要塞。此處對「三關」所轄的闡釋即屬當時軍事地理設置重要內容。

又如前集卷十八上，「鄜延丹坊堡安軍路」條目有：「延州延安郡，古白翟地，唐置州，升爲總管府。徙吐谷渾部落，立渾州、寬州、浩音誥亹音門府，寄治州界涼州有浩亹河六谷，吐渾所居，唐初遷部族在州界，喬立渾州、寬州，即渾州、寬州川也，迄今蕃漢雜處。」此處對吐谷渾部「寄治州界」情況的闡釋爲唐代州郡設置重要組成部分，屬地理設置方面內容。

再如前集卷十六下，「雲州四面諸州」條目有：「（蔚州安邊郡）東至易州三百二十里，西至朔州三百八十里，西至代州四百六十里賈耽曰：西行二百九十里至靈丘縣，又二百里至代州，南至眞定府五百里，北至天城軍百八十里，東南至幽州五百里，西南至亂柳關九十里。」此處引用唐代重臣賈耽之言注釋「蔚州安邊郡」地理方位，存錄另一種不同觀點，亦屬地理設置方面內容。

除「邊防」部分有許多此類注釋外，在其他部分中亦有較多同類內容。如後集卷四，「擊其後」條目有：「南齊末，蕭衍舉兵發雍州東下雍州，今襄陽郡，大軍已次江寧，衍使呂僧珍與王茂率精兵先登，移頓於越城。」此處用北宋「襄陽郡」地理設置闡釋南北朝時期的「雍州」，屬以今釋古的地理設置注解。

又如後集卷六，「夜擊」條目有：「春秋時，楚屈瑕將盟貳、軫貳、軫，二國名。鄖人軍於蒲騷，將與隋、絞、州、蓼伐楚師鄖、隋、絞、州、蓼，皆國名。莫敖患之莫敖，楚官名，即屈瑕。鬥廉曰：「鄖人軍其郊，必不誡。且日虞四邑之至也虞，度也。四邑，隋、絞、州、蓼，邑亦國也。」該段除第三處「莫敖」注釋屬於官制內容外，其餘三處均包含，或者完全是對地理設置方面內容的注釋。

（三）注明名物典制

「故事」部分內容主要是爲了比較用兵得失，「使人彰往察來」，借鑒歷史經驗。它在《武經總要》中佔有很大比重，注釋內容也較多、較廣，主要包含了注釋人物、事物名稱和典章制度等幾個方面。

1、人物注釋

如後集卷一，「覘國」條目有：「晉侯將伐鄭，鄭人聞有晉師，使告於楚，姚句耳與往句耳，鄭大夫。」此處對「句耳」的注釋即屬古代人物注釋的範疇。

又如後集卷二，「料敵主將」條目有：「子重使太宰伯州犁侍於王後州犁，晉伯宗子，前年奔楚。」此處對「州犁」的注解可能是源於晉杜預注、唐陸德明音義、孔穎達疏的《春秋左傳注疏》卷二十六之言：「晉三郤害伯宗譖而殺之，及欒弗忌注。欒弗忌晉賢大夫，伯州犁奔楚注。伯宗子音義。」屬於古代人物注釋範疇。

又如後集卷四，「隱語」條目有：「申叔儀乞糧於公孫有山氏申叔儀，吳大夫。公孫有山氏，魯大夫，舊相識。」此處不僅分別對「申叔儀」、「公孫有山氏」進行注解，還講明瞭兩者之間的關係，屬於古代人物的比較詳細注釋。

再如後集卷十，「兵貴有繼」條目有：「（張）步與第三籃弘壽及大肜渠帥重異等兵重姓，異名也，號二十萬，至臨淄大城，東將攻弇。」此處從姓氏、人名角度注解「重異」，亦屬古代人物注釋範疇。

2、事物注釋

該項主要包括與兵器名稱相關的內容。如後集卷三，「權奇」條目有：「載蔥靈，（陽虎）寢於其中而逃蔥靈，輜車名。」輜重車是後勤補給的主要工具，屬於軍器範疇，因而此處對「蔥靈」的注釋當屬兵器名稱的注釋。

又如後集卷九，「陷陣摧堅」條目有：「（吳楚）戰於長岸，子魚先死，楚師繼之，大敗吳師，獲其乘舟餘皇餘皇，舟名。」此處對「餘皇」的注釋與上一例同，明顯屬於兵器名稱範疇。

再如後集卷十五，「攻城」條目有：「潁考叔取鄭伯之旗蝥弧以先登蝥孤，旗名。」此處對「蝥弧」的注釋與上兩例同，亦明顯屬兵器名稱範疇。

除「故事」外，其他部分的注釋也包含有許多兵器內容，尤其是前集「制度」部分包含較多。如前集卷三，「敘戰中」條目有：「兵法曰：凡戰，晝以旌旗旄幡為麾，夜以金、鐸、鼓、菰荻為節菰荻，蘆葉，古先吹為號令。」「金、鐸、鼓、菰荻」均是古代信息指揮的主要工具，因而此處對「菰荻」的解釋屬於兵器範疇。

又如前集卷九，「雜敘戰地」條目有：「材官騶發騶，矢之善者，矢道同的，則賊寇之革笥木薦革笥以皮作，如鎧皮之。木薦以木板作如揥也弗能及也。」此處從製作材料、形制兩方面對「革笥木薦」的闡釋亦屬兵器方面內容。

再如前集卷十，「攻城法」條目有：「蓋上鋪皮笆一重皮笆以竹片編成，以生牛

皮漫。」此例同上，也屬對兵器事物的注釋。

3、典章制度注釋

除了上文前集卷一「選將」條目中對「尉官」、「侯」官、「司空」、「輿」官，後集卷六「夜擊」條目中對「莫敖」等重要軍職注解屬於古代軍制方面的重要內容，後集卷二「軍政不一必敗」條目還有「(隨季日)：『今鄭不率率，遵也。寡君使群臣問諸鄭，豈敢辱侯人侯人，伺侯望敵者？』」其中「侯人」是古代軍事作戰中專門進行軍事偵查的主要力量，對它的注釋亦屬古代軍事制度的重要內容。

又如後集卷六，「張大聲勢」條目有：「諸侯伐鄭鄭從楚也，季武子、齊崔杼、宋皇郧從荀罃、士匄門於鄑門鄭城門也，二國從中軍。衛衛宮括、曹人、邾人從荀偃、韓起門於師之梁師之梁，亦鄭城門，三國從上軍，滕人、薛人從欒黶、士魴門於北門三國從下軍，杞人、郳人從趙武、魏絳斬行粟三國從待軍行。粟，表道。此段材料中共有 5 處注文，其中後 4 處均是，或有古代典制方面的內容。

再如後集卷十三，「縱舍」條目有：「鄭人卜行成不吉，卜臨於大宮臨，哭也。大宮，鄭祖廟。」此處「大宮」明顯屬於專有名詞，對它的注釋亦可歸為古代典制行列。

除後集卷一至十五「故事」外，其他部分的注釋也包含有一些典章制度方面的內容。如前集卷三，「敘戰下」條目有：「交和而舍軍門為和門，兩軍相當為交和也。」此處對「交合」的解釋即屬典制方面內容。

又如前集卷五，「軍祭」條目有：「三軍首路之日，則祭道路神以車犯較祭禮：於城外之首路，封土為山形，蒲苪棘柏為神主，祭儀牲幣皆準上。」此處注文中所存的軍祭的具體情況明顯亦屬古代典制方面內容。

（四）注釋陰陽曆法稱謂

「占候」部分是古代行軍作戰必不可少的內容，亦是《武經總要》的重要組成部分，佔有較大比重，有關此類注釋內容也不少。

如後集卷十三，「占候」條目有：「童謠曰：『丙之辰，龍尾伏龍尾，尾星也。日月之會曰辰，日在尾，故尾星伏不見，均服振振，取虢之旂戎事上下曰服。振振，盛貌。旂，軍之旌旗。鶉之賁賁，天策焞焞，火中成軍，虢公其奔鶉鶉，火星也。賁賁，鳥星之體也。天策，傳說星時近日星微焞焞無光曜。言丙子平旦、鶉中，軍事有功也。此已上童謠言也。童龀之子未有念慮之感而會成嘻戲之言，似若有憑者。其言或中或不中，博覽之士、能推思之人兼

而志之，以爲鑒戒，以爲將來之驗，有益於世教。其九月、十月之交乎以星驗推之，知九月十月之交，謂多之九月。丙子旦，日在尾，月在策是夜日月合朔於尾，月行疾，故至旦而過在策，鶉火中，必是時也。』」此段材料中共有 5 處注文，除了第二處外，其餘 4 處闡釋均屬陰陽曆法方面內容，這其中又尤以第三處最爲詳細。

　　又如後集卷十七，「二十八宿次舍占」條目有：「氐宿四星，十六度四度二十分，宋之分野，王者之宿宮也。」此處對「氐宿四星」具體方位的補充闡釋明顯亦屬於天文曆法方面內容。諸如此類者，在「占候」部分很多。據筆者統計，僅在「二十八宿次舍占」條目中就有 12 處，分別對「尾宿九星」、「斗宿六星」、「女宿四星」、「危宿三星」、「奎宿十六星」、「胃宿三星」、「畢宿八星」、「井宿八星」、「柳宿八星」、「張宿六星」、「軫宿四星」的具體方位進行補充闡釋。

　　再如後集卷十七，「風角占」條目有：「若風從歲月日時刑上來假令子年十一月子日夜半有風從卯上來者是仿此，勢遲緩者，宜秣馬利兵，急設警備，以防賊至，必有大戰；若勢急速，乍起乍止當有狂賊，逢小戰。」此處對舉例闡釋也屬天文曆法方面內容。

　　（五）其他內容

　　除了上述內容外，《武經總要》中還保存了不少其他方面的注釋，主要包含有注明音義、版本校勘等內容。

　　宋代語音體系發生了較大變化，已經從傳統的上古音系轉變爲中古音系，因而關於讀音方面的注釋內容在當時著作中所存較多。《武經總要》作爲北宋綜合性兵學著作之代表，許多內容來源於宋以前，甚至先秦的兵學著作及其相關古籍的兵學部分，自然對其音義的注釋也就比較突出，這其中尤以後集卷一至十五爲最。如前集卷六，「征馬法」條目有：「如當隊不足，均抽比隊比營比音毗。」此處用「毗」標注「比」屬簡單的常用同音字標注法。該法在全文中運用較多，共出現了 25 處。

　　又如後集卷十一，「不得地利可擊」條目有：「未肯擊前行相郎反。」此處以「相郎」反切注解「行」的讀音，也是一種最爲常見的注音方式。該法在全文中出現亦較多，共有 23 處。

　　除上述注明讀音的方式外，後集卷六「疑兵」條目還有「若多鼓鈞聲，以夜軍之鈞同其聲」；後集卷十二「窮寇勿逼」條目亦有「營中掘井，方及水輒崩，士卒取其泥，帛絞而飲之絞，古巧切，縊也，人馬俱渴」。這兩種注釋方式，

亦屬同音字標注法與反切注釋法的變形。

「訓詁爲整理古籍的基石，只有依靠訓詁溝通古今語義，才能釋解古籍義理，瞭解古代學術，選擇發展傳統。」〔註2〕具體到宋代的《武經總要》，其注文不僅注明讀音，往往還隨文訓釋該字的含義，這就是常講的因聲求義。如上文後集卷十二「窮寇勿逼」條目中對「絞」的注解即是一例。又如後集卷二，「知己知彼」條目有：「屢使交書及致巾幗音虢，婦人之飾。」此處對「幗」的注音之後，即隨文訓明瞭它的含義。

再如後集卷二，「軍政不一必敗」條目有：「其佐先縠，剛愎不仁，未肯用命愎，狠也，皮逼反。」此處不僅對「愎」注明讀音，還在此前解釋了該字的字義。

關於版本校勘方面的注釋內容在《武經總要》中也比較多，主要集中在前集卷一至十五中。如前集卷二，「日閱法」條目有：「第一鼓，直或查作槍刀。」此處對「直」的注釋即爲保存相關版本校勘資料。

又如前集卷九，「輕地」條目有：武曰：「軍至輕地，士卒未專，以入爲務，無以戰爲，故無近其高或作名城，無由其通路。」此例同上，亦保存了相關版本校勘資料。書中類似此例的注釋方式出現較多，共有18處。

除上述兩種注釋方式外，前集卷一「選將」條目還有「有貪一作貧而好利者，可遺也」；前集卷四「察敵形」條目亦有「戰勝而驕，士卒獻功，行伍失序，軍中嘩亂，七也一本作：道遂日暮，士庶勞憊，倦而未食，解甲而息，亡也」。此兩例注釋方式更爲明瞭地保存了相關版本對校內容。

二、注釋方法

（一）以今釋古

以今釋古進行注疏，使讀者通俗易懂，是古書常用的一種方式。《武經總要》的注釋中就大量地採用了這種注疏方式，對各方面內容進行注解。

1、釋古代名物

如前集卷六，「下營法」條目有：「昔衛青出塞，以武剛自環蓋今之車營也；充國屯田，則校聯不絕蓋今之木柵營也。」此處以北宋的「車營」、「木柵營」分別釋西漢漢武帝時的「以武剛自環」與「校聯不絕」，便於後世者閱讀。

〔註2〕 張新民《中華典籍與學術文化‧中國古代文獻的學科性總結》，廣西師範大學出版社，1998年，第17頁。

又如後集卷二，「料敵主將」條目有：「欒武子曰欒書：「楚自克庸以來，其君無日不討國人而訓之，在軍無日不討軍實而申儆之軍實，軍器。先大夫子犯有言曰：師直為壯，曲為老。我則不德，以徼怨於楚，我曲楚直，不可謂老。」「軍實」屬先秦時期的專有名詞，至北宋時期對於長期領兵作戰的將帥們來講已經十分艱澀難懂，因而此處以當時的通用稱謂「軍器」釋之。

又如後集卷四，「隱語」條目有：「佩玉蕊兮，余無所繫之蕊，服飾備也。己獨無以繫佩，言吳王不恤下者矣。旨酒一盛兮，余與褐之父睨之一盛，一器也。睨，視也。凡寒賤之人，言但得視，不得飲。」「蕊」、「盛」均是古代名物稱謂，此處以今曉古，不僅注明詞義，還進行了一定闡發，便於後人更易、更深地理解所書內容。

再如後集卷六，「避實擊虛」條目有：「令二拒曰：旝動而鼓旝，旃也，通帛為之，蓋今大將之麾也，執以為號令。旝，占外反。」此處以宋制「大將之麾」釋「旝」，使得對該物的解釋更為通俗、形象、易懂。

2、釋古代典制

如前集卷二，「教旗」條目有：「凡折衝、果毅今則諸軍虞侯、指揮使等及隊頭，看排量地之宜，依次均列，星布捉隊。」此處以用宋制「虞侯、指揮使」解釋唐制「折衝、果毅」，其法明顯屬於以今釋古。

又如前集卷五，「軍行次第」條目有：「凡軍行在道，十里齊整休息，三十里會乾糧，六十里食宿古法：三十里為一舍。倍道兼行，一日再舍。今六十里為食宿，亦量軍士急緩為節。」此處注文中不僅詳列古代相關行軍制度，還以宋制對之進行解釋，使時人對古今之法有一簡單對比，從而更容易理解正文內容。

再如後集卷九，「陷陣摧堅」條目有：「周志有之，勇則害上，不登於明堂周志，周書也。明堂，廟也，所以策功序德，故不義之士不得升。」此處對「周志」所釋屬於以今語釋古代名物，而對「明堂」所注則屬於以今語釋古代典制。

3、釋舊地名

以宋代地理設置釋古代地名在《武經總要》中屢見不鮮。如後集卷五，「示形在彼而攻於此」條目在談及東漢吳漢、岑彭討公孫述時有：「彭乃多張疑兵，使護軍楊翕與臧宮拒延岑，自分兵浮江下還江州今南平郡，即漢江州，泝都江而上都江，成都江，襲擊侯丹，大破之。」此處有兩處注釋，其中前一處對「江州」的注釋，即屬以宋代地名解東漢地理設置。

又如後集卷十一，「不戒可擊」條目有：「春秋時，衛人以燕師伐鄭南燕國，今東郡燕縣。鄭祭足、原繁、洩駕以三軍軍其前，使漫伯與子元潛軍軍其後。燕

人畏鄭三軍，而不虞制人北制，鄭邑，今河南成皋縣也，一名虎牢。」此段中兩處注文均屬以宋代地名釋春秋時的地理設置。

再如後集卷十五，「屯田」條目在談及曹操大興屯田時有：「募百姓屯田於許下今穎川郡許昌邑也，得穀百萬斛。」此處注文亦屬以宋「穎川郡許昌邑」解曹魏之時的「許下」。

4、注釋古語

如前集卷九，「土俗」條目有：「漸車之水漸，侵也。」此處以「侵」解「漸」即屬以今語釋古語內容。

又如後集卷五，「多方以誤之」條目有：「亟隸以罷之亟，數也，音器。」此例同上例，亦屬以今語釋古語之內容。

除了上述簡單的字詞注解外，在《武經總要》中更多則是深層的、綜合性的注釋，不僅包括解釋字詞表面之義，還對其內在含義進行闡釋。如後集卷二，「撫士」條目有：「春秋時，楚師伐宋，圍蕭，蕭潰。楚大夫申公巫臣曰：『師人多寒。』楚子於是巡三軍，撫而勉之。三軍之士皆如挾纊纊，綿也。言其亡寒也。」此處不僅對「纊」字面之義進行注解，還進一步用編者自己的語言闡釋其內在含義。

又如後集卷十五，「屯田」條目有：「羌靡忘等自詭必得詭，責也，自為憂責，言必能得之，（趙充國）請罷屯兵。」此例同上，注釋包含字詞表面意思和內在含義兩部分。

這種以今釋古的注釋方法使得時人閱讀時感到通俗易懂，特別是對作為主要閱讀對象而知識層次較差的武將們來講尤為如此。但同時由於今制常為古制遺留，以今證古，只能得其彷彿，有時難免有誤，故而採用這種方法時一定要謹慎小心、認真選擇，力爭精確。

（二）結合時事進行補充解說

結合時事進行補充說解是《武經總要》注釋中的又一大特色，其內容十分豐富，具體說來主要有以下幾種：

1、結合史實補充解說

如前集卷七，「本朝常陣制」條目在講到「大陣」時有：「今以鈐轄都監，每一員領一將，兵多者五千人，少者三千人，此陣中之陣也。若偏將十員各領兵，則五萬人陣也，押大陣東稍西稍，臨時措置，今不具錄本朝雍熙迄景德年，

北而用兵，選兵官鈐轄已上，押大陣東稍及西稍，乃置排陣使。又有應募驍果及取使臣、軍校之勇幹者，分押戰隊，大約皆千人，此隊中之隊也掌一將兵馬，分押戰隊，自景祐年後夏固阻命，邊將建議永爲軍旅之制。」此處兩處注文即分別引用宋朝太宗、眞宗典制實例對「大陣」相關內容進行補充解說，不僅使相關內容得以進一步闡釋清楚，同時還便於正文行文。

又如前集卷十六上，「眞定府路」條目有：「若胡馬南牧，王師分入虜境，牽制其勢，則保州沿邊都巡檢緣西山路入幽薊咸平中出師大有擒獲，北平軍路部署出飛狐口路入蔚州界，東莫州路部自白溝河入涿州界，河東麟府路軍司馬渡河入天德界咸平二年，入五合川，破黃寨。景德中，自火山軍路入朔州界，代州部署出西陘等山谷間入雲朔界景德元年，出軍甚有俘獲，岢嵐軍兵馬出草城川路入朔州界，此扼吭搗虛之義也。」此段 3 處注文中均舉宋眞宗朝史例對定州路中的「保州」、「麟府路」以及並代忻州寧化岢嵐軍路中的「代州」地勢之重來進行解釋、說明。

此項內容除北宋外還包含一些其他朝代的史例。如前集卷十一，「戰船」條目談及「鬥艦」時有：「棚上又建女牆，重列戰士，上無覆背，前後左右豎牙旗、金鼓晉謀伐吳，詔王濬修舟艦。乃作大舟連舫，一百二十步受二千人。以木爲城，起樓櫓間，四間，其上皆得馳馬。盡鷁首怪獸，人懼江神。」此處即以西晉時期王濬所修大舟連舫爲例對「鬥艦」進行補充說明。

2、結合實例補充解說

如前集卷二，「講武」條目有：「儀服備物，大將各處於其中，立於旗鼓之下若六軍，則每軍鼓十三、鉦二、大角四，其並止於其軍後表之下，立定，吹大角三通。」此處正文講述的是三軍軍事訓練情況，注文則以六軍情況加以補充說明。

又如前集卷二，「日閱法」條目有：「右騎百七十四，分三部，部別四行。聞鼓聲，第一部出，各箭三發，訖，前二行架槍大呼，三刺，後二行亦大呼，回馬背發二箭，乃還舊處。第二、第三部次出箭發，略同惟第二部出時，前二隊行架槍刺訖不回射；第三部復如第一部也。」此處在講解騎兵「日閱法」三部時，正文中就第一部進行解釋說明，對第二、第三部則以「次出箭發，略同」省略，但在注文中卻對「略同」內容進行了較爲詳細的介紹，便於後人能全面掌握整個騎兵日常訓練方法。

又如前集卷三，「軍爭」條目談及「不得遠追」時有：「審知賊勢散亂，然後追襲。其駐隊不得輒動。如追襲，敗賊勢敗亂，然後追襲敗賊，以收軍，

其舉槍、卷旗一依教法如營不牢固，無險可恃，即軍中量一兩隊克駐隊，令堅營壘。若營牢固，不要防守，其駐隊亦不須出戰。」此處注文以營壘牢固與否的具體情況對正文「軍爭」內容加以補充說明。

再如前集卷十二，「守城」條目有：「右單稍炮，用前後腳柱四前長一丈八尺，上出山口六寸，裏以鐵葉；後長一丈六尺五寸，上扇栿長八尺五寸，除仰斜，留六尺五寸，下扇栿長一丈三尺，除仰斜，留一丈。上會栿一長八尺五寸，除仰斜，留四尺五寸，下會栿一長一丈三尺，除仰斜，留九尺，鹿耳四，夾軸兩端長一尺一寸，闊五寸，厚三分，軸一長七尺，徑一尺，龜頭木二長七尺，徑一尺，楔十六長一尺八寸，闊四寸，厚三分，梢一長二丈五尺，大徑四寸，小徑二寸八分，鴟頭一長二尺五寸，闊二寸，厚三分，極竿二長二丈三尺，大徑四寸，小徑二寸，鐵雙蠍尾一長一尺二寸，重二斤，鐵束二每個重七兩，圍七寸，狼牙釘十八，弦子二長二丈五尺，十二子用麻一斤八兩，皮窩一長八寸，闊六寸，禮索六長五尺，每條用麻二斤八兩，搜索四十長四丈，用麻四斤。」此處注文對守城兵器「單稍炮」具體構造情況均加以詳細補充說明。諸如此類者在《武經總要》中隨處可見，如該卷中的「又單稍炮」、「雙稍炮」、「五梢炮」、「七梢炮」、「旋風炮」、「虎蹲炮」等相關兵器介紹的注文均與此類同。後人閱讀時以這些注文為基礎，輔以相關附圖，很容易在腦海中複製出一具體而又鮮活的兵器原件，大大有利於正文內容的理解。

3、結合其他內容補充解說

結合相關內容並存其說。如前集卷五，「軍行次第」條目有：「以後諸軍，每聽角聲，裝束、被駕準此或用笛聲代角，亦便。此處注文中以「笛聲」輔助「角聲」來補充行軍中的通信指揮問題。

又如前集卷十，「攻城法」條目有：「颺塵車，約行煙置三二十具，如飛梯板屋之類或即以飛梯板屋移用之，亦通。」此處注文如上例，以「飛梯板屋」輔助「飛梯板屋」，進行補充。

除上述以「或」方式外，在《武經總要》中比較突出的還有「一說」之類方法來並存其說，進行補充說明。如前集卷十二，「守城」條目有：「今秦州、邠州城皆若是也一說築城之法，每下闊一丈，上收四尺。凡城，高五丈，底闊五丈，上收二丈，尤堅固矣。」此處注文中並存一說，使得後世閱讀者對築城法有了更全面的瞭解。

又如前集卷五，「軍祭」條目有：「尚饗一說祭毗沙門天王，有祠貌則就其祠，無祠則望北為位，設香燈、漬泉漫楊枝、乳粥、酥蜜餅食之屬。」此處注文同上例，其中並存

一說，對「尚饗」進行補充說明。

結合相關內容解釋因由。如前集卷二，「教弩法」條目有：「常先定駐隊人收弩恐弩臨時遺損。」此處注文明顯屬於補充說明正文內容原因。

又如前集卷三，「敘戰中」條目有：「所以佯北勿從恐有大兵，餌兵勿食，皆謂此也。」此例同上例亦屬補充解釋緣由。

又如後集卷三，「權奇」條目有：「齊侯執陽虎，將東之。陽虎願東陽虎欲西奔晉，知齊必反，故詐以東為願也，乃囚諸西鄙。」此處注文中對「陽虎願東」解釋說明也屬補充解釋原因。

再如後集卷三，「權奇」條目有：「晉師伐秦，秦人毒涇上流，師人多死飲毒水故。」此處雖只有「飲毒水故」四字注釋正文，但已簡明扼要地指出了中毒之由。

這種靈活多變的、結合史事進行補充解說的方式，不僅使得作者對正文內容的注解成為可能，還使得全書整體行文更為妥帖，並能讓閱讀者更加容易地讀懂與理解書中內容。同時，它所保存的許多珍貴資料今已很難具體考證其原文出處，有些甚至早已佚失，更有些已經成為開展專業領域研究時的惟一載記，這些都對開展相關專項研究具有十分重要的意義。

（三）廣泛引用經典進行注釋

北宋仁宗年間逐漸掀起「文人論兵」的熱潮。作為這一時期出現的官修兵學巨著，《武經總要》的作者——曾公亮、丁度、楊惟德、朱寀、王質等人均是當朝碩儒，飽學之士。尤其是曾、丁二人作為主要負責者，曾長期擔任過館閣要職，不僅精通儒學，還深曉各家典制，因而修撰該書時大量引用了官藏前代經典秘笈對相關內容進行注釋。

首先需要提及的是《武經總要》的主體兵法內容部分注文中大量引用了古代兵學名著進行注釋。

1、引用《孫子》進行注釋

北宋時期孫子兵學逐漸勃興，作為「百世兵經」的《孫子》，是時人關注的焦點，作為官修兵學巨著的《武經總要》更為如此。該書在「前集卷一至卷十五，大量引用《孫子兵法》的文字，各節內容多是結合新的經驗分條闡發《孫子兵法》的軍事原則。其後集『故事卷』中所設子目多以《孫子兵法》

之語爲題。」﹝註3﹞某種程度上，它是以《孫子》引文爲基礎而編纂成書的。

正文如此，注文亦不例外。趙希弁、晁公武曾指出「本朝注解孫武書者，大抵皆當時人也」﹝註4﹞。《武經總要》注文中亦大量引用了《孫子》原文、注文，並加以闡釋，大大增強了其注釋的可信性與權威度。

如後集卷一，「用間」條目談及春秋時楚伐宋時有：「宋人懼，使華元夜入楚師，登子反之床，起之曰：寡君使元以病告，兵法：因其鄉人而用之，必先知其守將左右、謁者、門者、舍人之姓名，因以利道之。華元蓋用此術，得自通矣。」此處注文中就引用了《孫子・用間》篇原文內容「鄉間者，因其鄉人而用之⋯⋯凡軍之所欲擊，城之所欲攻，人之所欲殺；必先知其守將、左右、謁者、門者、舍人之姓名，令吾間必索知之。」祇是由於強調的是元華本人的用間之術，故而才對原文進行了一定刪改，但不管怎樣其注文確實源自《孫子》當屬無誤。

《孫子》被奉爲歷代兵學之圭臬，問世後不久就有各種各樣的注釋著作誕生。自曹魏時魏武帝曹操作《孫子略解》始，至北宋仁宗朝止，主要有曹操、孟氏、李筌、杜佑、杜牧、陳皞、賈林、梅堯臣、王晳、何延錫等人注作，已基本奠定了宋本《十一家注孫子》之大概。《武經總要》注文中除了引用《孫子》原文，更多的還引用了《孫子》注文對其相關內容進行闡釋。

《孫子》十一家注中曹操注與杜牧注較爲突出，其中尤以前者影響最大，這與《武經總要》的注文內容是一致的。換言之，該書注文中亦以此兩種注最爲突出。如前集卷一，「將職」條目有：「所謂九變者，圮地無舍無舍，無依也。水毀曰圮也（曹注文），衢地合交結諸侯也（曹注文），絕地無留無久止也（曹注文），圍地則謀發可謀也（曹注文），死地則戰利死戰也（曹注文），塗有所不由隘難之地，所不當從。不得已從之，則設奇變以防敵之掩襲（曹注文），軍有所不擊軍雖可擊，以地險難以留之（曹注文、杜佑注文）。銳卒勿攻，歸師勿遏，窮寇勿逼，死地不可攻。或我強敵弱，前軍先至，亦不可擊，恐驚之退走也。言有如此之軍，皆不可擊之也（杜牧注文），城有所不攻蓋言敵於要害之地，深峻城隍，多積糧食，欲留我師。若攻拔之，未足爲利；不拔，則挫我兵勢，故不可攻之也（杜牧注文），地有所不爭小利之地，得而失人，則不爭（曹注文）。言得之難守，失之則無害也（杜牧注文），君命有所不受苟便於事，不拘於君命也（曹注文）。」此段注文共有10處，來源於13個地方，其中出自曹注者有9、杜牧注者有3、杜佑注者爲1。

﹝註3﹞ 于汝波《孫子兵學大典・歷代研究》，北京大學出版社，2004年，第63頁。
﹝註4﹞ 趙希弁《郡齋讀書志》後志，卷二，《王晳注孫子三卷》。

－202－

又如前集卷三，「敘戰中」條目有：「故曰：亂生於治，怯生於勇，弱生於強_{欲偽爲亂形以誘敵人，先須至治，然後使敵人不知也。欲偽爲怯形以伺敵人，先須至勇，然後使敵人不懼我也。欲偽爲弱形以驕敵人，先須至強，然後能使敵人不能輕侮我軍矣}（杜牧注文）。善動者形之，形之，敵必從之_{見羸形也}（曹注文）；予之，敵必取之_{以利誘敵，敵速離其壘，而以便利擊之也}（曹注文）。」此段文字中共有注釋 3 處，來源於 3 個地方，其中出自曹注者 2 處、杜牧注者 1 處。值得注意的是，第一處杜牧原注爲：「言欲偽爲亂形以誘敵人，先須至治，然後能爲偽亂也。欲偽爲怯形以伺敵人，先須至勇，然後能爲偽怯也。欲偽爲弱形以驕敵人，先須至強，然後能爲偽弱也」〔註 5〕；第三處曹操原文爲：「以利誘敵，敵遠離其壘，而以便勢，擊其空虛孤特也」〔註 6〕。進行簡單對比不難發現，此處注釋儘管對原十一家注刪改較多，文字差異較大，但多屬語言變通，其含義並無太大改變。

再如前集卷一，「將職」條目有：「所謂五事者，一曰道，二曰天，三曰地，四曰將，五曰法。道者，令民與上下同意也，故可以與之生，而民不畏危道者，仁義也。_{李斯問兵於荀卿，答曰：彼仁義者，所以修政者也。政修，則民親其上，樂其君，輕爲之死。復對趙孝成王論兵曰：百將一心，三軍同力。臣之於君也，下之於上也，若子之事父，弟之事兄，手臂之捍頭目而覆胸腹也。如此，始可令與上下同意，死生同致，不畏懼，不危疑}（杜牧、陳皞注文）。天者，陰陽、寒暑、時制也。地者，遠近、險易、廣狹、死生也。將者，智、信、仁、勇、嚴也_{智者，能機權識通變也；信者，使人不惑於刑賞也；仁者，愛人憫物知勤勞也；勇者，決戰乘勢不逡巡也；嚴者，以威刑肅三軍也}（杜牧注文）。法者，曲、制、官、道、主、用也_{曲者，部曲隊伍有分劃也；制者，金鼓旌旗有節制也；官者，偏裨校列各有官司也；道者，營陣開闔各有道徑也；主者，管庫廝養，職守主張其事也；用者，軍馬器械，三軍須用之物也}（杜牧注文）。」此段文字中共有 3 處，來源於 4 個地方，其中出自杜牧注者 3 處、陳皞注者 1 處。

從上述幾例中即不難發現，上述所講《武經總要》注文所引《孫子》注當以曹注爲最，其次爲杜牧注，與這兩注對後世的影響是相一致的。書中諸如此類注釋者俯拾皆是，此不再一一贅列。

除上述幾例中的注釋文字分屬《孫子》不同注家外，在該書注文中還存在著一些綜合引用的情況。如前集卷九，「九形」條目有：「兵法曰：『我可以往，彼可以來，曰通。居通地，先居高陽，利糧道，以戰則勝_{兵法：寧致於人，}

〔註 5〕　孫武、曹操等《十一家注孫子》，上海古籍出版社，1978 年，第 112 頁。
〔註 6〕　同上，第 115 頁。

無致於人（曹操、王晳、杜佑、何延錫注文）。通者，四戰之地，須先據高陽之處，勿使敵先得而我後至也。利糧道者，我每於津扼之要衝，築壘城，或作通道以護之。（杜牧注文）又曰通地雖有高版而無要害，故兩通往來。處高陽，候望向陽示生，糧道便人轉運，所以利於戰（賈林注文）。』」此處《武經總要》即對曹操、王晳、杜佑、何延錫，杜牧，賈林等人的原注內容綜合引用，從而更好地對正文進行了全面注解。

2、引用其他兵書內容進行注釋

除《孫子》外，《武經總要》注文中還兼采諸家，引用了許多其他兵學名著內容進行注釋。如前集卷三，「敘戰上」條目有：「長兵以衛，短兵以守，太長則犯，太短則不及；太輕則銳，銳則易亂；太犯則鈍，鈍則不濟犯為觸掛也。兵長短相為衛，太犯、太輕皆不中法度也。」此處注文源自《司馬法》卷上《天子之義》篇，其原文為：「兵不雜則不利，長兵以衛，短兵以守。太長則難犯，太短則不及。太輕則銳，銳則易亂。太重則鈍，鈍則不濟。」通過文字對照不難發現，《武經總要》注文與《司馬法》原文差別極大，雖然某種程度上講前者衹是對後者大意的概括，但其文獻來源卻是可以肯定的。

又如後集卷二，「料敵主將」條目有：「其君之戎分為二廣君之親兵，廣有一卒，卒偏之兩十三乘為一廣。《司馬法》：百人為卒，二十五人為兩，車十五乘為大偏。今廣十五乘，亦用善偏法，復以二十五人為承副。」此例注文中直接標明了文獻來源為《司馬法》。需要指出的是，古書明、暗兩種徵引之中雖以暗引居多，但該例卻與上述幾例的暗引不同，屬明引。

再如前集卷九，「九地」條目有：「兵法曰：疾戰則存，不戰則亡，為死地戰軍行師，不因鄉導，陷於危敗，為敵所制。左谷右則，前窮後絕，野無水草，軍之資糧；一人當隘，萬夫莫向是也。」如前所講，此處注釋文獻來源應是《李靖兵法》。

3、引用其他書籍內容進行注釋

除上述兵學名著外，《武經總要》的注釋引用其他經典也十分常見，歸結起來大致可分為如下幾類：

諸子經典。如前集卷十六上，「高陽關路」條目有：「滄州橫海軍，冀兗二州之域，齊趙二國之境，地居九河下流《書》曰：九河既道。河水分九道，悉在州境，東距大海，趨平州路，北距界河，至幽陵。」孔安國傳、陸德明音義、孔穎達疏《尚書注疏》卷五，「禹貢」條目有：「九河既道。傳：『河水分為九道，在此州界平原以北是。』」清朱鶴齡《禹貢長箋》卷二亦有：「九河既道。孔傳：『河水分為九道，在此州界平原以北是。』」由此可知，該處注文源自孔安國的《尚書》

注釋之作當無異議，祇是《武經總要》中的注文與諸書所引孔氏原注略有差異，蓋亦爲行文之需而進行了部分刪改。同時，此例同上述後集卷二「料敵主將」條目中《司馬法》之例，注文中亦直接表明了文獻來源，爲明引。

又如後集卷五，「示形在彼而攻於此」條目有：「越伐吳，吳子禦之笠澤，夾水而陣。越子爲左右句卒鉤五相著，別爲左右也。句音鉤。使夜或左或右，鼓噪而進。吳師分以禦之。越以三軍潛涉，當吳中軍而鼓之，吳師大亂，遂敗之左右句卒爲聲勢，以分吳軍而三。越軍於伐吳，越江南，乃其左右將軍，有私卒六千人爲中軍。日昏乃令左軍銜枚溯江五里，右軍銜枚沿江五里。夜斗鳴鼓，吳師聞之，大駭曰：「人來攻我乎？因分其軍爲二陣拒越。越王乃以其中軍銜枚以襲之，吳師大敗。此《國語》與《左氏傳》其語小異，故附於注末。」此段共有注文兩處，其中後一處在《左傳》與《國語》中均有出現，如杜預、陸德明、孔穎達所作的《春秋左氏傳注疏》卷六十正文有言：「三月，越子伐吳，吳子禦之笠澤，夾水而陳，越子爲左右句卒，使夜或左，或右，鼓噪而進。吳師分以禦之。越子以三軍潛涉，當吳中軍而鼓之，吳師大亂，遂敗之。」《國語》卷十九有載：「於是吳王起師軍於江北，越王軍於江南。越王乃中分其師，以爲左右軍，以其私卒君子六千人爲中軍。明日將舟戰於江，及昏乃令左軍銜枚泝江五里，以須亦令右軍銜枚踰江五里，以須夜中乃令左軍、右軍涉江，鳴鼓中水以須，吳師聞之大駭，曰：『越人分爲二師，將以夾攻我師，乃不待旦，亦中分其師，將以禦越。』越王乃令其中軍銜枚潛涉，不鼓不噪，以襲攻之，吳師大北。越之左軍、右軍乃遂涉而從之，又大敗之於沒。又郊敗之，三戰三北，乃至於吳越師遂入吳國圍王宮。」從《左傳》與《國語》原文進行對照中不難發現，有關此次越伐吳之事兩者記載差異較大，前者較略，後者較詳。由於兩者的較大差異，《武經總要》正文以前者爲憑，又出注文以後者爲據，並在注文末點明「此《國語》與《左氏傳》其語小異，故附於注末」，從而便於進一步深入查考，全面地理解該處內容。值得注意的是，《武經總要》正文與《左傳》原文基本相同；其注文與《國語》所載則差異甚大，前者對後者進行了大量的刪減和改動，在原義沒有變化的基礎上節省了許多筆墨，極大地便利了行文。

正史著作。如前集卷七，「本朝常陣制」條目有：「當陣面聯布不拒馬，或間以大車，謂之陣腳兵案：《隋書》：舉鹿角，設戒陣，爲方，車步騎相參。大抵皆古法也。」此處注文源自《隋書》，其卷四十八載：「胡騎奔突，皆以戒車步騎相參，舉鹿角爲方陣，騎在其內，素謂人曰此乃自固之道，非取勝之方也。」祇是注

文對《隋書》原文不僅進行了文字刪改，還顛倒了文序，以便後人理解。

又如前集卷十六上，「定州路」條目有：「其地（順安軍）東至定州百二十里，西至井陘路，至并州五百里燕趙人謂山脊爲陘，今縣城控其要害。《漢書》曰：井陘，車不得方軌，騎不得成列，南至趙州百里，北自西山，至蔚州四百九十里，西南至平定軍三百二十里。」此處注文中明確地標示了文獻出處。《漢書》卷三十四有：「今井陘之道，車不得方軌，騎不得成列」。經過對照不難發現，此處注文中的「《漢書》曰」句應當來源於《漢書》無疑。

地理書籍。如前集卷二十，「荊湖北路」條目在談及溪洞州所屬南江二十個羈縻州時有：「東至鼎州四百六十里，南至邵州界五百二十里，西南至溪州三百八十里自石門洞緣西水行，西南至敘州三百二十里按《皇華四達記》：二百四十里即敘州界，又一百二十里至蔣州，又二百八十里至允州，又百里至牂牁州，五十里至捷州，又五十里至莊州，北至澧州七百五十里，西北至溪州百八十八里。」《皇華四達記》一書的內容在《武經總要》正文中多次出現，僅明載者就有 6 次。此段記載中有兩處注文，其中後一處文字來源即爲《皇華四達記》，用來存其異說，供後人辨別。

又如後集卷十三，「據險」條目在談及春秋蔡、吳、唐聯合伐楚時有：「（楚）乃濟漢而陣，自小別至於大別《禹貢》：漢水至大別而南入江，三戰，子常知不可，遂奔。」此處注文以《禹貢》之言闡釋了「自小別至於大別」。有關文獻出處，宋樂史《太平寰宇記》、毛晃《禹貢指南》，清胡渭《禹貢錐指》、徐文靖《禹貢會箋》等均可爲證，如清胡渭《禹貢錐指》卷十一下即載：「杜預云：『《禹貢》漢水至大別南入江』」；徐文靖《禹貢會箋》卷十一亦載：「按《日記》曰：『漢水至漢陽軍大別山而南入江，是名沔口。』」

再如前集卷十六下，「幽州四面州軍」條目談及「欒州」時有：「會石晉割賂燕薊易，定師三都，盡驅其民入契丹，因以烏灤河爲名以居之，縣邑猶不改望都、安喜之名，東北灤河按賈耽所說，自薊州西北一百二十里至鹽城守地，又西北渡灤河至盧龍鎮，西至石城九十里，南至海二百一十里，北至平州四十里。」賈耽爲唐天寶年間進士，曾任唐朝宰相等重職，著名地理學家。他「好地理學，凡四夷之使及使四夷還者，必與之從容訊其山川土地之終始，是以九州之夷險、百蠻之土俗區分指畫，備究源流」〔註7〕，多有著作流傳於世。此處注文即引用其相關地理學著作之言進行闡釋。

如上所講《孫子》的綜合引用之例，在引用其他書籍內容進行注釋的過程

〔註7〕 劉昫《舊唐書》卷一百三十八。

中更多地存有此類情況。如前集卷一，「選將」條目有：「所謂五謹者，一曰理，二曰備，三曰果，四曰誠，五曰約。理者理眾如理寡_{旌旗有分，金鼓有餘，故一人學}戰，教成十人，備者出門如見敵_{行則整戰陣，住則嚴防守}，果者見敵不懷生_{傳曰：殺敵為}果，致果為毅，誠者雖克如始戰_{宋義謂項羽：戰勝而將驕卒惰者敗}，約者法令省而不煩政_{煩則人惰，水濁則魚病。法令滋彰，盜賊多有。}」《吳子》卷上，《治兵》有：「故用兵之法，教戒為先，一人學戰，教成十人，十人學戰，教成百人」；杜預、陸德明、孔穎達所作的《春秋左傳注疏》卷二十一正文有：「殺敵為果，致果為毅」；《史記》卷七有：「宋義乃諫項梁曰：『戰勝而將驕卒惰者敗』」；魏王弼注解《老子道德經》下篇正文有老子語：「法令滋彰，盜賊多有」。此段 5 處注文中，除第二處外，其餘 4 處均有據可查。通過文字對照不難發現，第一處、第三處、第四處、第五處分別源自《吳子》、《左傳》、《史記》、《道德經》，其文獻徵引十分豐富，涉獵傳統圖書四部分類法中的經、史、子三個部分，綜合注解正文內容。

　　《武經總要》引用經典進行注釋的方法靈活多樣，除從上述例子中可知有對徵引文獻的原文、刪改、綜合注釋外，還有概括大意而注。如前文「引用其他兵書內容進行注釋」條目中的前集卷三「敘戰上」所引《司馬法》之文進行注釋即屬此例。

　　又如前集卷九，「九地」條目有：「交地則無絕_{使車騎步伍連屬，恐敵人乘我也}（杜牧注文），吾將謹其守_{嚴壁壘也}。」《孫子·九地》篇杜牧注有：「川廣地平，四面交戰，須車騎部伍，首尾聯屬，不可使之斷絕，恐敵人因而乘我」〔註 8〕，共30 字。可見此第一處注文源自杜牧注，共 13 字，它對杜牧之言進行了大量刪減，某種程度上亦是概括大意而注。

　　《武經總要》中大量徵引經典文獻主要用於引證史事，解說地理設置，申發思想等。大量文獻的徵引極大地增強了注文的可信度與說服力，並相應地豐富了宋代兵學內容，尤其是在相當程度上擴大了《孫子》各家注的影響，促進了北宋孫子兵學發展。

三、注釋模式

（一）訓釋字詞

「注疏雖然不是單純地解釋詞義（包含字義），但解釋詞義畢竟是注疏的

〔註 8〕　孫武、曹操等《十一家注孫子》，上海古籍出版社，1978 年，第 278 頁。

主要任務……自古及今，作注疏，首先就要把正文中的一個個的詞義解釋清楚。」〔註9〕可見，古人注釋一般都是從訓釋字詞入手，《武經總要》亦不例外，其中許多注釋均是對字詞的訓釋。除了上述「釋古語」條目所講內容外，該書注文中還存在大量此類注釋。如前集卷一，「將職」條目有：「惟善御眾者，附之以文，齊之以武文，仁也。武，法也。」此處注文中對「文」、「武」二字進行訓釋，闡明其義。

又如同卷，「將職」條目有：「聚三軍之眾投於險險，難也，可合而不可離，可用而不可疲，蓋可使由之，不可使知之之道也。」此例同上，對「險」之義進行訓釋。

又如後集卷一，「用間」條目有：「春秋時，楚子反命軍吏察夷傷夷，亦傷也，補卒乘補，善也，繕甲兵繕，治也，展軍駕展，陳也，雞鳴而食，惟命是聽復欲戰。晉人患之，苗賁皇狗曰：「蒐乘補卒，秣馬利兵，修陳固列，蓐食申禱申，重也，明日復戰。」乃逸楚囚。王聞之，召子反謀。谷陽豎獻飲於子反，醉而不能見谷陽、子反，內臣。王曰：「天敗楚也，夫餘不可以待。」乃宵遁。」此段文字中共有注文7處，除第五處、第七處外，餘者均屬文字訓釋。

再如後集卷十，「示強」條目有：「鄭人將奔桐丘，諜告曰：「楚幕有烏。」乃止諜，間也。幕，帳也。」此例注文中對「諜」、「幕」進行了訓釋。

《武經總要》訓釋字詞的方法比較多樣化，除了上文所講之例外，還有其他變通形式，如前集卷一，「將職」條目有：「遇敵決戰，必道吾所明，無道吾所疑道言行也。此處即以「言」指明「道」之義為「行」。

又如後集卷十四，「用騎」條目在談及東漢任尚與杜季貢之戰時有：「為使君計者，莫如罷諸郡兵，各令出錢數千，二十人共市一馬，以萬騎之眾逐數千之賊，追尾掩截追尾如字章披，尾猶尋也，其道自窮，便民利事，大功立矣。」此處分別以「猶」、「如」來指明「尾」及「追尾」之含義。

另外，《武經總要》在訓釋字詞含義的過程中還包含有讀音方面的內容。如後集卷十二，「窮寇勿逼」條目在談及後晉杜重威與契丹之戰時有：「營中掘井，方及水輒崩，士卒取其泥，帛絞而飲之絞，古巧切，縊也，人馬俱渴。」因聲求義向來是訓詁學的傳統。此注文中對「絞」的訓釋即屬於因聲求義，不僅訓釋了字義，還注明了讀音，為後人閱讀提供了方便。

又如後集卷十二，「立奇功」條目在談及西漢傅介子出使大碗時言道：「賊

〔註9〕 周大璞《訓詁學初稿》，武漢大學出版社，1987年，第30頁。

兵使屬過屬，近也，近始過去，之欲反，當至烏孫，道過龜茲。」此例同上，對「屬」不僅訓明瞭字義，亦注清了其音。

（二）申發句意

張富詳先生在談到宋代經學注釋時認爲：「漢唐時代，封建統治階級的思想尙秉承較多的古典傳統，其學術形式偏主於經學箋注，主流學者大都謹守師說，注重章句訓詁，少有人能越出於經學箋注之外。然而隨著封建社會轉入後期，這一形式已不能適應新的歷史形勢的需要，於是到北宋時，學者們開始拋棄原來繁瑣而不切實際的經學訓詁……從而使學術理路逐漸由傳統的章句訓詁轉向了義理之學。」〔註10〕這拿到其他類別書籍的注釋來說，亦同。事實上，早在北宋前葉，文獻學的發展就已經逐漸呈現出考據與義理兼顧的特徵，闡發義理已經成爲注釋的重要組成部分之一。《武經總要》作爲北宋兵學的代表作，在這方面表現比較突出，申發句意內容比較廣泛。

如前集卷一，「將職」條目有：「所謂九變者，圮地無舍無舍，無依也。水毀曰圮也，衢地合交結諸侯也，絕地無留無久止也，圍地則謀發可謀也，死地則戰利死戰也，塗有所不由隘難之地，所不當從。不得已從之，則設奇變以防敵之掩襲，軍有所不擊軍雖可擊，以地險難以留之。銳卒勿攻，歸師勿遏，窮寇勿逼，死地不可攻。或我強敵弱，前軍先至，亦不可擊，恐驚之退走也。言有如此之軍，皆不可擊之也，城有所不攻蓋言敵於要害之地，深峻城隍，多積糧食，欲留我師。若攻拔之，未足爲利；不拔，則挫我兵勢，故不可攻之也，地有所不爭小利之地，得而失人，則不爭。言得之難守，失之則無害也，君命有所不受苟便於事，不拘於君命也。」此處正文有 51 字，而注文卻有 181 字，作者不惜大量筆墨對《孫子・九變》篇的相關內容進行句意闡釋，結合諸家注文闡發了字裏行間的旨意。特別是「苟便於事，不拘於君命也」句，一反祖制，重新重視和強調「將能而君不禦者勝」思想。這一思想非但是古代兵學理論的基本觀點之一，也是宋代孫子兵學爭論的主要問題之一。當時主流軍事思想十分保守，自宋太宗始就極力推崇「將從中御」之策，後來以致發展爲「天子之兵，莫大於御將」〔註11〕。但此處注文卻從理論上對治軍用兵原則重新進行了積極認識，與主流保守思想形成鮮明對比。

又如前集卷一，「將職」條目有：「夫上將，料敵之極，計險厄遠近饋運之費人馬之力，攻守之便皆在險厄遠近。言若能料此以制敵，乃爲將臻極之道也。」此處對《孫

〔註10〕張富詳《宋代文獻學研究》，上海古籍出版社，2006 年，第 173～174 頁。
〔註11〕蘇軾《東坡全集》卷四十二，《孫武論下》。

子·地形》篇相關句意的注釋，亦屬於義理的闡發。

　　又如前集卷三，「敘戰上」條目有：「故兵法曰：善用兵者，修道而保法，一曰度，二曰量，三曰數，四曰稱，五曰勝上五者，未戰先計度，必勝之法也。」此例是對《孫子·軍形》篇內容的注釋，其注文「上五者，未戰先計度，必勝之法也」，屬於對該句大意宗旨的概括與總結。

　　又如前集卷四，「察敵形」條目有：「吳起曰：其進退多疑，其眾無依，可震而走；士輕其將，而有歸心，塞易開險，可要而取疑為不決也。無依無利度者，怯也。士輕其將，為無威也。審易開險，得地形也。可要而取，言其易也。」該例正文在《吳子》卷下，《論將》篇有此原文。《武經總要》的注文對其文句及相關字詞分別進行了闡明，也屬義理闡發。

　　再如前集卷九，「重地」條目有：「兵法曰：『入人之地，深而難返，背城邑多者，為重地難返之地。入人之境已深，過人之城已多，津澤皆為所持也。重地則掠，吾將維其食所入既深，常梁皆為所符，糧道不無阻絕，須掠人儲積，給我軍用，而得以伺敵者也。』又曰：凡為客之道，入深則專，主人不克言大凡為客攻伐，若深入敵，則士卒有必死之志，專一，則主人不能勝。掠於饒野，三軍足食。謹養而勿勞，並氣積力，運兵計謀，為不可測養士氣並兵，為不可則度之計。又曰：深入敵境，須掠其田野，使我足食，然後閒壘養之，勿使勞。若氣力盛，一發取勝也。」此例大量注文，均屬對句子義理的闡發。

　　除上述串講大意或揭示言外之意外，《武經總要》說解句子的方式還包括引史釋意。如前集卷一，「將職」條目有：「師與之期，如登高而去其梯；師與之深，入諸侯之地而發其機使無退心，孟明焚舟是也。」此處即舉春秋時秦國再度伐晉中孟明所用「濟河焚舟」之史實為證，輔助「使無退心」闡明句意。

　　注釋當中常常會出現一種情況，那就是「雖把句中的某個詞有根據地注釋了，可是這注釋在這句中合適不不合適，卻不予以考慮，於是對講通這句常常不起作用，甚至是有妨礙的」〔註12〕。如果具體到《武經總要》來講，那麼「訓釋字詞」與「申發句意」很有可能就會截然分開、甚至是對立的，但該書對注詞與解句兩者的兼顧基本上是成功的。如前集卷三，「敘戰上」條目有：「夫眾以合寡，則為追裏而開之交合，戰也。追，逐也。裏，圍也。以眾敵寡者，逐而圍之，開其去道，令無為窮寇也，或分而選擊以眾攻寡，分眾更戰更息，知我佚彼勞，故能克也，或三分而乘之三分，以一分餌之，彼趁利而亂，餘二分為奇襲之；彼眾則以方從之

〔註12〕靳極蒼《注釋學芻議》，山西人民出版社，2000年，第44頁。

方，術也。謂殺詭詐奇變，敵雖眾，分其形勢，使不得並力而戰也。」此例共有注文 4 處，其中第二處、第三處爲闡發句意，而第一處、第四處不僅闡發了相應的句意大旨，還訓釋了「交合」、「追」、「**裏**」和「方」等字詞的含義。

又如前集卷九，「重地」條目有：「無所往則固，入深則拘往，走也。言深入敵境，走無生路，則人堅固，如拘縛之也。」此處注文中不但訓釋了「往」的字義，還用「言」表明了作者對「無所往則固，入深則拘」的句意闡發。

又如後集卷十一，「半濟可擊」條目在談及春秋宋楚泓水之戰時有：「（楚）既陳而從擊之，宋師敗績，公傷股，門官殲焉門官，守門者，師行軍在君左右。殲，盡也。宋公違之，故敗。」此處不僅將「殲」字訓爲「盡」，還釋明瞭「門官」，同時簡單的以「宋公違之」點明「宋師敗績」緣由。

再如後集卷十三，「假託安眾」條目有：「春秋時，晉文公卒，將殯於曲沃，出絳，柩有聲如牛如牛吼聲。卜偃使大夫拜曰：『君命大事，將有西師過軼，我擊之，必大捷焉。』秦伯使孟明視等三將襲鄭，晉禦於肴而敗之聲自柩出，故曰君命也。大事，戎事也。偃聞秦密謀，故因柩鳴以正眾心。」此例第二處注文，不僅點明「大事」所指爲何，還對相關文句內容進行了闡發。

四、注釋優缺點

（一）注釋的優點

1、注釋內容全面、廣泛

《武經總要》注釋內容十分全面、廣泛。它作爲一部綜合類軍事百科全書，不僅正文內容十分豐富，注釋中這一特徵亦體現十分明顯，包含有軍事、地理、陰陽等諸方面內容。具體情況前文已有講解，此不贅述。

2、注釋方法多樣化、系統化

《武經總要》中的注釋方法十分多樣。如上文所述，採用了「以今釋古」，「結合時事進行補充解說」，「廣泛引用經典進行注釋」等法，不僅易於主要閱讀群體──將帥們理解正文內容，還保存了相當一部分珍貴的資料。這些資料的原文許多已經散佚不見，目前顯得相當珍貴。

《武經總要》注文還十分講求前後呼應，注釋方法比較系統。如前集卷十六上，「河北路」條目有：「全魏之地，河朔根本，內則遮罩王畿，外張三路之援，又置北京路兵官屬內地，後不錄，令保邊寨，咸以兵馬爲務，亦罕任文

吏，防秋捍冠，爲他路之劇。」其中的「屬內地，後不錄」注文即是對照前集卷十六上「敘」條目中的「其非控帶四夷州郡，略而不書」而言的。

值得注意的是，《武經總要》除對正文內容進行「訓釋字詞」和「闡發句意」外，還對條目相關內容進行闡釋，使得注釋顯得更爲全面與系統。如前集卷十子目有：「攻城法但賊躲避於城，用此法攻。」此處對該卷目錄進行補充闡釋，說明其法用途。

又如後集卷四，「隱語」條目有：「隱語軍中急難不可使眾知，因假物號隱語以喻之。」此處對「隱語」條目出注，闡明其語用途及原因。

對條目相關內容的注釋除上述說明其用途緣由之外，還對其所屬內容先行出注，加以簡單說明。如前集卷八，「八陣法」條目有：「八陣法天陣、地陣、風陣、雲陣、虎翼陣、蛇盤陣、飛龍陣、鳥翔陣」。此處對「八陣法」條目進行了注解，即具體羅列所含之內容。

又如後集卷十七，「二十八宿次舍占」條目有：「二十八宿次舍占凡二十八舍五星干犯之言備者同占之，以星列舍犯之事反分野主之言其災變。」此處對「二十八宿次舍占」條目出注，闡明其包含內容。

再如後集卷十七，「風角占」條目有：「風角占凡四十條。」此例同上，釋明「風角占」條目所含內容之多少。

要之，《武經總要》不僅對正文採用多種方法進行闡釋，還對相關篇章節目進行注解，從而使得注釋顯得更加全面、多樣和系統，便於世人更好地理解全文內容。

3、訓解字音，較為精確

北宋時期，音韻學方面著作頗富。在宋仁宗前後的主要有：眞宗年間，陳彭年等根據《切韻》等書增訂而成的《廣韻》，仁宗、英宗年間，由《廣韻》增訂而成的《集韻》等。這些著作的出現使這一時期的音韻學得到了較大發展。

該時期，由吳棫、程迥、鄭庠等人開創的古音學研究「對古文顯得注音、辨韻、釋義、識別通假字，均有積極影響」〔註13〕；等韻學的發展，對於反切和審音的精確化有所促進。作爲《集韻》的主要作者，丁度亦是《武經總要》的總纂官，因而該書中所體現的音韻學成果也較爲突出。如後集卷五，「多方以誤之」條目在談及春秋吳伐楚時有：「亟隸以罷之亟，數也，音器，多方以誤

〔註13〕孫欽善《中國古文獻學史》，中華書局，1994年，第502頁。

之，既罷，而後以三軍繼之，必大克之。」「亟」義爲「急、急迫、急躁、緊急、肅敬、愛」等時，讀爲 ji，《廣韻》等已著明「紀力切」；義爲「屢次」時，讀爲 qi，《廣韻》等已著明「去吏切」，《玉篇·二部》有：「亟，數也。」此處解釋甚善。

又如後集卷六，「攻其必救」條目有：「漢先零音鄰罕、開音汧二種羌解仇，合黨爲寇。」此處有兩處注音，就後者來講，「開」一般讀爲 kai，作爲山名講時讀爲 qian。《類篇·門部》有「輕煙切、平先溪」，且著明「開，山名，在雍州。」《書·禹貢》有「導岍及岐」，唐陸德明釋文有「岍，馬本作開。」「汧」一般作古水名、山名講，讀爲 qian，《廣韻》等已著明「去王切，平陽溪」。其中作山名講時同「岍」，《書·禹貢》有「導岍及岐，至於荊山」，陸德明釋文有「岍字又作汧，山名。」這在《史記·貨殖列傳》中已有「關中自汧、雍以東至河、華，膏壤沃野千里。」從中不難發現，「開」、「岍」、「汧」作山名講時其讀音音相同，且還可通用。因而，以「汧」釋「開」不僅講明瞭「開」的非常用讀音，且其義可通，甚妥。

要之，《武經總要》對一些字詞字音的訓釋比較精確。這些精確的注音不僅便於後人閱讀，同時還成爲今天珍貴的資料，對於語言學研究有著一定幫助。

4、注釋風格，義理考據，兩不偏廢

按照學術性質來分，古文獻學可分爲考據學和義理學。有關形式方面的文字、音韻、訓詁、版本、目錄、校勘、輯佚、辨僞以及有關具體內容的考實之學均屬於考據學，有關思想內容的剖析探求則屬於義理學。「宋代古文獻學以義理之學爲主流，但是訓詁考據之學也還在發展，並且向義理之學滲透。就史學領域而言，考據傳統持續不衰。就經學而言，考據學構成了兩峰一谷的態勢，即宋初承漢、唐之學，訓詁考據比較突出，隨著道學的興起發展，訓詁考據的地位便逐漸落入谷底，自朱熹不廢訓詁考據之後，延及其弟子，勢頭又重新上陞。宋代經學領域的訓詁考據之學，對後代的影響也是深遠的，有人把它與元、明、清考據學一脈相傳地聯繫起來。」〔註 14〕作爲子部兵書的《武經總要》一方面訓釋詞義，另一方面還疏通文意，並加以闡發，這樣就使得考據與義理兩不偏廢。兩者的有機結合，成爲《武經總要》進行注釋的得力之法與突出特色，具體內容上文已有闡述，此不贅言。

〔註 14〕孫欽善《中國古文獻學史》，中華書局，1994 年，第 498 頁。

5、注釋繁簡得當，便於整體行文

關於注文繁簡得當的特徵在《武經總要》中表現亦十分突出。由於該書成於「文人論兵」的大環境中，其主要纂修者曾公亮、丁度等人均是當朝大儒，編纂兵書給武職出身的將帥閱讀，相關注釋內容自然就要詳細些。如前集卷四，「用車」條目有：「宋咸平中，吳淑上議，復謂平原廣野，胡騎焱至，苟非連車以制之，則何以禦其奔突？故用車戰為便其制：取常用車，接其斯扼，駕以一牛，布為方陣，四面皆然。東西鱗次，前後櫛比，車上置槍，以刃殘向上，蔽革以防火攻。列士卒於外，前行持槍盾，後行持弓弩。賊至，令兵士上車，每車載四人，皆持弩。軍陣之內數十步間，連六車或四牛，上為重屋，施強弩。賊至，擊鼓為節以射之，虜不能犯，乃出騎兵以擊之。」此處對車戰之制注解，其正文僅有「故用車戰為便」6 字，而注文卻多達 119 字，筆墨不可謂不重，注釋不可謂不詳，使得後人閱讀時能夠詳細瞭解相關內容，並便於編纂者的行文。

又如前集卷七，「本朝平戎萬全陣法」條目有：「其兵士隊於陣內列行拒馬五千七百六十，槍五千七百六十，劍五千七百六十，床子弩二千八百八十，步弩五千七百六十，棹刀二千八百八十，小牌八千六百四十，步劍四千三百二十，圍牌四千三百二十。望樓八座，每座望子十人，計八十人。凡陣之四面，列戰車榜牌，及諸兵器，皆持滿外向。車中貯糗糧、軍中所用之物。又每牌面門一門為臨時啟閉之節。」此處以 129 字注文來釋 9 字正文，對宋太宗創立的「平戎萬全陣」中心方陣所需的兵器及其相關內容做了較為詳細注明。而且注文、正文所記各有分工（按：對照有關上文，不難發現此處正文所記為「方陣」所需士兵人數等內容），使得分類歸納、條理清晰，便於整體行文。

但《武經總要》作為兵學著作，注釋時亦力求簡約，以簡馭繁，總體呈現繁簡較為得當的特徵，為後世相關著作注釋樹立了典範。如前集卷十一，「水戰」條目有：「春秋時，吳以舟師伐楚；又越軍、吳軍舟戰於江，伍子胥對闔閭，以船軍之教北陸軍之法，大翼者，當陸軍之車；小翼者，當輕車；突冒者，當衝車；樓船者，當行樓車；橋船者，當輕足驃騎大翼以下，皆船名。」此例僅出一注，7 字。不僅注文本身十分簡約，還以「以下，皆船名」之語免去了對「小翼」、「突冒」、「樓船」、「橋船」等的注釋，使整體行文亦更為簡潔。

又如前集卷十九，「益利路」條目有：「（黎州洪源郡）羈縻州五十四：羅岩州，索古州，秦上州，合欽州，劇川州，輒縈州，蓬州，柏坡州，博盧州，明川州，施月皮州，蓬矢州，大渡州，米川州，大屬州，河東州，諾㟭州，甫嵐州，昌明州，歸化州，象川州，叢夏州，和良州，和都州，附樹州，東川州，上貴州，滑川州，北川州，古川州，甫菶州，比地州，蒼榮州，

野川州，邛陳州，貴林州，護川州，牒綜州，浪彌州，郎郭州，上欽州，時蓬州，儻馬州，橛查州，邛川州，護邛州，腳川州，開望州，上蓬州，北蓬州，剝重州，久護州，瑤劍州，明昌州」此處注文以 162 字來釋黎州所屬的 54 個羈縻州，看似有些繁瑣，其實相對於同條目中的「（茂州汶山郡，）羈縻州十七：靜州，管部落四百戶，去州七十五里。恭州，管部落二百戶，去州五里……向州，管部落五十戶，去州三十里。居州，管部落五十戶，去州三十里。」以 230 字來釋 17 個羈縻州來說要簡約得多。後者，較爲詳細地一一羅列，並加以說明的注釋方式，在書中介紹羈縻州情況時占主體地位。爲了行文簡便，以較少文字對地位不太重要的羈縻州進行注錄就顯得十分必要了。

　　除上述幾例外，《武經總要》中還有許多簡略注文免使前後行文重複的例子。如前集卷五，「定惑」條目有：「夫萬眾之聚，事變不一，起爲嘩亂，不可不慮……雖云任賢使能，則不占而事利；令明法審，則不筮而計成，然而智者以權佐政，古稱有五助焉：一曰助謀，二曰助勢，三曰助怯，四曰助疑，五曰助地。兵家之機，不可不察也餘見故事假說安眾門。」此處正文多達 199 字，而注文僅有 9 字，卻恰當地以總結性言語避免了正文的繁複敍錄。

　　又如前集卷九，「雜敍戰地」條目有：「故陳豨不守障水，而高祖平之；龐涓失計於馬陵，而孫臏破之；成安君不保井徑，終擒於韓信；慕客超不固大峴，卒敗於劉裕；趙奢之登北山，秦兵雖強而莫上；李弼之據渭曲，齊師雖眾而弗利已（以）上見故事門。」此處同上，僅以「已（以）上見故事門」6 字簡單注文，即把陳豨等 6 戰例詳細內容歸於後文「故事」類中，不僅十分簡約，更重要的是還使得整體行文相互對應、前後一致，避免了不必要的重複。

　　又如前集卷十二，「守城」條目有：「撞車上設撞木製如榨油撞法，以鐵葉裹其首，逐便移從，伺飛梯臨城，則撞之。」此處亦以簡約注文，避免了整體行义的繁複。

　　再如前集卷十二，「守城」條目有：「或城內薄城起埭，相對盛兵抵禦；賊以火攻城，則以城上應救火之具，有托叉、火鉤、火鐮、柳灑子、柳罐、鐵貓手、喞筒，尋常之所預備者形制具攻城器械圖中。」此例同上，也以簡約注文指明「托叉」、「火鉤」、「火鐮」、「柳灑子」、「柳罐」、「鐵貓手」、「喞筒」等守城武器之形制均在前集卷十「攻城法」相關附圖中，從而避免了文字書寫中的重複。

　　要之，《武經總要》深受傳統儒家經典注釋之法影響，結合當時軍事實際

狀況，依據文字內容的需要，不僅出注較多，且相當一部分注文較爲詳細；同時，亦有相當一部分注文內容十分簡約。換言之，《武經總要》中的注文該詳則詳，該略則略，繁簡比較得當，不僅較爲恰當地訓釋了文字，申發了句意，還使得整體行文更爲合理。

（二）注釋的缺點

1、訓釋字詞，訛誤較多

如上所講，《武經總要》中許多所注字音較爲精確，成果亦比較可觀。但是由於北宋時期古音學的研究尚屬初創階段，多數學者仍昧於古音，辨別具體字音時仍不太準確，有時訛誤也較多。對於一部兵書來講，這一缺點顯現的更爲突出些。

如後集卷二，「軍政不一必敗」條目在談及春秋吳伐楚時有：「楚將子瑕卒，楚師熸音安」。「熸」讀爲 jian，《廣韻》有「子廉切」，有「潰敗」之義，如《左傳·昭公二十三年》就有「子瑕卒，楚師熸」；而「安」讀爲 an，《廣韻》等已著明「烏寒切，平寒影」。因此，以「安」注解「熸」不妥。

又如後集卷三，「臨事制宜」條目在談及魏與鐵勒之戰中有：「（於）謹常乘駿馬名紫騧音爪，賊先所識，乃使二人各乘一馬，突陣而出。」「騧」讀爲 gua，《廣韻》等已著明「古華切，平麻見」；「爪」除口語中作鳥獸的腳爪時讀爲 zhua，一般情況下讀爲 zhao，《廣韻》等已著明「側絞切，上巧莊」，無 gua 之讀音。故，用「爪」注解「騧」，非也。

再如後集卷六，「夜擊」條目有：「後漢馬援爲隴西太守，發步騎三千人擊先零羌，羌將其妻子輜重移阻於允吾谷允吾音鈗牙。」「允」與「吾」一起作古縣名時，「允」讀爲 yuan，《集韻》等有「餘專切」，《水經注·河水》有「又東過金城允吾縣北」；「吾」讀爲 ya，《廣韻·麻韻》即有「吾，《漢書》，金城郡有允吾縣。」「鈗」與「銚」組成「銚鈗」一詞時，讀爲 yue，《集韻》等有「欲雪切」作「盂」講；作金屬兵器時，讀爲 dui，其他時候讀爲 rui，無 yuan 的讀音。至於「牙」，則讀爲 ya。因而，此處注音亦是得失兼之。

2、曲解臆說，不合原意

「自初唐吹助、趙匡、陸淳；中唐韓愈、李翺開疑經改經以來，到了宋代愈爲激烈。他們一反漢唐訓詁義疏傳統，而直接從注義中尋求義理的所謂『性命義理』，注釋不問實際，而求曲附會以闡發自己的哲學思想、政治主

張。」〔註15〕具體說來，在北宋慶曆之前就已出現了劉敞的《七經小傳》，「多守章句注疏之學」的局面已開始被打破，義理之學得到較大發展，逐漸佔據主導地位，「學苟知本，六經皆我注腳」〔註16〕的現象漸趨成熟。儘管這些義理闡釋多數發前人之未發，但實事求是地講今天我們不得不承認它們中的許多內容均有曲解臆說之嫌。

如後集卷十六，「五行占」條目有：「軍行路見赤鼠鼠者，賊也。在子位，性貪盜。在軍前良久不去，必有伏兵，須警備。」此處屬於陰陽五行內容，由鼠「在子位性貪盜」而認定行軍途中如赤鼠在軍前長久不去即是有伏兵。把此種荒唐之法作為注釋之文進行闡發，來預測極為殘酷的戰事，這完全是不科學的，不合乎實際的。

3、前後行文，間有復遝

如上所講，儘管《武經總要》注文繁簡較為得當，便於整體行文，避免了不必要的重複，但由於該書作為一部綜合類軍事百科全書，內容十分廣泛，在行文中亦存在不少繁冗問題。尤其是曾公亮等人在大量引用並闡釋《孫子》時，每次為強調不同問題而不吝紙墨，多次重複強調，在某種程度上造成了文句的繁冗與重複。如前集卷一「將職」條目中出現「知彼知己，百戰不殆；不知彼而知己，一勝一負；不知己，不知彼，每戰必敗」。前集卷四「料敵將」條目中又有「知彼知己，百戰不殆；不知彼而知己，一勝一負；不知彼不知己，每戰必殆是也」。同是《謀攻》篇中一語，連續出現兩次，用以強調不同問題。更有甚者，《兵勢》篇中的「以正合，以奇勝」竟在不同地方連續出現過 5 次之多。

表現在注釋中，相關內容亦有復遝，其中前集亦較多。如前集卷五，「烽火」條目有：「凡軍行，其輜重委於偽反積子賜反並在營陣中安置，以防焚掠。」在前集卷七，「本朝常陣制」條目有：「若強寇對壘，欲圖奇變，引重兵踶戰，潛選精銳，由間道掩襲我委於偽反積子賜反輜重，則須殿後捍之宋朝與北狄戰拒馬河、戰君子館、戰望都，王師不利，因為糧道斷絕。」在前集卷十二，「守城」條目又有：「凡委於偽切積子智切及樓棚、門扇、門棧，但火攻可及之處，悉皆氈覆泥塗。」同樣，前集卷十五「鄉導」條目還有：「故敵國之山林兵阜可以設險者，灌叢茂草蒲葦之可以隱藏者，道里之遠近，城郭之小大，委於偽切積子智切之所在，水草

〔註15〕　簡文暉《淺談我國古代注釋方法的種類及其演變》，《古籍整理研究學刊》，1997年第 2 期，第 16 頁。
〔註16〕　陸九淵《象山語錄》卷一。

之所有，卒乘之眾寡，器甲之堅脆，必盡知之，則兵行鄉導不可暫無。」其中，「於爲」與「於僞」、「子賜」與「子智」反切基本上是一致的，均可視爲相同。相同的「委積」注釋內容竟在前集重複出現 4 次。

又如前集卷十一，「戰船」條目有：「鬥艦者，船舷上設女牆，可蔽半身；牆下開掣掉空音孔；船內五尺。」在前集卷十二，「守城」條目又有：「賊木驢空音孔城，則用絞車、鐵撞、燕尾炬壞之。」此處關於「空」的相同注文內容重複出現 2 次。

再如後集卷二，「軍政不一必敗」條目在談及曹操擊馬超時曹操曰：「今皆來集，其眾雖多，莫相歸服，軍無酌適音的，故一舉可滅。」後集卷五，「多方以誤之」條目在談及春秋吳伐楚時伍子胥曰：「楚執政眾而乖，莫適音的任患。」此例同上，關於「適」的相同注文內容亦重複出現。

造成全書前後文重複的現象情況的出現原因眾多，詳情今已不可知，但有兩點是肯定的，那就是《武經總要》部頭較大，參與編纂者較多；而且全書作爲一部應急之作，成書時間相對比較倉促。

儘管有上述缺點，但正如張舜徽先生所說：「宋代學者氣象博大，學術途徑至廣，治學方法至密，凡舉清代樸學家所矜爲條理縝密、義據湛深的整理舊學的方式與方法，悉不能超越宋代學者治學的範圍，並且每門學問的講求，都已由宋代學者創闢了途徑，準備了條件。宋代學者這種功績，應該在中國學術史上大書特書，而不容忽視或湮沒的。」〔註 17〕《武經總要》通過大量注釋不僅將兵書晦澀難懂的字句解釋清楚，還通過對其思想觀點的推衍引申闡發自己的見解，使之成爲古代兵學發展的一條重要途徑。這一傳統模式爲後世一些兵家著作所繼承，如明代鄭若曾的《江南經略》卷一上，「太湖之防」條目有：「具區西近留都，東南北跨蘇湖常三郡，寇易縱橫，須各郡湖船會剿協逐，勿容流注地方，乃爲上策此各郡守事也，兵備道總之，巡撫軍門主之。」其中類似此種注文者頗多，此不贅列。另外，《武經總要》許多注文所保存的資料至今日亦已顯得尤爲珍貴，對從事相關研究起到了較大推動作用。如前文所列前集卷二十「荊湖北路」條目對溪洞州下屬南江二十個羈縻州出注時所引用的《皇華四達記》內容，即保存了大量這部今已不見的地理學著作資料，對於今人開展許多研究，尤其是輯佚方面的研究起到重要作用。

〔註 17〕張舜徽《中國史論文集·論宋代學者博大氣象及替後世學術界所開闢的新途徑》，湖北人民出版社，1956 年。

第八章　思想文化論

第一節　軍事思想

　　《武經總要》的軍事理論體系主要側重於軍隊建設，兼及戰爭指導問題，就選用將帥、軍事訓練、營陣規制和攻守方略等做出了相應論述。

一、選用將帥

　　「夫將者，國之輔也，輔周則國必強，輔隙則國必弱」〔註1〕，「君不擇將，以其國與敵也」〔註2〕。作爲三軍之主，國之輔弼，將帥的選任關係到國之安危、民之生死、戰爭勝負。北宋時期，尤其是宋夏戰爭中，由於選將、用將不適，大量庸將充斥戰場，直接導致了諸次戰爭的失利。因此，曾公亮等人十分重視選拔將帥，把該問題放在整個軍隊建設的首位。

　　書中明確指出「擇將之道，惟審其才之可用也，不以遠而遺，不以賤而棄，不以詐而疏，不以罪而廢」〔註3〕。這就是說，選拔將帥最重要的是審察其才是否可用，切不可以地處偏遠而遺漏，以出身微賤而拋棄，以爲人奸詐而疏遠，以曾犯罪過而遺棄。在說明這些原則之後，接之又羅列了管仲、孟明、田穰苴、吳起、張儀、樂毅、孫武、白起、韓信、黥布、衛青、霍去病、諸葛亮、杜預、謝艾、鄧禹、李靖、李勣等人以才被起用的事例，佐證審才

〔註1〕　孫武《孫子》，《謀攻》。
〔註2〕　曾公亮、丁度等《武經總要》前集，卷一，《選將》，中國兵書集成本。
〔註3〕　同上。

－219－

選將，方為取勝之道。

在談到所選將帥應具備的才能時，曾公亮等人認為首先要以「五才為體，五謹為用」〔註4〕。所謂「五才」，是指《孫子》的「智」、「信」、「仁」、「勇」、「嚴」。所謂「五謹」，是指《吳子》的「理」、「備」、「果」、「戒」、「約」。「五才」、「五謹」是選將之根本，只有具備這十條要求，才能有資格擔當三軍重任。

當然，將帥身負重任，僅僅具備「五才」、「五謹」還不足以走馬上任，還須對所選之人用「九驗」、「九術」進行復查。所謂「九驗」，是指九種考察將帥的品格和才能的方法，包括「遠使之以觀其忠，近使之以觀其恭，繁使之以觀其能，卒然問焉以觀其智，急與之期以觀其信，委之以貨財以觀其仁，告之以危以觀其節，醉之以酒以觀其態，雜之以處以觀其色」〔註5〕。所謂「九術」，為曾公亮等人在「九驗」基礎上首創之法，主要是從「道之以德，齊之以禮，知其饑寒，悉見其勞苦」，到「見賢思齊，見善若不及，從諫如流，寬而能剛，簡而少傲」〔註6〕，將所選之人分為仁將、義將、智將、信將、步將、騎將、猛將、大將九類，從正面嚴格觀察、考察、覆核備選之人的才能、智慧、品德、人格等。

不僅如此，還要從反面考察備選之人是否可以被選用，這就是「將有五危、六敗、十過、十五貌情之不相應者，又不可不察」〔註7〕。所謂「五危」，是指《孫子》的「必死可殺，必生可虜，忿速可侮，廉潔可辱，愛民可煩」〔註8〕。所謂「六敗」，則指「不量眾寡」、「本乏刑德」、「失於訓練」、「非理興怒」、「法令不行」、「不擇驍果」〔註9〕。所謂「十過」，是指《六韜》的「有勇而輕死者，有急而心速者，有貪而好利者，有仁而不忍者，有智而心怯者，有信而喜信人者，有廉潔而不愛人者，有智而心緩者，有剛毅而自用者，有懦而喜任人者」〔註10〕。所謂「十五貌情之不相應者」，為十五種表裏不一情況。

將帥通過選拔之後，便要加以任用，這就要求一定要明確其職責，即「必先知五事、六術、五權之用，與夫九變四機之說」〔註11〕，非如此，不可以御

〔註4〕 同上。
〔註5〕 同上。
〔註6〕 同上。
〔註7〕 同上。
〔註8〕 孫武《孫子》，《九變》。
〔註9〕 曾公亮、丁度等《武經總要》前集，卷一，《選將》，中國兵書集成本。
〔註10〕 呂望《六韜》，《龍韜，論將》。
〔註11〕 曾公亮、丁度等《武經總要》前集，卷一，《將職》，中國兵書集成本。

卒、料戰、統帥三軍與敵作戰。所謂「五事」，是指決定戰爭勝負的五種基本因素，包括《孫子》的「道」、「天」、「地」、「將」、「法」。所謂「六術」，是指指導戰爭的主要原則，包括「制號政令，欲嚴以威；慶賞刑罰，欲必以信；處舍收藏，欲周以固；徒舉進退，欲安以重，欲疾以速；窺敵觀變，欲潛以深，欲伍以參；遇敵決戰，必道吾所明，無道吾所疑」〔註12〕。所謂「五權」，是指對將帥的基本要求，主要包括「無欲將而惡廢，無怠勝而忘敗，無威內而輕外，無見其利而不顧其害，凡慮事欲熟而用財欲泰」〔註13〕。所謂「九變」，是九種指揮作戰的權變手段，主要包括《孫子》的「圮地無舍，衢地合交，絕地無留，圍地則謀，死地則戰，途有所不由，軍有所不擊，城有所不攻，地有所不爭，君命有所不受」〔註14〕。所謂「四機」，則是指揮作戰時的關鍵，主要包括《吳子》所言的「氣機」、「地機」、「事機」、「力機」四個方面。

曾公亮等人在書中不僅重新認識並重視了將帥的選拔，還將選拔將帥的要求與方式，在前人基礎上又大大向前邁進了一步。尤其是「九驗」、「九術」、「十五貌情」等考察方式，無疑是對《孫子》、《吳子》、《六韜》等古代兵經的進一步拓展。而「五事」、「六術」、「五權」、「九變」、「四機」又是良將所必須掌握的用兵之道，為兵家要務，非精通於此者，不可以為將。換言之，只有明此要務，知此先務，方能在領兵作戰過程中，攻無不克，戰無不勝。可見，這種考察被選之人、明確其職責範圍的方式、方法，使得將帥在選用方面更為全面、具體、系統。

二、軍事訓練

北宋軍隊長期以來失於訓練，且流於形式，以致「每指揮藝精者不過百餘人，其餘皆疲弱不可用」〔註15〕，給實戰造成了巨大損失，加強軍隊訓練已成為軍隊建設急務之一。

書中認為軍隊建設的重點，在於加強軍事訓練，對教兵習戰，熟悉戰法，掌握戰技，極為重視，用筆甚重。認為如果「軍無眾寡，士無勇怯，以治則勝，以亂則負。兵不識將，將不知兵，聞鼓不進，聞金不止」〔註16〕，那麼

〔註12〕同上。
〔註13〕同上。
〔註14〕同上。
〔註15〕《續資治通鑑長編》卷一百二十八。
〔註16〕曾公亮、丁度等《武經總要》前集，卷二，中國兵書集成本。

雖有百萬之眾，也難「以之對敵」，勝利也無從談起。只有「用兵欲其便，用器欲其利，將校欲其精，士卒欲其教」〔註17〕，把軍事訓練問題放在重要的位置，嚴格要求，常抓不懈，達到練之有長，教習使然，才能不斷提高部隊戰鬥力，在實戰中取得相應勝利。

曾公亮等人把軍事訓練內容分爲隊列、個人素質、技能等類別。隊列訓練是按照作戰要求，把步兵、騎兵分開，練習進退坐作，熟悉指揮號令，爲行軍佈陣打基礎。個人素質訓練主要是訓練目、手、足、心，「教目知形色之旗，教耳知號令之數，教足知進退之度，教手知長短之兵，教心知賞罰之用」〔註18〕，以提高士卒的身體素質。技能訓練主要是使用刀槍、弓弩等，「教刀者，先使執持便慣，乃以形制輕重折伐猛劣而爲之等；教旗若槍者，先使把捉有方，盤旋進退，乃以干之長短大小、插刺深淺而爲之等；教弓者，先使張弓架矢威儀容止，乃以弓之硬弱、箭之遲速遠近、射的親疏、穿甲重數而爲之等；教弩者，先使之繫縛弛張輕利捷敏，乃準弓矢而爲之等」〔註19〕，以增強士卒的軍事技能。

軍事訓練方式分爲「講武」、「教旗」、「教草」、「日閱」等方面。「講武」指軍事檢閱活動，「教旗」指熟悉指揮號令，「教草」指軍事技能訓練，「日閱」指戰陣訓練活動。「大凡講武以示法程，教旗以習進退，教草以示殺護，日閱以便坐作，雖在治世，不可以闕」〔註20〕。按照訓練的程式，要講求循序漸進，如個人素質訓練就要「善訓士者，先教耳所以審金鼓也，次教目所以辨旗幟也，次教手使屈伸便利、提挈敏急，次教足使進退合宜、往來迅疾，末教心使庶務恭順精強」。至於訓練方式，「故不先日閱，是謂教而無漸；不後講武，是謂訓習而無功。斯則交相爲用，而成折衝靜難之具也」〔註21〕。說明開展軍事訓練，只有按程式進行，才會最終收到實效。

這些認識與論述，表明北宋政府已經認識到了軍事訓練中所存在的嚴重弊病，力求建立一套全面而系統的訓練體制，來改善軍事作戰中的不利局面。這對北宋軍隊建設，從理論上講是有一定積極作用的。

〔註17〕 同上。
〔註18〕 同上。
〔註19〕 曾公亮、丁度等《武經總要》前集，卷二，《日閱法》，中國兵書集成本。
〔註20〕 同上。
〔註21〕 同上。

三、營陣規制

行軍作戰中營規陣制極為重要，尤其是在冷兵器時代，陣法表現更為突出。所謂陣法，是指野戰的戰鬥隊形和宿營的防禦部署隊形。陣圖就是用符號標識陣法，製成作戰方案，是對陣法的一種圖案化、靜止化、象徵性的描述，是冷兵器時代充分發揮集團戰鬥力的重要方法。它適合當時兵源素質和武器裝備等特點，通過優化組合使整體力量配合合理，空間點利用得當，從而既能發揮單兵作用，又能做到彼此間的相互協調配合。全軍如能通過準確嚴明的旗鼓號令、科學機敏的調度指揮，就會大大增強整體實力，達到克敵制勝的目的。而營法則為駐軍安營之法，「《軍志》曰：止則為營，行則為陣」〔註22〕。「陣中容陣，謂隊伍布列有廣狹之制，欲其回轉離合無相奪倫。營中有營，謂部分次序有疏疏密密之法。」〔註23〕這說明安營佈陣，在基本理論上是相同的，只不過具體運用上有所差異而已。

書中認為「凡置營，先計人數，列營幾重，配地多少。隨師眾寡，一人一步。使隊間容隊，寧使剩隊，不得少隊。已往便定，不得移易。如一廂有剩，所剩之隊友配守禦，不使士卒煩擾。如久住暫時，各量其宜。咸立表於十二辰，立五旌，長二丈八尺，審子午卯酉地，勿令邪僻：以朱雀旌立午地，白虎旌立酉地，玄武旌立子地，青龍旌立卯地，招搖旌立中央。其樵牧汲飲不得出表外。」〔註24〕至於營法的類別與具體設置，一般講來在平原地帶安營，如果無險可守，就作方營；如果半邊有險阻，就作月營。軍隊要長久駐紮，則為柴營、木柵營、掘濠營、築城營；若不長久駐紮，則為車營、拒馬營、立槍營、攏槍營。每一種營法，都有各自的特點，但在營地選擇上，又有相同的要求：「夫下營之法，擇地為先。地之善者，左有草澤，右有流泉，背山險，向平易，通達樵木，謂之四備。大約軍之所居，就高去下，向陽背陰，養生處實，無以水火為慮。居山在陽，居水避卑。不居惡名，謂豆入牛口之類；不居無障塞，謂四通八達之道，受敵益多；不居深草，恐有潛襲，或被火燒；不居水沖，恐有漲溢，或彼決壅。不居無水及死水，恐渴飲致病；不居無出路，謂四面地溢，恐被圍難解，及糧運阻絕。不居無草榮，恐軍乏絕；不居下濕，恐人多疾病，軍馬不利。不居廢軍故城久無人居者，急疾無

〔註22〕劉基《兵法心要》，《下營法》。
〔註23〕同上。
〔註24〕曾公亮、丁度等《武經總要》前集，卷六，《下營法》，中國兵書集成本。

固守；不居塚墓間，與鬼神共處。春夏宜居高，以防暴水；秋冬不居清澗深皋，慮有延潦。」〔註25〕

至於陣法，雖具體形式不同，但在隊列編排、行為規則和要領等方面卻有相同要求。如論陣法的要領，稱「大要在士卒訓練，兵械堅良，號令以申之，賞罰以督之，因山川形勢之宜，講步騎離合之要，不囂不隘，按陣而居」〔註26〕。論及戰陣變化，稱「奇不得正，雖銳而無恃；正不得奇，雖整而無功，故必交相用，而後能百戰百勝矣」〔註27〕。論隊列的編排，稱「凡卒，一人居地，廣縱各二步；十人為列，十列為隊，則廣縱各二十步。陣間容陣，隊間容隊，曲間容曲，此行列之法也」〔註28〕。論作戰要求，稱「前禦其前，後禦其後，左防其左，右防其右；行必魚貫，立必雁行；長以參短，短以參長；回軍轉陣，以後為前，以前為後；進無速奔，退無遽走；四頭八尾，觸處為首，敵衝其中，兩頭俱救」〔註29〕。諸如此類論述，曾公亮等人從兵學理論的角度，基本揭示出了陣法的特點。

非但如此，書中還並采諸家之法，大量介紹了由古至今的各種營法、陣法，尤其是各種陣法的具體運用。當然，羅列這些營法、陣法主要目的是為了讓將帥們更好的瞭解、學習它們，而決不是要拘泥於此。

戰場形勢是瞬息萬變的，完全依靠這些靜止不變的營法、陣法，以不變應萬變來作戰，是不可能取得勝利的。因而，曾公亮等人認為要想真正懂得各種營法、陣法，就必須活學活用，達到「沿古以便今，聞一而悟十，觸類以長」，「與孫吳暗合」，方才是「為極至耳」〔註30〕。這對於改善當時極為嚴重的授圖御將的作戰方式，在理論上是有一定積極作用的。

四、攻守方略

所謂攻守方略，在中國古代鐵兵器時代主要是指城池攻防之法。北宋時期，中原民族以步兵為主，與契丹、西夏等少數游牧民族騎兵相比，不具備遠途奔襲能力，因而以城池為中心的作戰就顯得更為重要。故而，書中十分

〔註25〕同上。
〔註26〕曾公亮、丁度等《武經總要》前集，卷七，《下營擇地法》，中國兵書集成本。
〔註27〕曾公亮、丁度等《武經總要》前集，卷七，《陣法總說》，中國兵書集成本。
〔註28〕同上。
〔註29〕同上。
〔註30〕同上。

重視守城和攻城之法。

曾公亮等人在討論作戰方式時，依據傳統觀點強調「攻城爲下」，認爲攻城原則「必在乎審彼之強弱，量我之眾寡，或攻而不圍，或圍而不攻」；而守城原則「必在乎智慮周密，計謀百變，或彼不來攻而我守，或彼不挑戰而我擊，或多方以謀彼師，或屢出以疲彼師，或彼求鬥而我不出，或彼欲去而懼我襲」〔註31〕。根據這些原則，書中對攻城與守城作戰之法，做了詳細論述。

具體說來，在進攻敵人城堡前，要明確行動緩急，如果敵我雙方勢均力敵，敵人有強大外援，對我方構成腹背之患，就必須迅速攻城。若我方力量強大，敵方力量弱小，且沒有外援，就可以圍困敵人。儻使敵方城池堅固，兵力眾多，外援即將趕來，就必須放棄攻城。當迫近敵人城堡決定要攻城或圍城時，須先派間諜進入城內，探明敵人數量，尤其是糧食儲備情況，如糧多人少，可以攻而不圍；若糧少人多，可以圍而不攻。在攻克敵人城堡後決定撤離或據守時，要根據實際情況，如果在城堡周圍沒有險要做屏障，就不用派兵鎮守；假若城堡接近邊境，就需要派兵固守，以便就地積蓄糧草，免除轉運之勞苦〔註32〕。

對於防禦作戰的問題，《武經總要》論述較多。在曾公亮等人看來，守城失敗的原因，主要是守衛力量薄弱，城邑大而人口少，糧食少而人口多，物資儲備在城外，城內豪強不服從命令，加上城外河水高出城面，城牆土質疏鬆，護城河水較淺，防禦器械、柴草供水不足等，即使有高大的城牆，也應當放棄守城。相反，如果護城河修繕完備，防禦器械充足，人少而糧多，賞罰分明，上下團結，加上城邑背靠大山，面向平川，城牆土質堅硬，城外有河流、險隘作屏障，就可以守城成功〔註33〕。

作爲守城一方，爲了有效鎮守城堡，必須採用相應有效措施。「凡守之道，敵來逼城，靜默而待，無輒出拒，候其矢石可及，則以術破之。若遇主將自臨，度其便利，以強弩叢射，飛石並擊，斃之，則軍聲阻喪，其勢必遁。若得敵人稱降及和，切勿弛備，當益加守禦，防其詐我。若敵攻已久，不拔而去，此爲疲師，可躡而襲之，必破，此又寄之明哲，見利而行，不可羈以常檢也。」〔註34〕針對不同情況，從不同角度採取相應的具體方法，方可取得成功。

〔註31〕曾公亮、丁度等《武經總要》前集，卷十，《攻城法》，中國兵書集成本。
〔註32〕具體可參見《武經總要》前集，卷十，《攻城法》。
〔註33〕具體可參見《武經總要》前集，卷十二，《守城》。
〔註34〕曾公亮、丁度等《武經總要》前集，卷十二，《守城》，中國兵書集成本。

此處尤值一提的是，書中相關內容初露積極防禦端倪。如在城池的防守當中，曾公亮等人一方面主張「益加守禦」；另一方面又反對單純防禦，強調「以戰代守，以擊解圍」〔註35〕。所謂「以戰代守」，「即以積極的作戰行動打退敵軍的進攻，這顯然包含有積極防禦的思想因素」〔註36〕。

這些關於攻城與守城之法的論述與所包含具體戰法、戰具的運用，對於充分發揮北宋步兵的長處來遏制契丹與西夏騎兵的進攻，在理論上是有一定積極意義的。所顯露出來的積極防禦觀點，更是與當時一貫消極防禦主流思想相悖，反映出朝中有志之士的積極主張。

五、其他方面

除上述觀點之外，《武經總要》中還流露出許多值得稱道的用兵作戰思想，具體說來主要有以下幾方面。

1、「不戰而屈人之兵」

「不戰而屈人之兵」的全勝思想，作為古代戰略思維的重要議題之一，本是《孫子‧謀攻》篇內容，其思想建立在「攻」的基礎之上。「不戰」的零代價是為了達成「屈人之兵」之全勝目的，「利」的權衡是這一思想的根本支點所在。《李衛公問對》卷下有唐太宗言：「謂不戰而屈人之兵者上也」。《太白陰經》卷一，「術有陰謀」條目有：「故兵有百戰百勝之術，非善之善者也；不如不戰而屈人之兵，善之善者也。」

而宋人對此論述的重心卻發生了偏移。梅堯臣、張預等人強調「不戰」的原因在於「戰則傷人」，並辯解說這是完全是為了為了「愛民」。這種片面強調「不戰」而忽略「屈人之兵」的解釋，顯然是對《孫子》這一思想的曲解，是為一直彌漫於整個王朝的怯戰、投降思想路線尋找託辭。

《武經總要》與當時主流相左，積極繼承並發展了《孫子》之論。書中不僅言及「不戰而屈人之兵，善之善也」〔註37〕，還在後集卷一專設「不戰而屈人之師」條目，別為一門，以西漢周亞夫平叛七國之亂等 4 個戰例釋之。這不僅是對宋代《孫子》兵學的發展，更是站在戰略高度，從理論上反對對

〔註35〕同上。
〔註36〕王厚卿《中國軍事思想論綱》，國防大學出版社，2000 年，第 370 頁。
〔註37〕曾公亮、丁度等《武經總要》後集，卷一，《不戰而屈人之師》，中國兵書集成本。

少數民族政權所採取的妥協、投降路線。

2、「將能而君不御者勝」

「將能而君不御者勝」是《孫子·謀攻》中的原話。作為古代兵學理論的基本觀點之一，被歷代兵家奉之為經典，述論較多。以十一家對此所注為例，「曹操曰：司馬法曰：『進退惟時，無曰寡人』也。」「李筌曰：縻，絆也。不知進退者，軍必敗；如絆驥足，無馳騁也」；「將在外，君命有所不受者勝；真將軍也」。「杜牧曰：猶駕御縻絆，使不自由也」；「尉繚子曰：『夫將者，上不制乎天，下不制乎地，中不制乎人』」。「杜佑曰：將既精能，曉練兵勢，君能專任，事不從中御。故王子曰：『指授在君，決戰在將』也。」「賈林曰：軍之進退，將可以臨時制變；君命內御，患莫大焉。故太公曰：『國不可以從外治，軍不可以從中御。』」「梅堯臣曰：軍不知進退之宜，而專進退，是縻繫其軍，六韜所謂軍不可以從中御」；「自閫以外，將軍制之」。「王晳曰：縻，繫也。去此患，則當託以不御之權」；「君御能將者，不能絕疑忌耳。若賢明之主，必能知人，故當委任以責成效，推轂授鉞，是其義也。攻戰之事，一以專之，不可從中御，所以一威，且進其才也。況臨敵乘機，間不容髮，安可遙制至乎？」「何氏曰：古者遣將於太廟，親操鉞，持其首，授其柄，曰：『從是以上至天者，將軍制之。』乃復操柄，授與刃，曰：『從是以下至淵者，將軍制之。』故李牧之為趙將，居邊，軍市之租，皆自用饗士，賞賜決於外，不從中御也。周亞夫之軍細柳，軍中惟聞將軍之命，不聞天子之詔也。蓋用兵之法，一步百變，見可則進，知難而退。而曰，有王命也，是白大人以救火也，未及反命，而煨燼久矣！曰，有監軍也，是作捨道邊也，謀無適從，而終不可成矣！故御能將而責平猾虜者，如絆韓盧而求獲狡兔者，又何異也。」張預曰：「進退由內御，則功難成」；「故曰：閫外之事，將軍裁之」〔註38〕。

而北宋皇帝恰恰違背了這一基本原則，「將兵權高度集權於皇帝個人手中，限制甚至剝奪將帥對所部軍隊應有的指揮權」〔註39〕。不僅宋太祖就開始將將校任免和軍隊調動權牢牢地控制在自己手中，且從宋太宗起還常親自製定作戰方略，授以陣圖，以便「遙制便宜」。直至宋仁宗時，在對西夏激烈

〔註38〕此段所引內容具體可參見孫武、曹操等《十一家注孫子》，上海古籍出版社，1978年，第70～77頁。
〔註39〕范學輝《『將從中御』始於宋太祖考》，《安徽師範大學學報》（人文社科版），2006年第1期，第20頁。

對抗中，還以之爲金科玉律，派「內臣監兵」，「以圖陣授諸將」。這就嚴重地違背了戰爭規律，扼殺了將帥們在戰爭中指揮戰爭的能動性和統帥軍隊的權力，使其失去了自由，根本無力、無權治軍，從而造成畏敵不畏將，愛身不愛將，軍令無法便行尷尬局面，招致連連慘敗。

《武經總要》一反祖制，對「將能而君不御者勝」進行了較爲深刻地論述。在前集卷一《將職》中不僅引有此語，隨後還對三種「將不受命」情況加以闡釋，即「可殺，而不可使處不全；可殺，而不使擊不勝；可殺，而不可使欺百姓。此三者，將之勝敗之先得也」。從而與《孫子》、《司馬法》、《尉繚子》、曹操、李筌、杜牧、杜佑、賈林、梅堯臣、王晳、何延錫、張預等書、人的論述一起，重新從理論上對治軍用兵原則進行了積極認識，而與蘇軾等人所言「天子之兵，莫大於御將」〔註40〕的主流保守思想形成鮮明對比。對於革除御將之風，引導兵家戰將按照戰爭客觀規律指揮作戰，推動一度停滯不前的軍事思想繼續發展有著特殊而重要的意義。

3、「奇正」

「奇正」是《孫子》作戰指導思想的一個核心範疇，前人有關此論頗多。《孫子·兵勢》篇言：「三軍之眾，可使必受敵而無敗者，奇正是也」；「凡戰者，以正合，以奇勝。故善出奇者，無窮如天地，不竭如江河，終而復始，日月是也；死而復生，四時是也。聲不過五，五聲之變，不可勝聽也。色不過五，五色之變，不可勝觀也。味不過五，五味之變，不可勝嘗也。戰勢不過奇正，奇正之變，不可勝窮也。奇正相生，如循環之無端，孰能窮之哉！」《尉繚子·武議》篇有：「三軍之眾，有所奇正，則天下莫當其戰矣。」《六韜·軍勢》篇言：「勢因敵之動，變生於兩陣之間，奇正發於無窮之源。」《李衛公問對》卷上有：「故善用兵者，奇正，人而已。」《孫臏兵法》甚至還專設《奇正》篇，對有關奇正問題展開論述。

北宋政府幾乎每次作戰，總是先授陣圖，尤其是宋太宗的「平戎萬全陣」、宋眞宗的「常陣」、宋仁宗的「八陣」等，不僅使將帥無法靈活指揮作戰，而且就其所授戰陣圖來講也極爲呆板、保守，根本無奇正可言，從而導致實戰中屢屢受挫。

《武經總要》重新認識到了奇正的重要性，並在前人基礎上進行總結、

〔註40〕蘇軾《東坡全集》卷四十二，《孫武論下》。

歸納，進一步做詳細地論述。書中不僅在前集卷四中專設「奇兵」一條目，認爲「奇非正則無所恃，正非奇則不能取勝」，「奇正」廣泛體現示形造勢的各個方面，「至其出入詭道，馳騁詐力，則勢有萬變」；還引述了著名的「詭道十二法」，而《孫子》所論「詭道」無非是奇正的具體運用。很顯然，這一闡述「深化了對《孫子》奇正思想的理解，使之作爲排兵佈陣及其戰術變化的範疇出現，而且成爲分析和指導一切戰役戰術行動的普遍原則」〔註41〕。同時，後集卷三還專設「權奇」與「奇計」條目，分列晉楚城濮之戰等 17 個戰例和後周伐陳等 6 個戰例；後集卷五專設「出奇」與「伏兵」條目，分列秦趙長平之戰等 7 個戰例和晉楚泌之戰等 24 個戰例，證明奇正相合的重要性與必要性。這些均對改變當時「堂堂之陣」式的僵死不變作戰指揮方式有一定積極作用。

4、「以寡勝眾」

「以寡勝眾」既是古代一個重要指揮作戰原則，同時也是對「奇正」等用兵思想的補充和延伸。《孫子・虛實》篇有：「吾所與戰之地不可知，不可知，則敵所備者多，敵所備者多，則我所與戰者寡矣。故備前則後寡，備後則前寡，備左則右寡，備右則左寡，無所不備，則無所不寡。寡者，備人者也；眾者，使人備己者也。」曹操的《〈孫子〉略解・虛實》中亦有：「能以寡擊眾，則吾所與戰之地不可知，則敵之所備者多；所備者多，則所戰者寡矣。」

書中在前集卷三單設「以寡擊眾」條目，對「以寡擊眾」之法進行了總結，不僅指出「夫以寡擊眾者，利在於出奇也」，還將種種情況歸結爲三條，即「一曰要之於險，二曰以整擊亂，三曰以日之暮」，若將能明於此，「則可以一擊十，以千擊萬，雖敵人甚眾，則其勢易覆」。隨後，又分列「兵家舊說」，詳細講述在守、戰以及運用戰陣決戰時如何利用條件做到以奇制勝、以寡勝眾。這是對「奇正」思想的具體運用和補充，如在講到戰時，曾公亮等人認爲「凡戰，敵人之眾，或分爲三四，或西或東，更息更戰，或鼓呼而行，或靜若而伏，使輕騎馳我左右，則我當候日暮而擊之，使一人操炬，二人同鼓，或明或暗，或鼓或呼，或銜枚止聲而疾擊其兩傍，衝其左右，或勇士直衝其陣，敵人雖眾，其將可虜也。」〔註42〕同時，後集卷六中亦設「以寡擊眾」條目，下列東漢時的昆陽之戰、三國時的魏吳合肥之戰等 9 個戰例，對這一

〔註41〕 魏鴻《宋代孫子兵學研究》，北京師範大學博士論文，2007 年，第 100 頁。
〔註42〕 曾公亮、丁度等《武經總要》前集，卷三，《以寡擊眾》，中國兵書集成本。

思想進一步加以佐證。

5、「貴知變」

無論是「奇正」思想，還是「以寡擊眾」思想，幾乎所有的用兵作戰思想中都不可缺少「知變」觀念，實戰中更是如此。這一思想是歷代兵家所遵循的一條基本原則，也是指揮藝術的最高境界。《孫子・虛實》篇有：「故兵無常勢，水無常形；能因敵變化而取勝，謂之神。」同時，他還指出將帥知變、善變的重要條件是有充分的自主權，以保證在戰場上能夠臨機決定，因敵而制勝。《孫臏・奇正》篇也曾經講：「以一形之勝勝萬形，不可。」戰場情況瞬息萬變，要想用一個一成不變的方法來應對各種戰況，是極為荒謬的幻想。必須根據實際情況，靈活應用各種戰法，方可取勝。《虎鈐經》中更是明確提出「用兵之術，知變為大」〔註43〕的主張，並圍繞「知變」做出了多方面具體論述。

《武經總要》在吸收前人的觀點基礎上進一步詳細論述了「貴知變」這一思想。首先，重視「知變」。不僅在前集卷四，「用騎」條目中重新提出了這一主張，還在前集卷九「九地」、「六形」條目中專列地利，卷十六至二十專列「邊防」；後集卷十六至二十專列「占候」，其中包含了相應的天時氣候條件；並在論將、論兵、練兵等相關內容中論述了有關人和之利。這表明該書是十分重視「知變」思想的，強調依據當時當地的天時、地利與人和條件來排兵佈陣，進行戰鬥。其次，善於「知變」。前集卷四，「料敵將」、「察敵形」中分別言明如何料敵將、知敵將，針對敵將的不同特點，採取相應策略欺騙敵將，以圖擊之；徵引《孫子・行軍》篇的相關內容，說明如何通過敵人的各種表現、現象、假象，來觀察、分析、瞭解敵人的真實意圖，從而確定敵人是否可擊。後集卷二，「貴先見」、「知己知彼」、「料敵主將」、「料敵制勝」、「料敵形勢」共列37個戰例對如何善於「知變」問題進行了詳細佐證。再次，明辨利害。「『知變』的關鍵在於從利害兩個方面觀察問題，從中擇利而從之。儘管天時有吉凶，地形有險易，戰勢有利害，如能吉中見凶，凶中見吉，易中間險，險中見易，利中見害，害中見利，就能用兵盡知其變。」〔註44〕這一點，也在上述相關條目中有所體現。

可見，該書在前人基礎上，進一步闡述知變理論，這對於改善北宋政府

〔註43〕許洞《虎鈐經》卷一，《三才應變》。

〔註44〕王厚卿《中國軍事思想論綱》，國防大學出版社，2000年，第364頁。

以「將從中御」爲中心的僵死指揮體系，改變宋軍屢戰屢敗的局面，具有較強的理論意義。

6、「不以冥冥決事」

「不以冥冥決事」是古代許多有遠見的思想家、軍事家重要主張。早在春秋時孫子就在《孫子‧用間》篇中明確指出：「故明君賢將，所以動而勝人，成功出於眾者，先知也；先知者，不可取於鬼神，不可象於事，不可驗於度；必取於人，知敵之情者也。」不僅如此，他還提出了在知己知彼、知天知地的基礎上，通過敵我雙方諸因素綜合比較來預見戰爭勝負、進行戰略決策的「廟算」，對樸素唯物論思想的發展做出了重大貢獻。

但在中國古代，長期以來陰陽占卜在軍事作戰中起著非常重要的作用。在多個政權同時並存、戰爭頻仍的北宋時期，朝廷不僅要司天監官吏每天把占測的內容直接奏報給朝廷；還專派司天技術官吏到各地駐軍處進行占測，並對所占內容採取嚴格的保密措施；在重大軍事活動中，又往往派遣司天官員到前線，進行占測〔註45〕。如康定元年（1040）四月，「錄司天監主薄蔣繼宗二子，以繼宗死於軍中故也」〔註46〕，從中可知在當時激烈的宋夏戰爭中，時任司天監主薄的蔣繼宗曾隨軍占卜，並以身殉職。可見，北宋時期陰陽占卜在大規模的軍事活動中仍然起著不容忽視的作用，「它不僅作爲政府軍備決策的重要依據，朝臣演繹戰爭與和平的工具，而且有時對戰爭進程也產生一定的影響，以獨特的方式影響著北宋政府的戰爭與和平」〔註47〕。反映到兵書編纂中，相應的也佔有較大篇幅，如宋眞宗時的《虎鈐經》二十卷，其中後十卷全部是有關陰陽占術。

《武經總要》中雖然專列「占候」一大部類，居有五卷之多，但畢竟較之《虎鈐經》等書所占比重大爲減少。而且在「占候」部類開篇，即後集卷十六中還言道：「凡誓軍旅履行陣，制勝決於人事，參以天變」。這表明，楊惟德等人認爲行軍作戰是否取勝主要取決將帥，只有充分發揮將帥們的主觀能動性，方才可能取勝，而陰陽占卜祇是作爲參考。這在當時是一種比較理性、客觀的認識。

〔註45〕具體內容可參見董煜宇《星占對北宋軍事活動的影響》，《上海交通大學學報》（哲社版），2005年第6期，第58頁。
〔註46〕《續資治通鑑長編》，卷一百二十七。
〔註47〕董煜宇《星占對北宋軍事活動的影響》，《上海交通大學學報》（哲社版），2005年第6期，第61頁。

另外，曾公亮等人在前集卷四「料敵將」條目中還明確提出「不以冥冥決事」，並在前集卷十五「間諜」條目中引用了《孫子・用間》篇之語：「兵法曰：明君賢將，所以動而勝人，成功出於眾者，先知也。先知者，不可取於鬼神，不可象於事，不可驗於度，必取於人而知敵之情者也。」

可見，該書重新重視和強調了「不以冥冥決事」用兵思想。這不僅對《孫子》等古代軍事唯物主義的發展起到較大推動作用，也在整個古代樸素唯物主義發展史上留下了濃重的一筆。

除上述所列六條外，《武經總要》還重新提出了兵將相知，精兵等政策。如前集卷二就有：「兵不識將，將不知兵，聞鼓不進，聞金不止，雖百萬之眾，以之對敵，如委肉虎蹊，安能求勝哉？」這不僅是對當時「兵不知將，將不知兵」造成戰鬥力極為低下的哀鳴；某種意義上講，也是曾公亮精兵政策的體現。

可惜的是，書中所體現出的這些積極思想絕大多數在具體執行當中並無認真落實，也沒有收到什麼實際效果，從而使得北宋軍中仍然痼疾難改，積重難返。選將仍以庸人為主，尤其是實戰中大量唯親任將，庸人領兵，直接成為北宋軍隊不能抵抗少數民族軍事進攻的主要原因〔註48〕。訓練依舊流於形式，形同兒戲，失於實效，後來以致徒成玩習之具，滋生出軍事素質極差的驕兵惰將，在與周邊少數民族的強兵悍將對抗中一直處於劣勢，逐漸形成了屈辱軟弱局面，直接造成了當時的軍事積弱現象〔註49〕。消極防禦思想更為嚴重，戰略上處處設防，消極抵抗，結果造成北宋的根本劣勢，處於被動挨打的境地，即使取得某一時期局部戰役的勝利，也無法扭轉全局的潰敗，成為宋亡根本、直接的原因〔註50〕。面授陣圖更為頻繁，以宋仁宗為例，他就對將帥多次面授陣法、陣圖，如康定元年（1040），「御便殿閱諸軍陣法」〔註51〕；慶曆五年（1045），宋仁宗在閱讀了《三朝經武聖略》後，拿出數本陣圖「以示講讀官」〔註52〕；次年（1046），「詔河北教閱諸軍，並用祖宗舊定陣法，其後來所易陣圖，亦令

〔註48〕具體內容可參見賈大泉《北宋軍隊不能抵禦少數民族政權軍事進攻的原因》，第 37 頁。
〔註49〕具體內容可參見羅炳良《宋代軍事訓練及效果》，《北方工業大學學報》，1991 年第 4 期，第 51 頁。
〔註50〕具體內容可參見王雲裳、張玲卡《宋代與北方民族軍事鬥爭失利原因的若干探析》，《內蒙古社會科學》（漢文版），2003 年第 5 期，第 18～19 頁。
〔註51〕《宋史》卷一百九十五。
〔註52〕《續資治通鑒長編》卷一百五十四。

主將閒習之」〔註53〕；至和元年（1054），還「賜邊臣御製攻守圖」〔註54〕，嚴重違背了軍事作戰的基本原則與常識，極大束縛了將帥們的手腳，造成巨大危害〔註55〕。將從中御更加嚴格，使得將帥只能按照帝王的意志行事，否則即便取得勝利也被視爲有罪，甚至受到處置，直接導致歷次戰爭的慘敗〔註56〕。冥冥決事更爲荒唐，靖康二年（1127），金朝重兵圍困北宋首都開封，宋欽宗不思啓用李綱等名將，依靠北宋軍民，進行積極守城抵禦，反而相信騙子無賴郭京的鬼話，以新徵 7,779 個六甲神兵代替大軍守城，結果城門大開，金兵輕易而舉就攻破了京城的堅固防線，流爲世人皆知的千古笑柄。

第二節　科技文化

軍事學是一個多方位的交叉學科，軍事內容也是一個多角度的綜合體，它與許多內容相互交叉。《武經總要》作爲綜合類軍事百科全書，其中所存大量相關內容，不僅有助於瞭解中國古代軍事思想和軍事歷史，還有助於瞭解當時科技的發展水平，窺覺經濟文化的進步。

一、火　藥

火藥是中國古代的四大發明之一。《武經總要》中不僅較早地使用了「火藥」一詞，還正式刊載了三個火藥配方和許多相關火器。

1、火球火藥方

前集卷十二，「守城」條目載有：晉州硫黃十四兩，窩黃七兩，焰硝二斤半，麻茹一兩，乾漆一兩，砒黃一兩，定粉一兩，竹茹一兩，黃丹一兩，黃蠟半兩，清油一分，桐油半兩，松脂十四兩，濃油一分。

此方中所講的晉州硫磺產於山西，窩黃則是天然產品，焰硝就是硝石，而砒黃則爲砷素化合物，定粉爲含毒物質，黃丹屬鉛化物 pb_3o_4。如果將各種物質按硝石、硫磺、含碳物三大類進行歸併，則硝石重 40 兩（按：宋制 1 斤

〔註53〕　《續資治通鑒長編》卷一百五十八。
〔註54〕　《續資治通鑒長編》卷一百七十六。
〔註55〕　具體內容可參見陳峰、王路平《北宋御制陣法、陣圖與消極國防戰略的影響》，《文史哲》2006 年第 6 期，第 124 頁。
〔註56〕　具體內容可參見羅炳良《宋代治軍政策矛盾分析》，《河北學刊》，1993 年第 2 期，第 98 頁。

為 16 兩），硫磺和窩黃共重 21 兩，各種含碳物質共重 18.02 兩，三者共重 79.02
兩。經過計算不難得知，三類物質在整個組成火藥原料中所占百分比分別為：
50.6%、26.6%、22.8%。此外，還有砒黃、定粉、黃丹等致毒物質 3 兩。因此，
每製作一份火球火藥，除外敷用料外，共需用藥料 82.02 兩。

2、蒺藜火球火藥方

前集卷十二，「守城」條目載有：用硫黃一斤四兩，焰硝二斤半，粗炭末五兩，瀝青
二兩半，乾漆二兩半，搗為末；竹茹一兩一分，麻茹一兩一分，剪碎，用桐油、小油各二兩半，蠟
二兩半，熔汁和之。外傅用紙十二兩半，麻一十兩，黃丹一兩一分，炭末半斤，以瀝青二兩半，黃
蠟二兩半，熔汁和合，周塗之。

此方中所用焰硝，即硝石重 40 兩，硫磺重 20 兩，各種含碳物質共重 19.52
兩，三者共重 79.52 兩，它們的百分比分別是 50.4%、25.2%、24.4%。如果加
上外敷用料 36.51 兩，配製一份蒺藜火球火藥，共用各種材料 116.03 兩。

3、毒藥煙球火藥方

前集卷十一，「火攻」條目載有：毒藥煙球：球重五斤，用硫黃一十五兩，草烏頭五
兩，焰硝一斤十四兩，芭豆五兩，狼毒五兩，桐油二兩半，小油二兩半，木炭末五兩，瀝青二兩半，
砒霜二兩，黃蠟一兩，竹茹一兩一分，麻茹一兩一分，搗合為球，貫之以半，黃蠟二兩半，黃丹一
兩一分，炭末半斤，搗合塗傅於外。

此方中所用焰硝，即硝石重 30 兩，硫磺重 15 兩，各種含碳物質共重 15.52
兩，三者共重 60.52 兩，所占百分比分別是 49.6%、24.8%、25.6%。另外，還
有草烏頭、芭豆、狼毒、砒霜等四種有毒物質，共重 17 兩。因此，每配製一
份毒藥煙球火藥，除外敷用料，共需材料 77.52 兩。

我國古代火藥的發明，最初是從煉丹家使用硝石和硫磺煉製「長生藥」開
始的。早在東晉時期，著名煉丹家葛洪就用雄黃（即硫化砷，As_2S_2）與硝石、
玄胴腸（俗名豬大腸，實際就是豬脂，含有大量的含碳物質）、松脂（即天然松
脂，屬於含碳物質）三物合煉，以「令人長生，百病除」〔註57〕。到了唐代，
他們又在前人基礎上創造和發展了「伏火法」。所謂「伏火」，就是在煉製丹藥
時將一些金石藥物用火烘燴，其中包括硝石、硫磺和砒霜等，以改變其易燃性、
揮發性和猛毒性。最原始的火藥正是從伏火法中煉製而成的。早在唐憲宗元和
三年（808）已經出現了「伏火硫磺法」（即硝石與硫磺合燴）和改進後的「伏

〔註57〕葛洪《抱朴子》內篇卷二，《仙藥》。

火䂪法」(即硝石、硫磺與含碳物質共燃)等相關記載〔註58〕。這些方法中,尤其是「伏火䂪法」,已初步具備了煉製火藥的條件,換言之,在元和三年以前就已經出現了雛形火藥配方。但由於煉丹家認識上的侷限性,他們只關心自己的煉丹試驗,對火藥這一重大發明並沒有引起足夠的重視。

直到北宋初年,這一發明才逐漸被一些有識的軍事將領發現。他們從實戰出發,大膽利用硝石、硫磺、木炭三種物質合燒後產生的爆炸作用,製成一大批具有焚燒和殺傷作用的火器,用於實戰中。然而,由於史家們的疏漏或者對於科技發明的不夠重視,這一時期「火藥」一詞尚未見於史載。直至宋仁宗天聖元年(1023)在開封設立火藥作坊時,「火藥」一詞才隨之問世〔註59〕。慶曆年間官方所編纂的《武經總要》,不僅較早地使用了「火藥」一詞,還刊載了「毒藥煙球」、「晉州火藥方」、「蒺藜火球火藥方」三個火藥配方。

按照這三個配方,再摻雜一些其他物質,就可以配製出不同性能和用途的火藥。這些火藥,與以往各種雛形火藥相比,硝石、硫磺、木碳之間的組配比率,均漸趨合理,硝石含量有了大幅度增加,已經比較接近後代黑色火藥的配方;在配製工藝上亦從粗糙趨向精細;在製作規模上也可由分散到成批生產,為火器的大批量製造和裝備軍隊用於實戰提供了比較成熟的條件。

這三個配方不僅是迄今為止世界上發現最早的火藥配方,也是火藥發明與火器最早用於作戰的惟一標誌。它們的正式公佈,「標誌著我國軍用火藥發明階段的結束。在已經走完藥物學家對硝、硫、碳特性的研究,以及煉丹家對硝、硫、碳混合物進行的燃爆試驗的全過程後,進入了軍事家把火藥製成火器用於作戰的新階段,這在軍事技術史上具有開創新時代的意義。」〔註60〕從此以後,人類在戰爭中進入了火器與冷兵器並用的新時期,火藥研製者的任務已經不是如何發明火藥,而是怎樣改良火藥性能、增強火藥威力。

書中所刊載的三個火藥配方,是在當時許多軍事人員經過反覆試驗後,由北宋軍事部門鑒定驗收的成果,這在歷史文獻中多有記載。如《宋史·兵志》所載:開寶三年(970),「兵部令史馮繼升等進火箭法,命試驗,且賜衣物束帛」;咸平三年(1000),「神衛水隊長唐軍福,獻所製火球、火蒺藜」;

〔註58〕具體內容可參見孟要甫的《諸家神品丹法》中的「伏火硫磺法」,唐憲宗元和三年的《鉛汞甲庚至寶集成》中的「伏火䂪法」,以及鄭思遠的《真元妙道要略》中的「硝石、硫磺、雄黃和蜜共燒法」等。
〔註59〕具體內容可參見《宋會要輯稿》職官三十,《東西八作司》。
〔註60〕王兆春《中國科學技術史·軍事技術卷》,科學出版社,1998年,第103頁。

咸平五年（1002），「知寧化軍劉永錫製火炮以獻，詔沿邊造之以充用」。《武經總要》的三個火藥配方，正是從當時軍事人員所使用的火藥配方發展而來的。而這些配方一旦被收入官修御定的兵書之中，那麼它們便成為標準而被加以推廣。與之相隨，書中所載的火球、火箭類兵器及其它相關火器，也就成為世界最早製造與使用的一批軍用火器。

在該書前集卷十一「火攻」、卷十二「守城」條目中，記載有多種火球類火器和火箭類火器。火球類火器有火球、引火球、蒺藜火球、霹靂火球、煙球、毒藥煙球、鐵嘴火鷂、竹火鷂等 8 種；火箭類火器有普通火箭和火藥鞭箭兩種。此外，還有與火藥有關的 16 種火炮類炮車。

如前集卷十一，「火攻」條目有：「煙球：球內用火藥三斤，外傅黃蒿一重，約重一斤，上如火球法，塗傅之令厚，用時以錐烙透」。前集卷十二，「守城」條目有：「霹靂火球，用乾竹兩三節，徑一寸半，無罅裂者，存節勿透，用薄瓷如鐵錢三十片，和火藥三四斤，裹竹為球，兩頭留竹寸許，球外加傅藥」；「蒺藜火球，以三枝六首鐵刃，以火藥團之，中貫麻繩，長一丈二尺，外以紙並雜藥傅之，又施鐵蒺藜八枚，各有逆須，放時，燒鐵錐烙透，令焰出」；「鐵嘴火鷂，木身鐵嘴，束杆草為尾，入火藥於尾內」；「竹火鷂，編竹為疏眼籠，腹大口狹，形微修長，外糊紙數重，刷令黃色，入火藥一斤，在內加小卵石，使其勢重」。

又如前集卷十二，「守城」條目有：「鞭箭，用新青竹，長一丈，徑寸半，為竿，下施鐵索，梢繫絲繩六尺。別削勁竹，為鞭箭，長六尺，有鏃。度正中，施一竹臬。放時，以繩鉤臬，繫箭於竿，一人搖竿為勢，一人持箭末激而發之。利在射高，中人如短兵。放火藥箭，則如樺皮羽，以火藥五兩貫鏃後，燔而發之。」前集卷十三，「器圖」條目在談及鳴鈴飛號箭時有：「火箭，施火藥於箭首，弓弩通用之，其傅藥輕重，以弓力為準」；在談及三弓床弩時有：「三弩並射及二百大步，其箭皆可施火藥用之，輕重以弩力為準」。

在所載 8 種火球類火器中，前 6 種的製法基本相似。其製作程式一般是：先將火藥同鐵片一類的殺傷物或製毒物攪勻拌和；之後，用多層紙進行包裹，用麻繩類線狀物進行捆綁固定呈球形；然後，用融化的松脂類塗料敷於外殼，待其乾涸後即可使用。在實戰中，先將火球類火器放在拋石機的甩兜中，用燒紅的烙錐，將球殼烙透，爾後將它們拋射至敵軍陣地上。由於球殼外面的塗料，多是易燃物料，所以它們很容易將殼內火藥引燃，產生燃燒作用，達

到各種作戰目的。其中蒺藜火球是在球殼破碎後，將鐵蒺藜噴撒在地上，阻礙敵軍人馬的行動；煙球是在爆裂後噴發出大量的煙霧以遮掩我軍的行動，或遮蓋敵軍的眼目；毒藥煙球則在球殼破碎後噴散毒氣，使敵軍人馬中毒，喪失一定的戰鬥能力；霹靂火球則發出大量煙焰用於熏灼敵軍。

後兩種鐵嘴火鷂、竹火鷂的製作方法與火球的製法稍有不同。鐵嘴火鷂用木作鷂身，頭部安有鐵嘴，尾部綁有稈草，火藥裝入草尾中。使用時，先將草尾中火藥線點燃，爾後用拋石機將其拋至敵軍人馬聚集的乾燥之處，尤其是糧草輜重積聚之處，以引起燃燒。竹火鷂是用竹片編成長橢球形的籠身，籠外用紙進行多層糊貼，籠內裝上火藥，籠尾綁上乾草。使用時，先點燃火藥線，爾後用拋石機將其拋至敵方，即可引起燃燒。

火箭類火器有普通火箭與火藥鞭箭兩種。普通火箭就是在一支普通箭支的箭頭後部附上一個球形火藥包，火藥包內裝一定量的火藥，包的尾部留出火藥線。使用時，先點燃火藥線，爾後用弓或弩發射至敵軍陣地，可以焚燒敵軍營寨和糧草輜重。火藥鞭箭則是一種用竹竿製成的用彈射裝置發射的火藥箭，其箭頭附近與普通火藥箭一樣附有火藥包，故與普通火藥箭一樣，在點燃後安於彈力發射裝置上，利用彈力將其彈至發射目的地，進行燃燒〔註61〕。這些「火箭類火器」，尤其是「火藥鞭箭」可謂現代意義上的火箭之雛形，它「將一定量的火藥貫於鏃後，燔而發之，其實是用火藥燃燒後，向後放出的氣體，推動箭頭前進，從而達到遠射之目的。應當說，這是世界上火箭原理應用的最早記載。」〔註62〕當然，由於此時的火藥箭中所用的火藥中硝石含量過低，僅能提供火藥完全燃燒所需氧量的30%左右，它的燃進速度比較低，只能在與空氣接觸的條件下用於縱火，還不能在半封閉的管狀容器中迅速燃燒，更不可能形成巨大的推動力。要想製成真正意義上的火箭只有一般火藥還不夠，必須有含硝量較高的粉狀火藥，也就是今人通常所講的黑火藥。到了12世紀初，北宋已經製成可用作發射劑的火藥，並因而具備了產生火箭的技術前提〔註63〕；至13世紀前葉，南宋已經產生了真正意義上的早期火箭〔註64〕。

〔註61〕具體內容可參見王兆春《中國火器史》，軍事科學出版社，1991年，第18頁。

〔註62〕薄忠信《〈武經總要〉與物理學》，《錦州師院學報》（哲社版），1987年第3期，第75頁。

〔註63〕具體內容可參見潘吉星的《論火箭的起源》，《大自然探索》，1984年第3期。

〔註64〕具體內容可參見中國軍事史編寫組《中國歷代軍事裝備》，解放軍出版社，2007年，第254～256頁。

這些火器投身於實戰後，取得了不少驕人戰績。北宋元豐六年（1083），朝廷曾「賜蘭會路（火）藥箭二十五萬」〔註65〕；次年（1084），又調撥火藥箭 2 萬支火藥鞭箭 2000 支，火球類火器 2000 枚，這些火器在對西夏軍隊的作戰中發揮了重要作用〔註66〕。靖康元年（1126），李綱在東京保衛戰中也曾多次大量使用霹靂火球，擾亂了金軍進攻的陣腳，最後迫使其在攻城無方的情況下退兵而去。至紹興三十一年（1161），南宋在採石大戰中又利用這類火球大量焚燒金軍戰船，大敗金軍水師；同年，宋金水師在陳家島水戰中，宋軍還利用火藥箭、火球等火器全殲金軍水師。諸如此類者，史載甚多，此不一一列舉。

值得注意的是，這些書中所載火藥藥方和火器的製造均出現在 11 世紀中葉以前。而直至 13 世紀末葉，中國發明的火藥和火器，才流傳到了阿拉伯。之後，大約到了 14 世紀，又經過阿拉伯人傳到了歐洲。換言之，《武經總要》確鑿無疑地證明了中國人使用火藥和火器要比歐洲人至少要早 3 個世紀。

今天，世界上許多兵器史專家都把《武經總要》作為研究火器發展史的重要資料。如日本兵器史學家馬成甫在《火炮的起源及其流傳》一書中認為，《武經總要》證明了中國是世界上最早發明火藥和首先使用火器的國家；英國學者李約瑟也在第 16 屆國際科學史大會上說：「在西元 1044 年的《武經總要》中，記載著三種關於火藥的配方，它們是所有文明國家中最古老配方」。至於中國學者研究火藥及其應用時則更少不了利用其許多相關內容。

要之，書中所刊載的「毒藥煙球」、「晉州火藥方」、「蒺藜火球火藥方」三個火藥配方及相關火器，對於火藥發明與火器最早運用實戰研究有著十分重要的意義。

二、指南針

指南針的發明也是中國古代四大發明之一。《武經總要》詳細記載了北宋時期的一種指南針——「指南魚」的製作方法。

前集卷十五，「鄉導」條目有：魚法，用鐵葉剪裁，長二寸，闊五分，首尾銳如魚形，置炭中火燒之，候通赤，以鐵鈐鈐魚首出火，以尾正對子位，蘸水盆中，沒尾數分則止，以密器收

〔註65〕《宋史》卷一百九十七。
〔註66〕具體內容可參見《續資治通鑒長編》卷三百四十三。

之。用時置水碗於無風處，平放魚在水面令浮，其首當南向午也。

　　磁性指南在我國古代發源甚早。早在戰國時，我國就已經出現了指南針的始祖——「司南」。它是一種以天然磁石製作而成的指南儀器，在《鬼穀子》中曾有最早記載：「鄭人之取玉也，載司南之車，爲其不惑也。」〔註67〕此後，隨著科學技術的不斷發展，人們對磁的指南性和吸鐵性都有了進一步的認識。如東漢王充在《論衡》中提到「指南杓」——「司南之杓，投之於地，其柢指南」〔註68〕；葛洪在4世紀所作的《抱朴子》中也將針狀指南器和「司馬」並列（當時「司馬」一般認爲繫磁杓置於式之地盤上製作而成）。但相關著作對其具體製作工藝均未有詳載。

　　至北宋出現了兩種指南針性質的儀器，一種爲魚形，一種爲針形。魚形指南針儀器，又名指南魚，有兩種制法：一種爲陳元靚《事林廣記》所載，一種即爲《武經總要》所述。針形指南針儀器，是一種用磁石磁化的鋼針，沈括的《夢溪筆談》中記載有四種製法：水浮法、指爪法、碗唇法、縷懸法。

　　關於魚形指南針儀器的兩種製法，《事林廣記》所載爲：「以木刻魚子，如母指大，開腹一竅，陷好磁石一塊子，卻以臘填滿，用針一半僉從魚子口中鉤入，令沒放水中，自然指南，以手撥轉，又復如初。」〔註69〕很顯然，這種指南魚仍係天然磁石製造。至於《武經總要》所載之法，遍考典籍則不難發現，它爲人類歷史上第一次用地球磁場進行人工磁化方法的記載。

　　從現代科學原理來看，曾公亮等人所載之法，是利用強大地磁場的作用使鐵片磁化的一種方法。首先將鐵片做成魚狀燒至「通赤」，這樣由於內部分子產生劇烈的熱運動，原來的穩定排列就會被打破。之後，令其「正對子位」，即正對北方，這樣就會使得混亂的分子在地磁場作用下增加動能，從而達到磁化目的。最後，把它蘸入水中進行冷卻，在地磁場的作用下，分子就會由混亂變爲規則排列，而且排列具有一定方向性、規則性，於是對著北方方向的魚尾就被磁化成爲指北極，魚首則成爲指南極。在這種情況下，就產生了書中所講的「平放魚在水面令浮，其首常南向午也」效果，一塊鐵片也就變成具有指南針性質的儀器。

　　書中所載的指南魚，使傳統的指南儀器從地上轉動到在水上浮動，大大

〔註67〕王栩《鬼谷子》，《謀篇》。

〔註68〕王充《論衡》卷十七，《是應篇》。

〔註69〕陳元靚《事林廣記》卷十，《神仙幻術》。

減少了指南轉動過程中的摩擦力，有效地提高了精確度。雖然指南魚的磁性還較弱，實用性並不很強，但畢竟它向著先進的指南針又邁進了一大步。因此，曾公亮等人有關指南魚的記述「儘管還嫌簡略，但其內涵豐富，清晰記述了熱退磁現象的應用全過程，完全合乎科學原理，反映了宋代勞動人民經過反覆實踐總結出來的科學工藝和方法」〔註 70〕。難怪《夢溪筆談》所載四種指南針製作方法中第一種方法即是由指南魚演變而來的「水浮法」。

另外，書中還提及「以鐵鈴鈴魚首出火，以尾正對子位，蘸水盆中，沒尾數分則止」。這個過程，說明當時的中國人已經意識到地球有磁偏角的存在，並在實際中運用了地球磁偏角原理。讓鐵魚尾朝北略爲向下傾斜數分，使魚體更接近地磁場方向，這樣就會增加磁化的效果。換言之，在北宋中葉以前，中國人已經發現地磁偏角的存在，且應用於製作指南儀器了，這一點比沈括所載要早 40 多年。而在西方，則直到 1544 年德國人哈特曼才發現了地磁傾角，比中國人整整晚了 500 年；到了 1600 年，英國人吉爾伯特才懂得用地磁場使鐵片人工磁化，這又是幾十年後的事情了。

這種以人工磁化法製造出的指南魚原本是作爲陸戰中指示夜戰中士兵辨別方向而製作的，但經過改製便廣泛運用於航海事業，從此以後「舟師識地理，夜則觀星，晝則觀日，陰晦觀指南針」〔註 71〕。也正是這種改進後的指南魚——磁浮羅盤，在大約 13 世紀初傳入了阿拉伯，然後再由阿拉伯傳入了歐洲〔註 72〕。

要之，書中所載的「指南魚」及其製法是目前發現的關於人工磁性指南儀器的最早明確記載以及地磁傾角的利用實例，不僅對於指南針的發明史、磁學與地磁學史研究有著重要意義，同時也是中西方文化交流史研究不可缺

〔註 70〕劉福濤《論〈武經總要〉的科技史價值》，《福建師範大學福清分校學報》，2003 年第 3 期，第 11 頁。
〔註 71〕朱彧《萍洲可談》卷二。
〔註 72〕具體內容可參見李晉江的《指南針、印刷術從從海路向外西傳初探》。文中認爲，唐代以後，堪輿術分爲江西和福建兩派，江西派著重山形水向，專一於地形；而福建派強調卦、羅盤方位點及星座，特別爲羅盤之使用。在唐末，福建泉州已有磁浮羅盤使用。曾公亮青年時代是在泉州度過的，而且他在京城爲官後也曾多次回到泉州，不可能不知道泉州應用羅盤看風水的情況。到了 12 世紀初，我國發明的指南針，尤其是指南魚已經在航海中得到廣泛應用。至 13 世紀初，正是作爲指南針的一種——磁浮羅盤，即《武經總要》中所載的指南魚經過改進後經過福建泉州傳入了阿拉伯。

少的珍貴資料。

三、密碼學

早在戰國時期，我國就發明並開始使用秘密通信的方法。如《六韜》中的《陰符》和《陰書》兩篇就專門記載了當時秘密通信的形式與方法。所謂「陰符」，就是一種符節，雙方事先約定好，不同長度的符節各代表具體不同的意思。所謂「陰書」，就是一封豎寫的完整的秘密信件或情報，攔腰截成 3 段，派三個人各持一段，於不同的時間、路線分別出發送給收信人。收信者收齊 3 段信，即可知曉全部內容，萬一途中某一個送信者的信件被截獲，敵方也無法解讀信的全部內容。

秦漢以後，在秘密通信中出現了各種暗語暗號、密詩、符號等形式，不易為外人破解，還有的將密信用蠟密封或用火漆、封泥密封，以防洩密。

到了北宋時期，密碼術又有了新的發展。早在康定元年（1040）五月，丁度等人就向仁宗皇帝進言：「請製軍中傳信牌」（具體內容可參見，第二章第一節的「軍事」部分），其中就比較詳細的言及了「字驗」之法，但對其具體操作方法沒有講明。後來，丁度等人在前人基礎上，對這一技術又進行完善，在編纂《武經總要》時全面加以著錄。

前集卷十五專設「字驗」一條目，其中言道：「舊法：軍中咨事，若以文牒往來，須防洩露；以腹心報覆，不惟勞煩，亦防人情有時離叛」，為此特別編制了一套通訊密碼表，「約軍中之事，略有四十餘條，以一字為暗號」，其具體內容是：（1）請弓、（2）請箭、（3）請刀、（4）請甲、（5）請強旗、（6）請鍋幕、（7）請馬、（8）請衣賜、（9）請糧料、（10）請草料、（11）請車牛、（12）請船、（13）請攻城守具、（14）請添兵、（15）請移營、（16）請進軍、（17）請退軍、（18）請固守、（19）未見賊、（20）見賊訖、（21）賊多、（22）賊少、（23）賊相敵、（24）賊添兵、（25）賊移營、（26）賊進兵、（27）賊退兵、（28）賊固守、（29）圍得賊城、（30）解圍城、（31）被圍城、（32）賊圍解、（33）戰不勝、（34）戰大勝、（35）戰大捷、（36）將士投降、（37）將士叛、（38）士卒病、（39）都將病、（40）戰小勝。

如何使用這套密碼，在書中亦有詳細交代：「凡偏裨將校受命攻圍，臨發時，以舊詩四十字，不得令字重，每字依次配一條，與大將各收一本。如有報覆事，據字於尋常書狀或文牒中書之，加印記所請。得所報知，即書本字，

或亦加印記。如不允,即空印之,使眾人不能曉也。」〔註 73〕這就是說,把上面的 40 個軍事術語,全部編爲數字代碼,然後任意選擇一首沒有重複字出現的五言律詩(五言八句,恰好 40 個字)作爲解碼的密鑰。當軍隊出陣前,授給主帥一個記有 40 個軍事代碼的密碼本,同時再發給他一首沒有重複字出現的五言律詩,如杜甫的《春望》:「國破山河在,城春草木深。感時花濺淚,恨別鳥驚心。烽火連三月,家書抵萬金。白頭搔更短,渾欲不勝簪。」

毫無疑問,這首詩就成了特定的解碼密鑰,由統兵主帥隨身攜帶,比如,在實戰中統兵主帥發現自己兵力嚴重不足,急需增添援兵,他就可以從密碼本上找到「請添兵」的代碼是「14」。據此,立刻在「五言律詩」中尋找第「14」位上的「濺」字。爾後,可馬上簽發一條含有「濺」字公文,並在其上加蓋印章。待公文送達後,收到公文的將領很快按照印章下面那個字的提示,與密碼本上的代碼一對照,即刻會明白公文的內容,然後採取相應的措施。從數學的角度講,40 個軍事術語全排列結果爲 8,159,152,847 次,這在當時已經是個天文數字了,加之「五言律詩」多不勝數,所以在一般情況下,這種密碼在外人手裏幾乎是無法破譯的。

可見,這套軍事通訊密碼,由於舊詩本身及已選定的舊詩中每一個文字對應的軍情都可隨時按需要改變,具有相當的靈活性。它的保密特點在於情報通信落入敵手亦能確保其安然無恙,並且即使通信人中途變節也不致洩露軍機。

要之,字驗是「北宋簡便而行之有效地密碼技術,也是我國古代通信史上的一大創舉」〔註 74〕。雖然它還不是現代意義上的密碼學,但已經顯露了編碼學和破譯學的雛形卻是毫無疑問地,這對於推動中國古代密碼技術的發展起到了重大作用。書中所載這一內容的詳細情況對於中國古代密碼學史,尤其是北宋密碼技術的研究具有十分重要意義。

四、醫　學

隨軍作戰,戰死、戰傷是司空見慣之事,因而戰爭一出現,軍事醫學也就逐漸隨之誕生。至北宋時期軍事醫學已經比較發達,其中在《武經總要》中以防毒、解毒爲急務的軍事醫學思想相對表現比較成熟。

前集卷六,「防毒法」條目中不但認爲:「軍行近敵地,則大將先出號令,

〔註 73〕曾公亮、丁度等《武經總要》前集,卷十五,《字驗》,中國兵書集成本。
〔註 74〕沈逸波《北宋的軍事「密碼」》,《軍事歷史》,1991 年第 3 期,第 58 頁。

使軍士防毒」，還提出了 5 種防毒辦法：「一謂新得敵地，勿飲其井泉，恐先置毒。二謂流泉出於敵境，恐潛於上流入毒。三謂死水不流。四謂夏潦漲霖，自溪塘而出，其色黑，及帶沫如沸，或赤而味咸，或濁而味澀。五謂土境舊有惡毒草、毒木、惡蟲惡蛇，如有含沙、水弩、有蜮之類，皆須審告之，以謹防慮。」並特別提醒全軍將士：「凡敵人遺飲饌者，受之不得輒食。民間店賣酒肉脯鹽麴豆之類，亦須審試即食之。」足見，其防毒意識是相當強烈。

前集卷十一，「水攻」條目又對水中投毒情況進行了較為詳細地解說：「凡水，因地而成勢，謂源高於城，本高於末，則可以遏而止，可以決而流，或引而絕路，或堰以灌城，或注毒於上流，或決壅於半濟，其道非一。須先設水平，測度高下，始可用之也。」可見，向飲水中投毒在當時戰爭中是最經常發生的事情之一，因而採取相應的防毒和解毒措施便成為軍醫的一項重要任務。

當「毒藥煙球」等有毒性化學武器投入戰場後，就使得防毒、解毒變得更加困難，同時也對軍事醫學提出了更高、更新的要求。據前文所述，「毒藥煙球」中有草烏頭、巴豆、狼毒、砒霜等有毒物質，這些有毒物質一旦變成濃煙，就會導致中毒者「口鼻出血」的嚴重後果。而且從中毒的途徑來說，飲食中毒是通過消化道吸收，然後再經過肝的轉化才進入全身血液循環，其中毒過程比較緩；而毒氣中毒則直接通過呼吸道和肺循環而進入全身血液循環，中毒速度比較快、程度比較深，並隨毒氣在空氣中的濃度的增高而不斷加速、加深。所以，毒氣中毒對將士的危險更為強大。可惜的是，對於這些化學戰劑，可能是出於保密的緣故，書中並沒有給出具體的防毒、解毒措施。「於是，這也就成為北宋乃至以後軍事醫學發展所要急待解決的重大科研課題。」〔註75〕

五、地理學

《武經總要》中「邊防」部分除從軍事角度記載了大量沿邊地區府、州、軍、縣、寨、堡的地理內容，尤其是大量寨堡的詳細情況，同時還保存了許多珍貴的史料，從而使得當時「疆域之遠近，城戍之要害，開卷盡在是矣」〔註76〕。

如前集卷二十，「廣南西路」條目語：北宋在廣南西路設立「雷容二州，控海路；瓊州臨制海外」。又如前集卷二十，「廣南路」條目載：「萬安州，地狹戶少，常以瓊管牙校典治」；「廣南西路」條目載：「黎洞，雜瓊管舊地，在

〔註75〕呂變庭《北宋科技思想研究》，河北大學博士論文，2006 年，第 61～62 頁。
〔註76〕曾公亮、丁度等《武經總要》前集，卷十六上，中國兵書集成本。

大海南，北對雷州岸，泛海一月至其地，有黎母山，黎人居焉。」

有關海南島的記載在書中多次出現，表明北宋政府對海南島不僅已經擁有行政主權，還設立了「瓊州」以及「瓊管牙校」等相應行政機構和官吏對海南島進行管轄。這種管轄不是單純形式上的，而是實質性的。

尤為難得是，書中還保存了南海諸島的珍貴資料。以西沙群島為例，前集卷二十「廣南東路」條目記載：北宋政府為「命王師出戍」，在「廣州南海郡」（今廣東），「置巡海水師，營壘在海東西二口，闊二百八十丈，至屯門山二百里，治舫魚入海戰艦……從屯門山，用東風西南行，七日至九乳螺州，又三日至不勞山，又南三日至陵山東」。「九乳螺州」，就是今天的西沙群島。這一記載是目前宋人留下來惟一關於兩宋政府對西沙群島擁有主權的資料。

西沙群島作為南海諸島四大群島之一，由永樂群島和宣德群島組成，所占海域 50 多萬平方公里，從古至今都是南海航線的必經之路。早在漢武帝時期，中國人民就發現了西沙群島，並陸續來到這個群島辛勤開發和經營。到了唐宋之時，中國漁民已經在西沙群島不定期居留，並進行捕撈等生產活動，把這裡變成了廣東、海南沿海地區的遠洋漁業基地。

書中所載則更是有力地表明，西沙群島在北宋時期已經成為我國神聖領土不可分割的一部分。當時，政府不僅把西沙群島置於自己的直接管轄範圍之內，還派出海軍去該處巡邏，從而為我們今天維護國家領土和主權完整，提供了無可辯駁的歷史依據。

六、天文曆法

回回曆也就是穆斯林的教曆，它自唐代開始伴隨著伊斯蘭教的移植而傳入中土。據載，唐代曾有一種《九執曆》，與中國的傳統曆法不同，它「出於西域……度法六十，月有二十九日，餘七百三分日之三百七十三。曆首有朔，虛分百二十六，周天三百六十度，無餘分。」〔註77〕這一曆法就是後代的「回回曆」的鼻祖。

北宋初期，回回曆天文學家已經在官方天文機構——司天監中居有正式地位，其曆法亦開始逐漸全面滲入中國傳統曆法，許多新鮮的天文學知識和術語開始為中國天文學工作者所接受，並加以利用。有關其最早記載存錄在

〔註77〕歐陽修《新唐書》卷三十一。

《武經總要》中。

後集卷二十，「六壬占法」條目中的「出軍決勝雜占」分目中有：凡六壬之法，先求日宿之宮而爲將，次取於日辰，其日辰陰陽共爲四課，將者亥爲登明，右書背云爲正月將，今引而證之。昔後漢太初元年丁丑冬至日，日在斗宿二十度，至今皇宋慶曆甲申崇天曆，冬至日在斗宿五度八十四分，此驗可以知之，經一十九甲子一千一百四十八年，太陽行度退縮不及者，十四度有奇零。每八十五年退一度，每年不及者一分差矣。今即不指定亥爲登明，正月將值太陽，行黃道八宮，則爲其將皆無差失也。自慶曆四年甲申歲，逐月中氣後太陽黃道入宮所用神將，列之如左：雨水正月中，日在危十五度四十九分，後一日入雙魚宮，其神登明。春分二月中，日在奎二度四分，後三日入白羊宮，其神天魁。穀雨三月中，日在胃一度五十三分，後五日入金牛宮，其神從魁。小滿四月中，日在畢五度九十六分，後五日入陰陽宮，其神傳送。夏至五月中，日在井八度四十分，後六日入巨蟹宮，其神小吉。大暑六月中，日在柳五度二十分，後三日入獅子宮，其神勝光。處暑七月中，日在張十二度二十三分，後四日入雙女宮，其神太乙。秋分八月中，日在軫四度九十三分，後八日入天秤宮，其神天罡。霜降九月中，日在亢四度四十六分，後十日入天蠍宮，其神太沖。小雪十月中，日在尾初度五十分，後八日入人馬宮，其神功曹。冬至十一月中，日在斗五度八十四分，後四日入磨蠍宮，其神大吉。大寒十二月中，日在女五度九十二分，後一日入寶瓶宮，其神神後。

阿拉伯曆法同中國傳統曆法一樣，非常重視觀測。他們在長期的觀測實踐中形成了一套比較完整的觀測方法，其中「宮分法」就是回回曆法的重要創造之一。回回曆將周天三百六十度按黃道等分三百六十，每三十度爲一宮，共十二宮。所謂「十二宮」，就是指黃道兩側的十二個星座。古代阿拉伯天文學者按照這些星座的分佈特徵而分別將其命名爲：白羊、金牛、陰陽（或稱雙子）、巨蟹、獅子（或稱天獅）、雙女（或稱室女）、天秤、天蠍、人馬、磨蠍（或稱磨羯與摩羯）、寶瓶、雙魚等「十二宮名」。十二宮中白羊至雙女爲南六宮，天秤至雙魚爲北六宮。阿拉伯的太陽曆故此又稱宮分曆，宮度起於白羊，以春分爲歲首，依太陽行十二宮一周爲十二個月。

中國傳統曆法則按赤道等分周天三百六十度，每三十度爲一次，共十二次。將中回曆進行對照不難發現，回回曆中的十二宮即分別相當於中國古代傳統天文學中的十二次：降婁（戌宮）、大梁（酉宮）、實沉（申宮）、鶉首（未宮）、鶉火（午宮）、鶉尾（巳宮）、壽星（辰宮）、大火（卯宮）、析木（寅宮）、星紀（丑宮）、玄枵（子宮）、娵訾（亥宮）。

儘管回曆之十二宮與中國古代曆法之十二次所選擇的參照系不同，但楊惟德等人卻有意識地用十二次對譯十二宮。並且在講到六壬相關占法時沒有

選用中國傳統的降婁、大梁等十二次名，而是選用了回回曆中的白羊、金牛等十二宮名，與中國傳統二十四節氣的十二中氣相聯繫，作爲占法的客觀依據，「推步占驗，行之軍中」，爲軍事服務。這不僅表明楊惟德等天文學家當時深受穆斯林天文學者的影響，同時也說明當時中國的傳統天文學家「已從心理上接受了十二宮這種具有星占性質的文化形式」〔註78〕。

當代回族學者馬以愚曾說：「白羊、金牛之名，始見《武經總要》……此爲趙宋受回回曆影響之一證也」〔註79〕，並可將其視爲是「中國古代把回曆十二宮用於軍事天文學的端始」〔註80〕。從書中開始使用十二宮名算起，它在中國沿用已有近千年的歷史，對中國傳統曆法產生了深刻而久遠的影響，在中國古代曆法史上占居重要地位。

需要說明的是，《武經總要》所涵蓋的科技史門類極爲廣泛，除上述所講六方面內容外，還有如前集卷六「尋水泉法」條目中竹製汲水器體現的虹吸管原理；前集卷十一「水攻」條目中水平器體現的「水平」原理；前集卷十二「守城」器械「唧筒」體現的「唧筒」原理，「猛火油櫃」體現的油泵原理，「甕聽」、「地聽」、「臥枕空胡鹿」體現的聲學原理；以及製造各種攻守武器的機械原理等眾多物理學範疇的內容。

又如第六章所述，《武經總要》中保存了大量繪圖。這些圖畫大多比較精美（儘管今天所見多爲明清摹繪，但亦可管窺底本之一二），在中國古代版畫史上佔有重要地位，對於研究古代美術史具有重要作用。

此外，書中還涉及地學、生態學、動物學、醫學、建築學、考古學等諸多學科知識，限於篇幅，此不備述。

總之，由於「北宋重視知識分子，發揮了知識分子的作用」；「北宋讀書之風盛行，教育事業發達」；「北宋設立科研機構，獎勵發明創造」〔註81〕，致使北宋科技十分發達。而《武經總要》以「工欲善其事，必先利其器」〔註82〕的兵器製造業爲中心，所體現出的學科知識，不僅包括物理學、化學、地理學、天文學、密碼學、醫學，還包含數學、力學、熱學、聲學等。其中，有

〔註78〕 呂變庭《北宋科技思想研究》，河北大學博士論文，2006年，第58頁。
〔註79〕 馬以愚《曆法考證序》，《中國穆斯林》，1982年第3期，第21頁。
〔註80〕 呂變庭《北宋科技思想研究》，河北大學博士論文，2006年，第58頁。
〔註81〕 具體內容可參見顧全芳的《北宋科學文化發展的原因》，《山西大學學報》，1986年第3期。
〔註82〕 曾公亮、丁度等《武經總要》前集，卷十三，《器圖》，中國兵書集成本。

些方面代表了宋代科技發展的水平，有些記載則是世界最先進的科學發現。
如我國古代四大發明，本書就詳細記載了其中的兩種。這就使得該書在北宋
科學技術史上，尤其是軍事技術史上佔有十分重要的地位，當然也對我國古
代文化史研究起了很大作用。難怪著名科技史專家李約瑟先生對該書高度讚
譽，稱之為「科學技術百科全書」。

結　語

　　「將者，民之司命，國家安危之主，三軍之事專達焉。」作爲國之輔弼，
他們「輔周則國強，輔隙則國弱」，責任極爲重大，關係到戰之勝負，國之安
危，民之生死。因此，「其才不可不周用，事不可不週知也」。

　　然而，北宋長期以來推行重文抑武，將從中御等政策，眾多將帥鮮于古
今之學。「將不知古今，匹夫勇爾」〔註1〕，諸將不懂兵法就難以有效地訓兵、
練兵、用兵，從而導致宋仁宗年間與西夏的戰爭中，「王師出伐」，「以四夏國
之眾，當一夏國，又以天下財力助之，其勢欲掃除，亦宜甚易」，卻連連敗北，
「終不能使夏國畏服」。針對這種危急局面，慶曆三年（1043）十月，宋仁宗
下詔設立書局，命丁度總領，曾公亮、楊惟德、朱宷、王質等人參與編纂了
《武經總要》一書。

　　該書雖然作爲一部應急之作，以應對當時的具體戰事爲要務，理論水平
較爲欠缺。但歷時近五年，宋仁宗親自御製序言，參與編纂者均爲當時博學
之士。曾公亮好學軍事，不僅對戰略局勢有精當的剖析，還對戰役、戰術思
想多有獨到見解，並對改革兵制有一套較爲完整思想體系，積極探索軍事改
革。丁度深通軍事微旨，對周邊國家戰略形勢有著妥帖的分析，對軍事密碼
技術有著深入的研究，軍事著作等身。楊惟德精通陰陽曆法，朱宷、王質等
人亦頗有才學。故而，合眾人之力，運用庫府秘典編纂而成的《武經總要》，
可圈可點之處甚多。

　　首先，開創了中國古代綜合類兵書的編纂體例。作爲中國古代第一部大

〔註1〕　《宋史》卷二百九十。

型綜合類兵書，它在《太白陰經》、《虎鈐經》等兵書基礎上進一步完善，設置比較全面；在具體內容編排過程中，邏輯性比較強，遵循從理論到實踐、由主及次、由古及今的順序，層次分明，條理清晰；三級目錄清晰，條目命名精確，條目下內容設置比較妥當、細密；全書存有大量精美繪圖，文圖並茂，便於世人閱讀理解。這一體例，不僅真正開創了中國古代綜合類兵書的編纂體例，還以其嚴密的科學性和廣泛的實用性，為後世許多兵家所倣仿，從而使得它們的體例均「略如《武經總要》所錄」〔註2〕。如《武編》後集全部為用兵實踐，「其體例與《武經總要·後集》略同，係從古代史籍中擷取有關治軍和用兵的故事，以為借鑒」；《武備志》則在該書的基礎上，將「制度」、「邊防」、「故事」、「占候」等古代兵學內容，進一步拓展和延伸，幾乎囊括明代以前創造的所有成果，形成了一部資料為主，理論為輔，包舉宇內而納百川於大海的古典兵學大系。

其次，囊括了豐富的內容。一定的編纂體例總是與一定的內容需要是相一致的。該書作為中國古代第一部官修兵書和北宋以前兵學的系統總結，規模十分宏大，洋洋灑灑50餘萬字，「凡軍旅之政，討伐之事」，無不載記，不僅「自有五兵以來，大而攻圍之籌略，戰守之法度；小而接（樓）櫓之規制，器械之形模上下數千載，間增創沿公革，靡不畢載」；還從軍事角度記述了仁宗時期的沿邊地區的地理方位、政區沿革、山川河流、道路關隘、重要寨堡及其契丹與西夏的簡單地理情況，使得當時邊疆地域的遠近，城堡戍守的要害一目了然，從而使得「自孫吳氏不傳之秘，開帙可盡得」矣。同時，又「采春秋以來列國行師制敵之謀，出奇決勝之策」，列為182門。每一門下又有若干戰例，選諸家經典戰史，共1,070則，言明軍事謀略、將帥素質、治軍原則、作戰方法等諸問題，「發智士之聰明，佐將士之術略」，與兵法理論等相關內容相輔，以期對將帥用兵「有補」。另外，還記載了相關軍事陰陽內容，包括天地、五行、太陽、太陰、星宿、風角、雲氣、太乙占、六壬、遁甲等內容，以便「推步占驗行之軍中」。

這些豐富的內容除了為《登壇必究》、《武備志》等大型兵學著作所吸收外，還被明清其他許多兵學名著所吸納。如明《兵錄》的資料大約一半采自《武經總要》；明《武編》的內容主要是從包括《武經總要》在內的兵學典籍中擷集，尤其是後集用兵實踐部分，許多是直接源自《武經總要》的。

〔註2〕 紀昀《四庫全書總目》卷九十九，《武編》。

　　至今天，我們可以利用所存錄的大量資料進行相關文獻學研究，尤其是輯佚學和注釋學研究。不僅能夠輯出《軍志》等先秦兵書之佚文，窺覺先秦兵法之一二，還可輯出《李靖兵法》、《裴緒兵法》等著名兵學典籍的大量內容，也可進行北宋前期所著已亡兵書的輯佚；並可展開對《孫子》、《孫臏兵法》、《司馬法》、《六韜》等兵學經典舊篇的補遺。同時，又可以通過對該書注釋內容、注釋特點、注釋模式的剖析，得出其注釋內容全面、廣泛，注釋方法多樣化、系統化，義理考據兩不偏廢以及繁簡得當的行文風格等。以此為中心進行北宋兵書的文獻學研究，可以考察宋代軍事學者的治學方法、學術途徑，以及整個北宋文獻學的發展，對文獻學整體研究做出相應的補充。

　　復次，反映了一些先進思想文化的理論創新。儘管該書以資料匯總為主，主要反映的是當時主流保守軍事觀念，但也有許多創新，其中就包括一些值得稱道的積極思想。如用兵作戰方面的「不戰而屈人之兵」、「將能而君不禦者勝」、「奇正」、「以寡勝眾」、「貴知變」、「不以冥冥決事」以及兵將相知，精兵等政策。只可惜這些思想在具體執行當中並未得到認真落實，以致於在很大程度上「其書無所用」。

　　除了軍事思想，在科技文化方面也體現出眾多學科知識。不僅包括物理學中的指南針的發明與改造、化學中的火藥製作與運用、地理學中的西沙群島記錄、天文學中的回回歷十二宮法記載、醫學中的防毒與治毒思想，密碼學中的字驗之法，還包含數學、力學、熱學、聲學、美術學等諸多方面相關內容。其中，有些方面代表了宋代科技發展水平，甚至有些還是世界最先進的科學發現。因而，該書在中國古代軍事技術史以及科學技術史與文化史上均佔有十分重要地位。

　　當然該書也存在一些不足，除主要體現主流保守軍事觀念外，還有如下三個方面：

　　其一，內容不精，引注不清。全書所引用資料基本均未言明來源，而這些資料的原始舊本、舊篇今許多已經亡佚，或者新舊本、新舊篇差異較大，給後人利用書中相關資料展開研究造成了許多不必要的麻煩，使得材料的利用率大為降低。

　　其二，文人論兵，書實相脫。「宋代文人儒士談兵，呈現出較強的文人書生氣，其兵事之談有時非從實戰中來，僅『以經史資故實』，故有時不免流於

空疏迂闊。」〔註3〕如所存八陣之法，書中大量直接抄襲了《太白陰經》等中的三才八卦之說，連曾公亮等人自己也在前集卷八不得不承認說：「陣圖所存者，惟唐人李筌有八陣圖」。又如唐順之在《武編》前集卷四「風後握奇陣辯」條目中還認爲：「武經總要風後握奇陣圖一首，宋朝士之所演也。」由於曾公亮等人對諸多具體作戰方式不甚了了，「徒工紙上談」，以致四庫館臣認爲：「仁宗爲守成令主，然武事非其所長。公亮等亦但襄贊太平，未嫻將略。所言陣法、戰具，其制彌詳，其拘牽彌甚，大抵所謂檢譜角觝也」〔註4〕。

其三，雜含陰陽，弊多利少。書中儘管體現出了一定的「不以冥冥決事」的樸素唯物主義思想，但該書依舊沿襲《太白陰經》、《虎鈐經》等舊有著作中的大量陰陽占卜內容，用全書 1/8 篇幅來載記「占候」內容。這些內容除少部分體現一定天文思想外，多數對軍事作戰並無太大實際作用，且多流毒於世。

然則，瑕不掩瑜，作爲官方鼎立支援編纂而成的第一部大型綜合類兵書，該書「在當時曾經起過推進軍事教育和加強國防力量的作用，而在今天看來，它既是探討我國軍事學發展歷史的重要資料，又爲我國中近古時期物質文明巨大發展的情況，提供了非常可貴的佐證」〔註5〕。

古有「半部論語治天下」，體現在軍事上則爲「一部兵書可爲王者師」。該書纂成後不久，就「頒賜內外武職重臣」，交付將帥使用。到了宋神宗熙寧五年（1072）十二月，「詔賜王韶《御製攻守圖》、《行軍環珠》、《武經總要》、《神武秘略》、《風角集占》、《四路戰守約束》各一部，仍令秦鳳路經略司抄錄」〔註6〕，其中就包含了《武經總要》一書，以用於西北開邊作戰。

到明弘治年間，南京兵部尚書馬文升又嚮明孝宗奏曰：「昔宋因有契丹、西夏之患，最重武備，累命儒臣編集兵書，其目實繁。獨《武經總要》一書乃宋仁宗命天章閣待制曾公亮等編定，仁宗自爲之序，頒賜內外武職重臣。其中所載戰陣攻守、行兵布營、邊防地裏（理）、一切器具與夫軍中合用，事宜酌古準，今靡不該載。武職官員若肯熟讀講解，存之於心，施之於事，雖不如古之名將，亦可克任邊方重寄。」因此，上書肯乞重新校正刊印，「頒賜兩京公、侯、伯、都督武職大臣，並各邊鎮守總兵、太監、巡撫、都御史及副參游擊守備內外官

〔註3〕 劉春霞《北宋中期文人談兵論析》，《海南大學學報》（人文社科版），2007 年第 3 期，第 324～325 頁。

〔註4〕 紀昀《四庫全書總目》卷九十九，《武經總要》。

〔註5〕 中華書局上海編輯所《武經總要前集·後記》，中國古代科技圖錄叢編初集本。

〔註6〕 《續資治通鑑長編》卷二百四十一。

員，並本部及兩京武學各一部，令其如法收貯。在各邊者永遠相傳，凡遇交代不許帶去及損壞遺失，各官務要時時觀看十分精熟，毋得視爲虛文，若罔聞知，巡按御史時常查考。」〔註7〕明嘉靖年間，山西按察副使奉敕提督學校曹忭也在該書刻印序曰：儻若能使「武弁者流口誦其文，心味其義，他日必有孫吳穰苴之徒出，以戰必勝，以守必固，保泰安也」〔註8〕。

至清代，江寧協鎮都督岳濬在跋文中還講道：「先公見此本，以古琴易得之。我子孫當敬瑾珍寧，留心播究，庶於行軍駐險稍有師法爾。」〔註9〕

在軍事文化上，受此書編纂的影響，原先朝廷「諱言兵」，文人士大夫恥言兵的風氣進一步改變，社會上研究兵書的人數進一步增加，文人論兵日益勃興；兩宋兵學也開始步入中國兵學史上的復興期，出現了第二次高潮。首先，這一時期，兵書數量劇增。據許保林先生編纂的《中國兵書知見錄》中著錄兵書3,380部，共23,503卷。其中，兩宋兵書就有559部，共3,865卷，分別是東漢至隋唐五代時期總部數的1.4倍、總卷數的2.3倍。從中可窺其影響之一斑。

其次，政府組織力量整理兵書。不僅動用官方力量，成立書局，編纂了第一部大型綜合類軍事百科全書——《武經總要》，以及後來的第一套軍事叢書——《武經七書》等兵學名著；還極爲重視兵學文獻的整理，先後進行了三次整理：第一次，是嘉祐六年（1061）四月，大理寺丞郭固奉命編校兵書，治平四年（1067）二月始畢；第二次，是熙寧八年（1075），宋神宗命王震、曾收、王白、郭縫源等一起校勘《李靖兵法》；第三次，元豐三年（1080），爲適應武學教學，校定《武經七書》，確立此書爲武學基本教材，至此宋代對兵書整理已達到了高潮，兵學在封建社會的正統地位也得到了確立。

同時，北宋中央政府對軍事理論的和軍事人才的培養也開始逐漸重視起來。慶曆三年（1043）五月，宋仁宗「詔置武學於武成王廟」〔註10〕，建立武學。儘管三個月後，由於實際效果不佳就加以廢止，但畢竟產生了一定影響。熙寧五年（1072）六月，宋神宗又重置武學。自此以後，武學成爲官學，常設不廢，以《武經七書》等教材爲基礎，系統地培養軍事人才，對北宋軍事建設和國防建設起到了一定作用。

〔註7〕　馬文升《馬端肅奏議》卷七，《刊印武書以作養將材事》。
〔註8〕　曹忭《武經要覽》，《刻武經要覽序》，明萬曆抄本。
〔註9〕　岳濬《武經總要》，《跋》，明抄本。
〔註10〕　《宋會要輯稿》崇儒三，《武學》。

今天，雖然全球性戰爭的危險係數大爲降低，但地區性、局部性戰爭卻始終連綿不斷，我國周邊安全形勢依然比較嚴峻。「天下雖安，忘戰必危。」〔註11〕在新的歷史條件下，要想有力地維護祖國領土和主權完整，除了強大的綜合國力外，還要眞正認識戰爭，並力求有效地把握其內在規律，只有這樣才能打贏所爆發的戰爭，並避免可能發生的戰爭。

要想眞正認識戰爭，把握戰爭內在規律，就需要大量專業技術人才和眞正懂軍事的指揮員脫穎而出。因爲，在科學技術突飛猛進的時代，世界早已跨入了資訊時代，「瞬間資訊傳遍全球」，已經成爲現實。反映到軍事領域，世界各國都正在緊鑼密鼓地開展著一場史無前例的新軍事變革。在這場變革中，無論軍事理論、組織體制、軍事訓練、還是武器裝備和後勤保障方式等，都將按照資訊化的要求徹底進行改造，並最終形成新的軍事體系。這就需要培養大量懂新軍事的人才，以便對整個變革起到領航作用。美國《陸軍構想》中指出：「人是我們做任何事情的關鍵，軍人永遠是我們編隊的核心。」早在1997年至1998年度，以美國空軍爲例，共有軍官73,983人，其中博士7,037名，占9.51%；碩士34,126名，占46.13%；學士31,605名，占42.72%；學士以下1,215名，占1.64%。時至今日，他們早已形成了一支以研究生爲主的軍官隊伍，以本科生爲主的士兵隊伍，在世界上居於遙遙領先的位置。

至於我們，不僅要緊跟世界步伐，更要結合現有實情，充分發揮自己的傳統優勢，汲取古代兵法的優點，培養有中國特色的復合型新軍事人才。只有這樣我們才可揚長避短，發揮自己的優勢，在新軍事變革中佔有一席之地。因而，諸如《武經總要》等古代兵學經典的青春將會再次得到煥發，在有中國特色的新軍事變革中起到一定作用。

〔註11〕 司馬穰苴《司馬法》，《仁本》。

附 錄 一

《武經總要》中的《孫子》引文

本文所輯以現存《武經總要》最早版本——明正統四年（1439）李進刻本為底本，參以明抄本四卷殘本、明弘治十七年（1504）李贊刻本、明嘉靖刻本、明萬曆二十七年（1599）金陵書林唐富春刻本，缺漏之處以文淵閣四庫全書本補之。

始計篇第一

一曰道，二曰天，三曰地，四曰將，五曰法。道者，令民與上下同意也，故可以與之生，可以與之死，而民不畏危。天者，陰陽、寒暑、時制也。地者，遠近、險易、廣狹、死生也。將者，智、信、仁、勇、嚴也。法者，曲制、官道、主用也。校之以計而索其情，主孰有道，將孰有能？能而示之不能，用而示之不用，近而示之遠，遠而示之近，利而誘之，亂而取之，實而備之，強而避之，怒而撓之，卑而驕之，佚而勞之，親而離之。攻其所不備，出其所不意。

作戰篇第二

兵聞拙速，未睹巧之久也。兵久而國不危者，未之有也。善用兵者，故役不再籍，糧不三載，因糧於敵，以足軍食。將者，民之司命，國家安危之主。

謀攻篇第三

用兵之法，全國為上，破國次之；全卒為上，破卒次之。不戰而屈人之兵，善之善也。夫上兵伐謀，其次伐交，其次伐兵。必不得已，始修車櫓，

－255－

具器械，三月而後成；踴土距闉，又三月而後已。十則圍之，五則攻之。輔周則國強，輔隙則國弱。軍之所患者三：不知軍之不可以進而進，不知軍之不可以退而退，是謂縻軍；不知三軍之事而同三軍之政，則軍惑；不知三軍之權而同三軍之任，則軍疑。三軍既疑既惑，是謂亂軍引勝。知可與戰不可與戰者勝。上下同欲者勝。以虞待不虞者勝。將能而君不禦者勝。知彼知己，百戰不殆；不知彼而知己，一勝一負；不知彼不知己，每戰必殆是也。

軍行篇第四

守則有餘。善守者，藏於九地之下。是故勝兵先勝而後求戰，敗兵先戰而後求勝。善用兵者，修道而保法，一曰度，二曰量，三曰數，四曰稱，五曰勝。地生度，度生量，量生數，數生稱，稱生勝。決積水於千仞之溪。

兵勢篇第五

治眾如治寡，非分數不能；鬥眾如鬥寡，非形名不輯；三軍之眾可使受敵而無敗，非奇正不成。三軍之眾，可使受敵而無敗者，奇正是也。兵以正合，以奇勝。善出奇者，無窮如天地，不竭如江河。奇正相生，如循環之無端。至於漂石者，皆勢由然也。故曰：善戰者，其節短，其勢險。勢如張弩，節如發機。紛紛紜紜，鬥亂而不可亂；渾渾沌沌，形圓而不可敗。亂生於治，怯生於勇，弱生於強。善動者形之，形之，敵必從之；予之，敵必取之。以利動之，以本待之，戰人之勢，如轉圓石於千仞之山。

虛實篇第六

夫先處戰地而待敵者逸，後處戰地而趨敵者勞。故善戰者，致人而不致於人。能使敵人自至者，利之也。能使敵人不得至者，害之也。故善守者，敵不知所攻。使我常專，使敵常分，我專為一，敵分為十，則此眾彼寡，我所與戰者，約矣。

軍爭篇第七

凡用兵之法，將受命於君，合軍聚眾，交和而舍，莫難於軍爭。軍爭之難者，以迂為直，以患為患。故迂其途而誘之以利，後人發，先人至。舉軍而爭利則不及，委軍而爭利則輜重捐。卷甲而趨，日夜不處，倍道兼行。百里而爭利，擒三軍將，勁者先，疲者後，其法什一而至是也。五十里而爭利者，必厥上將，其法半至是也。三十里而爭利者，三分之二至是也。夫兵以詐立，以利動，以分合為變者也。其疾如風，其徐如林，侵掠如火，難知如

陰，動如雷震，掠鄉分眾，關地分利，懸權而動。古者以言不相聞，故為金鼓；視不相見，故為旌旗。金鼓、旌旗，所以一人之耳目。耳目既一，則勇者不得獨進，怯者不得獨退。至若朝氣銳，晝氣惰，暮氣歸，必避其銳氣，擊其墮歸。常以我逸待彼勞，常以我治待彼亂，常以我近待彼遠，常以我飽待彼饑。無擊堂堂之陣，無邀正正之旗。高陵勿向。佯北勿從，餌兵勿食。歸師勿遏，圍師必闕，窮寇勿迫。

九變篇第八

圮地無舍，衢地合交，絕地無留，圍地則謀，死地則戰。塗有所不由，軍有所不擊，城有所不攻，地有所不爭，君命有所不受。無恃其不來，恃吾有以待之，無恃其不攻，恃吾有所不可攻。所謂五危者，必死可殺，必生可虜，忿速可侮，廉潔可辱，愛民可煩，此五者用兵之災也。

行軍篇第九

凡處軍相敵，絕山依谷，視生處高，戰隆無登，此處山之軍也。絕水必遠水；客絕水而來，勿迎之於水內，令半渡而擊之；欲戰，無附於水而迎客；視生處高，無迎水流，此處水上之軍也。地絕斥澤，雖急去無留；如交軍於斥澤之中，依水草而倍眾樹，此處斥澤之軍也。平陸之軍處易，而右背高，前死後生，此處平陸之軍。凡四軍之制，黃帝所以勝四帝者也。大凡兵之體用，好高而惡下，貴陽而賤陰，養生而處實。絕澗、天井、天牢、天羅、天陷、天郤六者，謂之六害，遇之者速去，不可近也。常令吾遠之，敵近之；吾迎之，敵背之。軍行有險阻、潢井、生葭葦、山林翳薈者，必謹覆索之，此伏奸之所也。敵近而靜者，恃其險也。敵遠而挑者，欲人之進也。其所居易者，利也。眾木動者，來也。眾草多障者，疑也。鳥起者，伏也。獸駭者，覆也。塵高而銳者，車來也。塵卑而廣者，徒來也。散而條達者，樵采也。少而往來者，營軍也。辭卑而益備者，進也。辭強而驅者，進也。輕騎先出，居其側者，陣也。無約而請和者，謀也。奔走而陳兵者，期也。半進半退者，誘也。杖而立者，饑也。汲而先飲者，渴也。向人見利不進者，勞也。鳥集者，虛也。夜呼者，恐也。軍擾者，將不重也。旌旗動者，亂也。吏怒者，倦也。殺馬食肉，軍無糧也。懸缻不返其舍者，窮寇也。諄諄翕翕徐與人言者，失眾也。數賞者，窘也。屢罰者，困也。先暴而後畏其眾者，不精之至也。來委謝者，欲休息也。兵怒而相迎，久而不合，又不相去者，有奇謀也。

兵非益多，足以並力料敵取足而已。若不慮而易於敵者，必擒於人也。卒未親附而罰之，則不服，不服者難用。惟善御眾者，附之以文，齊之以武。

地形篇第十

我可以往，彼可以來，曰通。居通地，先居高陽，利糧道，以戰則勝。可以往，難可以退，曰掛形。敵無備，出而勝之；敵若有備，出而不勝，難可以返，不利也。我出而利，彼出而不利，曰支。敵雖邀我，我無出也；引而去之，令敵半出而擊之，利。隘形者，我先居之，必盈之以待敵；若敵先居之，盈而勿從，不盈而從之。險形，我先居之，必居高陽待敵；若敵先居之，引而去之，勿從也。夫遠形，勢均，難以挑戰，則不利。凡兵之敗道有六，皆將之過。謂勢均以一擊十，曰走。卒強吏弱，曰弛。吏強卒弱，曰陷。大吏怒而不服，遇敵懟而自戰，將不知其能，曰崩。將弱不嚴，教導不明，吏卒無常，陳兵縱橫，曰亂。將不能料敵，以少擊眾，以弱擊強，兵無選鋒，曰北。此六者，將之不可不察也。地形者，兵之助。料敵制勝，計險扼遠近上下者，將之道也。視卒如嬰兒，故可與之赴深溪；視卒如愛子，故可與之俱死。厚而不能使，愛而不能令，亂而不能治，譬若驕子不可以用。知吾卒之可以擊，而不知敵之不可以擊，勝之半也。知敵之可以擊，而不知吾卒之不可以擊，勝之半也。知敵與吾卒之可以擊，而不知地形不可戰，勝之半也。

九地篇第十一

諸侯自戰其地，為散地。入人之地而不深，為輕地。我得亦利，彼得亦利，為爭地。我可以往，彼可以來，為交地。諸侯之地三屬，先至而得天下之眾者，為衢地。入人之地，深而難返，背城邑多者，為重地。行山林、險阻、沮澤難行之道者，為圮地。所由入者隘，所從歸者迂，彼寡可以擊吾眾者，為圍地。疾戰則存，不戰則亡，為死地是故散地則無戰。輕地則無止，爭地則無攻，交地則無絕，衢地則合交。重地則掠，圍地則謀，死地則戰。或問：敵眾而整將來，待之若何？曰：先其所愛，則聽矣。兵之情貴速，乘人不及也。凡為客之道，入深則專，主人不克。掠於饒野，三軍足食。謹養而勿勞，併氣積力，運兵計謀，為不可測。投之無所往，死且不北，死焉不得，士人盡力。兵士甚陷則不懼，無所往則固，入深則拘，不得已則鬥，是故其兵不修而戒，不求而得，不約而親，不令而信，禁祥去疑，至死無所之。無餘財，非惡貨也；無餘命，非惡壽也。令發之日，士坐者涕流或作沾襟，

偃寢者涕交頤。投之無往，諸、劌之勇也。心齊力均，故古之稱如率然。如率然者，常山蛇也。擊其首，則尾至；擊其尾，則首至；擊其中，則首尾皆至。或問可使如率然乎？曰：可矣。吳人與越人相惡，當其同舟而濟，則其相救也如左右手。故善用兵者，如攜手而使人，人人不得已也。古之言將者曰：靜以幽，正以治。夫善用兵者，能愚士之耳目，而使之無知；易其事，革其謀，使人無識；易其居，迂其途，使人不得慮。師與之期，如登高而去其梯。師與之深，入諸侯之地而發其機，若驅群羊，驅而往，驅而來，莫知所之。聚三軍之眾投於險。九變之地，屈伸之利，人情之理，不可不察。背固前隘者，圍地也。散地，吾將一其志。輕地，吾將使之屬。吾將趨其後。吾將謹其守。吾將固其結。吾將維其食。圮地，吾將進其塗。吾將塞其闕。死地，吾將示之以不活。故兵之情，圍則禦之，不得已則鬥，過則從。是故不知諸侯之謀者，不能預交；不知山林、險阻、沮澤之形者，不能行軍；不用鄉導者，不能得地利。四五者一不知，非霸王之兵也。投之亡地，然後陷於地，然後主眾陷於害，然後能為勝敗。敵之開闔，當亟入之。先其所愛，微與之期。始如處女，敵人開戶；後如脫兔，敵不及拒。

火攻篇第十二

凡火攻有五，一曰火人，二曰火積，三曰火輜，四曰火庫，五曰火隊。煙火必素具。發火必有時，起火必有日。時者，天之燥也。日者，宿在箕、壁、翼、軫也。此四宿者，風起之日也。凡火攻，必因五火之變而應之：火發於內，則軍應之於外。火發兵靜者，待而勿攻，極其火力，可從而從之，不可從則止。火可發於外，無待於內，以時發之。火發上風，無攻下風。晝風久，夜風止。凡軍必知有五火之變，以數守之。故曰：以火佐攻者明。以水佐攻者強。

用間篇第十三

明君賢將，所以動而勝人，成功出於眾者，先知也。先知者，不可取於鬼神，不可象於事，不可驗於度，必取於人而知敵之情者也。夫用間有五，有因間，有內間，有反間，有死間，有生間。五間俱起，莫知其道，是為神紀。三軍之事，莫親於間，賞莫厚於間，事莫密於間。非聖知不能用間。間事未發而先聞者，間與所告皆死也。凡軍之所欲擊，城之所欲攻，人之所欲殺，必先知其守將左右、謁者、門者、舍人之姓名，令吾間索知之。必索間。敵間之來者，

因而利之，導而舍之，故反間可得而用也。因是而知之，故鄉間、內間可待而使也。因是而知之，故死間爲誑事可使告敵。因是而知之，故生間可使如期。五間之事，主必知之，知之必在於反間，故反間不可不厚也。

附 錄 二

一、《行軍須知》

該書撰於北宋仁宗年間，作者不詳，共二卷，十五篇。具體篇目如下：

上卷：誡將、選士、禁令、選馬、講武、明時；下卷：渡險、安營、料敵、布戰、守城、攻城、間諜、入伐、受降。

其中《戒將》主要講述將帥要戒除各種弊端，具有良好的品德修養；《選士》主要講述選士的意義、原則及其具體使用方法；《禁令》主要講述行軍作戰中的各種紀律及其對違令者的處置措施；《選馬》主要講述軍馬的挑選、護養；《講武》闡述訓練的意義與方法；《明時》闡述用兵要講求順應天時、地利與人和；《渡險》講述行軍作戰中的涉險渡隘方法；《安營》講述安營紮寨的方法與注意事項；《料敵》講述偵察判斷敵情；《布戰》主要講述各種條件下的佈陣作戰與利害得失；《守城》講述守城之法；《間諜》主要講述謹慎使用間諜；《入伐》講述進入敵境作戰的要點與注意事項；《受降》講述要防備詐降之陰謀。

該書既有對前人優秀軍事思想的輯錄與闡發，又對北宋戰爭經驗的總結，雖非系統之軍事理論，然亦基本揭示了軍事活動的一般規律，是一部兵家實用之書。同時，又爲研究北宋時期戰爭形勢提供了重要參考。

另外，書中還記載了宋代火器與使用方法，其中包括未見於其他宋代史籍記載的「火筒」以及使用「床子弩放火箭及火炮」的方法等，具有重要的軍事科技史料價值。

該書多附於《武經總要》後，與之合刻，因而有人將其作爲《武經總要》

的一部分，直接稱之爲《武經要覽行軍須知》等。其單行本罕於傳世。

二、《百戰奇法》

該書又名《百戰奇略》，舊本以爲明劉基所撰，實乃北宋末年作品，原作者已不可考。全書共一百篇，三萬餘字。具體篇目如下：

計戰、謀戰、間戰、選戰、步戰、騎戰、舟戰、車戰、信戰、教戰、眾戰、寡戰、愛戰、威戰、賞戰、罰戰、主戰、客戰、強戰、弱戰、驕戰、交戰、形戰、勢戰、晝戰、夜戰、備戰、糧戰、導戰、知戰、斥戰、澤戰、爭戰、地戰、山戰、谷戰、攻戰、守戰、先戰、後戰、奇戰、正戰、虛戰、實戰、輕戰、重戰、利戰、害戰、安戰、危戰、死戰、生戰、饑戰、飽戰、勞戰、佚戰、勝戰、敗戰、進戰、退戰、挑戰、致戰、遠戰、近戰、水戰、火戰、緩戰、速戰、整戰、亂戰、分戰、合戰、怒戰、氣戰、歸戰、逐戰、不戰、必戰、避戰、圍戰、聲戰、和戰、受戰、降戰、天戰、人戰、難戰、易戰、餌戰、離戰、疑戰、窮戰、風戰、雪戰、養戰、書戰、變戰、畏戰、好戰、忘戰。

從中可知，該書以《武經七書》等古代兵法爲依據，搜集了先秦至五代年間，散見於諸家史籍中的各種類型戰例或事例，按照作戰雙方的軍事、政治、經濟、自然諸條件列爲百題，分篇立論，對比分析，並儘量史論結合、事理結合，論述了用兵之道、作戰之法。它爲後人檢索古代戰例資料，進行相關軍事專項研究，大大提供了方便。

書中存有非常豐富的兵學內容，其中包括對戰爭性質、戰略戰術、軍事謀略、國防戰備、作戰指揮、後勤補給、軍事地理、將帥修養等方面的述論。而且它對《孫子》中的許多傳統觀點的詮釋與闡發還有著不少獨到之處。如對《謀攻》篇的「其下攻城」發出的疑問，對《軍爭》篇的「圍師必闕」正反兩面的闡述等等，對中國古代兵學發展的產生了較爲重要的影響。

該書目前所存最早版本均爲《武經總要》的附刊本，直至明末清初之後單行本方才流行開來。

三、《武經七書》

該書是根據北宋朝廷興武備、建武學、選武舉之需要，於宋神宗元豐三年（1080）由朱服、何去非等人校訂頒行的一套兵學叢書。

該書爲中國古代兵書精華的彙集，也是中國古代軍事理論殿堂的瑰寶，同時還是宋代官方欽定的軍事教科書。它包括當時除了未行於世的《孫臏兵法》之外的《孫子》、《吳子》、《司馬法》、《尉繚子》、《六韜》、《三略》、《李

衛公問對》等七部最著名兵書。其中，《孫子》爲春秋時齊人「兵聖」孫武所撰，不但是現存最早的兵學著作，還是「百世兵經」、歷代兵家學習與作戰之圭臬；《吳子》爲戰國衛人吳起所著，此書是中國古代惟——部可與《孫子》相媲美之兵典，世稱《孫吳》；《司馬法》爲先秦軍禮的豐碑，由春秋晚期齊人司馬穰苴及其後人整理而成；《尉繚子》爲中國古代軍法的寶庫，出自戰國魏人尉繚之手；《六韜》爲先秦兵學的集成之作，由戰國時人僞託呂尚之名所作；《三略》爲大統一兵學的奠基者，由西漢隱士僞託黃石公所作；《李衛公問對》是一部問答式的兵學寶典，由唐著名軍事家、政治家李靖與唐太宗論兵的言論匯輯而成。

該書的頒行，確立了兵學在封建社會的正統地位，極大地促進了古代軍事學術的發展，不僅奠定了中國古代軍事學的基礎，對中國和世界發展近代、現代軍事科學起了積極的作用，還在世界軍事學術史上負有盛名。

該書頒行後，備受世人關注。自從其問世之後，注家敘起，存世之作，不下數十種。宋施子美《施氏七書講義》是現存最早的注本，對明清注家起了發凡啓例的作用。至明諸多游學之士爲了應付武闈答策之需，注解該書已蔚然成風，主要有劉寅的《武經七書直解》、黃獻臣的《武經開宗》、張居正輯注的《武經七書》、李贄的《七書參同》、陳玖學的《評注七子兵略》等，其中尤以《武經七書直解》最爲後人所重。清沿襲宋明舊制，亦重《武經七書》，然注家大多限於匯輯前人舊說，少有新意，其中影響較大的有朱墉的《武經七書匯解》、丁洪章的《武經七書全解》等。

該書與《武經總要》不同，它是由《孫子》等七部兵學名著彙集而成的叢書，是宋神宗欽定的中國古代第一部武學教材；後者爲宋仁宗時期朝廷組織編纂的中國古代第一部綜合類兵書，兩者不可混爲一談。

四、《續武經總要》

該書是明代趙本學、俞大猷所著，共八卷，由《韜鈐內外篇》和《韜鈐續篇》兩部分組成。具體篇目如下：

《韜鈐內篇》：卷一：天積卒陣記、軒轅黃帝握奇陣記、太公五行三才陣記、周公農兵陣記、鄭國魚麗陣記；卷二：楚國荊屍陣記、晉國崇卒陣記、吳國雞父陣記、齊國內政陣記、齊國司馬穰苴握奇陣記、孫武子乘之陣記、戰國象棋陣記、漢韓信垓下五軍陣記；卷三：漢諸葛亮八陣記、晉馬隆偏箱車陣記、唐李靖六花陣記；卷四：唐李靖四門斗底陣記、唐李靖十二將兵陣記、唐李靖

十二辰陣記、宋太宗皇帝平戎萬全陣記、宋眞宗皇帝常陣記。

《韜鈐外篇》：卷五：太乙陣辯、風後握奇陣辯、穰苴握奇營辯、孫武子常蛇陣辯、孫武子八陣辯、諸葛亮瞿塘方陣辯、諸葛亮八陣八形辯；卷六：諸葛亮新變八陣八形辯、諸葛亮六陣辯、諸葛亮五行陣辯、諸葛亮八陣六陣鉤連幡曲辯、諸葛亮十二將兵陣辯、馬隆偏箱車陣辯；卷七：李靖六花陣辯、李靖五花陣變爲六花陣辯、宋神宗皇帝九軍新陣辯、許洞四陣辯、諸葛亮陣法正宗十八勢。

《韜鈐續編》：卷八：劍經、射法、營陣四形、發微四章。

由上可知，該書是中國古代私人系統研究陣法的重要兵書。其中，《韜鈐內篇》中趙本學不僅輯錄了古代「聖王賢將」所作「攻守便利」的 21 種陣法，還對這些陣法進行了廣博徵引的考訂，並加有自己的見解，且圖文互證，以「便人索其理」；《韜鈐外篇》中趙本學主要記述了漢唐以後出現的 18 種陣法，並考訂指出，這類陣法皆爲後世文士俗儒附會僞託，冒充古陣法，欺世惑眾，其實均華而不實，巧而無用，且迷誤後學，應予「非之」；《韜鈐續篇》爲俞大猷所作，主要論述了相關兵器的使用要領，以及俞大猷學習趙氏陣法的體會和由此而推演出的相關陣法。

該書對明代以前的陣法進行了較爲詳細的梳理和較爲妥帖的總結，有助於俞大猷取得抗倭戰爭的勝利，在軍事學術史上也有一定價值，對後世頗有影響。

需要注意的是，該書與《武經總要》無太多直接聯繫。祇是《武經總要》成書後，對後世影響頗大，「用兵者仿爲」，以至於「近世南閩虛周君本學著《韜鈐內外篇》七卷，其門人都督虛江俞公大猷爲之發微，並著《劍經》、《射法》等篇，合之，凡八卷，以續於《武經總要》校刻之」〔註 12〕。加之，「《武經總要》所采陣法多爲漢唐以後文士俗儒所杜撰，非爲古法，需加辨（辯）證，又有繼續此項工作之意」〔註 13〕，故而命名爲《續武經總要》。

〔註 12〕 王詢《續武經總要》，《序》。
〔註 13〕 具體內容可參見許保林《中國兵書通覽》，解放軍出版社，2002 年版。

主要參考文獻

一、古　籍

1. 〔宋〕曾公亮、丁度等編：《武經總要》，共 31 種版本。

2. 〔春秋〕左丘明：《春秋左氏傳》，《黃侃手批白文十三經》本，上海古籍出版社，1986 年。

3. 〔漢〕班固：《漢書》，中華書局，1962 年。

4. 〔晉〕陳壽：《三國志》，中華書局，1982 年。

5. 〔唐〕劉知幾：《史通》，遼寧教育出版社，1997 年。

6. 〔後晉〕劉昫：《舊唐書》，中華書局，1975 年。

7. 〔宋〕歐陽修、宋祁：《新唐書》，中華書局，1975 年。

8. 〔宋〕李燾：《續資治通鑒長編》，中華書局，1990 年。

9. 〔宋〕李心傳：《建炎以來繫年要錄》，上海古籍出版社，1992 年。

10. 〔宋〕王稱：《東都事略》，影印文淵閣四庫全書本。

11. 〔宋〕江少虞：《宋朝事實類苑》，上海古籍出版社，1981 年。

12. 〔宋〕高似孫：《史略》，遼寧教育出版社，1998 年。

13. 〔元〕脫脫：《宋史》，中華書局，1977 年。

14. 〔元〕佚名：《宋史全文》，黑龍江人民出版社，2005 年。

15. 〔元〕脫脫：《遼史》，中華書局，1986 年。

16. 〔元〕馬端臨：《文獻通考》，浙江古籍出版社，1988 年。

17. 〔清〕王夫之：《宋論》，嶽麓書社，1992 年。

18. 〔清〕徐松：《宋會要輯稿》，中華書局，2006 年。

19. 〔清〕徐乾學：《資治通鑑後編》，影印文淵閣四庫全書本。

20. 〔清〕潘永固：《宋稗類鈔》，書目文獻出版社，1985 年。

21. 〔宋〕洪邁：《容齋隨筆》，上海古籍出版社，1978 年。

22. 〔宋〕王應麟：《玉海》，上海古籍出版社，1992 年。

23. 〔宋〕王堯臣：《崇文總目》，叢書集成初編本，中華書局，1985 年。

24. 〔宋〕尤袤：《遂初堂書目》，上海古籍出版社，1987 年。

25. 〔宋〕晁公武：《郡齋讀書志》，影印文淵閣四庫全書本。

26. 〔宋〕陳振孫：《直齋書錄解題》，上海古籍出版社，1990 年。

27. 〔清〕紀昀：《四庫全書總目》，中華書局，1965 年。

28. 〔清〕于敏忠：《天祿琳琅書目》，上海古籍出版社，2007 年。

29. 〔清〕孫星衍：《廉石居藏書記》，臺北：廣文書局有限公司，1969 年。

30. 〔清〕孫星衍：《平津館鑒藏書籍記》，臺北：廣文書局有限公司，1969 年。

31. 〔清〕瞿鏞：《鐵琴銅劍樓藏書目錄》，上海古籍出版社，2000 年。

32. 〔清〕耿文光：《萬卷精華樓藏書記》，國家圖書館出版社，1997 年。

33. 〔清〕孫殿起：《販書偶記》，上海古籍出版社，1981 年。

34. 〔清〕阮元：《揅經室集》，中華書局，1993 年。

35. 〔清〕章學誠：《文史通義》，嶽麓書社，1995 年。

36. 〔清〕章學誠：《校讎通義》，上海古籍出版社，1993 年。

37. 〔清〕葉德輝：《書林清話》（附《書林餘話》），中華書局，1957 年。

38. 〔宋〕陳耆卿等：《嘉定赤城志》，宋元方志叢刊本，中華書局，1989 年。

39. 〔宋〕羅濬：《寶慶四明志》，宋元方志叢刊本，中華書局，1989 年。

40. 〔宋〕施宿：《嘉泰會稽志》，宋元方志叢刊本，中華書局，1989 年。

41. 〔元〕于欽：《齊乘》，宋元方志叢刊本，中華書局，1989 年。

42. 〔明〕李賢：《大明一統志》，三秦出版社，1990 年。

43. 〔清〕李清馥：《閩中理學淵源考》，影印文淵閣四庫全書本。

44. 〔清〕《江南通志》，影印文淵閣四庫全書本。

45. 〔清〕《畿輔通志》，影印文淵閣四庫全書本。

46. 〔清〕《福建通志》，影印文淵閣四庫全書本。

47. 〔清〕《浙江通志》，影印文淵閣四庫全書本。

48. 〔漢〕王充：《論衡》，四部叢刊本。

49. 〔晉〕葛洪：《抱朴子》，中華書局，1987 年。

50. 〔宋〕李昉：《太平御覽》，中華書局，1960 年。

51. 〔宋〕歐陽修：《歐陽文忠公集》，中國書店，1986 年。

52. 〔宋〕宋祁：《宋景文筆記》，影印文淵閣四庫全書本。

53. 〔宋〕司馬光：《涑水記聞》，歷代史料筆記叢刊本，中華書局，1989 年。

54. 〔宋〕司馬光：《傳家集》，同治十三年（1874）宜興任一堂刻本。

55. 〔宋〕曾鞏：《隆平集》，臺北：文海出版社，1967 年。

56. 〔宋〕曾鞏：《元豐類槁》，四部備要本，中華書局，民國二十五年（1936）版。

57. 〔宋〕程顥：《二程文集》，叢書集成初編本，中華書局，1985 年。

58. 〔宋〕范祖禹：《帝學》，影印文淵閣四庫全書本。

59. 〔宋〕蘇洵：《嘉祐集》，上海書店，1989 年。

60. 〔宋〕蘇軾：《東坡全集》，中國書店，1988 年。

61. 〔宋〕蘇頌：《蘇魏公文集》，中華書局，1988 年。

62. 〔宋〕張方平：《樂全集》，影印文淵閣四庫全書本。

63. 〔宋〕范仲淹：《范文正公集》，四部叢刊本。

64. 〔宋〕包拯：《包孝肅奏議集》，影印文淵閣四庫全書本。

65. 〔宋〕李綱：《梁溪集》，影印文淵閣四庫全書本。

66. 〔宋〕章定：《名賢氏族言行類稿》，影印文淵閣四庫全書本。

67. 〔宋〕莊綽：《雞肋編》，中華書局，1983 年。

68. 〔宋〕蔡元定：《律呂新書》，故宮珍本叢刊本，海南出版社，2000 年。

69. 〔宋〕彭百川：《太平治跡統類》，影印文淵閣四庫全書本。

70. 〔宋〕無名氏：《群書會元截江網》，影印文淵閣四庫全書本。

71. 〔宋〕洪遵：《翰苑群書》，叢書集成初編本，中華書局，1991 年。

72. 〔宋〕陳元靚：《事林廣記》，中華書局，1999 年。

73. 〔宋〕周輝：《清波雜誌》，叢書集成初編本，中華書局，1985 年。

74. 〔宋〕黃履翁：《古今源流至論》，影印文淵閣四庫全書本。

75. 〔宋〕朱彧：《萍洲可談》，全國圖書館文獻微縮中心，1987 年。

76. 〔宋〕洪邁：《容齋隨筆》，嶽麓書社，2006 年。

77. 〔宋〕徐自明：《宋宰輔編年錄校補》，中華書局，1986 年。

78. 〔宋〕朱勝非：《紺珠集》，影印文淵閣四庫全書本。

79. 〔宋〕章如愚：《群書考索》，書目文獻出版社，1992 年。

80. 〔宋〕黃震：《古今紀要》，叢書集成初編本，中華書局，1985 年。

81. 〔宋〕胡三省：《通鑒釋文辨誤》，明天啓年間刻本。

82. 〔宋〕王黼：《重修宣和博古圖》，影印文淵閣四庫全書本。

83. 〔宋〕蔡絛：《鐵圍山叢談》，三秦出版社，2005 年。

84. 〔宋〕張耒：《柯山集》，叢書集成初編本，中華書局，1985 年。

85. 〔宋〕王闢之：《澠水燕談錄》，上海古籍出版社，2001 年。

86. 〔宋〕秦觀：《淮海集》，北京圖書館出版社，1988 年。

87. 〔宋〕周密：《齊東野語》，中華書局，1997 年

88. 〔宋〕高似孫：《子略》，遼寧教育出版社，1998 年。

89. 〔宋〕薛季宣：《浪語集》，四部叢刊本。

90. 〔宋〕杜大珪：《名臣碑傳琬琰之集》，影印文淵閣四庫全書本。

91. 〔宋〕謝采伯：《密齋筆記》，影印文淵閣四庫全書本。

92. 〔宋〕章定：《名賢氏族言行類稿》，影印文淵閣四庫全書本。

93. 〔宋〕程大昌：《演繁露》，續古逸叢書本，江蘇廣陵古籍刻印社，1994
年。

94. 〔宋〕徐度：《卻掃編》，叢書集成初編本，中華書局，1985 年。

95. 〔宋〕羅從彥：《豫章文集》，影印文淵閣四庫全書本。

96. 〔宋〕熊克：《中興小記》，福建人民出版社，1985 年。

97. 〔宋〕胡宿：《文恭集》，叢書集成初編本，中華書局，1985 年。

98. 〔宋〕王明清：《揮麈錄》，上海書店，2001 年。

99. 〔宋〕呂祖謙：《宋文鑒》，光緒 12 年江蘇書局刻本。

100. 〔宋〕鄭克：《折獄高抬貴手》，叢書集成初編本，中華書局，1985 年。

101. 〔宋〕陳均：《九朝編年備要》，影印文淵閣四庫全書本。

102. 〔宋〕無名氏：《錦繡萬花谷》，影印文淵閣四庫全書本。

103. 〔宋〕朱熙：《宋名臣言行錄》，影印文淵閣四庫全書本。

104. 〔宋〕趙如愚：《宋名臣奏議》，影印文淵閣四庫全書本。

105. 〔宋〕陸九淵：《象山語錄》，上海古籍出版社，2000 年。

106. 〔宋〕范鎮：《東齋記事》，叢書集成初編本，中華書局，1985 年。

107. 〔宋〕王珪：《華陽集》，叢書集成初編本，中華書局，1985 年。

108. 〔宋〕岳珂：《寶眞齋法書贊》，影印文淵閣四庫全書本。

109. 〔宋〕魏齊賢、葉棻：《五百家播芳大全文粹》，影印文淵閣四庫全書本

110. 〔宋〕呂中：《宋大事記講義》，影印文淵閣四庫全書本。

111. 〔元〕鄒鉉：《壽親養老新書》，廣東教育出版社，1985 年。

112. 〔元〕黃鎮成：《尚書通考》，影印文淵閣四庫全書本。

113. 〔元〕貢師泰：《玩齋集》，影印文淵閣四庫全書本。

114. 〔明〕馬文升：《馬端肅奏議》，影印文淵閣四庫全書本。

115. 〔明〕楊士奇：《歷代名臣奏議》，上海古籍出版社，1989 年。

116. 〔明〕胡應麟：《少室山房筆叢》，上海書店，2001 年。

117. 〔明〕朱國楨：《湧幢小品》江蘇廣陵古籍刻印社，1995 年。

118. 〔明〕朱載堉：《樂律全書》，影印文淵閣四庫全書本。

119. 〔明〕張以寧：《翠屏集》，影印文淵閣四庫全書本。

120. 〔明〕董斯張：《吳興備志》，文物出版社，1986 年。

121. 〔明〕茅坤：《唐宋八大家文鈔》，上海古籍出版社，1993 年。

122. 〔明〕《永樂大典》，中華書局，1986 年。

123. 〔明〕李時勉：《古廉文集》，影印文淵閣四庫全書本。

124. 〔明〕張羽：《東田遺稿》，影印文淵閣四庫全書本。

125. 〔清〕秦蕙田：《五禮通考》，影印文淵閣四庫全書本。

126. 〔清〕朱彝尊：《經義考》，中華書局，1998 年。

127. 〔清〕《皇朝經世文編》，近代中國史料叢刊本，臺北：文海出版社，1972年。

128. 〔清〕紀容舒：《孫氏唐韻考》，影印文淵閣四庫全書本。

129. 〔清〕趙吉士：《寄園寄所寄》，文德堂刻本。

130. 〔清〕《欽定協紀辨方書》，影印文淵閣四庫全書本。

131. 〔清〕田雯：《古歡堂集》，影印文淵閣四庫全書本。

132. 〔清〕黃宗羲：《宋元學案》，中華書局，1986 年。

133. 〔清〕錢大昕：《潛研堂文集》江蘇古籍出版社，1997 年。

134. 〔清〕錢大昕：《十駕齋養新錄》，江蘇古籍出版社，2000 年。

135. 〔上古〕風后：《握奇經》，上海古籍出版社，1990 年。

136. 〔春秋〕管子：《管子》，影印文淵閣四庫全書本。

137. 〔春秋〕孫武：《孫子》，中華書局，1977 年。

138. 〔春秋〕呂望：《六韜》，影印文淵閣四庫全書本。

139. 〔春秋〕吳起：《吳子》，叢書集成初編本，中華書局，1985 年。

140. 〔戰國〕商鞅：《商君書》，四部叢刊本。

141. 〔戰國〕司馬穰苴：《司馬法》，影印文淵閣四庫全書本。

142. 〔戰國〕王栩：《鬼谷子》，雲南大學出版社，2003 年。

143. 〔戰國〕孫臏：《孫臏兵法》，文物出版社，1975 年。

144. 〔戰國〕尉繚：《尉繚子》，影印文淵閣四庫全書本。

145. 〔漢〕黃石公：《黃石公三略》，影印文淵閣四庫全書本。

146. 〔魏〕曹操：《〈孫子〉略解》，齊魯書社，1993 年。

147. 〔唐〕杜佑：《通典》，嶽麓書社，1995 年。

148. 〔唐〕李靖：《李衛公問對》，影印文淵閣四庫全書本。

149. 〔唐〕李筌：《神機制敵太白陰經》，叢書集成初編本，中華書局，1985 年。

150. 〔宋〕許洞：《虎鈐經》，叢書集成初編本，中華書局，1985 年。

151. 〔宋〕何去非：《何博士備論》，叢書集成初編本，中華書局，1985 年。

152. 〔宋〕陳規：《守城錄》，叢書集成初編本，中華書局，1985 年。

153. 〔宋〕張預：《十七史百將傳》，海南國際新聞出版中心、誠成文化出版有限公司，1995 年。

154. 〔宋〕陳傅良：《歷代兵制》，影印文淵閣四庫全書本。

155. 〔宋〕華岳：《翠微先生北征錄》，續修四庫全書本，上海古籍出版社，2002 年。

156. 〔宋〕《行軍須知》，附明刊《武經總要》本。

157. 〔宋〕《百戰奇法》，附明刊《武經總要》本。

158. 〔明〕趙本學、俞大猷：《續武經總要》，明萬曆刻本。

159. 〔明〕茅元儀：《武備志》，故宮珍本叢刊本，海南出版社，2001 年。

160. 〔明〕王鳴鶴：《登壇必究》，中國兵書集成本，解放軍出版社、遼瀋書社，1990 年。

161. 〔明〕唐順之：《武編》，解放軍出版社、遼瀋書社，中國兵書集成本，1989 年。

162. 〔明〕何良臣：《陣紀》，叢書集成初編本，中華書局，1985 年。

163. 〔明〕顧祖禹：《讀史方輿紀要》，中華書局，2005 年。

164. 〔清〕汪宗沂：《衛公兵法輯本》，叢書集成初編本，中華書局，1985 年。

二、近人論著

1. 張新民：《中華典籍與學術文化》，廣西師範大學出版社，1998 年。

2. 楊燕起、高國抗：《中國歷史文獻學》，北京圖書館出版社，1989 年。

3. 曾貽芬、崔文印：《中國歷史文獻學史》，商務印書館，2000 年。

4. 孫欽善：《中國古文獻學史》，北京大學出版社，中華書局，2003 年。

5. 胡道靜：《中國古代典籍十講》，復旦大學出版社，2004 年。

6. 高尚榘：《文獻學專題史略》，齊魯書社，2007 年。

7. 張福詳：《麟臺故事校正》，中華書局，2000 年。

8. 張富祥：《宋代文獻學研究》，上海古籍出版社，2006 年。

9. 陰法魯、許樹安：《中國古代文化史》，北京大學出版社，2001 年。

10. 劉琳、吳洪澤：《古籍整理學》，四川大學出版社，2003 年。

11. 戴南海：《版本學概論》，巴蜀書社，1989 年。

12. 嚴佐之：《古籍版本學概論》，華東師範大學出版社，1989 年。

13. 李致忠：《古書版本鑒定》，文物出版社，1997 年。

14. 曹之：《中國古籍版本學》，武漢大學出版社，1992 年。

15. 姚伯岳：《版本學》，北京大學出版社，1993 年。

16. 程千帆、徐有福：《校讎廣義・版本篇》，齊魯書社，2005 年。

17. 陳垣：《史諱舉例》，上海書店，1997 年本。

18. 曹書傑：《中國古籍輯佚學論稿》，東北師範大學出版社，1998 年。

19. 靳極蒼：《注釋學芻議》，山西人民出版社，2000 年。

20. 張舜徽：《中國史論文集》，湖北人民出版社，1956 年。

21. 周大璞：《訓詁學初稿》，武漢大學出版社，1987 年。

22. 張舜徽：《廣校讎略》中華書局，1963 年。

23. 陳垣：《校勘學釋例》，中華書局，2004 年。

24. 李更：《宋代館閣校勘研究》，鳳凰出版傳媒集團鳳凰出版社，2006 年。

25. 陳寅恪：《金明館叢稿二編》，生活・讀書・新知三聯書店，2001 年。

26. 鄭天挺：《中國歷史大辭典》，上海辭書出版社，2000 年。

27. 《辭源》，商務印書館，1980 年。

28. 《中國大百科全書》，中國大百科全書出版社，1992 年。

29. 白壽彝：《史學概論》，寧夏人民出版社，1983 年

30. 〔越〕潘清簡：《欽定越史通鑒綱目》，國立中央圖書館影印本，1959 年。

31. 陳振：《宋史》，上海人民出版社，2003 年。

32. 李華瑞：《宋夏關係史》，河北人民出版社，1998 年。

33. 李華瑞：《宋夏史研究》，天津古籍出版社，2006 年。

34. 李錫厚、白濱：《遼金西夏史》，上海人民出版社，2003 年。

35. 陳正宏、談蓓芳：《中國禁書簡史》，學林出版社，2004 年。

36. 〔臺〕國立中央圖書館特藏組：《國立中央圖書館善本書目》，國立中央圖書館，1986 年。

37. 〔臺〕蔣復璁：《國立中央圖書館善本書目》，國立中央圖書館，1986 年。

38. 〔臺〕屈萬里：《國立中央圖書館善本書目初稿》，聯經出版事業公司，1985 年。

39. 賈貴榮：《日本藏漢籍善本書志書目》，國家圖書館出版社，2003 年。

40. 〔日〕三宅少太郎：《尊經閣文庫漢籍分類目錄》，東京尊經閣文庫，昭和九年（1934）版。

41. 〔日〕岡西爲人：《宋以前醫籍考》，人民衛生出版社，1958 年。

42. 四川省圖書館：《四川省圖書館館藏古籍目錄》，1956 版。

43. 中山大學圖書館：《中山大學圖書館古籍善本書目》，1982 年。

44. 王重民：《中國善本書提要》，上海古籍出版社，1983 年。

45. 王德毅等編：《宋人傳記資料索引》，中華書局，1988 年。

46. 楊殿珣：《中國歷代年譜總錄》，書目文獻出版社，1996 年。

47. 張維迎：《博弈論與資訊經濟學》，上海三聯出版社．上海人民出版社，1996 年。

48. 〔美〕J.D.威廉斯：《全能戰略家》，福建人民出版社，1984 年。

49. 張洪彬：《軍事博弈論》，解放軍出版社，2005 年。

50. 〔德〕克勞塞維茨：《戰爭論》，陝西人民出版社，2001 年。

51. 中國大百科全書軍事卷編審室：《中國大百科全書·軍事卷》，中國大百科全書出版社，1989 年。

52. 中國軍事百科全書編審委員會：《中國軍事百科全書》，軍事科學出版社，1997 年。

53. 中國軍事史編寫組：《中國軍事史》，解放軍出版社，1988 年。

54. 高連升：《軍事歷史學》，解放軍出版社，2004 年。

55. 薛連璧、張振華：《中國軍事教育史》，國防大學出版社，1991 年。

56. 中國軍事史編寫組：《中國歷代軍事工程》，解放軍出版社，2005 年。

57. 周緯：《中國兵器史稿》，百花文藝出版社，2006 年。

58. 中國軍事史編寫組：《中國歷代軍事裝備》，解放軍出版社，2007 年。

59. 王厚卿：《中國軍事思想論綱》，國防大學出版社，2000 年。

60. 姜國柱：《中國軍事思想簡史》，新世界出版社，2006 年。

61. 梁必駸：《軍事哲學》，軍事科學出版社，2004 年。

62. 林伯野：《軍事辯證法思想史》，解放軍出版社，1989 年。

63. 張雲勳：《中國古代軍事哲學發展史簡編》，中國廣播電視出版社，1992 年。

64. 〔港〕曾瑞龍：《經略幽燕》，香港中文大學出版社，2003 年。

65. 宮玉振：《中國戰略文化解析》，軍事科學出版社，2002 年。

66. 金玉國：《中國戰術史》，解放軍出版社，2003 年。

67. 劉展：《中國古代軍制史》，軍事科學出版社，1992 年。

68. 叢文勝：《軍事法制史》，解放軍出版社，2001 年。

69. 謝祥皓：《中國兵學》，山東人民出版社，1998 年。

70. 趙國華：《中國兵學史》，福建人民出版社，2004 年。

71. 張鳴等著：《中國兵家》，宗教文化出版社，1996 年。

72. 許保林、王顯臣：《中國古代兵書雜談》，戰士出版社，1983 年。

73. 許保林：《中國兵書通覽》，解放軍出版社，2002 年。

74. 張文儒：《中國兵學文化》，北京大學出版社，1997 年。

75. 王曾瑜：《宋朝兵制初探》，中華書局，1983 年。

76. 雷海宗：《中國文化與中國的兵》，商務印書館，2001 年。

77. 許保林：《中國兵書知見錄》，解放軍出版社，1988 年。

78. 劉申寧：《中國兵書總目》，國防大學出版社，1990 年。

79. 劉雲柏：《中國兵家管理思想》，上海人民出版社，1993 年。

80. 楊泓等著：《中國古代兵器與兵書》，新華出版社，1992 年。

81. 蔡仁照：《資訊化戰爭論》，國防大學出版社，2007 年。

82. 《武經七書》鑒賞編委會：《〈武經七書〉鑒賞》，軍事科學出版社，2002 年。

83. 王曉衛、劉昭祥：《歷代兵制淺說》，解放軍出版社，1986 年。

84. 吳如嵩、王顯臣：《李衛公問對淺說》，解放軍出版社，1987 年。

85. 鄧澤宗：《李靖兵法輯本注譯》，解放軍出版社，1990 年。

86. 張文才、王隴：《太白陰經全解》，嶽麓書社，2004 年。

87. 陳宇：《〈司馬兵法〉破解》，解放軍出版社，2005 年。

88. 孫武、曹操等：《十一家注孫子》，上海古籍出版社，1978 年。

89. 郭化若：《孫子今譯》，上海人民出版社，1977 年。

90. 中國人民解放軍軍事科學院戰爭理論研究部《孫子》注釋小組：《孫子兵法新注》，中華書局，1977 年。

91. 吳如嵩：《孫子兵法淺說》，戰士出版社，1983 年。

92. 楊炳安：《孫子會箋》，中州古籍出版社，1986 年。

93. 吳九龍：《孫子校釋》，軍事科學出版社，1990 年。

94. 李祖德：《孫子研究新編》，新華出版社，1992 年。

95. 李零：《吳孫子發微》，中華書局，1997 年。

96. 趙海軍：《孫子學通論》，國防大學出版社，2000 年。

97. 薛國安：《〈孫子兵法〉與〈戰爭論〉比較研究》，軍事科學出版社，2003

年。

98. 鈕先鍾：《孫子三論》，廣西師範大學出版社，2003 年。

99. 楊炳安：《十一家注孫子校理》，中華書局，2004 年。

100. 邱復興：《孫子兵學大典》，北京大學出版社，2004 年。

101. 李零：《〈孫子〉十三篇綜合研究》，中華書局，2006 年。

102. 霍印章：《〈孫臏兵法〉淺說》，解放軍出版社，1986 年。

103. 劉心健：《〈孫臏兵法〉新編注譯》，河南大學出版社，1991 年。

104. 張文才：《百戰奇法淺說》，解放軍出版社，1987 年。

105. 徐勇：《先秦兵書佚文輯解》，天津人民出版社，2003 年。

106. 高亨：《商君書注譯》，中華書局，1974 年。

107. 〔美〕路易.C.佩爾蒂兒・G.埃特澤爾、珀西：《軍事地理學概論》，解放
軍出版社，1988 年。

108. 姜春良：《軍事地理學》，軍事科學出版社，1995 年。

109. 程龍：《北宋西北戰區糧食補給地理》，社會科學文獻出版社，2006 年。

110. 王兆春：《中國火器史》，軍事科學出版社，1991 年。

111. 盧嘉錫：《中國科學技術史》，科學出版社，1998 年。

112. 翟吉華：《中國代軍隊政治工作概論》，黃河出版社，1991 年。

113. 牟鍾鑒、張踐：《中國宗教通史》，社會科學文獻出版社，2000 年。

114. 趙益：《古典術數文獻概論》，中華書局，2005 年。

115. 李零：《中國方術考》，人民中國出版社，1993 年。

116. 李零：《中國方術續考》，東方出版社，2000 年。

三、論　文

1. 廖良梅：《論宋代文獻學繁榮的動因》，《求索》，2003 年第 4 期。

2. 魯堯賢：《宋代文化繁榮及其原因》，《安慶師範學院學報》，1994 年第 2
期。

3. 李新偉：《北宋武學教育研究》，《北京理工大學學報》（人文社科版），2008
年第 6 期。

4. 王晟：《北宋時期的古籍整理》，《史學月刊》，1983 年第 3 期。

5. 孫欽善：《古文獻學的內涵與意義》，《江西社會科學》，2006 年第 8 期。

6. 張昇：《輯佚與輯佚學簡論》，《文獻》，1995 年第 1 期。

7. 簡文暉：《淺談我國古代注釋方法的種類及其演變》，《古籍整理研究學
刊》，1997 年第 2 期。

8. 陳日升：《宋代禁書的類型及影響》，《福州師專學報》（社科版），2000

年第 2 期。

9. 曹之：《宋代書局考略》，《河南圖書館學刊》，1995 年第 3 期。

10. 毛元佑：《〈武經總要〉署名及成書時間考辨》，《軍事歷史》，1988 年 3 月。

11. 張其凡：《〈武經總要〉編纂時間考》，《軍事史林》，1990 年 6 月。

12. 姜勇：《〈武經總要〉纂修考》，《圖書情報工作》，2006 年第 11 期。

13. 朱少華：《〈武經總要〉的軍事倫理思想》，《軍事歷史研究》，1997 年第 3 期。

14. 王兆春：《試論〈武經總要〉中的軍事技術問題》，《軍事歷史研究》，1987 年 2 月。

15. 王兆春：《從〈武經總要〉看宋初的火藥和火器》，《文史知識》，1982 年 第 5 期。

16. 劉福鑄：《論〈武經總要〉的科技史價值》，《福建師範大學福清分校學報》，2003 年第 3 期。

17. 薄忠信：《〈武經總要〉與物理學》，《錦州師院學報》（哲社版），1987 年 第 3 期。

18. 史愛君：《略論曾公亮》，《史學月刊》，1993 年第 6 期。

19. 陳培坤：《試論曾公亮的歷史功績》，《福建師大學報》（哲社版），1983 年第 2 期。

20. 莊景輝：《陳埭丁氏回族扳丁度爲祖的由來及其影響》，《廈門大學學報》（哲社版），1994 年第 2 期。

21. 趙繼顏：《北宋仁宗時的宋夏陝西之戰》，《齊魯學刊》，1980 年 8 月。

22. 王立新、竇向軍：《論宋遼夏鼎立與宋夏和戰的關係》，《甘肅高師學報》，2003 年第 3 期。

23. 李華瑞：《論宋夏戰爭》，《河北學刊》，1999 年第 2 期。

24. 李蔚：《試論北宋仁宗年間宋夏陝西之戰的幾個問題》，《寧夏社會科學》，1987 年第 4 期。

25. 湯開建：《試論元昊對宋作戰屢勝的原因》，《西北民族學院學報》（哲社版），1985 年第 1 期。

26. 馬東海：《宋夏定川寨之戰部分古地名考釋》，《固原師專學報》，1993 年 第 1 期。

27. 趙一匡：《宋夏戰爭中蘭州城關堡砦的置建》，《蘭州學刊》，1986 年第 6 期。

28. 劉慶：《文人論兵與宋代兵學的發展》，《社會科學家》，1994 年第 5 期。

29. 劉春霞：《北宋中期文人談兵論析》，《海南大學學報》（人文社科版），

2007 年第 3 期。

30. 張文儒：《〈孫子兵法〉與中國兵學文化》《濱州學院學報》，2005 年第 5 期。

31. 王家祥：《大通上孫家寨漢簡〈孫子〉研究》，《文獻》，2000 年第 1 期。

32. 李廣起：《談對〈孫子兵法〉原文的理解》，《軍事歷史》，2002 年第 1 期。

33. 徐勇：《〈六韜〉的成書‧著錄及其軍事思想》，《歷史教學》，1998 年第 6 期。

34. 鈕國平：《〈司馬法〉箚記》，《西北師大學報》（社科版），1998 年第 4 期。

35. 黃樸民：《〈唐太宗李衛公問對〉考論》，《求是學刊》1997 年第 4 期。

36. 王若昭：《〈行軍須知〉考》，《清華大學學報》（哲社版），1987 年第 1 期。

37. 周少川：《兵書亦史也》，《史學史研究》，1995 年第 4 期。

38. 蕭立軍：《兵學典籍與傳統文化》，《義史雜誌》，1999 年第 2 期。

39. 陶玉亮：《春秋戰陣補說》，《遼寧師範大學學報》（社科版），1991 年第 6 期。

40. 周正舒：《古代軍隊賞罰原則窺探》，《軍事歷史研究》，1991 年第 1 期。

41. 陳相靈：《論〈武經七書〉的歷史淵源及時代價值》，《軍事歷史研究》，2003 年第 3 期。

42. 劉旭東：《宋代術數芻議》，《重慶師院學報》（哲社版）2003 年第 1 期。

43. 董煜宇《星占對北宋軍事活動的影響》，《上海交通大學學報》（哲社版），2005 年第 6 期。

44. 邵鴻：《中國古代對軍事術數和兵陰陽家的批判》，《史林》，2000 年第 3 期。

45. 陳峰：《宋代主流軍事思想及兵學批判》，《史學月刊》，2005 年第 11 期。

46. 范學輝：《『將從中御』始於宋太祖考》，《安徽師範大學學報》（人文社科版），2006 年第 1 期。

47. 羅炳良：《宋代軍事訓練及效果》，《北方工業大學學報》，1991 年第 4 期。

48. 王雲裳、張玲卡：《宋代與北方民族軍事鬥爭失利原因的若干探析》，《內蒙古社會科學》（漢文版），2003 年第 5 期。

49. 陳峰、王路平：《北宋御製陣法‧陣圖與消極國防戰略的影響》，《文史哲》，2006 年第 6 期。

50. 羅炳良：《宋代治軍政策矛盾分析》，《河北學刊》，1993 年第 2 期。

51. 顧全芳：《北宋科學文化發展的原因》，《山西大學學報》，1986 年第 3 期。

52. 陳穎：《宋王朝火藥兵器應用得失簡論》，《北方論叢》，2001 年第 5 期。

53. 潘吉星：《論火箭的起源》，《大自然探索》，1984 年第 3 期。

54. 沈逸波：《北宋的軍事「密碼」》，《軍事歷史》，1991 年第 3 期。

55. 龔純：《宋代軍事醫學》，《中華醫學雜誌》，1994 年第 4 期。

56. 龔純：《毒物在我國古代軍事上的應用》，《中華醫學雜誌》，1995 年第 4 期。

57. 馬自樹、馬肇曾：《馬依澤與宋初〈應天曆〉及主要後人》，《東南文化》，1996 年第 2 期。

58. 馬以愚：《曆法考證序》，《中國穆斯林》，1982 年第 3 期。

59. 張文儒：《東西方兵學文化意識探源與比較》，《社會科學家》，1999 年第 2 期。

60. 魏福明：《北宋的治軍之道及其啟示》，東南大學學報（哲社版），2005 年第 2 期。

61. 趙一平：《中國古代將帥思想發展史概述》，《南京政治學院學報》，2000 年第 4 期。

62. 陳峰：《北宋武將群體素質的整體考察》，《文史哲》，2001 年第 1 期。

63. 陳曉兵：《我國傳統武德文化的德性視野》，《軍事歷史研究》，2004 年第 2 期。

64. 曾德明：《整體思維與兵學傳統》，《湘潭師範學院學報》，2000 年第 4 期。

65. 許保林：《中國兵書與古代軍事後勤》，《軍事歷史研究》，1991 年第 2 期。

66. 鄧廣銘、漆俠等編：《宋史研究論文集》（1987 年年會編刊），河北教育出版社，1989 年。

67. 朱瑞熙、王曾瑜等編：《宋史研究論文集》（第十一輯），四川出版集團巴蜀書社，2003 年。

68. 韋祖松：《北宋國家安全問題研究》，暨南大學 2006 年博士論文。

69. 呂變庭：《北宋科技思想研究》，河北大學 2006 年博士論文。

70. 魏鴻：《宋代孫子兵學研究》，北京師範大學 2007 年博士論文。

後　記

　　本書是在博士論文基礎上修改而成的。在此，我要首先感謝我的研究生導師汝企和先生。2001 年，我有幸追隨先生，開始了碩士階段的學習。先生不僅受教於著名文獻學家劉乃和先生，還出生於書香世家，父母皆爲一代翻譯大家，因而學識極爲淵博，治學極爲嚴謹。然則，先生卻不棄我之資質甚差，循循善誘，悉心教誨，常使我受益匪淺。尤令我終生難忘的是，碩士畢業後先生依舊對我的工作與生活十分關心，並經常過問我的學習。正是在先生的不斷鞭策下，在繁忙工作崗位上的我才沒有忘記歷史、忘記文獻學。

　　2006 年 9 月，我再次追隨先生攻讀博士學位。這三年中，先生不但對我更加嚴格要求，還言傳身教，將眾多專業知識傾囊而授。奈何，天生愚鈍，所學不及先生所授十之一二。每憶於此，便覺得愧對先生的培育之情，而惟一可值稍慰的也只有這篇論文。論文無論是選題，還是寫作過程中遇見的關鍵性問題以及整體性把握，都離不開先生的指導和點撥。每每困惑與迷茫之時，先生就以高屋建瓴的理論洞察力，使我不斷超越膚淺的認識，一步步深入到問題的實質與要害。可以說，論文的一點一滴都與先生的啓發和引導有著密不可分的關係。

　　除了汝企和先生外，我還要感謝北京師範大學歷史學院的游彪教授、王培華教授、張昇教授、楊燕起先生、劉淑英先生，古籍所的曾貽芬先生，軍事科學院的皮明勇副部長、劉慶研究員等。諸位先生在論文的開題和寫作過程中，都從不同角度提出了很多建設性意見，對具體寫作起到了很大幫助。尤其是劉慶老師，在我結束了博士學習之後，又把我收入麾下，成爲我的博士後合作導師，直接指導我由歷史文獻領域向軍事思想領域轉型，開拓新的研究方向。

另外，同門師兄妹廖菊棟老師、李世萍老師、史明文老師、姜勇師兄、黃益師妹、張婷師妹，同窗好友范文明、王雲紅、劉建宏等，他們在我有需要的時候，總是不遺餘力地給我提供各種幫助。

家人的理解和支持是我一生的幸福，沒有他們的默默付出，我無法在而立之年繼續求學，更無法完成論文。尤其是愛子淘淘，雖然年幼，但已十分乖巧懂事，很是理解我的心思，不僅極少干擾我的學習，還時常言驚人之語，爲我加油鼓勁，使我能夠在心情十分愉快的狀態中完成論文寫作。

最後，我要感謝花木蘭文化出版社。他們能夠垂青如此偏僻清冷的題目，把我這個奮戰在故紙堆裏的「原人」推廣到現代學林，使我看到了治學的希望，這將成爲我今後繼續前行的又一動力。

由於本人水平所限，書中還存在諸多不盡人意的地方，熱切期望諸位專家同仁批評匡正。

李新偉

2012 年 1 月 10 日

於北京陋齋